Italienische Erzählungen des 20. Jahrhunderts
Herausgegeben von Klaus Stiller

SERIE PIPER
Band 998

Zu diesem Buch

Die fünfzig Erzählungen dieses Bandes zeigen, welche geistigen Strömungen und formalen Tendenzen die italienische Prosaliteratur bestimmt haben und vermitteln ein facettenreiches Bild italienischen Lebens.

Svevo und Pirandello, den beiden Klassikern der Moderne, folgen Autoren wie Vittorini, Pavese, Moravia und Brancati, die nach Kriegsende als Vertreter einer neuen, »neorealistischen« Literatur rasch internationale Anerkennung gewannen. Malaparte, Bassani, Gadda und Tomasi, durch ihre Romane berühmt, kommen ebenso zu Wort wie Sciascia, Pasolini, Dolci, Malerba und Autoren, die in Deutschland noch wenig bekannt sind und die es erst zu entdecken gilt.

Die nach den Geburtsdaten der Schriftsteller chronologisch geordnete Anthologie enthält außerdem einen umfangreichen, aktualisierten und revidierten biobibliographischen Anhang.

Klaus Stiller, geboren 1941, studierte Germanistik und Romanistik. Lebt als Rundfunkredakteur und freier Schriftsteller in Berlin.

Italienische Erzählungen des 20. Jahrhunderts

Herausgegeben von Klaus Stiller

Piper
München Zürich

ISBN 3-492-10998-5
Neuausgabe 1988
3. Auflage, 14.–33. Tausend Oktober 1988
(1. Auflage, 1.–20. Tausend dieser Ausgabe)

Umschlag: Federico Luci,
unter Verwendung des Gemäldes »Piazza d'Italia« (1921)
von Giorgio de Chirico, Privatbesitz
(© VG Bild-Kunst, Bonn 1988)
Gesamtherstellung: Clausen & Bosse, Leck
Printed in Germany

Träume verwirklichen sich nie,
und kaum haben sie sich verflüchtigt,
erkennen wir jäh, daß wir die größeren
Freuden unseres Lebens außerhalb
der Wirklichkeit zu suchen haben.

Natalia Ginzburg

Italo Svevo

Feuriger Wein

Eine Nichte meiner Frau heiratete in dem Alter, in dem die jungen Mädchen aufhören, solche zu sein, und zu alten Jungfern verkümmern. Die Ärmste hatte noch bis vor kurzem versucht, sich dem Leben zu verweigern, war dann aber durch das Drängen der ganzen Familie dazu gebracht worden, sich ihm wieder zuzuwenden und ihren Wunsch nach Reinheit und Religion aufzugeben; sie hatte sich bereit gefunden, mit einem jungen Mann, den die Familie als gute Partie für sie ausgesucht hatte, zu sprechen. Und schon war es aus mit der Religion und den Träumen von tugendhafter Einsamkeit! Die Hochzeit wurde sogar früher angesetzt, als die Verwandten es gewünscht hatten. Und nun saßen wir also am Polterabend beim Essen.

Ich, als alter Fuchs, lachte. Was hatte der junge Mann gemacht, um sie so rasch umzustimmen? Wahrscheinlich hatte er sie in die Arme genommen, um sie die Lust am Leben spüren zu lassen, und er hatte sie wohl eher verführt als überzeugt. Deshalb mußte man ihnen auch sehr viel Glück wünschen. Alle, die heiraten, können Glückwünsche brauchen, aber dieses junge Mädchen mehr als alle anderen. Welches Unglück, wenn sie eines Tages bereuen müßte, daß sie sich auf diesen Weg hatte zurücklocken lassen, vor dem ihr Instinkt sie gewarnt hatte. Und auch ich begleitete manches Glas mit Glückwünschen, die selbst auf diesen Sonderfall paßten: »Seid ein oder zwei Jahre glücklich, dann werdet ihr die anderen langen Jahre im dankbaren Gedenken, genossen zu haben, leichter ertragen. Die Freude läßt Bedauern zurück, und wenn das auch ein Schmerz ist, so doch einer, der den tiefen, den wahren Schmerz des Lebens überdeckt.«

Es sah nicht so aus, als empfände die Braut ein Bedürfnis nach so vielen Glückwünschen. Mir schien vielmehr, als sei ihr Gesicht geradezu erstarrt in einem Ausdruck vertrauensvoller Hingabe. Es war jedoch der gleiche Ausdruck wie damals, als sie ihren Willen verkündet hatte, sich in ein Kloster zurückzuziehen. Auch dieses Mal legte sie ein Gelübde ab, das Gelübde, ihr ganzes Leben lang froh zu sein. Es gibt Leute, die eben immerzu Gelübde ablegen. Würde sie dieses Gelübde besser halten als das vorige?

Alle anderen an der Tafel waren von heiterer Ungezwungenheit, wie Zuschauer es immer sind. Mir fehlte diese Ungezwungenheit völlig. Es war ein denkwürdiger Abend auch für mich. Meine Frau hatte bei Doktor Paoli erreicht, daß es mir an diesem Abend erlaubt sein sollte, zu essen und zu trinken wie alle anderen. Diese Freiheit war durch die Mahnung, daß sie mir schon am nächsten Tag wieder genommen würde, noch kostbarer geworden. Und ich benahm mich genauso wie die jungen Leute, denen man zum erstenmal den Hausschlüssel läßt. Ich aß und trank nicht aus Hunger oder Durst, sondern in der Gier nach Freiheit. Jeder Bissen, jeder Schluck sollte meine Unabhängigkeit demonstrieren. Ich öffnete den Mund weiter, als es nötig gewesen wäre, um die einzelnen Bissen hineinzuschieben, der Wein floß aus der Flasche in mein Glas, bis es überlief, und im nächsten Augenblick hatte ich es schon wieder geleert. Ich spürte einen Drang, mich zu bewegen, und obwohl ich wie festgenagelt auf meinem Stuhl saß, hatte ich das Gefühl, als liefe und spränge ich herum wie ein Hund, den man von der Kette gelassen hat.

Meine Frau verschlimmerte meinen Zustand noch, indem sie ihrer Nachbarin schilderte, welchen Diätvorschriften ich für gewöhnlich unterworfen war, während meine fünfzehnjährige Tochter Emma ihr zuhörte und sich wichtig machte, indem sie die Ausführungen ihrer Mutter noch hier und da ergänzte. Wollten sie mich unbedingt an die Kette erinnern, auch noch in dem Augenblick, in dem sie mir abgenommen worden war? Und alle meine Qualen wurden beschrieben: wie sie das bißchen Fleisch abwogen, das mir mittags erlaubt war, und ihm jeden Geschmack nahmen, und wie es abends nicht einmal mehr etwas abzuwiegen gab, da das Abendessen nur aus einem Brötchen mit einem Hauch von Schinken und einem Glas warmer Milch ohne Zucker bestand, von der mir fast übel wurde. Und während sie so sprachen, machte ich mir meine eigenen Gedanken über die Wissenschaft des Doktors und über ihre Liebe. Wenn mein Organismus wirklich so zerrüttet war, wie konnte man dann annehmen, daß er an diesem Abend – nur weil das Kunststück geglückt war, jemanden zu verheiraten, der es aus eigenem Antrieb nicht getan hätte – plötzlich soviel unverdauliches und schädliches Zeug vertragen würde? Beim Trinken bereitete ich mich auf die Rebellion des kommenden Tages vor. Die würden Augen machen!

Die anderen blieben beim Champagner, ich aber kehrte, nachdem ich einige Gläser getrunken hatte, um bei den verschiedenen Trinksprüchen Bescheid zu tun, zu dem einfachen Tischwein zurück, einem trockenen, sauberen istrischen Wein, den ein Freund des Hauses zu diesem Anlaß geschickt hatte. Ich liebte diesen Wein, wie man seine Erinnerungen liebt, und mißtraute ihm nicht, noch war ich überrascht, daß er, statt mir Heiterkeit und Vergessen zu schenken, den Zorn in meinem Herzen größer werden ließ.

Wie sollte ich auch nicht zornig sein? Man hatte mich eine scheußliche Zeit durchmachen lassen. Verängstigt und elend hatte ich jeden großzügigen Trieb in mir erstickt, um ihn durch Pillen, Tropfen und Pülverchen zu ersetzen. Kein Sozialismus mehr. Was ging es mich an, wenn Grund und Boden, entgegen jeder noch so einsichtigen Folgerung der Wissenschaft, weiterhin Gegenstand des Privatbesitzes blieben? Wenn deshalb so vielen das tägliche Brot und jenes Maß an Freiheit, das jeden Tag des Menschen verschönern sollte, versagt wurden? Hatte ich etwa das eine oder das andere?

An diesem seligen Abend versuchte ich, wieder der zu werden, der ich gewesen war. Als mein Neffe Giovanni, ein Riese, der gut zwei Zentner wiegt, mit seiner Stentorstimme gewisse Geschichtchen über seine Gerissenheit und die Einfältigkeit der anderen in geschäftlichen Dingen zu erzählen begann, fand ich in meinem Herzen den früheren Altruismus wieder. »Was wirst du tun«, schrie ich ihn an, »wenn der Kampf unter den Menschen kein Kampf ums Geld mehr sein wird?«

Für einen Augenblick verschlug es Giovanni die Sprache bei meiner unerwarteten, rigorosen Frage, die seine ganze Welt zu erschüttern drohte. Er starrte mich mit seinen durch die Brille vergrößerten Augen an. Er suchte in meinem Gesicht nach Erklärungen. Alle schauten ihn an und hofften, über eine seiner Antworten lachen zu können, Antworten eines ungebildeten, intelligenten Geldsacks mit einem naiven, aber boshaften Witz, der immer überrascht, obwohl er auch schon vor Sancho Pansa bekannt war; er gewann indessen Zeit, indem er sagte, der Wein trübe zwar allen den Blick für die Gegenwart, mir aber verneble er die Zukunft. Das war schon nicht schlecht, aber dann glaubte er, noch etwas Besseres gefunden zu haben, und brüllte: »Wenn niemand mehr ums Geld kämpfen wird, werde ich es ohne Kampf kriegen – alles, alles.« Man lachte viel, besonders darüber, wie er mehrere Male seine kräftigen Arme ausbreitete und dann wieder schloß, wobei sich die offenen Hände zu Fäusten ballten, als raffe er bereits das Geld zusammen, das ihm von allen Seiten her zuströmen müsse.

Die Debatte ging weiter, und keiner bemerkte, daß ich, wenn ich nichts redete, trank. Und ich trank viel und sagte wenig, ganz darauf bedacht, mein Inneres zu erforschen, um zu sehen, ob es sich endlich wieder mit Wohlwollen und Altruismus fülle. Es brannte ein wenig, dieses Innere. Doch es war ein Brennen, das sich später in eine milde Wärme verwandeln würde, in das Gefühl, wieder jung zu sein, das der Wein einem gibt, wenn auch leider nur für kurze Zeit.

Und während ich darauf wartete, rief ich Giovanni zu: »Wenn du das Geld kassierst, das die anderen ablehnen, werden sie dich ins Loch stecken.«

Aber Giovanni rief sofort zurück: »Dann werde ich die Wärter bestechen und die einsperren lassen, die kein Geld haben, um sie zu bestechen.«

»Aber mit Geld wird man dann keinen mehr bestechen können.«

»Und warum sollte man es mir dann nicht lassen?«

Ich geriet in maßlosen Zorn: »Wir werden dich aufhängen«, brüllte ich. »Du verdienst es nicht besser. Den Strick um den Hals und Gewichte an die Beine!«

Verblüfft brach ich ab. Mir schien, daß ich meinen Gedanken nicht richtig zum Ausdruck gebracht hatte. War ich denn wirklich so – ich? Nein, gewiß nicht. Ich überlegte: Wie konnte ich zu meiner Liebe zu allen lebenden Wesen zurückfinden, zu denen doch auch Giovanni gehören mußte? Ich lächelte ihm sofort zu, in einer ungeheuren Anstrengung, mich zu korrigieren, ihm zu verzeihen und ihn zu lieben. Aber er hinderte mich daran, denn er achtete überhaupt nicht auf mein wohlwollendes Lächeln und sagte, als resigniere er bei der Feststellung einer Ungeheuerlichkeit: »So ist es eben, alle Sozialisten enden in der Praxis als Henker.«

Er hatte mich besiegt, aber ich haßte ihn. Er zog mein ganzes Leben in den Schmutz, auch mein früheres, vor der Einmischung des Doktors, dem ich nachtrauerte, weil es in der Erinnerung so hell schien. Er hatte mich besiegt, weil er genau den Zweifel bloßlegte, der mich schon vor seinen Worten so geängstigt hatte.

Und gleich darauf traf mich eine neue Strafe.

»Wie gut er ausschaut«, sagte meine Schwester, wobei sie mich mit Wohlgefallen betrachtete, und das war eine unglückliche Bemerkung, denn kaum hatte meine Frau sie gehört, witterte sie auch schon die Möglichkeit, dieses übertriebene Wohlbefinden, das mir das Gesicht rötete, könnte in um so schlimmere Krankheit umschlagen. Sie erschrak, als hätte sie in diesem Augenblick jemand vor einer unmittelbaren Gefahr gewarnt, und fiel heftig über mich her: »Schluß jetzt, Schluß!« schrie sie. »Weg mit dem Glas!« Sie rief meinen Nachbarn zu Hilfe, einen gewissen Alberi, einen der längsten Männer der Stadt, mager, dürr und gesund, aber bebrillt wie Giovanni. »Seien Sie doch so gut und nehmen Sie ihm das Glas aus der Hand!« Und als sie sah, daß Alberi zögerte, wurde sie ganz wild vor Sorge und

Aufregung: »Herr Alberi, seien Sie doch so gut und nehmen Sie ihm das Glas weg!«

Ich wollte lachen, das heißt, ich sagte mir, daß ein gebildeter Mensch nun lachen müsse, aber es war mir unmöglich. Ich hatte die Rebellion erst für den nächsten Tag vorgehabt, es war nicht meine Schuld, wenn sie nun sofort ausbrach. Diese Zurechtweisung vor allen Leuten war wirklich beleidigend. Alberi, dem ich, meine Frau und all die Leute, die ihn mit Essen und Trinken traktierten, völlig gleichgültig waren, verschlimmerte meine Situation noch, indem er sie ins Lächerliche zog. Er schielte über die Brille hinweg auf das Glas, das ich fest umschlossen hielt, näherte sich ihm mit den Händen, als ob er es mir entreißen wolle, und zog sie dann schnell wieder zurück, als habe er Angst vor mir, der ich ihm ins Auge sah. Alle lachten auf meine Kosten, Giovanni wie üblich so laut, daß ihm die Luft wegblieb.

Meine Tochter Emma glaubte, die Mutter brauche ihre Hilfe. In einem Ton, der mir übertrieben flehend vorkam, sagte sie: »Papa, trink nicht mehr!«

Und auf diese Unschuldige entlud sich nun mein ganzer Zorn. Ich fuhr sie mit einem harten und drohenden Wort an, das mir vom Ressentiment des Alten und des Vaters diktiert wurde. Sofort standen ihr die Tränen in den Augen, und ihre Mutter kümmerte sich nicht mehr um mich, sondern wandte sich ganz ihr zu, um sie zu trösten.

Mein Sohn Ottavio, damals dreizehn, lief genau in dem Augenblick zu seiner Mutter. Er hatte nichts bemerkt, weder den Kummer der Schwester noch den Streit, der ihn hervorgerufen hatte. Er wollte um Erlaubnis bitten, am nächsten Abend mit einigen Freunden, die ihm das eben vorgeschlagen hatten, ins Kino zu gehen. Aber meine Frau, die ganz von ihrem Amt als Trösterin Emmas in Anspruch genommen war, hörte ihm nicht zu.

Ich wollte mich durch einen Akt der Autorität wieder aufrichten und schmetterte meine Erlaubnis: »Ja, natürlich, du gehst ins Kino. Das erlaube *ich* dir, und damit Schluß.« Ohne noch anderes hören zu wollen, kehrte Ottavio zu seinen Freunden zurück, nachdem er zu mir gesagt hatte: »Danke, Papa.« Schade, daß er gleich wieder fortlief. Wäre er bei uns geblieben, hätte mich der Anblick seiner Freude, die mein Machtwort bewirkt hatte, besänftigt.

Die gute Stimmung an unserem Tisch war für einige Augenblicke dahin, und ich hatte das Gefühl, auch der Braut gegenüber gefehlt zu haben, für die unsere ungetrübte Stimmung doch von guter Vorbedeutung sein sollte. Und dabei war sie die einzige, die meinen Kummer verstand, jedenfalls schien es mir so. Sie blickte mich geradezu mütterlich an, bereit, mir zu verzeihen und mich zu streicheln. Dieses Mädchen hatte immer den Anschein erweckt, als sei sie sich ihres Urteils völlig sicher. Wie damals, als sie nach dem Klosterleben strebte, glaubte sie sich auch jetzt allen überlegen, weil sie darauf verzichtet hatte. Nun erhob sie sich über mich, meine Frau und meine Tochter. Wir taten ihr leid, und ihre schönen grauen Augen richteten sich heiter gelassen auf uns, um zu ergründen, wo die Schuld liege, denn ihrer Meinung nach mußte, wo Schmerz war, auch eine Schuld zu finden sein.

Das erhöhte in mir noch den Groll gegen meine Frau, deren Verhalten uns diese Demütigung zugezogen hatte. Es machte uns allen, auch den Armseligsten an dieser Tafel, unterlegen. Dort unten, am Tischende, hatten sogar die Kinder meiner Schwägerin aufgehört zu schwatzen und kommentierten mit zusammengesteckten Köpfen den Vorfall. Ich packte mein Glas, im Zweifel, ob ich es leeren oder an die Wand oder gar gegen das Fenster auf der anderen Seite schleudern sollte. Schließlich leerte ich es in einem Zug. Das war der energischste Akt, weil er meine Unabhängigkeit demonstrierte. Mir schien es der beste Wein, den ich an diesem Abend getrunken hatte. Ich verlängerte den Akt, indem ich mir noch einmal einschenkte und noch einmal einen Schluck trank. Aber die Freude wollte sich nicht einstellen, und das ganze übersteigerte Leben, das inzwischen meinen Organismus durchströmte, war Groll. Mir kam eine merkwürdige Idee. Meine Rebellion allein genügte nicht, um all die Verworrenheit aufzulösen. Sollte ich nicht auch der Braut vorschlagen, mit mir zu rebellieren? Zum Glück lächelte sie gerade in diesem Augenblick zärtlich dem Mann zu, der vertrauensvoll neben ihr saß. Und ich dachte: Sie hat noch keine Ahnung und glaubt, sie wisse, worauf es ankommt.

Ich entsinne mich noch, daß Giovanni sagte: »Laßt ihn doch trinken, der Wein ist die Milch der Alten.« Ich blickte ihn an und verzog mein Gesicht zu einem Lächeln, aber es gelang mir nicht, ihn zu mögen. Ich wußte, daß es ihm nur um die gute Stimmung ging und daß er mich besänftigen wollte wie ein ungezogenes Kind, das eine Zusammenkunft von Erwachsenen stört.

Ich trank danach wenig und nur dann, wenn sie zu mir herschauten, und sagte kein Sterbenswörtchen mehr. Überall um mich herum war fröhliches Gekreische, und es ging mir auf die Nerven. Ich hörte nicht zu, aber es war schwierig, wegzuhören. Alberi und Giovanni waren sich in die Haare geraten, und es machte allen Spaß zu sehen, wie sich der Dicke mit dem Mageren herumschlug. Um was es ging, weiß ich nicht, aber ich hörte vom einen wie vom anderen ziemlich heftige Worte. Ich sah, wie Alberi dastand, sich zu Giovanni hinüberbeugte und seine Brille fast bis über die Tischmitte schob, ganz nahe an den Gegner heran; der streckte seine zwei Zentner zwanzig bequem in einem Liegestuhl aus, den man ihm nach dem Essen zum Spaß hingestellt hatte, und musterte Alberi mit dem Blick des guten Fechters, als überlege er, wohin er den Stoß richten solle. Aber auch Alberi machte keine üble Figur, so dürr und dennoch gesund, wie er war, beweglich und munter.

Und ich entsinne mich auch der Glückwünsche und des endlosen Abschiednehmens beim Aufbruch. Die Braut küßte mich mit einem Lächeln, das mir immer noch mütterlich erschien. Zerstreut nahm ich diesen Kuß entgegen. Ich überlegte, wann es mir vergönnt sein würde, ihr etwas von diesem Leben zu erklären.

Plötzlich wurde, von irgend jemandem, ein Name genannt, der Name einer Freundin meiner Frau und einer ehemaligen Freundin von mir: Anna. Ich weiß nicht von wem noch in welchem Zusammenhang, aber ich weiß, daß es der letzte Name war, den ich hörte, ehe ich von der Tischgesellschaft in Ruhe gelassen wurde. Seit Jahren pflegte ich Anna oft bei meiner Frau zu sehen und mit der Freundschaftlichkeit und Gleichgültigkeit von Leuten zu begrüßen, die keinen Grund haben, sich dagegen zu verwahren, daß sie in derselben Stadt und in derselben Epoche geboren wurden. Doch jetzt fiel mir ein, daß sie vor vielen Jahren Opfer meines einzigen Liebesdelikts gewesen war. Ich hatte ihr fast bis zu dem Tag, an dem ich meine Frau heiratete, den Hof gemacht. Aber dann hatte niemand mehr über meinen Verrat gesprochen, der so abrupt gewesen war, daß ich nicht einmal versucht hatte, ihn auch nur mit einem einzigen Wort zu beschönigen, denn bald darauf hatte auch sie sich verheiratet und war sehr glücklich geworden. Sie war nicht zu unserem Essen gekommen, weil sie wegen einer leichten Grippe das Bett hüten mußte. Nichts Ernstes. Seltsam und beängstigend war dagegen, daß ich mich jetzt an mein Liebesdelikt erinnerte, das nun mein ohnehin schon beunruhigtes Gewissen bedrückte. Ich hatte geradezu das Gefühl, daß in diesem Augenblick mein altes Delikt bestraft werden sollte. Von seinem Lager aus, das aller Wahrscheinlichkeit das einer Genesenden war, hörte ich mein Opfer beteuern: »Wenn es eine Gerechtigkeit gibt, darfst du nicht glücklich sein.« Tief bedrückt ging ich in mein Schlafzimmer. Ich war ein wenig verwirrt, denn es erschien mir nicht gerecht, daß nun meine Frau dazu ausersehen sein sollte, die zu rächen, die sie selbst verdrängt hatte.

Emma kam, mir gute Nacht zu sagen. Lächelnd, rosig, frisch. Die Tränen in ihren Augen waren der Lebensfreude gewichen, wie es bei allen gesunden und jungen Organismen der Fall ist. Seit einiger Zeit verstand ich mich auf die Seelen meiner Mitmenschen, und meine Tochter war durchsichtig wie klares Wasser. Mein Wutausbruch hatte ihr vor aller Augen Wichtigkeit verliehen, das genoß sie in voller Naivität. Ich gab ihr einen Kuß, und ich bin sicher, dabei gedacht zu haben, daß es ein Glück für mich sei, sie so heiter und zufrieden zu finden. Gewiß, um sie zu erziehen, wäre es meine Pflicht gewesen, ihr vorzuhalten, daß sie es mir gegenüber an Respekt habe fehlen lassen. Aber ich fand nicht die richtigen Worte und schwieg. Sie ging, und von meinem Versuch, diese Worte zu finden, blieb nichts als Beunruhigung, als Verwirrung und Anstrengung, die ich nicht gleich wieder loswurde. Um mich zu beruhigen, dachte ich: Ich werde morgen mit ihr sprechen. Ich werde ihr meine Gründe auseinandersetzen. Doch es nützte nichts. Ich hatte sie gekränkt, und sie hatte mich gekränkt. Aber es war eine neue Kränkung, daß sie nicht mehr daran dachte, während ich noch immer daran dachte.

Auch Ottavio kam zum Gutenachtsagen. Ein seltsamer Junge. Er sagte mir und seiner Mutter gute Nacht, als ob er uns kaum sähe. Er war schon wieder draußen, als ich hinter ihm herrief: »Freust du dich aufs Kino?« Er blieb stehen, versuchte sich zu erinnern, und ehe er weiterrannte, sagte er trocken: »Ja.« Er war sehr müde.

Meine Frau streckte mir die Pillenschachtel hin. »Sind es die?« fragte ich mit kaltem Schweiß auf der Stirn.

»Ja, gewiß«, sagte sie freundlich. Sie blickte mich forschend an, und da sie nicht klug aus mir wurde, fügte sie zögernd hinzu: »Ist dir nicht wohl?«

»Doch, doch«, beteuerte ich entschlossen, während ich mir einen Stiefel auszog. Und genau in diesem Augenblick fing mein Magen entsetzlich zu brennen an. »Das war es, was sie wollte«, dachte ich mit einer Logik, die mir erst jetzt zweifelhaft erscheint.

Ich schluckte die Pille mit etwas Wasser und spürte eine leichte Linderung. Mechanisch küßte ich meine Frau auf die Wange. Es war ein Kuß, wie er zu den Pillen paßte. Ich konnte ihn mir nicht ersparen, wenn ich Diskussionen und Erklärungen vermeiden wollte. Aber ich konnte mich auch nicht dem Schlaf überlassen, ohne in dem Kampf, der für mich noch nicht zu Ende war, Stellung bezogen zu haben, und während ich mich im Bett ausstreckte, sagte ich: »Ich glaube, die Pillen würden besser wirken, wenn man sie mit Wein nähme.«

Sie löschte das Licht, und bald verkündete mir ihr regelmäßiger Atem, daß sie ein ruhiges Gewissen hatte, das heißt also, dachte ich sofort, daß ihr alles, was mich betraf, vollkommen gleichgültig war. Ich hatte sehnsüchtig auf diesen Augenblick gewartet, und sofort sagte ich mir, daß ich nun endlich die Freiheit hätte, so geräuschvoll zu atmen, wie es mein körperlicher Zustand zu erfordern schien, oder sogar zu schluchzen, wie ich es in meiner Niedergeschlagenheit gern getan hätte. Aber in dieser Freiheit wurde der Kummer erst zu einem richtigen Kummer. Überhaupt war das gar keine Freiheit. Wie sollte ich dem Zorn Luft machen, der in mir tobte? Ich konnte nichts weiter tun als darüber brüten, was ich am nächsten Tag zu meiner Frau und zu meiner Tochter sagen würde: »Seid ihr nur dann um meine Gesundheit besorgt, wenn es darum geht, mich vor allen bloßzustellen?« So war es doch auch. Ich quälte mich hier einsam in meinem Bett, und sie schliefen seelenruhig. Dieses Brennen! Es hatte einen großen Teil meines Organismus ergriffen, es brannte bis zur Kehle hinauf. Auf dem Tischchen neben dem Bett mußte die Wasserflasche stehen, und ich streckte die Hand danach aus. Aber ich stieß an das leere Glas, und das leichte Klirren genügte, um meine Frau zu wecken. Die schläft ja immer mit einem offenen Auge.

»Ist dir nicht wohl?« fragte sie mit leiser Stimme. Sie war nicht sicher, ob sie richtig gehört hatte, und wollte mich nicht wecken. Soviel erriet ich, aber ich unterstellte ihr die eigensinnige Absicht, sich über dieses Unwohlsein zu freuen, das natürlich nur wieder der Beweis war, daß sie recht gehabt hatte. Ich verzichtete auf das Wasser und legte mich ganz sachte wieder zurück. Sogleich fiel sie von neuem in ihren leichten Schlaf, der es ihr gestattete, mich zu überwachen.

Kurz und gut, wenn ich in dem Kampf mit meiner Frau nicht unterliegen wollte, mußte ich schlafen. Ich schloß die Augen und legte mich zusammengekrümmt auf die Seite. Sofort mußte ich diese Stellung wieder aufgeben. Ich blieb jedoch hartnäckig und öffnete die Augen nicht. Aber in jeder Stellung hatte ein Teil meines Körpers zu leiden. Ich dachte: Mit einem solchen Körper kann man nicht schlafen. Ich war ganz wach, ganz Bewegung. Wer läuft, kann nicht an Schlaf denken. Von diesem Laufen kam mein Keuchen und das Stampfen meiner Schritte im Ohr, wie schwere Stiefel. Ich dachte, daß ich mich vielleicht zu behutsam im Bett bewegte, um auf einen Schlag und mit allen Gliedern die richtige Lage finden zu können. Man durfte sie nicht suchen. Man mußte alles von selbst den seiner Form gemäßen Platz finden lassen. Ich warf mich heftig herum. Sofort hörte ich meine Frau murmeln: »Fühlst du dich nicht wohl?« Hätte sie andere Worte gebraucht, hätte ich geantwortet und sie um Hilfe gebeten. Aber auf diese Worte, die kränkend auf unseren Streit anspielten, wollte ich nicht antworten.

Sich ruhig zu halten konnte doch nicht so schwer sein. Warum sollte es schwierig sein zu liegen, wirklich im Bett zu liegen? Ich sah all die großen Schwierigkeiten vor mir, auf die wir in dieser Welt stoßen, und fand, daß es im Vergleich dazu wirklich ein Nichts sei, untätig dazuliegen. Jedes Luder kann doch stilliegen. In meiner Entschlossenheit erfand ich eine zwar komplizierte, aber unglaublich zweckmäßige Stellung. Ich schlug die Zähne in den oberen Teil des Kopfkissens und krümmte mich derart, daß auch die Brust auf dem Kissen lag, während das rechte Bein aus dem Bett hing und fast den Boden berührte, das linke aber auf dem Bett erstarrte und mich daran festnagelte. Ja. Ich hatte ein neues System entdeckt. Nicht ich hielt mich am Bett fest, sondern das Bett sich an mir. Und diese Überzeugung von meiner Untätigkeit bewirkte, daß ich nicht aufgab, auch als die Beklemmung zunahm. Als ich schließlich nachgeben mußte, tröstete mich der Gedanke, daß ein Teil dieser furchtbaren Nacht vorbei sei, und ich wurde auch dadurch belohnt, daß ich mich, nachdem ich mich vom Bett befreit hatte, erleichtert fühlte wie ein Ringer, der sich der Umklammerung des Gegners entwunden hat.

Ich weiß nicht, wie lange ich dann ruhig lag. Ich war müde. Verwundert bemerkte ich hinter meinen geschlossenen Lidern einen seltsamen Schein, lodernde Flammen, die mir von dem Brand herzurühren schienen, den ich in meinem Inneren fühlte. Es waren keine wirklichen Flammen, sondern Farben, die Flammen vortäuschten. Sie beruhigten sich dann und schlossen sich zu runden Formen zusammen, zu Tropfen einer zähen Flüssigkeit, die bald alle in sanftes Blau übergingen, aber noch von einer leuchtendroten Linie umrandet waren. Sie kamen von einem Punkt hoch oben, wurden länger, und nachdem sie sich losgelöst hatten, verschwanden sie in der Tiefe. Ich war es, der zuerst dachte, daß diese Tropfen mich sehen könnten. Und sofort verwandelten sie sich, um mich besser zu sehen, in lauter kleine Augen. Während sie sich beim Sturz in die Länge zogen, bildete sich in ihrem Zentrum ein kleiner Kreis, der, indem er den blauen Schleier verlor, ein wirkliches, boshaftes und übelwollendes Auge freilegte. Ich war geradezu verfolgt von einer Menge, die mir übelwollte. Ich wehrte mich in meinem Bett, stöhnend und ächzend: »Mein Gott!«

»Ist dir nicht wohl?« fragte meine Frau sofort.

Es muß einige Zeit vergangen sein, ehe ich antwortete. Aber dann merkte ich, daß ich nicht mehr in meinem Bett lag, sondern mich daran festklammerte, weil es sich in einen Abhang verwandelt hatte, den ich hinabrutschte. Ich schrie: »Mir ist gar nicht wohl, mir ist hundeelend!«

Meine Frau hatte eine Kerze angezündet und stand in ihrem rosa Nachthemd neben mir. Das Licht beruhigte mich, ja, ich hatte das deutliche Gefühl, geschlafen zu haben und erst jetzt aufgewacht zu sein. Das Bett hatte sich wieder geradegerichtet, und ich lag ohne Mühe darin. Ich sah meine Frau überrascht an, denn nun, da ich wußte, daß ich geschlafen hatte, war ich nicht mehr sicher, sie um Hilfe gerufen zu haben. »Was willst du?« fragte ich.

Sie sah mich verschlafen und müde an. Mein Ruf hatte genügt, sie aus dem Bett zu schrecken, aber nicht, ihr das Verlangen nach Schlaf zu nehmen, so daß sie nicht einmal mehr Wert darauf legte, recht zu haben. Um es kurz zu machen, fragte sie: »Willst du von den Tropfen, die der Doktor dir zum Schlafen verschrieben hat?«

Ich zögerte, sosehr es mich auch nach einer Erleichterung verlangte. »Wenn du willst«, sagte ich und bemühte mich, nur resigniert zu erscheinen. Die Tropfen nehmen hieß ja noch nicht zugeben, daß einem nicht wohl war.

Dann kam ein Moment tiefen Friedens. Er dauerte so lange, wie meine Frau in ihrem rosa Hemd beim schwachen Schein der Kerze neben mir stand, um die Tropfen abzuzählen. Das Bett war ein richtiges horizontales Bett, und es genügte, die Lider zu schließen, um jedes Licht auszulöschen. Aber von Zeit zu Zeit öffnete ich sie wieder, und dieses Licht und das Rosa des Hemds schenkten mir nicht weniger Trost als das völlige Dunkel. Doch sie wollte ihren Beistand auch nicht um eine Minute verlängern, und ich wurde in die Nacht zurückgeworfen, um allein um Frieden zu kämpfen.

Ich erinnerte mich, wie ich mich als junger Mann, um rascher einschlafen zu können, gezwungen hatte, an eine häßliche Alte zu denken, die mich jene schönen Gaukelbilder vergessen ließ, die mich bedrängten. Jetzt dagegen durfte ich gefahrlos die Schönheit beschwören, sie würde mir sicher helfen. Das war der Vorteil – der einzige – des Alters. Und ich dachte, indem ich ihre Namen aufzählte, an verschiedene schöne Frauen, Sehnsüchte meiner Jugend, aus einer Zeit, in der es unglaublich viele schöne Frauen gegeben hatte. Aber sie kamen nicht. Nicht einmal jetzt erhörten sie mich. Und ich ließ nicht ab von meinem Bemühen, sie heraufzubeschwören, bis aus der Nacht eine einzige schöne Gestalt aufstieg: Anna, Anna, genau wie sie vor so vielen Jahren gewesen war; aber das Gesicht, das schöne, rosige Gesicht trug einen Ausdruck von Schmerz und Vorwurf. Denn sie wollte mir nicht den Frieden bringen, sondern das schlechte Gewissen. Das war klar. Und da sie nun einmal da war, begann ich mit ihr zu debattieren. Ich hatte sie verlassen, aber sie hatte sofort einen anderen geheiratet, was nur recht und billig war. Doch dann hatte sie ein Mädchen zur Welt gebracht, das jetzt fünfzehn war und ihr in der zarten Tönung der Haut, im Gold des Haares und dem Blau der Augen glich, deren Gesicht jedoch durch die Einmischung des Vaters, den man ihr ausgesucht hatte, entstellt war: die sanften Wellen des Haars waren zu krausen Löckchen geworden, sie hatte breite Wangen, einen großen Mund und übermäßig dicke Lippen. Doch die Farben der Mutter waren in dieser Vermischung mit den Zügen des Vaters wie ein schamloser Kuß vor aller Welt. Was wollte sie jetzt von mir, nachdem sie sich mir so oft mit dem Gatten verbunden gezeigt hatte?

Und zum erstenmal an diesem Abend glaubte ich, gesiegt zu haben. Anna wurde milder, fast als sähe sie es ein. Und nun mißfiel mir ihre Gesellschaft auch nicht mehr. Sie konnte bleiben. Und beim Einschlafen bewunderte ich sie, die Schöne und Gute, die nun von mir Überzeugte. Bald war ich entschlummert.

Ein gräßlicher Traum. Ich befand mich in einem komplizierten Bau, den ich aber sofort durchschaute, als wäre ich ein Teil davon. Eine weite Grotte, roh, ohne jeden phantastischen Zierat, wie die Laune der Natur ihn in den Grotten hervorbringt, und daher sicher ein Werk von Menschenhand; eine dunkle Grotte, in der ich auf einem hölzernen Dreifuß neben einem Glasschrein saß, den schwach ein Licht erhellte, das mir von ihm auszugehen schien, das einzige Licht, das in dem weiten Raum war und ausreichte, mich, eine Wand aus rohen Steinblöcken und darunter einen betonierten Sockel zu beleuchten. Wie ausdrucksvoll sind doch die Bauwerke des Traums! Man wird sagen, sie sind es, weil sie der, der sie entworfen hat, mühelos durchschaut, und das stimmt. Aber das Überraschende ist, daß der Architekt nicht weiß, daß er sie geschaffen hat, und sich, wenn er wach ist, nicht einmal mehr daran erinnert; und wenn er an jene Welt zurückdenkt, aus der er aufgetaucht ist und in der die Bauwerke so leicht emporsteigen, mag er sich wundern, daß man dort alles ohne ein einziges Wort versteht.

Ich wußte sofort, daß diese Grotte von einigen Männern erbaut worden war, die sie für eine von ihnen erfundene Kur verwendeten, eine Kur, die für einen der Eingeschlossenen (viele mußten sich dort unten im Dunkel befinden) tödlich sein mußte, für alle anderen aber heilbringend. Genau so! Eine Art Religion, die ein Sühneopfer erforderte, und das überraschte mich natürlich nicht.

Noch leichter war zu erraten, daß ich, den man so nahe neben den Glasschrein gesetzt hatte, in dem das Opfer ersticken sollte, ausersehen war, zum Nutzen aller anderen zu sterben. Und ich fühlte bereits die Schmerzen des furchtbaren Todes, der mich erwartete. Ich atmete schwer, der Kopf tat mir weh und hatte ein solches Gewicht, daß ich ihn mit den Händen stützte, die Ellbogen auf den Knien.

Plötzlich sprachen einige Menschen, die sich in der Dunkelheit verborgen hielten, all das aus, was ich schon wußte. Meine Frau redete als erste: »Beeil dich, der Doktor hat gesagt, daß du es bist, der in den Schrein da muß.« Das erschien mir schmerzlich, aber ganz logisch. Daher widersprach ich nicht, sondern tat so, als ob ich nicht hörte. Und ich dachte: Die Liebe meiner Frau ist mir schon immer töricht vorgekommen. Viele andere Stimmen riefen gebieterisch: »Wollen Sie endlich gehorchen?« Unter diesen Stimmen hörte ich deutlich die von Doktor Paoli heraus. Ich konnte nicht widersprechen, aber ich dachte: Er tut es, weil er dafür bezahlt wird.

Ich hob den Kopf, um noch einmal den Glasschrein zu betrachten, der mich erwartete. Da entdeckte ich, daß die Braut auf dem Deckel saß. Auch an diesem Ort bewahrte sie ihre unveränderliche Miene ruhiger Sicherheit. Ehrlich gesagt, ich verachtete diese Gans, aber ich merkte sofort, daß sie für mich sehr wichtig war. Darauf wäre ich auch im realen Leben gekommen, wenn ich sie auf dem Instrument hätte sitzen sehen, das dazu dienen sollte, mich zu töten. Und nun schaute ich sie schwanzwedelnd an. Ich kam mir vor wie eines jener winzigen Hündchen, die sich schwanzwedelnd durchs Leben schlagen. Eine Schmach!

Aber die Braut sprach. Ohne jede Erregung, als wäre es die natürlichste Sache von der Welt, sagte sie: »Onkel, der Schrein ist für Euch.«

Ich mußte allein um mein Leben kämpfen. Auch das erriet ich. Ich hatte das Gefühl, eine gewaltige Anstrengung vollbringen zu können, ohne daß jemand es merkte. Genau wie ich vorher eine Kraft in mir gespürt hatte, die mich in die Lage versetzte, ohne zu sprechen meinen Richter für mich zu gewinnen, so entdeckte ich nun in mir eine Kraft, ich weiß nicht, was es war, zu kämpfen, ohne mich zu bewegen, und damit meine Gegner ohne Vorwarnung zu überfallen. Und die Anstrengung führte sofort zum Erfolg. Denn schon saß Giovanni, der dicke Giovanni, in dem leuchtenden Glasschrein, auf einem Holzschemel, ähnlich dem meinen, und in der gleichen Stellung wie ich. Er saß vornübergebeugt, da der Schrein zu niedrig war, und hielt die Brille in der Hand, damit sie ihm nicht von der Nase fiel. Aber so machte er ein wenig den Eindruck, als ob er dabei wäre, einen Handel abzuschließen, und die Brille nur abgenommen hätte, um, ohne etwas zu sehen, besser nachdenken zu können. Und tatsächlich dachte er, obwohl schweißgebadet und schon schwer atmend, nicht an den nahen Tod, sondern war voller Bosheit, wie seine Augen verrieten, in denen ich den Entschluß zur gleichen Anstrengung las, die ich kurz zuvor unternommen hatte. Deshalb konnte ich auch kein Mitleid mit ihm haben, sondern fürchtete mich vor ihm.

Auch Giovannis Anstrengung hatte Erfolg. Kurz darauf saß Alberi, der lange, magere, gesunde Alberi, statt seiner im Schrein, in der gleichen Stellung wie Giovanni, die für ihn wegen seiner Körpermaße aber noch schlimmer war. Er war regelrecht zusammengeklappt und hätte sicherlich mein Mitleid erregt, wenn nicht auch bei ihm außer der Atemnot eine große Bosheit zu erkennen gewesen wäre. Er sah mich mit einem tückischen Lächeln von unten herauf an, wissend, daß es nur von ihm abhing, ob er in diesem Schrein sterben mußte oder nicht.

Vom Schrein herunter fing die Braut wieder zu reden an: »Jetzt ist die Reihe sicher an Euch, Onkel.« Sie betonte die Worte mit großer Pedanterie. Und ihre Worte wurden von einem anderen Ton begleitet, weit weg, hoch oben. Aus diesem langgezogenen Ton, der von einer Person herrührte, die sich eilig entfernte, erkannte ich, daß die Grotte in einem steilen Gang endete, der an die Erdoberfläche führte. Es war nur ein Zischen, aber ein Zischen der Zustimmung, und es kam von Anna, die mir noch einmal ihren Haß kundtat. Sie hatte nicht den Mut, ihn in Worte zu kleiden, weil ich sie tatsächlich überzeugt hatte, daß sie mir gegenüber schuldiger war als ich ihr gegenüber. Aber die Überzeugung vermag nichts, wenn es sich um Haß handelt.

Ich war von allen verurteilt. Fern von mir, irgendwo in der Grotte, gingen inzwischen meine Frau und der Arzt auf und ab, und ich erriet, daß meine Frau gereizt aussah. Sie gestikulierte heftig mit den Händen und zählte alle meine Missetaten auf: der Wein, das Essen und meine grobe Art gegen sie und meine Tochter.

Ich fühlte mich durch Alberis triumphierend auf mich gerichteten Blick zum Schrein hingezogen. Ich rutschte langsam mit meinem Schemel näher, immer nur um wenige Millimeter, aber ich wußte, wenn ich bis auf einen Meter heran wäre (so wollte es das Gesetz), würde ich mich mit einem einzigen Satz darin eingeschlossen finden und nach Luft schnappen.

Aber es gab noch eine Hoffnung auf Rettung. Giovanni, der sich von der Anstrengung seines harten Kampfes völlig erholt hatte, war neben dem Schrein erschienen, den er nicht mehr zu fürchten brauchte, weil er schon drinnen gewesen war (auch das war dort unten Gesetz). Er stand aufrecht im vollen Licht und sah bald Alberi an, der nach Luft schnappte und drohte, bald mich, der ich mich langsam näherte.

Ich schrie: »Giovanni! Hilf mir, ihn drinzuhalten ... ich geb' dir Geld!« Die ganze Grotte hallte wider von meinem Schrei, und es klang wie Hohngelächter. Ich begriff. Es war umsonst zu bitten. Im Schrein mußte nicht der sterben, der zuerst hineingesteckt worden war, auch nicht der zweite, sondern der dritte. Auch das war ein Gesetz der Grotte, das mich, wie alle anderen dieser Gesetze, zugrunde richtete. Außerdem war es hart, einsehen zu müssen, daß das Gesetz nicht erst in diesem Augenblick gemacht worden war, um ausgerechnet mir zu schaden. Auch es entstammte dieser Dunkelheit und diesem Licht. Giovanni antwortete nicht einmal, sondern zuckte die Achseln, um mir sein Bedauern anzudeuten, daß er mich nicht retten oder mir die Rettung verkaufen könne.

Und da schrie ich noch einmal: »Wenn es nicht anders geht, nehmt meine Tochter. Sie schläft hier nebenan. Es wird leicht sein.» Auch diese Schreie wurden von einem gewaltigen Echo zurückgeworfen. Ich war davon betäubt, aber ich schrie wieder, um meine Tochter zu rufen: »Emma, Emma, Emma!»

Und tatsächlich: aus der Tiefe der Grotte erreichte mich Emmas Antwort, der Klang ihrer noch so kindlichen Stimme: »Hier bin ich, Papa, hier bin ich.«

Mir schien, sie habe nicht sofort geantwortet. Dann gab es eine heftige Erschütterung, die ich meinem Sprung in den Schrein zuschreiben zu müssen glaubte. Ich dachte noch: Daß dieses Mädchen immer trödeln muß, wenn es ums Gehorchen geht! Diesmal wurde mir ihre Trödelei zum Verhängnis, und ich war voll Groll.

Ich wachte auf. Das war die Erschütterung gewesen. Der Sprung von einer Welt in die andere. Ich hing mit Kopf und Oberkörper über dem Bettrand und wäre aus dem Bett gefallen, wenn meine Frau nicht herbeigeeilt wäre, um mich zu halten. Sie fragte: »Hast du geträumt?« Und dann, gerührt: »Du hast nach deiner Tochter gerufen. Siehst du, wie lieb du sie hast!«

Ich war zuerst geblendet von dieser Wirklichkeit, in der mir alles entstellt und verfälscht erschien. Und ich sagte zu meiner Frau, die doch auch alles wissen sollte: »Wie werden unsere Kinder uns je verzeihen können, daß wir ihnen dieses Leben gegeben haben?«

Doch sie, in ihrer Einfalt, sagte: »Unsere Kinder sind glücklich, daß sie leben.«

Das Leben, das ich in diesem Augenblick als das wahre empfand, nämlich das Leben des Traums, hielt mich noch immer in seinem Bann, und davon wollte ich Zeugnis ablegen: »Weil sie noch nichts wissen.«

Aber dann verstummte ich und hing meinen Gedanken nach. Im Fenster neben meinem Bett wurde es hell, und in diesem Licht fühlte ich sofort, daß ich den Traum nicht erzählen durfte, weil ich seine Schmach verbergen mußte. Aber schon bald, während das Sonnenlicht kühl und sanft und doch gebieterisch weiter ins Zimmer drang, empfand ich diese Schmach überhaupt nicht mehr. Es war nicht mein Leben, das Leben des Traums, und ich war nicht derjenige, der mit dem Schwanz wedelte und, um sich selbst zu retten, bereit war, die eigene Tochter zu opfern.

Ich mußte jedoch die Rückkehr in jene schreckliche Grotte vermeiden. Und so kam es, daß ich fügsam wurde und mich bereitwillig der Diät des Doktors unterwarf. Aber sollte ich je – ohne meine Schuld, also nicht wegen übermäßigen Trinkens, sondern in den letzten Fieberschauern – in jene Grotte zurückkehren müssen, würde ich sofort in den Glasschrein springen, falls es ihn gibt, um nicht mit dem Schwanz zu wedeln und Verrat zu üben.

Luigi Pirandello

Eine ideale Ehe

Bevor Poldo Carega, Ingenieur oder – wie er sich auf seiner Visitenkarte nannte – »Unternehmer öffentlicher Arbeiten«, aufgrund ich weiß nicht mehr welchen Auftrags nach Rumänien ging, pflegte er, die behaarten Tatzen gegen seine herkulische Brust pressend, zu sagen:

»Ich bin der Kontinent!«

Und, indem er die Arme um den Hals von Frau und Tochter legte:

»Und das meine Inseln!«

Denn seine Frau war in Sizilien, seine Tochter in Sardinien geboren.

Aber als er nach etwa vier Jahren nach Italien zurückkehrte, mußte er feststellen, daß eine der beiden Inseln, Sardinien (das heißt, seine Tochter Margherita), die Proportionen Rußlands – aber wer spricht hier von Rußland: Europas, ja geradezu des Globus angenommen hatte.

Armer Poldo Carega: es war, als habe man ihn schmählich verraten! Zuerst tat er nichts anderes, als starr vor Verwunderung seine Tochter von oben bis unten anzusehen:

»O Gott, Margherita, was ist aus dir geworden?«

Dann wandte er sich gegen seine Frau, als sei es ihre Schuld, daß das Mädchen so in die Länge und Breite gegangen war; und er geriet in eine solche Wut, daß er den Verstand zu verlieren schien.

Die Frau seufzte in ratloser Niedergeschlagenheit:

»Aber ich hab' dir's doch geschrieben, mein Poldo, immer und immer wieder geschrieben! Fast in jedem Brief hab' ich dir's geschrieben!«

Ja, sie hatte es ihm in der Tat wieder und wieder geschrieben; aber wie hätte Poldo Carega ihr bis zu diesem Grad Glauben schenken sollen? Aus der Ferne hatte er dieses ans Wunder grenzende Wachstum der Tochter für eine der gewöhnlichen Übertreibungen seiner Frau gehalten.

»Ach ja, Übertreibungen! Ich weiß schon, für dich bin immer ich diejenige, die übertreibt!«

Die Auffassung, die sich nicht nur ihr Mann, sondern alle von ihr zu eigen gemacht hatten, daß sie nämlich übertreibe, war ein alter Kummer Frau Rossanas. Schuld daran war, wie sie glaubte, das ihrer ganzen Familie gemeinsame Mißgeschick: die übermäßige Größe.

Über ihre eigene Statur empfand Frau Rossana einen bitteren, quälenden Ärger, denn sie hinderte sie, ihrem innersten Bedürfnis entsprechend ein sentimentales Schmeichelkätzchen zu sein. So lang aufgeschossen, zart und kraftlos, wie sie war, hatte sie viel zu leiden; aber niemand wollte an ihre Mattigkeiten glauben, und alle antworteten ihr lächelnd:

»Nun übertreiben Sie mal nicht, Frau Rossana!«

»Da, schau sie dir nur an! Glaubst du jetzt immer noch, daß ich übertreibe?«

Dabei wies Frau Rossana empört auf ihre Tochter, die fürwahr eine Übertreibung war.

Margherita blickte inzwischen weinend auf den Vater, der an sie heran, oder besser, unter sie herangetreten war, um festzustellen, wie weit sie über ihn hinausgewachsen sei.

Mindestens um eineinhalb Handbreit! Aber man hätte ihr doppelt so viel zugestanden; denn es war nicht nur die Größe; oder vielmehr: die Größe an und für sich wäre nicht einmal so sehr aufgefallen, wenn sie sich nicht mit einer ungewöhnlichen Dicke, mit dem eindrucksvollen Volumen der Wangen, des Doppelkinns, des Busens und der mächtigen Hüften gepaart hätte.

In dem erstickenden Überschwang all dieses Fleisches taten sich jedoch wie bestürzt zwei klare und helle Kinderaugen auf, die Pein und Furcht zugleich erregten. Die gleiche Pein, die gleiche Furcht, die wohl ihre eigene Seele diesem gewaltigen Körper gegenüber empfand. Im selben Maß, wie dieser gewachsen war, bis er zuletzt jene ungeheuerlichen Proportionen angenommen hatte, mußte ihre erschrockene Seele klein und kleiner geworden sein und immer von einem schüchternen Verlangen heimgesucht, die kleinen, freundlich-zarten Dinge zu berühren, doch zugleich von der Angst, sie unter den riesigen Händen zu zerdrücken und fast verschwinden zu lassen.

Margherita aß wie ein Vögelchen, ja man konnte sagen, daß sie beinahe überhaupt nichts mehr aß. Aber es nützte nichts! Seit mehr als zwei Jahren ging sie nicht mehr aus dem Haus, da alle auf der Straße sich umwandten und sie verwundert betrachteten. Zu Hause aber saß sie fast immer, um sich selbst den Eindruck ihrer Größe zu ersparen, die ihr alle Gegenstände im Zimmer klein und niedrig erscheinen ließ. Natürlich hatte dieser Mangel an Bewegung sie immer dicker und schwerer werden lassen; aber sie hatte sich nun schon mit ihrem Mißgeschick abgefunden; um nichts mehr mochte sie sich sorgen; an manchen Tagen kämmte sie sich nicht einmal, sondern blieb untätig liegen und las oder betrachtete ihre Fingernägel ...

Poldo Carega, der vor der Abreise nach Rumänien ein lärmender und heißblütiger Bruder Lustig gewesen war, wurde unmittelbar nach seiner Rückkehr still und finster wie ein Leichenbegängnis. Ich besuchte ihn wenige Tage später, um über geschäftliche Dinge mit ihm zu verhandeln; aber er wollte mich nicht einmal anhören.

»Was soll mir jetzt noch an meinen Geschäften liegen!« rief er kopfschüttelnd aus. »Ich habe mit allem abgeschlossen, mein Lieber!«

Jahr um Jahr hatte er unermüdlich für seine einzige Tochter und deren Zukunft gearbeitet; und von Jahr zu Jahr war seine Vaterliebe stärker und inniger geworden. Aber die Tochter hatte offenbar, seine lange Abwesenheit nutzend und im Einvernehmen mit ihrer Mutter (niemand konnte Poldo Carega ausreden, daß seine Frau eine gewisse Schuld habe), eine heimliche Wette abgeschlossen:

»Ah, deine Liebe zu mir wächst Jahr für Jahr? Warte nur, ich will dir zeigen, wie auch ich in wenigen Jahren wachse! Ich will so groß werden, daß deine Liebe mich nicht mehr umfassen kann!«

Und wirklich waren dem armen Poldo Carega die Arme herabgesunken, als er sie wiedersah! Aber nicht nur die Arme: der Mut war ihm gesunken, der Atem hatte ihm gestockt, und alle Träume, die er für sie genährt, alle Hoffnungen waren verflogen!

Ich hatte offen gestanden nicht den Mut, ihn zu trösten. Ich wußte, daß er es vier Jahre früher, bevor er nach Rumänien fuhr, nicht ungern gesehen hätte, wenn ich nach seiner Rückkehr mit seiner inzwischen herangewachsenen Tochter die Ehe eingegangen wäre. Kleinlaut schlich ich davon, sobald die Erinnerung daran in mir wach wurde, und als ich weit genug war, überließ ich mich ganz meinen bitteren Grübeleien:

Armer Carega, das ist wirklich ein heilloses Mißgeschick! Er wird es wohl verstehen: ein Mann von meiner Statur (und selbst einer, der ein wenig größer wäre) wird gewiß nicht diese Säule, diesen Obelisken zur Frau nehmen! Seien wir ehrlich: Die männliche Eigenliebe verwehrt es uns, klein scheinen zu wollen, wenn wir's nicht sind. Von den tatsächlich Kleinen ganz zu schweigen. Und Männer von ihrer Statur findet man nicht alle Tage; aber selbst wenn sich einer fände: man weiß ja, daß sehr große Männer eine Schwäche für kleine Frauen haben. Stolz auf ihre Statur, werfen sie ärgerlich grollende Blicke auf die wenigen, die es mit ihnen aufnehmen können, und gleich entdecken sie gewisse Fehler an ihnen, die sie selbstverständlich nicht haben: zu lange Beine, einen zu kleinen Kopf und so weiter. Kurz, sie leiden keine Rivalen, sie wollen allein sein. Und da sollten sie ausgerechnet eine Frau von der gleichen Größe heiraten? Wohl um den Anschein zu erwecken, als kämen sie direkt aus einer Jahrmarktsbude?

Dieselben Überlegungen mußte seit einer Weile gewiß auch die arme Margherita angestellt haben und zu dem Schluß gekommen sein, daß sie in den oberen Regionen, in die sie zu ihrem Unglück aufgestiegen war, niemals einen Mann finden würde. Eine Pappel vielleicht, einen Ahorn, eine Eiche. Aber jeder junge Mann, der sie nur sah, würde gewiß zu ihr sagen:

»Zuerst steig ein bißchen herab, meine Schöne! Steig herab, steig herab!«

Aber wie sollte die arme Margherita herabsteigen?

Es waren noch nicht drei Monate seit seiner Rückkehr nach Cesena vergangen, als Poldo Carega, der es nicht mehr ertrug, in der Stadt zu bleiben, wo sich sein Unglück so heimtückisch erfüllt hatte, mit der ganzen Familie, düster wie ein Gewitter, verzog, und über zehn Jahre hörte ich nichts mehr von ihm.

Endlich erhielt mein Vater eines schönen Tages einen Brief aus einem kleinen Ort an der Südküste Siziliens, wo Poldo Carega am Bau des Hafens arbeitete. Mein Vater sollte einen seiner Söhne schicken, der Carega zur Seite stehen sollte.

Neugierig, nach so langer Zeit Margherita wiederzusehen, ging ich hin.

Ich hatte damit gerechnet, sie düster und eiseskalt in ihren oberen Regionen anzutreffen, traurig und von ewigem Nebel umhüllt, denn sie mußte ja mittlerweile nahe an die Dreißig und folglich auf dem besten Weg sein, eine alte Jungfer zu werden.

Wie mag sie aussehen, dachte ich während der Reise. Zumindest wie die Schweizer Jungfrau!

Aber das Gegenteil war der Fall. Ausgelassen heiter fand ich sie, daß ich fast nicht meinen Augen traute, so ausgelassen, wie ich sie niemals gesehen hatte! Dicker als zuvor und ausgelassen! Aber es dauerte nicht lange, so entdeckte ich den Grund dieser Fröhlichkeit.

Als Staatsingenieur mit der Überwachung der Arbeiten am Hafen beauftragt, weilte am gleichen Ort ein kleines Männchen, kaum über einen Meter groß, kahlköpfig, kurzsichtig, dickbäuchig, aber voller Witz und immer bereit, als erster über seine winzige Statur zu lachen, ganz wie jetzt Margherita über ihre hünenhafte Größe lachte: der Ingenieur Cosimo Todi. Und dieser Cosimo Todi kam fast jeden Abend mit anderen Freunden, um auf der Terrasse Poldo Caregas zu speisen.

Afrikanische Abende! Das Meer brach sich, wenn Schirokko

war, mit Ungestüm unter jener weißen Terrasse, die dann mit ihren flatternden Sonnensegeln dem Verdeck eines Schiffes glich. Man sah in der Ferne die Lichter der alten Mole, die grüne Laterne des Leuchtturms, die Lämpchen im Takelwerk der vor Anker liegenden Schiffe, und vom Hafen stieg der dichte, warme, herbe Geruch nach Salz, Moder, toten Algen, Pech und Teer herauf.

Und man plauderte, lachte und trank bis spät in die Nacht hinein auf jener weißen Terrasse, die am Abend erquickend für die sengende Hitze des Tages entschädigte. Mehr als alle aber lachten Margherita und der Ingenieur Cosimo Todi über ihr gegensätzlich-gemeinsames Mißgeschick.

Der Ingenieur Todi hatte aus demselben Grund keine Frau finden können, aus dem Margherita keinen Mann gefunden hatte.

Freilich war Todi niemals auf Brautschau gegangen, von vornherein überzeugt, er würde nicht nur eine, sondern hundert finden, die bereit wären, ihn wegen seines einträglichen Berufs zu nehmen. Vielen Dank! Aber was dann?

Nein, nein: Geist, angenehmes Wesen, Jovialität (alles Gaben, die er sich ohne die geringste Schwierigkeit zuerkannte) würden nicht genügen (wie so viele edle Freundinnen ihm einreden wollten), die drei Handbreit Körpergröße auszugleichen, die ihm fehlten.

Nein, nein: jene Gaben konnten nur deshalb einen Wert haben, weil er vierzig- bis fünfzigtausend Lire im Jahr verdiente. Und hätte er erst einmal angebissen, dann würde er sich ohne Zweifel drei Monate später von seiner Frau sagen lassen müssen, er solle doch gefälligst – mein Gott noch einmal! – seinen Geist zu Hilfe nehmen, um zu begreifen, daß sie mit einem Mann wie ihm nicht ohne einen Geliebten auskommen konnte; und um so zu tun, als merke er nichts, und sie trotz des einen oder der vielen Fälle von Verrat weiterzulieben. Und mit Hilfe seines freundlich-jovialen Wesens solle er in Gottes Namen die Tür öffnen und den Herrn oder die Herren höflich empfangen, welche ihm die Ehre erwiesen, seiner Frau den Hof zu machen.

Diese Dinge sagte und stellte der Ingenieur Cosimo Todi mit einer solchen Komik in Worten und Gebärden dar, daß alle lachten und lauter als alle Margherita Carega, die sich richtig auf ihrem Stuhl zurückwarf, um ihren ungeheuren Leib und Busen ungehindert den durch ihr Gelächter verursachten Erschütterungen zu überlassen.

Bis an einem dieser Abende Todi, um sich wieder einmal das Vergnügen zu gönnen, sie so drollig lachen zu sehen, geradeheraus verkündete, die ideale Frau für ihn sei sie, Margherita Carega.

»Sie, ja Sie! Gerade Sie!«

Es war ein Wunder, daß der Tisch auf seinen vier Beinen stehenblieb. Ich sah ihn schwanken wie bei einem Erdbeben und Gläser und Flaschen umfallen.

»Allen Ernstes, allen Ernstes …« beteuerte Todi, indem er, unter den nicht enden wollenden Lachsalven, die Ärmchen wie schützend emporhob. »Es ist mein voller Ernst! Überlegen Sie doch nur einen Augenblick, meine Herrschaften. Es wäre die ideale Ehe! Eine wunderbare Rache an der Natur wäre es! Ja, ja! An der Natur, die sie so groß und mich so klein gemacht hat! Bedenkt doch nur: ohne Gelächter oder Erstaunen hervorzurufen, könnte weder ich eine Zwergin heiraten noch sie einen Riesen. Aber wir beide … wir beide können sehr wohl heiraten! Und würden ein perfektes Paar abgeben, ein vollkommen ausgeglichenes Paar; denn sie hat das zuviel, was mir fehlt, und so würden wir uns gegenseitig ergänzen!«

Wir konnten nicht mehr vor Lachen: uns allen liefen die Tränen herunter, und stöhnend hielten wir uns die Seiten.

»Aber hätten Sie den Mut dazu?« schrie Todi, indem er auf einen Stuhl sprang und herausfordernd den Zeigefinger gegen Margherita richtete.

Diese stand auf, das Gesicht rot vor Lachen, und ich kann euch versichern, daß sie noch um einen Kopf größer war als er, obwohl er doch auf den Stuhl geklettert war.

»Ich den Mut?« sagte sie zu ihm. »Aber entschuldigen Sie, Mut müßten Sie wohl haben, wenn Sie mich heiraten wollten!«

Wir alle klatschten lärmend Beifall.

»Ich hab' ihn!« rief Todi. »Aber Sie werden ihn nicht haben! Wollen wir wetten?«

»Nehmen Sie die Wette an, nehmen Sie an, Fräulein Margherita!« schrien wir ihr alle aufmunternd zu. »Nehmen Sie ihn beim Wort!«

»Nun gut, ich nehme an!« antwortete sie. »Wollen sehen, wer von uns beiden es bereut!«

»Ich? Oh, ich gewiß nicht!« rief Todi aus; und vom Stuhl herabspringend, trat er tiefernst vor Poldo Carega, verbeugte sich und sagte:

»Ingenieur Carega, ich habe die Ehre, Sie um die Hand Ihrer Tochter Margherita zu bitten.«

Was dann folgte, läßt sich nicht beschreiben. Wir alle schienen wie aus dem Häuschen. War es Spaß? War es Ernst? Wer weiß! Wir taten zum Spaß, als sei es ernst. Champagner wurde bestellt, Ingenieur Todi wurde im Triumph zur Seite seiner riesenhaften Braut niedergesetzt, und die Trinksprüche und Hochzeitswünsche wollten kein Ende nehmen.

So kam, zum Spaß angetragen, im Ernst jene ideale Ehe eines Zwergen mit einer Riesin zustande.

Mut brauchten beide nicht so sehr für sich selbst, das heißt, sie, um einen Mann wie ihn, und er, um eine Frau wie sie zu ertragen, als den andern gegenüber: um dem Schabernack der Leute zu widerstehen, die sie morgen als Mann und Frau sehen würden. Aber der Ingenieur Todi und Margherita Carega hatten Witz genug, um allen Späßen die Stirn zu bieten, ja ihren Gefallen daran zu finden, als sei ihre Ehe wirklich ein Karnevalsscherz.

Ich kann euch jedoch versichern, daß das ganze Dorf zwar zuerst, wie es nur allzu natürlich war, in ein homerisches Gelächter ausbrach, daß es dann aber ihren Bund mit Wohlgefallen sah und ihn seinerseits für höchst vernünftig erachtete – einen Bund, der zwischen zwei Ungereimtheiten der Natur eine Art Gleichgewicht herstellte und so etwas wie eine gerechte, wenn auch komische Wiedergutmachung.

Ein halbes Jahr später wurde Hochzeit gefeiert. Jenes mutige Männchen wurde noch in seinen reifen Jahren und trotz seines kleinen Bauchs zum Alpinisten, das heißt, er machte sich vor Gott und den Menschen jenes Gebirge zu eigen und ... – ihr lacht? – Aber ja, ihr müßt wissen, meine Lieben, daß Margherita Todi-Carega heute zwei Zwillingssöhne hat ... *Parturiunt montes* ... – Was glaubt ihr wohl? Zwei Mäuse?

Das habt ihr gedacht! Mit ihren zwölf Jahren sind sie schon so groß wie ihre Mutter. Margherita Todi-Carega strahlt, und triumphierend schreitet sie zwischen den beiden ihrer würdigen Kolossen einher; das altgewordene kleine Männchen freilich leidet, aber wohlgemerkt: nicht durch ihre Schuld! Sie liebt ihn, sie achtet ihn, sie ist ihm dankbar und pflegt ihn; sie ist so rücksichtsvoll zu ihm, wie es nur möglich ist. Er aber leidet, der arme Ingenieur Todi, weil ihm natürlich mit den Jahren die Neckereien der Leute lästig zu werden beginnen; weil er fürchtet, daß sie ihm in den Augen seiner Söhne schaden könnten, von denen er wie ein richtiger Vater geachtet und ernstgenommen werden will.

Die Söhne achten ihn; gleichwohl ist ihre Lage alles andere als angenehm, mit einem so winzigen Vater, der wie zum Scherz in die Welt gesetzt scheint.

Die Realität dieses Kummers ist unleugbar. Denn das Leben kann nicht immer und überall eine Farce sein. Zwei Eheleute mögen zum Lachen herausfordern, soviel sie wollen; aber unmöglich ist es, die Vaterschaft nicht ernst zu nehmen.

Massimo Bontempelli

Inspektion

Ich kann wirklich nicht über meine Karriere klagen. Alle meine Kollegen klagen. Unersättliche Leute. Ich kenne sie nicht sehr gut, denn ich mische mich nie in die Angelegenheiten anderer ein, aber ich bin sicher, daß jeder von ihnen irgendein großes, kostspieliges Laster haben muß oder zumindest übertriebene Ansprüche aller Art. Aber wenn einer wie ich bescheidene Ansprüche stellt, genügsam ist im Essen und Trinken, keine Laster hat, nicht raucht, keine Zeitungen liest, nicht ins Bordell geht; wenn einer nicht das Bedürfnis hat, den Tag in der Kneipe oder am Spieltisch zu beschließen, sondern den Abend ruhig daheim verbringt, früh zu Bett geht und sofort einschlummert, ohne daß er Licht brennen muß, um Romane zu lesen, damit er Schlaf findet; wenn einer es versteht, seine Kleider und Wäsche selbst instand zu halten und zu schonen; kurz, wenn einer vernünftig, ehrlich und anspruchslos ist und, nachdem er Zimmer und Pension bezahlt hat, den Rest des Monats ohne überflüssiges Geld in der Tasche herumbringen kann – also dann, sage ich Ihnen, ist der Beruf des Gymnasiallehrers ein Spitzenberuf: ruhig, sicher und ohne daß man sich an den Wucherer halten muß, um durchzukommen.

Und Karriere kann man auch machen, was immer da behauptet werden mag! Ich kann über meine wirklich nicht klagen. Mit erst fünfundvierzig Jahren bin ich hier als kommissarischer Direktor am Gymnasium mit der Schulleitung beauftragt, das bringt netto einhundertzweiundneunzig Lire pro Monat.

Also wirklich: Was erzählen mir da die Kollegen alles von Ungerechtigkeiten, Bevorzugungen, und je besser es einer mache, desto schlechter werde er behandelt! Märchen, Verleumdungen! Man sehe mich an: Ich habe immer meine Pflicht erfüllt, den Unterricht gewissenhaft gehalten, die Aufgaben korrigiert, meine Stimme dem Ministerialabgeordneten gegeben, nie eine Beanstandung, nie eine Beurlaubung: kurz, und ohne mich herauszustreichen, ich habe mich sehr gut geführt. Und wie hat mich das Schulamt behandelt? Etwa schlecht? Aber woher denn: als ob es mich gar nicht gäbe! In den zwölf Jahren meiner Laufbahn nicht mehr als sieben Versetzungen; und jetzt bin ich hier in San Silvestro, gut bezahlt, in einem angenehmen, ruhigen Ort, ohne Ablenkungen, ohne Versuchungen zum Geldausgeben. Ich konnte auf gar keine bessere Stelle kommen.

Sicher, in allen Dingen braucht es außer Anständigkeit auch ein bißchen Glück. Das ist menschlich. Und auch ich habe, das muß ich zugeben, ein wenig Glück gehabt. Wenn die Inspektion nicht gewesen wäre, hätte ich diese gute Stelle und die fünfhundert Lire jährliches Fixum für die Schulleitung heute vielleicht nicht.

Zu denken, daß ich über meine Versetzung nach Sambese zuerst unglücklich war! Ich ging hin, natürlich, weil man mich schickte, aber ohne Begeisterung, im Gegenteil! Über Sambese wußte ich nichts, aber schon der Gedanke an Sizilien schmeckt uns Norditalienern nicht. Es mag dort ja schön sein, kunsthistorisch interessant, alles was Sie wollen, aber wir sind eben eine andere Rasse. Was interessieren mich schon der Himmel und das Tyrrhenische Meer und das Ionische Meer und die Orangenbäume? Ich bin kein Dichter, und dessen rühme ich mich; denn als Dichter wäre ich heute nicht der, der ich bin.

Ich setze mich also in den Zug, fahre drei oder vier Tage; dann in Villa San Giovanni das Dampfboot, die Meerenge; Messina; dann weiter um die Insel herum, dann quer durch das Innere; in San Luca steige ich endlich aus und muß noch in einem stinkenden Postwagen weiter, hinauf, hinauf – es nahm überhaupt kein Ende. Es dauert fünf Stunden, bis man ganz oben in Sambese ist. Ein Dorf soll das sein? Ach was! Ein Eselsrücken, rechts Wege hinunter und links Wege hinunter: schmutzige, krumme Wege, alle voll spitzer Steine. Wie sollte ich ein Zimmer in diesem Dorf finden? Zum Glück weiß ich mich zu bescheiden; ich richtete mich in einem winzigen Gasthof ein, dem einzigen, mit

Kost und Logis: alles in allem war es nicht schlecht. Wenigstens hatte ich hier keine schmutzigen Häuser gegenüber. Es gab überhaupt kein Gegenüber: ungemein viel Himmel, immer von Nebel verhangen. An schönen Tagen, heißt es, soll man ganz unten das Meer sehen. Ehrlich gesagt, ich habe es nie gesehen. Allerdings habe ich mich auch nie darum bemüht, es zu suchen. Ich hatte anderes zu tun!

Jeden Morgen also zum Gymnasium. Der Gasthof lag am tiefsten Punkt des Dorfes. Ich also: hinauf, hinauf! In zehn Minuten war man am Ende der Häuser. Dann weiter: hinauf, hinauf, hinauf! Noch einmal zehn Minuten Maultierkletterei, und dann kam endlich das Gymnasium. Denn im Vorjahr hatte ein Erdbeben die Hälfte des Schulgebäudes zerstört, und jetzt wurde der Unterricht oben, im alten Kloster, gehalten.

Mittags: hinunter, hinunter, zum Gasthaus! Dann: wieder hinauf, hinauf, zum Nachmittagsunterricht! Kurz, bei diesem Hinweg und Rückweg verbrachte ich meine ganze freie Zeit damit, über diese Steine hinaufzuklettern oder herunterzustolpern.

Man muß wissen, daß wir zu viert alle fünf Klassen des Gymnasiums zu bewältigen hatten. Der Direktor die fünfte, ich die vierte, dann ein anderer die zweite und dritte, weil der von der dritten versetzt worden war und man bis jetzt noch keinen Ersatz geschickt hatte. Der Direktor gab auch Mathematik und ich Französisch, das lächerliche bißchen Französisch, das man in den letzten drei Klassen hat.

Nun passierte es, daß der Direktor, der seit sieben Jahren darauf wartete, in seine Heimatstadt Caltanissetta versetzt zu werden, diese Versetzung ausgerechnet in dem Jahr, im Februar, erhielt.

Anscheinend fand sich zu diesem Zeitpunkt keiner, der bereit gewesen wäre, nach Sambese zu kommen; jedenfalls kriege ich ein schönes Telegramm, in dem mir die Leitung der Schule für den Rest des Jahres übertragen wird.

Sofort machte ich mich mit Eifer daran, die Anstalt neu zu organisieren. Zuallererst die Verteilung der Klassen: für mich natürlich die fünfte; und was die vierte betraf: da sie nur aus einem einzigen Schüler bestand, steckte ich ihn in die fünfte, in eine eigene Bank, wo er zuhörte. Dem Professor der ersten überließ ich, weil er der älteste war, das Französisch; die Mathematik übernahm ich: und alles war in Ordnung.

Ich regelte alles auf der Grundlage strengster Disziplin. Die fünfzehn Schüler mußten sich fünf Minuten vor Unterrichtsbeginn am Schultor einfinden; der Pedell kam, um aufzuschließen, und ich war dabei anwesend; ich stellte sie zu zwei und zwei auf, und so ging es die kurze Treppe hinauf und in den Korridor. Dort mußten sie sich, immer im Schritt, trennen und vor ihre Klassenzimmer begeben. Dann kamen die Professoren – und hinein! Beim Hinausgehen dasselbe. Und immer ich, ich immer hinter allen her, um aufzupassen. Die gleiche eiserne Ordnung setzte ich für alles übrige fest: für das Vorzeigen der Aufgaben, für das Fernbleiben von der Schule, für den Unterricht. Wissen Sie, auch in gewissen kleinen Dingen … Wie finden Sie zum Beispiel dieses ständige Gelaufe der Kinder zum, mit Verlaub gesagt, Abort? Eine Ungehörigkeit! Ich regelte auch das großartig. Zunächst durfte keiner vor halb elf um die Erlaubnis bitten, das Klassenzimmer zu verlassen. Am Nachmittag dann durften die erste, die dritte und die fünfte Klasse montags, mittwochs und samstags austreten, die beiden anderen an den übrigen Tagen. Es ist eben in allem Methode notwendig!

Und die Klassenbucheintragungen? Schwarz, rot und violett! Alles meine Erfindung; ganz was anderes als das System des armen Gabba an der Berufsschule! Auch bei mir Violett für Betragen, sonst gibt es nur ein ständiges Durcheinander. Kurz und gut, um Sie nicht mit zu vielen Einzelheiten zu langweilen: Alles lief wie am Schnürchen.

Gerade dann kam die Inspektion, die ich vorher erwähnte.

Eine Inspektion, das wissen Sie ja, läßt einen nie ganz kalt. Es stimmt zwar, daß diese hier nicht unerwartet kam, außerdem war ich meiner Sache sicher. Aber ob man will oder nicht, ein unangenehmes Gefühl hat man bei einer Inspektion immer. Ein Gymnasium läuft fünf, acht, zehn Jahre lang schlecht: Eines schönen Tages fällt es denen ein, eine Inspektion zu schicken. Der arme Teufel, der seit zwei Monaten da ist, kann einfach noch gar nicht die ganze Anstalt neu organisiert haben; irgendein auszumerzender Rest muß einfach noch da sein. Aber nein: Der Inspektor kommt, hört und sieht sich rasch alles an, unterscheidet überhaupt nicht und haut dir einen saftigen Verweis hin, der bis ans Ende deiner Tage auf dir sitzen bleibt.

Kurz, ich war verärgert. Die Anstalt lief gut, jawohl; Disziplin ausgezeichnet, wie in einer Kaserne. Aber wer konnte wissen, was für Ansprüche diese Herren stellten? Bei so wenig Lehrern! Sicher, es war nicht meine Schuld, wenn niemand nach Sambese kommen und wenn die Regierung Lehrer sparen wollte. Aber das war noch das wenigste. Vielmehr: Wie gab der Lateinlehrer der ersten Klasse Französisch? Und wie gab ich meine Mathematik? Ich, was wollen Sie, ich mußte mich darauf beschränken, die Lektion auswendig lernen zu lassen, wie sie im Buch stand.

»Für morgen von da bis da: von *Gegeben ist das gleichschenklige Dreieck ABC* bis zu *konjugierte Winkel A und B.*«

Und wenn die Schüler ein Wort änderten, wurde ihnen ein Punkt abgezogen; und bei jeder weiteren Änderung noch ein Punkt.

»Und jetzt lest ... Gut so. Für morgen von *konjugierte Winkel A und B* bis zu *wie zu beweisen war.*«

Das waren meine Mathematikstunden. Was konnte ich mehr tun? Aber würden sich die Herren damit zufriedengeben? Und die Sache mit dem Schüler aus der vierten, den ich in die fünfte gesetzt hatte, würden sie mir die durchgehen lassen?

Kurz und gut, eine Menge Sorgen.

So warteten wir also auf die Inspektion. Eines Tages – es war Montag – erfuhren wir endlich, daß sie am Donnerstag kommen sollte, und zwar Professor Rubini für die Geisteswissenschaften und Professor Guappi für die Naturwissenschaften. Rubini war mir angenehm: Er war mein Professor für griechische Literatur an der Universität gewesen. Mit einem Schlag fühlte ich mich in jene fernen Jahre zurückversetzt. Ich sah ihn wieder vor mir: wie er hereinkam, immer mit einer Viertelstunde Verspätung (das war zur festen Regel geworden), groß, hager, mit goldener Bügelbrille; seine halbe Stunde Vorlesung: ich weiß noch, daß er in jenem Jahr über Plutarch sprach. Guappi hatte ich vor zwei Jahren in Rom auf der Treppe der Minerva getroffen, allerdings ohne mit ihm zu sprechen. Ein Mann mit Vollbart und zwei lebhaften Äuglein: er konnte nicht übel sein. Also Donnerstag! Los, ein bißchen Eifer, neue Instruktionen für Lehrer und Schüler, noch einmal den Unterrichtsstoff durchgenommen, eine Menge korrigierter Aufgaben.

Diesen Donnerstagvormittag werde ich nie vergessen. Zunächst: die ganze Nacht, ohne ein Auge zutun zu können. Dann am Morgen zeitig aufstehen, sich sorgfältig rasieren, eine gute Krawatte, denn auch der persönliche Eindruck spielt nun mal eine Rolle: Ein Gymnasialprofessor, da können Sie sagen, was Sie wollen, ist schließlich kein Landstreicher. Und dann hinauf, eine Stunde vorher, in die Schule, um die Klassenzimmer, die Bänke, die Tafeln zu kontrollieren. Um acht Uhr dreißig, alles pünktlich, Unterrichtsbeginn. Der Postwagen von San Luca kommt um acht Uhr dreißig in Sambese an. Gesetzt den Fall, er hat Verspätung, denn es ist ein regnerischer Tag: Man konnte sich ausrechnen, daß die Inspektoren um neun Uhr dreißig am Gymnasium sein würden.

Ich erkläre und erkläre (ich erinnere mich, daß ich Sallust übersetzte: *Dicet aliquis: quid igitur censes?...*), schaue alle zehn Minuten auf die Uhr: Es ist neun Uhr dreißig, es ist zehn: kein Mensch zu sehen. Und ich immer weiter mit Reden, Lesen, Kommentieren. Ich sah genau, daß auch die Schüler unruhig wurden, warteten. Aber ich wollte mich nicht unterbrechen. Wenn sie kamen, sollten sie sofort hören, daß an meinem Gymnasium, bei Gott, Unterricht gehalten wurde! Und ich redete, redete laut, damit man mich bis unten an die Treppe hörte und sie vom ersten Moment an sagen könnten: »Das muß man zugeben, Professor Battei schont sich nicht.«

Und weiter auf die Uhr geschaut und geredet: die Ohren gespitzt und den Text kommentiert. Es war zehn Uhr dreißig. Ich konnte nicht mehr, und ich sah, daß inzwischen auch die Schüler an alles mögliche andere dachten. Macht nichts: Es konnte sich jetzt nur noch um Minuten handeln. Vielleicht irgendein Unfall mit der Kutsche, wegen des aufgeweichten Bodens? Weiter, weiter: *Atque ego tametsi viro flagitiosissumum existumo impune iudicare* ... Und ich schaue auf die Uhr: elf!

Um es kurz zu machen: Es läutete elf Uhr dreißig, und der Pedell kam, ebenfalls perplex, um das Zeichen zum Schulschluß zu geben – und niemand war erschienen. Fünf Kapitel des Jugurthinischen Krieges hatte ich durchgenommen! Ich war halb tot von der Anstrengung, von der schlaflosen Nacht, von der Aufregung des Wartens und vom Ärger. Und meine Herren Kollegen – nichts! Die lachten darüber. Versteht sich, wenn das Gymnasium schlecht läuft, fällt alles auf den Direktor zurück.

Ich verabschiedete mich von ihnen: »Auf Wiedersehen bis um zwei.« Es hatte aufgehört zu regnen, aber ein Dreck, nicht zu sagen! Ich stürze Hals über Kopf hinunter, komme im Dorf an, renne ins Gasthaus.

»Ist der Halb-neun-Uhr-Wagen nicht angekommen?«

»Doch, Professore; er ist um halb zehn angekommen«, antwortete mir der Wirt.

»Und war niemand drin?«

»Zwei Herren waren drin.«

»Zwei Herren?! Haben sie nach mir gefragt? Reden Sie doch: Wer waren sie? Haben sie ihren Namen nicht gesagt? Wie sahen sie aus?«

»Sie haben nichts gesagt. Einer groß und hager, mit Goldbrille ...«

»Ohne Bart ...?«

»Ohne Bart, Professore.«

»Das ist er! Wo sind sie? Und der andere? Haben sie sich hingelegt? Sind sie oben?«

»Nein, Professore. Der andere war kleiner, mit einem großen Bart und zwei lebhaften Augen ...«

»Das sind sie! Aber wo?«

»Fort.«

»Wohin fort? Sagen Sie schnell!«

»Was weiß denn ich, Professore! Die haben nichts gesagt. Sie sind ausgestiegen, halb durchnäßt. Der Magere hat angefangen zu fluchen, was das Zeug hielt. Der andere sagt: ›Wo ist das Gymnasium?‹ Ich erkläre es ihm: ›Da hinauf...‹ Sie lassen mich gar nicht ausreden: ›Noch mal hinauf?‹ sagt der erste. Und der mit dem Bart: ›Es ist besser, wir essen zuerst.‹ – ›Natürlich!‹ sage ich. Und der erste: ›Was gibt es?‹ Und ich: ›Makkaroni mit Sardellen, Exzellenz.‹ Der verzieht das Gesicht, als ob ich gesagt hätte: ›mit Sch...‹ Also wie finden Sie das, Professore...«

»Weiter, weiter! Und dann?«

»Dann setzen sie sich hierher und lassen sich eine Flasche Weißwein bringen; und dann fangen sie an, leise miteinander zu reden. Der Lange war wütend, und der mit dem Bart lachte; und dann ruft mich der Lange und sagt: ›Wann fährt der Wagen wieder hinunter?‹ Und ich: ›Einer um zehn, Exzellenz, genau jetzt; und einer heut nachmittag um fünf: aber der nachmittags geht nicht immer.‹«

»Und dann?«

»Und dann reden sie wieder leise, und der mit dem Bart sagt laut: ›Es ist die einzige Möglichkeit.‹ Und sie schauen auf die Uhr.«

»Und dann?«

»Und dann steht der Postwagen da, und sie zahlen den Wein und steigen ein. Und der Lange fluchte noch immer, und der mit dem Bart wollte mir die Hand durchs Fenster geben, als der Wagen anfuhr, und lachte. Aber ich wollte nicht, das gehört sich doch nicht, nicht wahr, Professore? Aber er nimmt meine Hand mit Gewalt und sagt: ›Verabschiede dich gut von mir, mein Lieber, denn du kannst sicher sein, daß wir uns nie wiedersehen!‹ Und lacht...«

Hat die Inspektion nun stattgefunden, oder hat sie nicht stattgefunden, werden Sie mich fragen. Und das habe ich mich damals auch gefragt, und zwar eine ganze Weile. Keinerlei Nachricht. Hat sie stattgefunden, oder hat sie nicht stattgefunden?

Im Juli, als ich durch Rom kam, um für die Ferien in mein

Heimatdorf zu fahren, sagten sie mir bei der Minerva, daß ich von den Inspektoren Rubini und Guappi eine ausgezeichnete Beurteilung bekommen hätte, »vor allem für die vorzügliche Ordnung, den Eifer und die Modernität, mit der gegenwärtig die Gymnasialanstalt von Sambese geführt und verwaltet wird« – genauer Wortlaut.

Die Inspektion hat stattgefunden!

Und als hier der Wettbewerb für die Stelle des kommissarischen Direktors mit dem festen Amt des Schulleiters ausgeschrieben wurde, kam ich deshalb unter die ersten; und jetzt bin ich mit nur fünfundvierzig Jahren hier, in einer moralisch wie ökonomisch schönen Position, in einem angenehmen, ruhigen Ort, ohne Ablenkungen, ohne Versuchungen zu unnützem Geldausgeben.

Sehen Sie also, ob ich nicht recht habe, wenn ich sage: Wenn einer anständig ist und bescheidene Ansprüche stellt, dann ist die Laufbahn eines staatlichen Gymnasialprofessors eine Spitzenkarriere! Mit ein bißchen Glück, versteht sich: das ist menschlich.

Giuseppe Antonio Borgese

Die Heilung

Die Mutter des verstorbenen Erzherzogs Johann Orth, von dem kürzlich wieder die Rede gewesen ist, war Maria Antonia, Großherzogin von Toskana und Großmutter von vier Enkeln, die alle Leopold hießen (obwohl keiner der vier noch hoffen durfte, jemals in Florenz Großherzog genannt zu werden), sprach aber selbst – ungeachtet all dieser »Toskanität« in der Familie – ein sich geradezu überstürzendes Neapolitanisch, das auch für ihre nächsten Angehörigen nur schwer verständlich war. Sie kam aus dem Hause Bourbon-Neapel und hatte nie die Sprache ihrer frühen Kindheit vergessen und die Sprache des Florentiner oder des Wiener Hofs nie wirklich erlernt. Und doch mußte sie sich, damit sie alle verstehen und ihren Befehlen nachkommen konnten, so gut es eben ging, des Deutschen bedienen, als sie von dem tragischen Tod ihres Sohnes erfuhr (der mit seinem Schiff im Pazifik unterging und nie geborgen wurde): erst raste sie vor Verzweiflung, dann befahl sie kühl und beherrscht:

»Daß mir niemand je wieder von Johann spricht!«

Diese Fürsten und Prinzen von Geblüt – hat jemand behauptet, der sie gut kennt – sind oft wie seltsame große Kinder. Es ist Kinderart, nicht leiden zu wollen.

Aber manchmal flieht man den Schmerz auch aus anderen Gründen. Da gibt es zum Beispiel die Geschichte der Elena Z. und ihres Schicksalstages, von der wohl der eine oder andere von uns schon in großen Zügen gehört haben mag.

Nicht daß sie, nur weil sie Elena hieß, schön und launenhaft wie die griechische Helena gewesen wäre. Von wahrer Schönheit haben nicht einmal diejenigen gesprochen, die sie schon vor dreißig Jahren gekannt haben; sie hatten sie in ihrer Jugend nur mehr oder weniger hübsch gefunden, besonders ihre schwarzen Locken, die ihr bis auf die Augen fielen und ihre Stirn niedrig und ein wenig argwöhnisch erscheinen ließen. Es hatte auch nie Gemunkel und Getuschel über sie gegeben, obwohl sie an einen Ehemann gekommen war, der als geizig und widerlich galt und dessen runder, sommersprossiger Schädel völlig unbehaart schien – ganz das Gegenteil von ihrem dunklen, lockigen Kopf.

Aber sie hatte schon Fältchen um die Augen und ein paar weiße Strähnen in dem Haar, das ihr Stolz gewesen war, und einen schon erwachsenen einzigen Sohn, Ingenieur und Vizedirektor eines industriellen Unternehmens, als sie sich zum erstenmal in ihrem Leben verliebte. Sich hoffnungslos in einen um zwanzig Jahre jüngeren Mann verliebte. So schwer hatte es die Ärmste getroffen, daß sie nicht mehr ein noch aus wußte. Sich ihrem Sohn anzuvertrauen war natürlich nicht möglich; und lieber hätte sie den Gebrauch der Sprache und Glieder verloren, als ihre Leidenschaft dem jungen Mann zu gestehen, der sie ahnungslos in ihr entfacht hatte. Aber sie meinte, nicht genug Platz in ihrem Herzen für ein solches Geheimnis zu haben, ja platzen zu müssen, wenn sie länger schwieg, und so fand sie es am Ende ganz natürlich und unvermeidlich, sich dem Gatten anzuvertrauen und in ihrer Verstörung bei ihm Hilfe zu suchen, bei ihm, dem Vater ihres Sohnes und ihrem »alten und einzigen Freund«.

»Ich habe den Kopf verloren ... und mein Herz ... Aber unsere Ehre ist unbefleckt geblieben.« Sie faltete dabei die Hände, wie im Gebet, in Kopfhöhe, und ihr Gesicht, das immer ein wenig bedrückt schien, hatte jetzt geradezu etwas Stumpfsinniges im Ausdruck.

So plump und sogar komisch sind zuweilen die uns von der Verzweiflung eingegebenen Gesten und Worte. Aber auf ihren Mann hatten sie eine beruhigende Wirkung, und ohne sich vom Schreibtisch zu rühren, antwortete er ihr ebenso kurz wie großmütig. Er sprach von vorübergehenden Störungen des inneren Gleichgewichts, von den Krisen, die von einer bestimmten Phase unseres Lebens bedingt seien, und ähnlichen »Gegebenheiten«. Dann verabschiedete er sie höflich, um sich wieder seiner Arbeit zuzuwenden. Auch am Abend und am folgenden Tage verstand er es, mit soviel Anstand und Würde zu schweigen, war immer so gesetzt und ernst, daß die arme Frau nach Ablauf von drei Tagen den Verstand verlor.

Man sagte es niemandem, daß sie regelrecht verrückt war, sondern beschränkte sich darauf, von »nervöser Erschöpfung« zu sprechen. Zuerst brachte man sie in ein Sanatorium, darauf in eine Heilanstalt, und ihren Freundinnen erklärte man, daß sich ihr Zustand nach und nach bessere und daß sie ruhig sei. Sie fiel auch wirklich niemandem zur Last, und ihre Verrücktheit, wenn man sie so nennen durfte, bestand in einer ständigen Unlust, in der Mattigkeit des abgestorbenen Baums, der nur darauf wartet zu verfaulen. Sie lag fast immer auf dem Rücken. Sie wurde gewaschen und gekämmt, und man steckte ihr die wenigen Bissen in den Mund, die sie schluckte. Die Tage und Nächte gingen über sie hin, ohne eine Veränderung zu bringen.

Doch nach einem Jahr lehnte sich der Sohn gegen diesen Zustand auf, übrigens ohne sich über die Ursache des Leidens im klaren zu sein. Mit ein wenig heiserer Stimme erklärte er seinem Vater:

»Wir müssen Mama wieder nach Hause holen. Ich möchte doch sehen, ob es mir vielleicht gelingt, sie zu heilen.«

Der Vater hob die Arme mit einer Gebärde, als wolle er sagen: »Bitte, wie du willst!«

Da es Sommer geworden war, ließ sich die Heimkehr bewerkstelligen, ohne daß allzu viele Leute etwas davon merkten. Mutter und Sohn – er hatte sich drei Monate Urlaub genommen – wohnten in ihrem Landhaus; ab und zu kam sonntags der Vater, und wenn er, schicklichkeitshalber, auf Zehenspitzen das Schlafzimmer der Kranken betrat, schloß sie die Augen und hielt fast den Atem an, bis er das Zimmer wieder verlassen hatte. Der Sohn saß am Fußende ihres Bettes, las und hob manchmal den Blick zu ihr auf aus Augen, die dunkel waren wie die seiner Mutter, aber sehr viel klarer.

Die Heilung erfolgte während des ersten Augustgewitters.

Die Wolken waren von den Rändern der Landschaft her aufgestiegen und hatten sich im Zenit getroffen. Noch konnten die Sonnenstrahlen zwischen einer und der anderen Wolke hindurchschlüpfen und zeitweise erreichten sie noch die Straße und malten einen roten Fleck aufs Pflaster, als man das Grollen des Donners zu hören begann. Aber es klang gedämpft und noch weit entfernt.

Vor Blitzen hatte sie immer Angst gehabt, und so fragte der Sohn sie besorgt, ob er – und hier erhob er sich schon – nicht die Fensterläden schließen solle. Mit einer knappen Bewegung ihres Kinns verneinte sie.

Plötzlich fegte ein Windstoß durch die Straße und zerrte an den Bäumen, dann folgte Donnerschlag auf Donnerschlag und ließ das Haus erbeben. Ein Blitz streifte die Fensterscheiben, und zur gleichen Zeit hörte man Knistern in den elektrischen Birnen. Fast unmittelbar darauf hallte der nun wieder dunkle Himmel von der Detonation wider.

Was den Sohn zunächst mit sprachlosem Staunen erfüllte, war weniger die Heftigkeit des Gewitters als – er wollte seinen Augen nicht trauen – das so veränderte Bild und Verhalten seiner Mutter. Er hatte sie sich nicht mehr anders vorstellen können als stumm und starr oder mit vom Kopfkissen herabbaumelndem Kopf oder einem angewiderten Seufzer der Weigerung, wenn man eine Medizin oder eine Speise an ihre Lippen führte. Jetzt hingegen ging ihr Atem keuchend, und sie schlug mit den Knien gegen die Bettdecke, als ertrüge sie ihr Gewicht nicht mehr, und mit den greisenhaften Fingernägeln, die ihren Glanz verloren hatten, fuhr sie kratzend über den Aufschlag des Bettbezugs. Abwechselnd schlug sie mit der linken und rechten Wange aufs Kopfkissen und stieß keuchend ein Ächzen von – beinahe gesagten – Worten aus. Sie schien im Begriff, ihre stumpfe Trägheit abzuschütteln oder im Delirium zu versinken.

Ohne seine Mutter aus den Augen zu lassen, war der Sohn aufgestanden und ans Fenster geeilt, um die Läden zu schließen. Aber der eine schloß schlecht, und so blieb in dem dunklen Zimmer ein Lichtstrahl zurück, rot, wenn es blitzte, und bleigrau in den Pausen zwischen zwei Blitzen.

Der junge Mann rückte sich den Stuhl an das Kopfende ihres Bettes, so daß er nun zu Häupten seiner Mutter saß und ihre trockene, kalte Hand umklammern konnte. Sie hatte Angst, die alte Kinderangst vor den Donnerschlägen, die von allen Seiten auf das Zimmer trommelten, das losgelöst im Weltraum zu schweben schien. Jedesmal wenn die elektrischen Birnen beim Aufzucken eines Blitzes klirrten, krampfte sich ihr das Herz zusammen, und doch spürte sie heimlich eine fast schmerzende Hoffnung: »Könnte ich ihn doch lieben, wie er mich liebt«, dachte sie, während sie unter den Wimpern hervor im Halbdunkel ihren Sohn beobachtete und um Atem rang, »so lieben, wie er mich liebt! Ihn lieben wie einst, als ich noch lieben konnte! Eine warme Hand haben wie er! Könnte ich wieder gesund werden!«

Er horchte auf ihre keuchenden Atemzüge und wartete darauf, daß sich die Worte formten. Sein Atem streifte ihren Mund, und wenn er den Donnerschlag schon kommen hörte, flüsterte er ihr das Wort »Mama« zu.

Ein paarmal sagte er ihr dann noch ins Ohr:

»Ruf mich bei meinem Namen, deinen Claudio. Es wird dich beruhigen.«

Und endlich sprach sie diesen Namen aus:

»Claudio!«

Sie rief ihn laut, aber nicht zu ihm, sondern einem blendenden Schein entgegen, der vielleicht grün und blau war, einem jähen, krachenden Donnerschlag: Licht und Ton, die für einen Augenblick den Sohn der Mutter verbargen.

Sie sprang auf der anderen Seite aus dem Bett, lief mit aller Kraft zum Fenster und riß weit die Läden auf. Im Zimmer roch es nach Versengtem. Ihr Sohn saß starr gegen die Stuhllehne gedrückt. An der Schläfe hatte er einen dunklen Fleck, den sie zwei oder dreimal sehen mußte, bevor sie glaubte, was sie sah. Sie nahm seine Hand; sie fiel schlaff herab.

Sie lief auf den Treppenabsatz und rief hinunter:

»Kommt! Claudio ... Der Blitz!«

Sie traf ihre Anordnungen und kümmerte sich um alles. Sie half, den Toten zu betten; mit eigenen Händen kleidete sie ihn um und bahrte ihn auf. Sie hatte keine Tränen. Das Gewitter hatte sich sofort verzogen, und der Abendhimmel war nahezu wolkenlos. Lange Nebelschwaden, rosa und safrangelb, segelten rasch über die Berggipfel hinweg, aber da, wo sie auf den steilen Absturz der Berge stießen, schwanden sie dahin, als habe sie der blaue Abgrund verschluckt.

Der Vater kam von weither, rechtzeitig zur Beisetzung. Aber die beiden Eheleute sprachen kaum ein Wort miteinander. Und wenn sie danach jemand – sei es auf dem Lande, sei es später in der Stadt – auf ihren Sohn und sein tragisches Geschick ansprach, fiel sie ihm ins Wort und sagte blicklos:

»Besser nicht davon sprechen.«

So kam es, daß in ihrer Gegenwart der Name Claudios nicht mehr erwähnt wurde.

Immer wenn es donnerte, zitterte sie heimlich, aber sie suchte sich zu beherrschen bei dem Gedanken, daß dies der Krieg des Himmels gegen die Erde sei. Wenn sie sich je die Frage gestellt hätte, warum in diesem Krieg ihr Sohn gefallen sei statt ihrer, die doch unnütz und innerlich schon abgestorben war, wäre sie wahnsinnig geworden. Und das wollte sie nicht. Während dieses ganzen Jahres, von der Auseinandersetzung mit ihrem Mann an bis zu dem Gewitter, hatte sie sich nie, wie die andern, für verrückt gehalten, vielmehr das Gefühl gehabt, von einem Augenblick zum andern verrückt werden zu müssen und ständig am Rande der Hölle zu gehen. Sie hatte sich in den Kopf gesetzt, der Wahnsinn sei die Hölle, und wer im Wahnsinn sterbe, sei verdammt.

Ihre Freundinnen fanden sie nun entschieden gealtert, aber andererseits, und zwar seelisch wie körperlich, völlig geheilt, ja so gesund, wie sie nie zuvor gewesen war.

Nur, wenn sie niemand beobachtete, besonders wenn sie allein in ihrem Schlafzimmer war, führte sie seltsame Selbstgespräche. Einem Zimmermädchen, das mehr Geduld als die anderen bewies, war es gelungen, hinter der Tür lauschend ihr Geheimnis zu entdecken. Sie hörte sie sagen:

»Wenn ich in die Hölle komme, kann ich nicht mehr meinen Claudio wiederfinden.«

Und diese letzten Worte: »meinen Claudio wiederfinden«, wiederholte sie dann, mit gedämpfter Stimme, in leisem Singsang wie eine Totenklage.

Aldo Palazzeschi

Don Juan und die Hetäre

Warum wurde denn die Mama so steif und hart, wenn wir diesem Herrn begegneten?

Durch die Hand, die mich hielt, spürte ich, wie ihr Arm hart wurde, und hart werden sah ich auch ihr Gesicht, mit starr geradeaus blickenden Augen, indes sie steif wie ein Automat weiterging.

So fühlte ich sie, und ich schaute ihn an, wie er war.

Ein Herr von etwa einem halben Jahrhundert, vielleicht auch darüber, ziemlich groß und beleibt. Er trug kleinkarierte Hosen und Lackschuhe mit weißen Gamaschen, so weiß wie die Pikeeweste, über die eine dicke, geflochtene, goldene Uhrkette mit einem schönen blauen Anhänger girlandenförmig herabhing. Dazu eine Samtkrawatte mit großem Plastron, mit roten Blümchen und einem mit Brillanten und Rubinen besetzten Hufeisen. Gehrock, dunkle Melone auf dem Kopf – im Winter taubenblauer Paletot, dazu die unvermeidlichen strohgelben Handschuhe und der Spazierstock, dessen Elfenbeinknopf einen Jagdhund darstellte. Auf den rosigen, vollen und etwas schwabbeligen samtweichen Wangen, die sorgfältige Pflege verrieten, waren die glänzenden Spitzen des langen, wie gesponnener Zucker aussehenden Schnurrbarts von unbestimmter Farbe aufgezwirbelt, wie um die hellblauen, sanften, verlebten und kindlichen Augen gleich kandierten Früchten aufzuspießen. Diese Augen, von einer weichen Masse von Fältchen umgeben, schienen sich im Dunst eines Lächelns, das noch sanfter war als der Blick, in zwei Säckchen aufzulösen. Und noch etwas anderes war da, etwas immer Gleiches, an dem sich meine Neugier festgesaugt hatte: im Knopfloch des Gehrocks oder in dem des Paletots steckte eine rosa Kamelienblüte, die dem Fleischton der Wangen sehr nahe kam, da es der geschickten Nachhilfe gelang, jenen alten Fibern den weichen, warmen Ton des Neugeborenen zu geben.

Immer gleich also: weich und sanft; und wie ich schon sagte: Er war stets schuld daran, daß meine Mutter auch immer die gleiche Haltung einnahm: kerzengerade und hart, ganz wie aus einem Stück.

Warum wurde denn die Mama so steif und ernst?

Diese zwei Dinge konnten der Beobachtung des neugierigen und aufmerksamen Kindes nicht entgehen.

Man begegnete sich alle Tage gegen Abend, ungefähr in derselben Straße, auf demselben Gehsteig; er wiegte sich mehr, als daß er ging, drehte und wendete sich auf den Füßen, während er mit dem Spazierstock tändelte und Bewegungen machte, die in ihrer Fröhlichkeit an einen Truthahn oder an eine Gondel erinnerten. Eine Fröhlichkeit, die alles Glück in sich zu sammeln schien, das auf diesen zwei oder drei Straßen unterwegs war, auf denen sich am Ende des Tages oder in der ersten Stunde der Nacht die Leute ergingen.

Das ging so lange gut, bis ich einmal, nachdem ich dieses Phänomen lange und aufmerksam betrachtet hatte und, durch die Enge des Platzes und eine vorbeifahrende Kutsche bedrängt, ganz nahe vor ihm stand, auf die rosa Kamelie deutend zu ihm sagte: »Die schöne Blume! Schenken Sie mir die?«

Aber ich sah weder die Blume noch den Herrn mehr, ja nicht einmal die Straße, denn alles tanzte und wirbelte um mich.

Ich hatte eine gewaltige Ohrfeige bekommen ... ebenso schwer zu beschreiben wie zu vergessen. Und während die Mutter mich erbost weiterzog und meine Augen eine klarere Sicht der Welt zurückgewannen, beugte sich jener hinter ihr lächelnd vor und sagte zu ihr: »Liebe, brave kleine Mama, Sie haben recht getan, ja, recht so, Schöne, Liebe!«

So ein gemeiner Hund! Jetzt war auch er noch gegen mich, der ihm den Vorwand verschafft hatte, mit meiner Mutter zu sprechen und auf diese Weise seiner Bewunderung freien Lauf zu lassen, die sich in gewissen galanten Ausdrücken äußerte, wie er sie bis zu diesem Augenblick nur mit den Blicken oder verstohlen flüsternd aussprechen konnte: »Gut, brav, schöne kleine Mama, brav, Liebe, ja ...«

Von jenem Abend an jedoch wurde die Mama nicht mehr ganz so steif und hart, wenn wir jenem Herrn begegneten, und auch er sah nicht mehr mit der gleichen Spannung und mit solcher Hartnäckigkeit her. Dieser Zwischenfall hatte das Spiel beendet, wobei ich auf praktische Weise lernte, daß man diesen so rosigen und sanften Mann nicht anschauen und noch viel weniger um die Kamelie bitten durfte.

Das ist nicht die einzige Ohrfeige, die ich in den frühen Tagen meines Lebens für mein vorzeitiges Interesse, ich will nicht sagen, meine Sympathie, für die Sünder des Fleisches bekam.

In den Gesprächen meiner Mutter innerhalb der Familie oder mit Freunden war mir ein stets wiederkehrender Satz aufgefallen, über dessen hintergründigen Sinn ich oft nachdachte, da ich mich mit dem vordergründigen nicht zufriedengeben konnte: »Eine Frau allein.« Eine Frau allein war, soweit ich es verstehen konnte, zu jener Zeit die unhaltbarste, vertrackteste, absurdeste Position, in die ein Wesen weiblichen Geschlechts geraten konnte, das seine Würde nicht aufzugeben beabsichtigte.

Was konnte eine Frau allein tun? Nichts, buchstäblich nichts, im Haus eingesperrt bleiben oder sich gleich begraben lassen. An Sonn- und Feiertagen war es ihr nicht erlaubt, auf den Straßen spazierenzugehen oder ein öffentliches Lokal zu betreten; und an den Werktagen mußte sie schnell weitergehen und sich vorsichtiger als ein Balancekünstler auf dem Seil, mit den japanischen Schirmchen, benehmen und vor Dunkelwerden zu Hause sein. Des Nachts gar durfte eine Frau nicht einmal unterwegs sein, um den Doktor oder die Hebamme zu holen, höchstens noch den Priester.

Wenn sie so etwas sagte, sah meine Mutter mich an und wies die Gesprächspartnerin mit einem wohlgefälligen Lächeln auf mich hin, als wolle sie Bewunderung und Zustimmung heischen für das, was ich darstellte, für meinen unbestrittenen Wert. Und die andere fühlte sich sogleich verpflichtet, mich zu streicheln und sich mit mir zu beschäftigen, der ich in so zartem Alter eine so schwierige Situation rettete. Denn in jener Zeit mangelnder Natürlichkeit genügte ein Kind, um einer Dame in den Straßen der Stadt eine natürliche Würde zu verleihen, die ihr erlaubte, ehrenwert und geachtet umherzugehen, wenn auch mit größter Zurückhaltung. In der Tat wurde ich bis zum Alter von acht oder zehn Jahren an der Hand geführt, an der rechten Seite meiner Mutter, wie ein Hündchen an der Leine, was in meinem Inneren Freiheitswünsche gären ließ und mich heute fragen läßt, durch welches Wunder mein linker Arm nicht um ein Stückchen länger ist als sein Bruder.

Die Frauen, die zu jener Zeit allein umhergingen, waren entweder Ausländerinnen, die (weil aus einem anderen und im allgemeinen in sozialer Beziehung fortschrittlicheren Land stammend) unbegrenzte Freiheit genossen. Alle erkannten sie auf den ersten Blick und kümmerten sich nicht um sie. Dann die Frauen aus dem Volk, von denen man zu ihrem großen Glück nicht so viele Kinkerlitzchen erwartete, und endlich die Kokotten: und auch diese erkannte man auf den ersten Blick.

Drei getrennte und genau unterschiedene Klassen, da jede ihre eigene Art sich zu benehmen und zu kleiden hatte, ihre ganz besonderen, allgemein anerkannten Merkmale. Die letztgenannten gingen allein umher, weil niemand sich ihnen zugesellt haben würde, angefangen bei denen, die wie große Damen in der Kutsche fuhren, bis zu jenen, die mit den Stöckeln auf dem Bürgersteig klapperten, übertrieben aufgeputzt, Federbüsche auf dem Hut wie Abzeichen schwenkend, und die alle Unordnung und Schande der Gesellschaft spazierenzutragen schienen. Sie waren so verschieden von den anderen Frauen, daß auch der unerfahrenste Bauernbursche sie nicht für Damen halten konnte und auch nicht für Frauen aus dem Volk; denn den Frauen des Volkes waren viele Freiheiten und sogar Gewöhnlichkeiten gestattet, doch blieben sie dabei immer im Rang der anständigen Frauen. Und auch der aufmerksame kleine Junge wußte sie alsbald von allen übrigen Frauen zu unterscheiden.

Eine von diesen hatte seit geraumer Zeit meine Neugier in

ganz besonderem Maße gereizt. Aufgedonnert und keck stolzierte sie daher und blickte ohne Scheu jener Welt ins Gesicht, die ihre Existenz, ihre Erscheinung und ihre Farben zu übersehen schien, sie zurückstieß und gerade damit herausforderte, die eigene Zweideutigkeit zu unterstreichen und sich Platz für drei zu schaffen. Sie blieb ohne Rücksicht stehen und drehte sich um, indes sie die Straße inspizierte und Bänder und Federn wehen ließ. Auch der vorurteilsfreieste Mann, der eine dringende Angelegenheit mit ihr zu besprechen hatte, würde dazu eines jener dunklen Gäßchen aufgesucht haben, welche die Paravents der Schamhaftigkeit waren.

Als ich einmal nach so vielem Beobachten an ihr vorüberging, sagte ich zu meiner Mutter, indem ich auf sie deutete, um die volle Bestätigung meines Scharfsinns zu erhalten: »Schau, Mama, schau, da ist eine Frau allein.«

Betroffen von meiner Gebärde, jedoch ohne die Worte erfaßt zu haben, wendete sich die Frau finster blickend meiner Mutter zu, um von ihr den Grund dafür zu erfahren, daß ich mit dem Finger auf sie zeigte, voll Begier, mit einer Bürgerin Streit anzufangen. Denn gewisse Frauen wünschten sich nichts Besseres als einen Vorwand, um sich für das bittere Urteil zu rächen, das die Gesellschaft über sie fällte, und ihrem Zorn und ihren gemeinen Reden freien Lauf zu lassen. Da sie jedoch zum Glück die Worte nicht erfaßt hatte, begnügte sie sich damit, uns vorbeigehen zu lassen und uns dabei drohend anzusehen, als ob sie sagen wollte: Ich kenne euch schon wieder, das nächste Mal dann!

Meine Mutter glitt an ihr vorüber, zum Schatten, zum Gespenst geworden. Ich fühlte, wie ihr Körper an meiner Seite leer wurde, dahinschwand, seine Beschaffenheit veränderte, zu Salz oder Eis wurde oder besser noch zu Dunst, so leicht war meine Mutter geworden. Ein Phänomen, das mir durchaus nicht gefiel, obwohl sie keine Miene machte, ihrem Verdruß über mich Ausdruck zu geben. Man konnte sie mit einer beschädigten Uhr vergleichen, und ich erwartete gespannt die Antwort auf meine offengebliebene Frage. Sie war jedoch nur ein aufgezogener

Wecker. Kaum waren wir in den Hauseingang getreten, denn der Zwischenfall war nicht weit von unserer Wohnung passiert, als dieser Wecker auf meinem Gesicht ablief. Ich bekam meine Katzenköpfe, aber ich hatte doch nicht unrecht gehabt.

Ich begriff, daß man auch diese Frau nicht anschauen durfte, so wenig wie jenen Herrn. Ich begriff, daß meine Neugier bestraft werden mußte und daß eine Frau, die allein durch die Straßen ging, das Unsauberste von allem sein mußte.

Aber die Ohrfeigen meiner Mutter brachten es nicht zuwege, daß ich euch haßte, armer Don Juan vom Bürgersteig, arme, billige Hetäre, arme Sünder des Fleisches.

Und jetzt, da euer Fleisch nichts mehr ist als Staub, denn vierzig Jahre sind seitdem vergangen, oder aber vielleicht wiedererstanden ist, um die Strafe für die irdischen Freuden abzubüßen, wenn eine so kleine Ursache so große Wirkungen haben kann, jetzt erinnere ich mich wie an Liebkosungen an die Ohrfeigen, mit denen mein zartes Fleisch für eure Sünde vorzeitig bestraft wurde.

Riccardo Bacchelli

Der Pilz

Als ich auf der Universität war, hatte ich des öfteren Gelegenheit, zu Studienzwecken ein Irrenhaus aufzusuchen. Der Direktor, Ordinarius für Experimentelle Psychologie, hatte mich gern und wollte mich nach den Geheimnissen der Psychologie auch in die der Psychiatrie einweihen.

Nachdem ich eine gewisse Anzahl von psychischen Anomalien kennengelernt hatte und einige Dutzende von Gehirnen in Spiritus oder Formalin und von mikroskopischen Präparaten untersucht hatte, wobei ich lernte, daß ein krankes Gehirn sich in nichts von einem gesunden unterscheidet, jedenfalls im Bereich des durch diese Untersuchungsmethoden Erfaßbaren, erlahmte mein Eifer.

Aber dieser Professor, ein guter und wohlmeinender Mensch, war begeistert von einem Heilverfahren – wie er es nannte –, das darin bestand, die Irren wie Gesunde zu behandeln und ihnen soweit wie möglich mit Vertrauen und Güte entgegenzukommen. Er nahm sie auch zu sich ins Haus und behandelte sie tatsächlich mit großer Freundlichkeit und Geduld, deren therapeutische Wirkung ich nicht beurteilen kann, die jedoch bei dem ausgezeichneten Manne echt und verdienstvoll waren. Sein Wohlwollen für mich nahm stürmisch zu, als er bemerkte, daß ich mit den Geisteskranken umzugehen und sie für mich einzunehmen verstand. Anscheinend ist das eine Gabe, die angeboren und nicht erlernbar ist. Wenn ich nach mir urteile, hat es etwas mit Ungezwungenheit und Furchtlosigkeit zu tun, ebenso wie die erste Voraussetzung für einen Dompteur oder Tierwärter eben die ist, keine Angst zu haben; mit Güte hat es nichts zu tun. Tatsache ist, daß ich, der ich wenig Kontakt mit Tieren habe, mit den Geisteskranken so gut umzugehen wußte, daß der Professor mich aus Experimentierlust mit einer gefährlichen Tobsüchtigen, die von ich weiß nicht wie vielen Teufeln besessen und bewohnt zu sein glaubte, in die Zelle sperrte – und daß ich mich einsperren ließ. Um mich genau über den Zustand dieser Frau, einer starken, kräftigen Person mittleren Alters, aufzuklären, vertraute mir der Professor an, während er mich in die Zelle führte, daß es ihr vor einigen Tagen gelungen sei, die sehr massive, fest eingelassene Zellentür zu zertrümmern. Beim Wiedererzählen kommt mir der Verdacht, daß es bei diesem Experiment drei Verrückte gab: die unglückliche Frau, den Professor und mich. Da sie sich in den Kopf gesetzt hatte, daß der Bischof in Person ihr die Teufel austreiben solle, mußte ich ihr erklären, ich sei der Bischof in Zivil und sei gekommen, um ihren Fall zu untersuchen. Und es gab einen Augenblick, in dem man mit Recht hätte glauben können, daß sie, die Unglückliche, am wenigsten verrückt sei, als sie mir nämlich ins Gesicht lachte und erklärte, für einen Bischof schiene ich ihr wahrhaftig zu jung. Ich rettete mich, indem ich einen autoritativen Ton anschlug und ihr versicherte, daß man auch sehr jung Bischof werden könne. Sie beruhigte sich und stellte ihr Gelächter ein, das kein angenehmes gewesen war; ihre nackten Arme, die Arme einer starken Bäuerin, präsentierten sich mir in diesem Augenblick in ihrer ganzen sehnigen Kraft. Der Professor stand draußen, das Auge am Guckloch der Tür, aber wenn diese Hände mich mit ihrer natürlichen Kraft, verstärkt durch die Kraft des Wahnsinns, gepackt hätten, könnte ich jetzt wahrscheinlich nicht über den Ausgang des Experiments berichten. Für den Professor war es eine Genugtuung, denn es bestätigte seine Anschauungen über den Umgang mit Geisteskranken. Es genüge, sagte er, wenn man sie menschlich, ohne Angst und Abneigung behandle. Und ich hatte experimentell bewiesen, daß man nicht vom Fach zu sein brauchte und daß es keiner besonderen Technik bedurfte. Auch bei sich zu Hause hatte er zwei geisteskranke Frauen als Köchin und Zimmermädchen, denn seine Methode beruhte vor allem auf der Heilung der Irren durch Arbeit.

In einem Punkt betrübte ich ihn sehr. Was er als seinen größten Erfolg bezeichnete, war eine Reihe von geisteskranken Frauen, die an Webstühlen saßen und webten. »Sehen Sie diesen Eifer, die

Begeisterung, diese Liebe zu ihrer Arbeit?« sagte der Professor zu mir mit einem fast zärtlichen Ausdruck.

Dabei stampften sie das Trittbrett, spannten die Kettenfäden und warfen die Webschiffchen auf eine so schreckliche, finstere, mitleiderregende Art!

Aber der Professor sagte: »Denken Sie, man muß sie dazu zwingen, sich auszuruhen, denn in ihrer Liebe zu der Arbeit würden sie sich die Hände wundreiben und fortfahren, bis sie todmüde umfielen.«

Ich bemerkte zu ihm, daß diese Methode eigentlich nur den einen Wahnsinn durch einen anderen ersetzt habe: den natürlichen durch einen künstlichen. Und sie so finster in diesem künstlichen Irrsinn zu sehen, fügte ich hinzu, brächte mich fast auf den Gedanken, daß in dem natürlichen Zustand wenigstens eine Erlösung, eine Art von Befriedigung liege, vielleicht ein natürliches Ausruhen oder ein Ausstoßen des Übels, vielleicht sogar ein Vergnügen, wenn auch ein schauerliches.

Wie gesagt, betrübte ich ihn sehr damit, und er antwortete mir ganz enttäuscht: »Also würden Sie den Zustand von der da vorziehen, die auf kein Zureden eingeht und wahrscheinlich unheilbar ist?«

Bei diesen Worten zeigte er auf eine unbeholfene, untätige Frau, welche unweit von jenen Aufgeregten, die verzweifelt an ihren Webstühlen arbeiteten, gleichgültig und regungslos unter einem Baum hockte. Sie war völlig abwesend, und – ich wage es zu sagen – sie war glücklich.

Sie glaubte, sie sei ein Pilz, und ihr Leben zu Füßen dieses Baumes, von den gleichen Säften gespeist, das Leben eines Pilzes, solange der Tag dauerte und es hell war. Im Dunkeln schlummerte sie ein und wurde so ins Bett getragen, wo sie einen ruhigen Schlaf schlief. Sie wurde nur unruhig, wenn sie fürchtete, vom Fuß des Baumes entfernt zu werden. Die Tage, an denen man sie wegen des schlechten Wetters nicht hinauslassen konnte, verbrachte sie, in dumpfer Melancholie dahinvegetierend, zusammengekauert in einem dunklen Winkel des trostlosen Gebäudes.

Wir fragten sie, seit wann sie sich als Pilz fühle. Sie sei immer ein Pilz gewesen, antwortete sie. Ob sie keine Angst habe, von uns aufgegessen zu werden. Sie verstand die Frage nicht. Und da ihr gerade ein Teller Suppe gebracht wurde, fragten wir sie, ob ein Pilz denn Suppe äße.

»Ich bin immer ein Pilz gewesen«, wiederholte sie gelassen und schlürfte ihre Suppe, ohne sich dessen bewußt zu sein und fast ohne sich zu bewegen, so ganz ihrer phantastischen Wahnidee angepaßt, daß es für sie ein Glück war, wenn auch ein mitleiderregendes; jedenfalls ein Glück, wenn man sie mit jenen anderen verglich, die auf eine unheimliche, verhexte Weise an den Webstühlen stampften und fuchtelten.

Der Professor zuckte die Achseln. »Die anderen sind eine erhebliche Ersparnis«, sagte er nicht ohne Traurigkeit und fast entschuldigend, »in einer Anstalt wie dieser, in der sehr viel Leinen für Bettücher und Kleidung verbraucht wird.«

Auch ich zuckte die Achseln und fragte den Pilz, wie er sich fühle.

»Sehr gut«, war die geflüsterte Antwort, nur hätte er sich noch viel besser gefühlt, wenn – es waren tatsächlich die Hundstage – ein wenig Regen ihn erfrischt hätte. Baum und Pilz ersehnten ihn sehr.

Ich eröffnete mich dem Arzt: Wenn es mir zustoßen sollte, den Verstand zu verlieren, dann wolle ich – so sagte ich ihm – Pilz werden, und er solle mich nicht durch Unruhe und Störung aufbringen. Ich habe meine Meinung nicht geändert, und wenn ich mein vernunftgemäßes Denken leid bin, beneide ich den Pilz, der jetzt seit wer weiß wie vielen Jahren zu Erde und Humus geworden ist und so vielleicht echte Pilzgewächse hervorgebracht und ernährt haben mag.

Die Köchin und das Zimmermädchen des Professors waren, wie schon erwähnt, geisteskrank. Eines Abends, als er einigen Gästen am Beispiel der beiden Frauen und des guten Essens die heilsame Wirkung seiner therapeutischen Methode beweisen wollte, erschien nach der Suppe der Braten nicht. Die Köchin hatte sich zwischen den beiden Gängen erhängt, und das Zimmermädchen, die Bratenschüssel in der Hand, starrte fassungslos auf die Gefährtin, die in der Küche hing.

Als das geschah und ich es erfuhr, studierte ich seit etlichen Jahren keine Geisteskranken mehr. Es tat mir leid für den Professor und seine Methode, aber ich dachte wieder: Man sollte der Natur keine Gewalt antun. Und wenn es geschehen sollte und man wählen könnte: lieber Pflanze, Gemüse, lieber Pilz – wenn es sein muß so giftig wie schlechte Laune – als trostlose Hysterie.

Carlo Emilio Gadda

Anastomose

Jenseits der Scheiben das HEILWESEN, weiß und immun. Ausgestreckt auf dem Operationstisch, seit zwei Minuten, wird jener reglose Körper Objekt sein für die Kunstfertigkeit der Nothelfer. Entblößt von jeglicher Überlagerung der Zivilisation. Untauglich, Rang und Stand von gestern zu repräsentieren: bar der unterscheidenden Kleidungsstücke, ob Pelz oder Umhängemantel, womit ihn die soziale Position oder die Meriten oder das Können oder das Talent oder die Ersparnisse oder die Technik der Bekleidung und der Schmeichelei etwa ausstaffiert hätten am Tag seiner vollen Fähigkeit. Nur das Krankenblatt vermerkt, fast nebenbei, ob das Rollbett einen Tischler oder Senator in den Saal gebracht hat, den Präsidenten eines GmbH-Kartells oder einen Auslader vom Güterbahnhof.

Carpiani vertraut mich mit äußerster Zuvorkommenheit einem der Herrn Chirurgen an, einem seiner Mitarbeiter in der Universitätsklinik. Ich werde einem Eingriff des Meisters beiwohnen, vielleicht mehr als einem, von jener Art anatomischen Hörsaals unter dem Dach aus, der (notwendigerweise) eine dunkle Aula ist über dem und rund um das gläserne Velarium des Operationssaals.

Der Chirurg wird mir Souffleur für die Namen der Dinge und Handgriffe sein können, für ihren Sinn, die ersichtlichsten Modalitäten des Ablaufs.

Doch eine Unterbrechung, ein kurzer Aufruhr meiner Sinne verzögern den Beginn der Beobachtung. Senkt sich der Blick in die Kammer des Lichts, bewegen sich dort weiße Wesen: mit kurzen Gängen, in stummem Zeitmaß. Die vorbestimmten Gänge und Bewegungen verlöschen augenblicks in ihrer Begrenzung. Ich könnte meinen, in einer Zelle oder einem befremdlichen Hypogäum verstorbener ägyptischer Jahrhunderte die unbeirrbaren Vollzieher einer Einbalsamierung wiederzuerschauen, die am Leichnam des Königs Amenhotep die ungewöhnlichen und unaussprechlichen und doch erforderlichen Akte konsakrierender Pietät vornehmen. Nein. Nicht Amenhotep, noch Rahotpe II. liegt da ausgestreckt in seinen Byssus-Binden, nach lange währender Einsalzung als Erkalteter sich darein schickend, die letzten Klysmen mit kaustischem Soda zu empfangen, mit Tolubalsam sein salzgesäubertes spitzes Gesicht überziehen zu lassen: alsdann mit linder Benzoe für die Ewigkeit. Ein ausgestreckter Männerrumpf, der Kopf abgeschirmt, nach Art einer spanischen Wand von einem weißen und halbrunden, doch andersherum geklappten, kleinen Kinderwagenverdeck, das ihm versagt, sein eignes Ausweiden mitanzusehen. Der ganze Rest ist mit Tüchern belegt, man könnte meinen, umwickelt; einzig die flache Oberfläche des Epigastriums zeigt sich nackt, vom Nabel angefangen bis zur Grube unterm Brustbein: safranfarben, was ich auf den ersten Blick einer Pestbeule hätte zuschreiben mögen oder einer zu chirurgischer Reife gelangten Geschwulst oder einem Überlaufen der Galle dieses Reglosen und Wehrlosen. Ein Jodanstrich in Wahrheit, nach dem Rasieren und der präventiven Säuberung mit Alkohol. Riesige Nadeln werden jetzt unter die also bemalte Haut geführt, doch, wohlverstanden, an der Oberfläche derselben gehalten oder nur knapp unter der Cutis: und dann jedesmal lange Runzeln und Fältelungen der Haut, wenn die vermessene Riesennadel sich durchschiebt: normale Wellen und Runzeln zur Spitze hin. Und die Nadel dringt vor, dringt, die Cutis durchstechend, vor, bis sie, wie mir scheint, den Umbilis erreicht. Die Wesen des Schweigens halten, ich seh's jetzt, Spritzen in Händen, von weit größrem Umfang als die gewöhnlichen; in toto werden 160 Kubikzentimeter zwischen Haut und Muskel eines von Opium schon halb benommenen Körpers eingeführt. Das sind Injektionen von Percain, des gebräuchlichen Anästhetikums, und von Adrenalin, dem gefäßverengenden Mittel, das eine Hämorrhagie verhindert. Weil es um eine Duodenumresektion geht und die daraus sich ergebenden Nähte, darunter diejenige, die den Magen mit der Dünndarmschlinge verbinden wird, ist eine Äther-Narkose unmöglich: die, wie bekannt, beim Erwachen Brechreiz und verschiedene Magenkontraktionen hervorruft: derart, daß die neue und künstliche Verbindung der Organe und das Zusammenflicken der ringsum angrenzenden Gewebe in Frage gestellt werden könnten.

Carpiani tritt nun in den Raum. Hochgewachsen, mit leichtem, elastischem Schritt, der vielleicht auch zum Teil den besondern Gummischuhen zu verdanken ist, fast als käme er soeben von einem schönen Tennisplatz: er zieht den weißen, talarähnlichen Mantel aus und erscheint im Leibchen, wie einer, dem heiß ist, in seiner Wohnung, im Juli, und der sich erlauben kann, was er will. Die Hände habe er sich schon drüben gewaschen, sagt mir mein Souffleur: lange, im lauwarmen Wasser, mit Seife, mit säuberndem Bürstchen: doch jetzt wäscht er sie wieder und wieder und hält sie runde zehn Minuten lang in Alkohol. Sonderbar: die Geste moralischer Indifferenz wird vollzogen mit der abgeklärten Sorgsamkeit dessen, der Ziele und Mittel in Erfahrung gebracht, mit der ruhigen Beharrlichkeit der Vernunft. Die Geste des antiken römischen Prokurators verliert ihren antiken Sinn, wird zur Initialhandlung einer aufmerksamen und sicheren Pragmatik seines Prozesses, zur Eigenart dessen, der wohl weiß und wohlmeinend voraussieht und ausschließen wird das Übel aus der körperhaften Finsternis und nach den exakten Minuten des Ablaufs wieder zusammenfügen wird die Ursachen des Lebens.

Eine Schwester reicht Kittel, Haube, Mundtuch: und danach die Gummihandschuhe. Er streift sie an, gewiß in klarer Kenntnis ihrer hauchdünnen Beschaffenheit: um immun zu sein und den corpus patiens immun zu lassen, akzeptiert seine Hand, ein Tausendstel ihres Spürsinns, ihrer ungehemmten Geschicklichkeit zu verlieren. Er ist nun zum weißen Phantom geworden: Würde eines Intellekts, bekleidet mit weißem Kittel, geknebelten Mundes, mit Haube versehen: daraus ragen die beiden Arme und Hände beängstigend hervor, in Handschuhen aus Guttapercha, jeden unglaublichen Augenblick zu wagen. Lange Jahre an

Kunst und an Studium treffen sich in den meisterlichen Minuten, unter der dünnen Taucherausrüstung dieses sterilisierten Tauchers.

Verantwortlich für den Saal eine kleine weiße Schwester: Autoklaven und Behälter aus Glas und aus Nickel: zwei Rotkreuzschwestern mit Haube und Gesichtstuch am Ende des Operationstischs, zu Füßen des Reglosen: neben einer Art Brücken-Tablett, das über die Beine gestellt ist: darauf die Instrumentenvorhut. Etwas weiter oben, an der Mitte etwa der hingestreckten Gestalt, der instrumentierende Helfer und der Assistent: dem Professor gegenüber, der allein ist auf der anderen Seite und sich Garnhandschuhe über die aus Gummi gestreift hat. Ein vierter Arzt sitzt auf so etwas wie einem Hocker neben dem Kopf des Kranken, jenseits des kurzen Tuchschirms, der ihm verwehrt, das Tun der Heilenden wahrzunehmen und seine eigenen, roten und geheimen Sichtbarkeiten. Der Arzt scheint diesen Kopf zu stützen, beinahe mit der magischen und heiligen Liebkosung dessen, der den Lebensodem in die liegende Form hauchen will: die sich vielleicht in düsterer Wahrscheinlichkeiten nächster Nähe befindet. Mit einer Hand (sage ich mir) wird er am Kopf des Dahingestreckten sein, über den Herzschlag zu wachen.

Ein anderer im Kittel, fast an der Schwelle des Raums, verliest Carpiani eine kurze Ansprache, von der ich kein Wort höre: das Krankenblatt. Aufgehängt an den Trägergerüsten der Glaskuppel, projiziert der Reflektor auf die Kittelgewandeten die gewissenhafte Luzidität einer geordneten Aufgabenteilung, das Vorwissen gewagten Tuns, das sich gewiß vervollkommnen muß.

Ich gehe nun in den Saal hinab: auch ganz in Weiß, der gerechten Strenge der Vorschriften entsprechend. Einige Röntgen-Diapositive hängen an der Glaswand, deutlich sichtbar für die Augen dessen, der operiert: die Windungen des beschädigten Zwölffingerdarms. Wortlos hat der Meister seine blitzende Schneidefeder ergriffen.

Ein gerader Einschnitt in die safranfarbene Fläche, vom Epigastrium bis in die Nabelgegend. Kleine rote Tropfen punktieren den Verlauf des Bistouris, ich meine, ohne weitere Folgen: das

Adrenalin! Eine weiße Schicht tritt zutage, das kurz zuvor anämisch gemachte subkutane Verschiebegewebe, das noch weitere Einschnitte so weit öffnen, bis die Wunde aufklafft in Form einer doppelten Ogive, mit Lappen in mehreren übereinandergeschichteten Farben, blutrot bis aschfahl. Und jetzt, in der Mitte, das klebrige Rosa des Peritoneums. Die Ränder des erschreckenden Rhombus schwitzen ihre scharlachfarbene Pein aus, sogleich abgetrocknet vom Tupfer des Assistenten.

Und da ist der scharfe Glanz der Schere, einzudringen und dies rosige Blatt zu zerteilen, das seröse, gespannte und schier aufgetriebne von der Fülle der Eingeweide, die es noch verbirgt und zusammenhält. Es ist das Aufblitzen eines dem Operateur gewohnten Aktes über einer ungeglaubten Nacktheit im Innern der uns bekannten, formalen Nacktheit. Dem Helfer erlaubt er, die mit Garnhandschuhen bekleideten Finger in die Magengrube einzuführen und den Magen »vorzuwälzen«; die weißen Fingerspitzen schließen sich und scheinen beim Zufassen zu rutschen; sie ergreifen; sie ziehen; sie ziehen heraus; sie werden purpurn. Nach dem rosaweißen Beutel noch andere Eingeweide, wie mir scheint; und wieder die Schere: vielleicht die erste Schlinge des Duodenums. Vielleicht der Bistouri und das erste Abbinden.

Nun erkenne ich auf dem müden, ganz vom Meso umhüllten Beutel das Violett einiger Blutgefäße, ihrer Verästelungen und Ausläufer: wie Wurzeln und Barthaare eines weinfarbenen Efeus: die mich entsetzen könnten, wenn ich nicht wüßte. Die rechte Netzarterie, die linke, beide noch prall, wider meine Erwartung. Unversehens Tropfen, sobald der Bistouri arbeitet und die Oberfläche zur Resektion präpariert, die äußere. Und die Kocher-Klemmen werden augenblicks an die Venen, an die Arterien gesetzt, wie lange dünne Scheren, die sich aber mit einem flachen, gezahnten Anschlag schließen: eine kleine Zange: die zerschnittnen Gefäße abzuklemmen und so jede Hämorrhagie auszuschließen. Andre Gefäße werden abgebunden, mit Nähmaterial aus Schweinedarm. Ein Strahlenkreuz von Klammern in blitzender Stahlfarbe, dem Aussehn nach an der Spitze haftende Scheren, entsteht mählich ganz um die große gastro-abdominale Wunde herum und auch außerhalb derselben, mit ihren hintüberfallenden Stielen und Fingerlöchern, auf den Läppchen und Mullstücken, die nunmehr die Ränder des erschreckenden Aufbruchs verbergen und zugleich schützen. Nur hier und dort und mehr zufällig röten sich diese Linnen: durch einen dicken Tropfen; oder gar zu einem purpurnen Lappen. Also mit diesem hängenden Ballast versehen und über einer neuen Lage von Mull trinkt das klebrige Geheimnis der Konstitution sein trügerisches Licht einer halben Stunde: blaßrosa, rot, fahlweiß, mit ein paar gelblichen Fetzen, und dem dunkelgrünen oder violetten Verlauf der Blutgefäße außerhalb des Meso-Labyrinths, rings um die Nutzlosigkeit des Magens.

Und der ruhige Chirurg scheint in einem bedächtigen Zeremoniell begriffen. Da sind die notwendigen Verrichtungen, Ergebnisse prämeditierender Pragmatik. Eine besondere Zange, das Gastroenterostat, dessen Greifer mit Gummi gepolstert sind, hat schon die Hälfte des Magens abgeklemmt und also verschlossen. Der Patient liegt auf einer Bleiplatte, er ist fähig, elektrischen Strom zu leiten. Und mit knappem Knistern und ein paar violetten Krümchen an seiner Spitze verwandelt der Elektrokauter, ein neuzeitlicher Bleistift fast, das Gewebe des Duodenums schnell zu Asche: dieses vermeine ich schmoren zu hören in den wenigen Sekunden der Betätigung auf der weichen Ballung verbliebnen Zinnoberrots, das sich nun den Leinen- und Mullstücken anvertraut, als wabbliges Gewirr inmitten der aufgefächerten Greiflöcher jenes Strahlens.

Rasch und fast unbemerkt die Vernähung des Duodenums: das, in seinem untern Teil, untrennbar verbunden ist mit den Umkleidungen, den Gefäßen, den Funktionen der Leber, der Bauchspeicheldrüse: und dergestalt wird es auch weiterhin die unentbehrlichen Sekrete beider Drüsen aufnehmen müssen; wird innerhalb der mühseligen Begrenzungen und sichern Tage des Körpers ausharren, sich der verpflichtenden Arbeit des Enterochemismus immerhin unterziehend; noch könnte es auf gar keinen Fall davon ausgeschlossen werden.

Nach der Trennung der Gastrointestinalverbindung beginnt

die Phase der Wiedereinrichtung, des Wiederzusammenfügens. Man beabsichtigt, den Magen, der eine Weile noch ohne Ausgang geblieben, mit der Leerdarmkrümmung (des Dünndarms) zu verbinden: der Stumpf des Duodenums, ganz eingeschlossen von den Schlingen der Nachbarschaft, wird sich wie eine blinde Appendikularableitung verhalten, in den Dünndarm abgebend, was er von der Bauchspeicheldrüse, von der Leber zu bekommen pflegt: doch ohne noch vom Chymus durchlaufen zu werden. Dieses »Nach-oben-Holen« des Dünndarms, ihn unmittelbar mit dem Magen zu verbinden, stellt die Kontinuität der gastrointestinalen Passage wieder her und ist die gewagte und dann auch abschließende Phase dieser Verbindungsoperation. Der Chirurg nennt sie »Anastomose«: und das ist ein bewundernswerter Wortschatz, den die Hellenen des ewigen Worts, nach Jahrhunderten, dem Verdeutlichungsbedürfnis der Wissenschaften zu verleihen vermocht.

Wieder öffnet die Schere das Gelbrosa (eines Meso? eines Peritonealblatts?), doch weiter unten, wie ein Öhr in die geheiligte Klebrigkeit dessen, das ist »erstes Ich und Gedanke in Unterordnung«. Der Assistent, ganz prompte Scharfsichtigkeit, mit seinen weißen, rotfingrigen Handschuhen, macht sich ans Drükken, ans Herausdrücken irgendeines Dings aus dieser durcheinandergeratenen Weichheit, dem Chirurgen fast darbietend die vorhergesehne und gesuchte und endlich gefundene Intimität einer geheimen Frucht. Das gerade Zuklappen der Schere hat ein Fensterchen in das rosa Blatt des Peritoneums geschnitten, Mesokolon genannt: und die weiche Masse des Gedärms, oder doch zumindest eine Windung, wird herausgezupft von zwei oder drei Fingern des Operateurs, die jetzt nur mehr von Guttapercha geschützt: glitschig wie das Ding, an dem sie ziehen: heraus, heraus, heraus! mit der weichlichen Blässe. Und nun sehe ich die unermüdlichen Finger mit geduldiger Sicherheit die schlaffen Windungen sortieren, sortieren: und aus dem unförmigen Haufen von Innereien die eine aussuchen, die er wohl kennt, bestimmt für den helfenden Eingriff: die Leerdarmkrümmung. Ich denke zurück an die armen Eingeweide andrer Wesen, die sich andernorts in todtraurigem Licht verfärbten. Oder ich könnte fast glauben, den Plunder weicher Dinge vor mir zu haben, wie er schematisch dargeboten auf den phantastischen anatomischen Tafeln des Hundtschen *Anthropologium*, in den unnützen Bandschlingen des Peyligkschen *Philosophiae naturalis compendium*, eher noch hier als auf den naturgetreuen, bewundernswert klaren Zeichnungen des Zeichners und Anatomen Leonardo: der das Gewirr der Intestinalkrümmungen wiederzugeben verstanden in Schönheit und sichtbarlicher Rundung und fast arbeitsstrotzender Kraft, prall gefüllt mit vernünftiger Einlagerung, geschwollen ob der vollbrachten Leistung. Hier aber würde ich von dekadenter Natur reden, von einem aus seiner triumphierenden Gesundheit zu bejammernswertem Alter heruntergetrottelten Gedärm, dächte ich nicht daran, daß vorbereitend Fasten und Abführen und Adrenalin und Opium es so schlapp und mager gemacht: es noch unansehnlicher zu gestalten denn zischendes Fahrradgeschläuch, wenn sie's unterm Rad oder Radmantel herausholen, um den Schaden zu finden, nach Nagel und Knall.

Die Eingeweide wurden gefaßt und herausgeholt gleich einer unförmigen Sequenz wabbeliger Rätsel (für mich), von denen mir die rosigen, roten, weißlichen, gelblichen Farben bedeuteten, daß sie zur ersten und zentralen Tätigkeit lebender Natur gehören. Und diesen nicht geometrischen Ausdruck des lebenden Ich, einst Plasma, über die Jahre geordnet von einer differenzierenden »Idee« (so schien es in der Sicht), hebt der Operateur mit seiner Hand über den Mull und über den Kreis der Klemmen, »wälzt ihn vor« in die elektrische Helligkeit, darin suchend und wieder suchend, als sei er darauf aus, irgendeine trotzige Verheimlichung zu entdecken, eine eigensinnige Simulation. Vermummter Trödler, der eine vergessene Münze in einem alten, verkommenen Kleidungsstück sucht. Die ironischen Finger schienen das Diebesgut zu ertasten. Doch kein Tropfen fiel herab vom warmen Purpur. Geläufig ist ihm und den Seinen, mit rascher Voraussicht der in langwährender Schule angelernten Verrichtungen, die innere und unersetzliche Ordnung organischen

Gefüges; das sich doch so durcheinander und unförmig, als nutzlose rote Überfülle oder gar als Erbärmlichkeit einer ausgeweideten, ungetauften Marionette meiner Erkenntnis darbietet, welche die eines Unwissenden alles Anthropologischen und Verworrenen, uneingedenk weit zurückliegender Studien, ein kümmerliches, unsicheres.

Die Leerdarmkrümmung muß mit dem Magen verbunden werden. Die Hämostase vermittels Abbinden wird überall da wiederholt, wo sie erforderlich: Augenblicke wenigen Blutes in einer unblutigen Operation.

Das Gastroenterostat, das die Hälfte des Magens verschlossen hielt, wird nun durch ein andres ersetzt: ein geeigneteres, da sich die Phase des Prozesses geändert; und noch ein weiteres, ein ziemlich kleines, klemmt den Dünndarm ab. Und wiederum schmort der Bleistift mit der eigentümlichen Seele und den spärlichen violetten Krümchen seiner Funken auf dem lebenden Gewebe, es zu zerschneiden, zu kauterisieren. Es arbeitet am Magen (und nachher wird es sich mit der Dünndarmschlinge befassen, so etwas wie ein längliches Fensterchen ausschneiden). Der Teil des Magens, der schon vom Zwölffingerdarm getrennt worden, befreit sich nun, nach diesem weiteren Schnitt, vom ösophagischen System: löst sich von ihm: mit der Zange wird er in die Schale geworfen: wie man einen Küchenabfall wegwerfen würde; und die Schwester mit den raschen Schritten bringt die Schale zu Labors und Untersuchung.

Darauf fügt der Chirurg die solcherart an Magen und Dünndarm praktizierten Öffnungen End zu End (Fachausdruck): legt ihre Ränder aufeinander, zunächst die hinteren; sodann, nachdem diese vernäht, die vorderen. An den ersten und an den zweiten nimmt er die geduldigen Nähte der Wiederinstandsetzung vor, die zu den schwierigsten in der Chirurgie gehören, Lembert-Nähte genannt. Es sind dies jeweils: die sero-seröse oder äußere Vernähung der beiden Peritonealschichten: die muskulärmuköse Vernähung der inneren oder eigentlichen Gewebe des Magens und Leerdarms. Die vorderen Ränder in umgekehrter Reihenfolge natürlich.

Die beiden Schläuche, der gastrische und der intestinale, wurden geschnitten und sodann vereinigt, wobei man darauf achtete, daß die beiden Öffnungen etwa gleich lang wurden: wer um konische Schnitte weiß, wird die Methode sofort begreifen.

Nach und nach, unter den Voluten gekrümmter Nadeln und tierischer Nähfäden, entschwinden vor unserer Angst zwei kraftlose, schattige Ellipsen: nun werden die beiden Schläuche zusammengeflickt, wie zu einem verkürzten Kleidungsstück, fast als sei der armselige Arlecchino, der es in Besitz nehmen wird, hierher zwischen die Glasscheiben gekommen, dies äußerste Flickwerk seiner verschüchterten Armut mit den Klagen der Verzweiflung zu erbetteln.

An den blutleeren Lippen der beiden Öffnungen hat nun die große weiße Gestalt des Mannes in Kittel und Maske zu nähen begonnen: langsame, entspannte Armbewegungen: geduldige Verknüpfungen.

Ein ums andre Mal beugt er sich vor, ich würde sagen, um besser den Einstich zu erkennen. Oh! die Zeit seines wachen Sinnes und seiner Beherrschung ist noch nicht vorbei, die Stunde der Instrumente, der scharlachroten Mullstreifen, der Pinzetten, der Nadeln. In das furchtbare Durcheinander »vorgewälzten« Lebens, aus seiner Höhle getrieben gleich einer Beute in panischem Grauen, führt nun der weißverhüllte Mann die Nadeln. Führt seines unerschütterlichen Wissens Spitze in diesen Haufen schlaffen Gekröses: das wohl nur Hakenschnabel und Klaue aus dem Bereich des Bauchs hätten herausfetzen können, aus dem gelben und unvermittelt purpurnen Bauch eines Schafes. Dieser Faden ist aus gezwirntem Schweinsdarm, wie aus Katzendarm die hohen Saiten der berühmten Geigen bestanden. Die Nadeln gekrümmt oder gar halbrund: gleich fadenförmigen Fingernägeln, doch spitz und glänzend, von der Fingernagelfabrik eines andern Kontinents und nicht dieses unseres apostolischen: und nach der Nadel ein Faden, kurz oder reichlich, je nach Bedarf. Und der Mann näht: näht langsam: und bindet zusammen. Kleine immune Krankenschwestern, mit immunen Pinzetten, rei-

chen ihm einen nach dem andern die verwegnen Nähfäden, ganz Aufmerksamkeit, zu diesem dämonischen Flickwerk.
Sagen würde ich, daß die Bestürzung mich sättigt: die Müdigkeit hat mein Aufnahmevermögen getrübt, hat um seinen Blick die Binde weit entfernter, verlorener Sehnsüchte gelegt, die nichtig über dem Zufall auftauchen: den Strand möchte ich entlanggehen, den Indigo des Meeresspiegels noch einmal zu trinken: und wieder zu schauen die unversehrten Leiber der Lebenden, die um der Zerstreuung willen unter der Sonne. Für den Soldaten aber gibt es keine Müdigkeit, auch nicht für den gewissenhaften Chirurgen. Die Stunde der Pflicht dauert noch fort, in seiner gesammelten Bewegung. Weggetrieben ist von den Instrumenten das unsichtbare verruchte Gesindel, infinitesimaler Träger der Fäulnis: verscheucht, ganz aus dem Bereich seiner Gedanken, das Grauen: das mir Müdem als lauerndes Gespenst erscheinen würde.

Die von Guttapercha überzognen Finger nehmen, gleich einem in Arbeit befindlichen Kleidungsstück oder Tuch, wieder auf und durchstechen und legen hin die rosige Abscheulichkeit, die geheime Weichheit des Lebens: dieser hochgewachsne weiße Arbeiter, eingehüllt in Haube und Maske seines weißen Schweigens, näht und näht sodann das Leben in die weichen Gefäße und Gedärme ein, nunmehr ohne das begehrlich Gesuchte, das er zu finden und herauszuholen verstanden, nichtige Amulette, außerhalb ihrer beschädigten, stöhnenden Hülle.

Hinter dem kleinen Schirm, der ihm als barmherziger Vorhang dient, erhält ein von Opiaten besänftigter Tischlerskopf von Minute zu Minute die vertröstende Liebkosung des auf dem Schemel sitzenden Arztes.

Und über den müden Klagen harrt der Vernäher aus, einer jeden Minute trotzend, seine gefädelten Kurven ziehend und sodann zurückziehend: vielleicht wird er vernähen, verknüpfen in alle Ewigkeit. Seine Dialektik zeigt sich in den stummen Verrichtungen; ein biologisches Nachbilden ist es, ein Neudenken des natürlichen Aufbaus, mit Instrumenten und Nähstichen, ein Wiederhabenwollen, eine Wiederherstellung der Form. Aus der dunklen Tiefe der Jahrtausende, die das Modell gestaltet, scheint der gütige Gott auf die Mühe dieser in streitbarer Disziplin der Barmherzigkeit und Hilfe unermüdlichen Hand herabzusehen, durch die Scheiben hindurch und das Guttapercha und den Bistouri leichenträchtiger Säle, der Hand, die mit Festigkeit heute in einer Bergung ohne Niedrigkeit begriffen: ermächtigt von Ihm, den Abdomen dieses späten Exemplars der Spezies zu öffnen, um dessen inneres Elend herauszutreiben. Zur Wiederherstellung bedient sich der Chirurg seiner eigenen Technik, die vom Wesen selbst nicht vorgenommen wird, von der Natur nicht vorgesehen ist. Mit der Komplizität der Natur arbeitet er und über sie hinweg.

Das dunkle Geheimnis und das Innere dieses Menschen profanierend, hat der Heiler dessen physischen Aufbau bloßgelegt: hat er die Idee der Natur gelesen in dem Haufen glitschiger Sichtbarkeiten. An dem hingestreckten, entmenschten Körper vollbringt er beharrlich das schweigende Tun seiner Weiße: die mir fast scheinen will als eine große und stumme Mutter oder Schöpferin der Auferstehung. Ich denke an unsere alten Gemälde, an die Heilige Anna über der Tochter und an SIE über dem erblichnen Leib des SOHNES.

Die purpurne Verschlingung klebriger und weicher Dinge, pfleglich gezerrte, zerrissene Beute der Geier, hier ist sie in der sterilen Wärme des verglasten Saals unter seinen Händen und unter Schere und Nadel, wie das aufgetrennte Gewand des Armseligen beim geduldigen Schneider. Da sind die schichtweisen Vernähungen der Wände des Magens und Intestinums, die Vernähungen der Peritonealblätter, die Mesogastrien, vom griechischen meson, das heißt inneres Ding. Vom Griechischen! Ein rosiger Sack wird soeben vernäht, verschlossen. Halbrunde Nadeln, kurze, lange, von jeder Dimension: mit glitzerndem Widerschein in der Bewegung: mit einem Schnurrhaar, vom Öhr abstrebende, verwegene Borste, die eindringen wird in den Gedanken der Natur. Die entsetzlichen Bilder fügen sich, mählich, wieder zusammen: in der Gewißheit des Vollbrachten.

Erst dann, wie in einem unvermittelten Nachlassen seiner eingreifenden Fähigkeit, in einer plötzlichen Entkleidung von seiner Verantwortung, tritt der Operateur von seiner Aufgabe zurück. Wortlos, doch da er die letzte Nadel hingeworfen, vertraut Carpiani seinen Assistenten den Rest des Werkes an: die Wiedervernähung der Faszie, der Subcutanis, der Haut.

Es sind die langsamen und etwas unerfreulichen Verrichtungen desjenigen, der in die Enge eines übervollen Koffers das Notwendige hineinstopft. Mit ihren Fingern drängen und drängen sie wieder hinein in den Füllraum, den vom Bistouri geöffneten, die letzte und gezerrte Verspätung eines roten Krams: die rosigen Blasen und den widerspenstigen Ball des Peritoneums.

Sodann Hurtigkeit und Festbinden: die abschließende Eile einer gewohnten Praxis, nicht mehr bewacht von den mahnenden Pupillen des WISSENS.

Die Instrumente werden weggenommen. Die äußern Stiche machen sie mit Hilfe einer besonderen Pinzette, die in die safranfarbene Haut kleine Krampen einführt und dann zudrückt, Klammern aus Metall. Und die kommen mir schließlich vor wie die verchromten Haken eines Korsetts, das, nachdem es gebunden und eingehakt, endlich das hervorquellende Fleisch zu halten vermocht. Die weiche und ungeschützte Körperlichkeit all dessen, was Hülle und Bedeckung verlangt, ist in seinem wiederinstandgesetzten Volumen verschlossen.

Corrado Alvaro

Unschuld

Als der Frühling kam, machte sich Biasi, der als Hilfsarbeiter beim Straßenbau beschäftigt war, auf den Weg, um seine Mutter zu besuchen. Es war ein weiter Weg, aber er rechnete damit, ihn zu Fuß an einem Tage zu schaffen. Statt dessen befand er sich am Abend immer noch auf dieser Seite des Gebirges, auf der Küstenstraße zwischen Agaven und Telegrafenmasten, die vor seinen Augen ineinander verschwammen. An dieser Küste nun, die sich endlos vor ihm dehnte, suchte er sich einen Punkt als Ziel, um dort die Nacht zu verbringen: die auf dem Vorgebirge unter dem Leuchtturm verstreut stehenden Häuser. Er freute sich bei dem Gedanken, dort Rast zu machen. Schon begann die Leuchtturmlaterne zu blinken und vergebens die auf hoher See vorüberfahrenden erleuchteten Schiffe zu rufen. Die Häuser unter dem Felsen des Vorgebirges duckten sich in die Nacht, und aus dem Orangengehölz wehte hin und wieder eine Duftwoge herüber. Als Biasi an sein Ziel kam, fand er, daß der Laden noch geöffnet war. Um am Strand zu schlafen, war es zu kalt, und die Brandung hatte etwas Bedrohliches. Deshalb bat er den Ladenbesitzer, sich bei ihm hinsetzen zu dürfen, was der ihm mit einer wortlosen Gebärde gestattete. So setzte er sich also an den Ladentisch; der Kopf sank ihm auf die gekreuzten Arme, er schlief ein. »Eine Kerze. Tabak für einen Soldo. Einen halben Liter Wein. Eine Zigarette. Wer ist das? Ein Wanderer. Der Baron hat zu zweihundertfünfzig pro Baum verkauft. Zählen Sie den Rest nach.« Das waren die Worte, die Biasi noch im Schlaf hörte, dazu das Kommen und Gehen, Männer- und Frauenstimmen, und dann spürte er, daß jemand bei ihm stand und versuchte, sein Gesicht zu sehen. Später sagte ihm jemand ins Ohr: »Jetzt wird geschlossen.« Mit einem Ruck stand er auf, sah noch hinter dem Ladentisch einen großen Falter, der das Licht vor einem Heiligenbild umkreiste, und schon war er draußen, steif und wie betäubt vom Schlaf.

Das Rauschen des Meeres war gewaltig. Es war, als läge es in Fesseln und bäumte sich wütend auf gegen den Mond, der es aufzupeitschen schien. Bleich und wie verzaubert standen die Bäume in der Helligkeit und dem Rauschen dieser Nacht. Die Straße war menschenleer. Er setzte sich auf die niedrige Mauer vor einer Hütte und betrachtete den Schatten, den die Akazie vor der Tür scharf und fein wie einen Scherenschnitt auf die Erde warf. Die Nacht erschien ihm plötzlich wie die seltsame Jahreszeit einer kraftlosen Sonne. Als er genauer hinsah, bemerkte er, daß die Tür der Hütte halb geöffnet war und daß jemand da drinnen hustete. Er trat etwas näher. Auf das Geräusch seines Schrittes hin rief jemand: »Herein!« Er stieß die Tür auf und trat ein. »Guten Abend«, sagte er, »aber ich habe gar nicht geklopft.«

Unter einer von der Decke herabhängenden Lampe saß eine weibliche Gestalt, in einen Schal gehüllt, der auch ihren Kopf bedeckte und nur zwei schwarze, starr blickende Augen erkennen ließ, zwei alterslose Augen, die Augen der Frauen aus dem Volke. Er sagte gleich, ohne viel Umstände: »Wenn Sie mich hier schlafen lassen, meinetwegen auch auf dem Fußboden, und wenn es Ihr Mann erlaubt – ich kann bezahlen. Ich bin auf der Reise und will meine Mutter besuchen. Ich bin Arbeiter.« Die Frau deutete ein Kopfnicken an. Darauf sagte er: »Danke, dann setze ich mich jetzt hin.« Die schwarzen Augen richteten sich fest auf ihn, und in ihren Blick schien sich ein unwillkürliches Lächeln zu stehlen. »Wieviel schulde ich Ihnen also?« fragte der junge Mann, setzte sich und klimperte mit dem Geld in der Tasche. »Machen Sie die Tür zu«, sagte die Frau, »und schieben Sie den Riegel vor.« Als er aufstand, um zu tun, was sie sagte, hatte sie Gelegenheit, ihn zu mustern: ein schlanker, schmächtiger junger Bursche, mit sonnenverbranntem Gesicht unter dem krausen Haar, dem der erste Anflug eines Bartes einen leidenden Ausdruck gab, der ihn älter erscheinen ließ, als er war. Er sah sich um und bemerkte die wie ein Vorhang aufgehängte Decke, hinter der offenbar das Bett stand. Fragend blickte er die Frau an. »Dann leben Sie allein?« Sie nickte, und er schien darüber nachzudenken. »Ich bin Arbeiter«, sagte er und begann zu schildern, wie es beim Straßenbau zuging und wie böse der Vorarbeiter war, den sie hatten. Auf einmal hörte sie ihn nicht mehr reden. Trotz der Mühe, die er hatte, nicht vom Stuhl zu fallen, war er eingeschlafen. Später warf er sich dann instinktiv, wie ein Tier, zu Boden. Die Erinnerung an den Fußmarsch, den er hinter sich hatte, verfolgte ihn; er spürte noch jetzt die Anstrengung. Er schlief mit dem Gesicht auf dem gebeugten Arm. Die Frau sah ihm zu und dachte an den tiefen Schlaf der Jugend, an ihre glückliche, unbeschwerte Müdigkeit. Als sei sie es selbst, die ihm diesen Schlaf schenkte, dachte sie – und sagte es beinahe laut: Schlaf nur, schlafe! Er schlief. Unwillkürlich hatte er die freie Hand in die Tasche mit dem Geld gesteckt.

Es klopfte leise an der Tür. Die Frau stieg auf den Stuhl, um die Lampe zu löschen. Darauf wartete sie ab, ohne sich zu rühren. Es klopfte wieder, diesmal lauter, und hinter der Tür sagte eine Stimme: »Vènera, mach auf!« Man hörte nun auch Geräusche, die eine ganze Gesellschaft verrieten, den Ton eines Akkordeons, das sogleich wieder verstummte, und unterdrücktes Lachen. Aber dann begann jemand, von einem Tamburin begleitet, aus vollem Halse zu singen, und ein anderer trat im Takt des Liedes gegen die Tür. Die Worte des Liedes aber lauteten: »O giftige Blume, o verirrtes Schaf!« Sie lachten. Verworren nahm der Schlafende alles auf. Die Leute vor der Tür wurden inzwischen ungeduldig, während aus den Nachbarhäusern gackernd, wie aus einem Hühnerstall, lautes Husten und Unmutsäußerungen drangen. »Mach auf, Vènera, zum Teufel!« Darauf begann die Frau hinter der Tür zu reden: »Heute abend kann ich euch nicht hereinlassen, geht weg, in Gottes Namen, und kommt morgen abend wieder.« »Nein, jetzt, jetzt!« forderten die auf der Straße laut. Sie lachten, pfiffen und ahmten das Geräusch schmatzender Küsse nach. »Einen Augenblick, laßt mich doch erklären«, begann die Frau von neuem. »Ich habe einen Verwandten hier, fast noch ein Kind, der nicht Bescheid weiß. Seid so gut und laßt mich in Ruhe, ich bin schon unglücklich genug. Laßt eine arme Waise in Ruhe!« Die Antwort von draußen war ein einziger Lärm. »Ich mache nicht auf«, erklärte sie wütend. »Dann wehe dir, Vènera!« drohten sie. Aber sie zerstreuten sich. Nur einer kam zurück und flehte sie an. Er rief sie – es war die Stimme eines jungen Menschen – mit zärtlichen Namen und küßte ihre Tür. Am Ende drohte er ihr: »Ich stecke dir die Tür in Brand.« Doch dann hörte man nichts mehr außer dem Atem des Meeres, der durch die Nacht drang, über diese ganze in den verzaubernden Mondschein getauchte Welt.

Der Morgen kam wie ein Fest. Der junge Mann sah die Frau vor dem kleinen Herd; sie hatte jetzt ein blaues Tuch um den Kopf gebunden, das unter dem Kinn verknotet war, und die Blässe ihres Gesichts wirkte aschgrau. Er aber lag – er wußte nicht, wie es geschehen war – auf dem Bett. Der Vorhang war weggezogen, und die Sonne hatte ihre Pfeile in alle Lücken und Spalten der Tür und des Fensters gebohrt. Daran, wie er, noch immer angekleidet, in dieses Bett gekommen war, konnte er sich nicht erinnern. »Und wo haben Sie geschlafen?« »Für mich war auch noch Platz«, erwiderte die Frau. »Sie haben wie ein Kind geschlafen, so fest.« Mitten im Zimmer saß eine Katze auf ihrem Schwanz und sah zu ihm auf. Die Wände waren stellenweise mit Bildern aus Illustrierten bedeckt, und inmitten eines Fächers von Ansichtskarten steckte das Foto eines Mannes: er schien vor einem Gericht zu stehen und seine Verurteilung entgegenzunehmen. Auf dem Kopfkissen neben sich sah der junge Mann den Abdruck eines anderen Kopfes; argwöhnisch fuhr er heimlich mit der Hand in seine Tasche. Es war nur so ein unbestimmter Verdacht. Dann fragte er sie: »Mir war so, als ob heute nacht Leute hier draußen Lärm gemacht hätten?« »Ach ja, die haben Musik gemacht und den Frauen ein Ständchen gebracht.«

Sie gab ihm den Kaffee in einer kleinen Tasse mit Goldblumen, die offenbar nur selten und bei besonderen Gelegenheiten benutzt wurde. In dem matten Spiegel der Flüssigkeit sah er, wie in einem nächtlichen See, für eine Sekunde sein Auge, als sei es ein Zeichen aus der Tiefe. Er sah sich nach seinen Schuhen um. Die

Frau reichte sie ihm, nachdem sie sie mit dem Zipfel ihrer Schürze saubergewischt hatte, und diese Geste erinnerte ihn an seine Mutter. Als er aufstand, begann sie ihn abzubürsten. Unter dem Auf und Ab der Bürste fühlte er sich in seine Kindheit zurückversetzt, und hin und wieder spürte er, zwischen zwei Strichen der Bürste, wie er an etwas Weiches stieß. Sie stand dicht vor ihm, mit niedergeschlagenen Augen, damit er sie nicht ansehen konnte, während sie sorgfältig ihre Arbeit verrichtete. Wieder steckte er die Hand in die Hosentasche, um sich Haltung zu geben. »Wie machen wir es nun mit der Übernachtung?« Aber sie antwortete: »Sie wollen immer nur bezahlen. Nichts da. Ich bin allein und brauche nichts. Das war doch einfache Nächstenliebe.« Unterdessen hatte sie einen Kamm zur Hand genommen und kämmte ihm nun behutsam das Haar. Sie sah, wie die Locken sich erst glätteten und sich dann wieder zusammenrollten. »Haben Sie ein Mädchen in Ihrem Dorf?« »Nein, ich habe keins.« »Sie haben keine Frau, die Sie lieben?« »Nein, ich habe keine. Ich habe zu arbeiten«, erwiderte er, ernst und vernünftig. Aber dann lachte er und zeigte dabei zwei große mandelförmige Zähne. Ihre Bewegungen waren schroffer geworden, und sie zog ihm mit dem Kamm an den Haaren, daß es ihm weh tat. Doch sie fuhr fort, ihn zu bedienen, goß ihm Wasser ins Waschbecken und wartete, das Handtuch in den Händen. Während er sich abtrocknete, sagte er: »Jetzt muß ich aber gehen.« »Haben Sie etwas zu essen für unterwegs?« »Nein, ich bin kurz nach Mittag zu Hause. Schönen Dank! Sie sind wirklich ein Engel Gottes. Ich werde Sie nicht vergessen, und wenn ich wieder in diese Gegend komme, besuche ich Sie.« Ohne darauf zu antworten, hatte sie das Bündel des jungen Mannes geöffnet, mit flinken Fingern die Knoten des Tuches gelöst, und nacheinander alle darin enthaltenen Gegenstände in die Hand genommen, wie um sie neu zu ordnen. Dann stellte sie eine Leiter an die Wand und stieg zur Zimmerdecke hinauf, wo zwei, drei Netze mit rosigen Äpfeln hingen. Dort oben auf der Leiter wurde sie geradezu gesprächig. »Ich gebe Ihnen etwas zu essen mit für den Weg. Sie sind ja noch ein Junge, kann man wohl sagen, und Jungen müssen immer etwas zu essen haben.« »Junge!« sagte er, an seiner empfindlichen Stelle getroffen, »ich bin doch kein Junge mehr. Ich bin achtzehn, was haben Sie denn gedacht?« Er sah von unten zu ihr herauf, sie hatte die Röcke zwischen die Knie geklemmt, und ihr Gesicht, das auf ihn hinuntersah, war so fern, als flöge es hoch über ihm am Himmel. »Sie brauchen die Leiter nicht zu halten«, sagte sie, schamhaft errötend, daß er sie so betrachtete, »gehen Sie zur Seite.« Bei einer ungeschickten Bewegung von ihr schwankte die Leiter. Sie schien den Halt zu verlieren, aber während die Äpfel zu Boden fielen, gelang es ihr gerade noch, sich an einer Sprosse festzuhalten, und der Junge kam noch zurecht, um sie in seinen Armen aufzufangen. Dabei hatte sich das dunkelblaue Tuch, das sie um den Kopf trug, gelöst, und ihr kastanienbraunes, mit blonden Streifen durchzogenes Haar wurde sichtbar. Sie fuhr mit den Händen an die Wangen und suchte sie zu bedecken, während sie starr den Jungen ansah. »Haben Sie sich weh getan?« fragte er und nahm ihr, gegen ihren Widerstand, die Hände vom Gesicht, da er fürchtete, sie habe sich verletzt. Was er sah, war die kaum verheilte Narbe von einer langen Schnittwunde, die eine ihrer Wangen vom Ohr bis zum Kinn entstellte, wie man sie zuweilen, als Zeichen ihrer Schande, bei den gefallenen Frauen sehen kann. Sie machte keinen Versuch mehr, ihr Gesicht zu bedecken, und stand wie schuldbeladen vor ihm. Vielleicht um sich zu schaffen zu machen, sammelte sie die auf dem Boden verstreuten Äpfel auf und tat sie in sein Bündel. Nun war sie fertig. Er trat auf sie zu, nahm ihren Kopf in seine Hände und sah ihr in die Augen, dann preßte er die Lippen auf ihre Narbe. Er küßte sie herzhaft, als riefe er das Sonnenlicht zum Zeugen, und ohne Widerwillen. »Sie sind ein guter Junge«, sagte sie leise. Da klopfte es. Ein finster blickender, bleicher junger Mann trat ein. Er wartete darauf, daß der Fremde das Zimmer verließ, und sah dem sich Entfernenden mit musterndem Blick nach. Dann schlug er die Tür zu.

Draußen strahlte die Sonne, und das Meer blendete.

Giovanni Comisso

Das Logbuch

Am Abend des Faschingsdonnerstags wären wir in der kleinen Provinzstadt wohl vor Langeweile gestorben, hätte uns Signor Mario nicht zum Essen in sein Haus eingeladen. Vielleicht hatte er für seine Einladung an mich und meine drei Freunde gerade diesen Abend gewählt, weil er damit eine gewisse Traurigkeit zu vertreiben hoffte, die sich bei der Erinnerung einstellen mochte, daß sonst an diesem Abend sein anderes Haus – diesem gegenüber – vor Besuchern geradezu überquoll. Aber vor drei Monaten hatte es ihm der Polizeipräsident ohne Erbarmen geschlossen. Er hatte ihm die Lizenz nicht erneuern wollen, da ja dieses Stadtviertel dank der baulichen Entwicklung in den Nachkriegsjahren nicht mehr wie einst zur Peripherie gehörte.

Beim Näherkommen sahen wir, wie gerade ein Auto mit dem Nummernschild einer angrenzenden, in den Bergen gelegenen Provinz, in die Straße einbog und vor dem geschlossenen Haus hielt. Einer der Insassen stieg aus und läutete an der Tür. Die Glocke gab einen tremolierenden Klang von sich, dem man anzuhören meinte, daß er im Leeren verhallte.

Vergebens läutete der Mann noch einmal, offenbar ohne zu bemerken, daß durch die Fensterläden kein Lichtstrahl und kein Stimmengeräusch aus dem Innern des Hauses herausdrangen. Ich erbarmte mich seines nutzlosen Wartens, trat auf ihn zu und sagte ihm, daß das Haus auf polizeiliche Anordnung geschlossen sei und er am besten bis zu einer anderen Stadt in der Nähe weiterfahre. Er hatte das Gesicht eines Bergbauern, heißblütig und sinnlich, und man konnte ihm nachfühlen, daß er in dieser Karnevalsnacht seinem trübseligen Dorf im verschneiten Hochtal entkommen und sich in das ausgelassene Treiben der Stadt stürzen wollte. Unter den blonden Locken hatte er das Gesicht eines etruskischen Satyrs, das freilich bei meinen Worten einen betroffenen, ja bestürzten Ausdruck annahm, während sein im Auto sitzender Kamerad gegen die Behördenwillkür zu wettern begann.

Wir betraten das Haus Marios, und seine Frau kam uns entgegen, rosig und glatt, mit ihrem goldfarbenen, anliegenden Haar, das im Nacken in einen mit einer Brillantspange gehaltenen Pferdeschwanz endete. Sie trug ein rotes Wolljäckchen, das mit ihren goldenen Halsketten und Armbändern ein bezauberndes Ganzes bildete. Mario begrüßte uns überschwenglich, und seine grauen Augen strahlten, als bestätigten wir ihm mit unserem Kommen, daß er nicht ganz vergessen sei und wie ein räudiger Hund gemieden werde. Der Tisch in der großen Küche – ein langer Vorhang verbarg den Herd – war aufs feinste, mit dem Tischtuch, den Gläsern und Bestecken für die großen Gelegenheiten, gedeckt. Und dazu hörten wir gleich das Pfeifen eines Papageis und das Zwitschern von Kanarienvögeln; auch sie schienen uns freudig begrüßen zu wollen. Es war ein köstliches Festmahl; mit den leckersten Vorspeisen fing es an, dann kam ein Crescendo der Genüsse, die schließlich mit einem alten Magenbitter endeten.

Während des Essens brachte mein Freund, der Arzt, das umstrittene Thema aufs Tapet. »Nach den in Frankreich gemachten Erfahrungen«, begann er plötzlich, »weiß man, daß die Schließung der öffentlichen Häuser zwar nicht zu einer Zunahme der Geschlechtskrankheiten geführt hat – denn wir haben heute rasch und sicher wirkende Mittel zu ihrer Bekämpfung –, wohl aber zu einer Zunahme der Prostitution.« Er wandte sich an Mario mit der Frage, wie viele Mädchen in seinem Haus beschäftigt waren und wie oft sie im Durchschnitt am Tage tätig wurden. Nachdem er die Antwort gehört hatte, fuhr er in aller Gelassenheit fort: »Nehmen wir einmal an, daß jedes Mädchen am Tage sechzig Kunden hatte, dann müßten, da es acht Mädchen waren, heute eigentlich vierhundertachtzig Prostituierte auf der Straße sein.« Noch hielten wir uns diese Rechnung, an der es nichts zu bezweifeln gab, vor Augen, als Signor Mario hinzufügte: »Außerdem müssen Sie berücksichtigen, daß dauernd ein neuer

Jahrgang dazukommt.« Da wir ihn nicht gleich verstanden, erklärte er uns, daß zwar jedes Jahr ein paar wenige Kunden ausfielen, diese Abnahme jedoch wettgemacht wurde durch den Zugang von eben der Minderjährigkeit entwachsenen jungen Männern, die sich in den Kult der käuflichen Liebe einweihen ließen. Und da zudem die Bevölkerung wuchs, nahm auch die Zahl der Kunden zu. Nun, auch an dieser Rechnung war nichts auszusetzen.

Unser Freund, der Philosoph, der sich bisher wortlos und mit äußerster Konzentration den kulinarischen Genüssen gewidmet hatte, unterbrach sein Schweigen, um auf die sozialen Folgen hinzuweisen, die das Fehlen solcher Häuser hatte. Er zitierte zunächst Cato den Zensor, der in der Prostitution ein Sicherheitsventil gesehen habe, das die Ehrbarkeit der jungen Mädchen und zukünftigen Mütter zu schützen vermochte. Er nannte London, wo es an der Tagesordnung sei, daß Frauen vergewaltigt und darauf erwürgt wurden, eben da es dort an öffentlichen Häusern fehlte. Schließlich sah er für Italien politische Rückwirkungen voraus, wobei er daran erinnerte, daß einst der Haß gegen die Österreicher in Venetien und der Lombardei fast ausschließlich auf einer Erhöhung des Tabakpreises um ein paar Centesimi beruhte, die zu einer schmerzlichen Einschränkung des Tabakgenusses geführt hatte. Unser Freund, der Maler, gab dazu die abgewandelte Wendung von »Wein, Weib und Tabak« zum besten und fügte, sich ereifernd, hinzu: »Und wenn es das Unglück will, daß ein neuer Krieg kommt, müßte dieselbe Regierung, die diese Häuser abschaffen will, sie für die kämpfende Truppe wieder öffnen. Denn wie ich mich erinnere, waren sie im ersten Weltkrieg unser einziger Trost.«

Mit Rücksicht auf die Stellung unserer Gastgeber wollte ich vermeiden, daß das Gespräch in eine allzu offene Parteinahme für ihre Interessen mündete, auch um nicht den Verdacht aufkommen zu lassen, daß uns das phantastische Essen, mit dem wir hier bewirtet wurden, beeinflußt hätte. Ich nahm also, im Gegensatz zu meinen Freunden, den Standpunkt ein, es sei nun die Zeit gekommen für einen humanen Fortschritt in den Lebensbedingungen dieser Frauen, die dazu verurteilt waren, eine verachtete Existenz zu führen. Signor Mario wandte ein, daß er eine stattliche Korrespondenz von den Frauen besitze, die in seinem Hause gearbeitet hatten. Und in allen diesen Briefen dokumentiere sich die größte Zufriedenheit und der Wunsch, in dieses Haus zurückzukehren. Er stand auf und ging in ein Nebenzimmer; als er zurückkam, legte er einen dicken Band auf den Tisch. Indessen bemerkte seine Frau, die neben mir saß, mit blitzendem Augenaufschlag: »Heute abend ist Faschingsdonnerstag!« Und sie legte soviel Pathos in ihre Worte, als wollte sie mich zu etwas besonders Phantasievollem verführen; und zugleich verbarg sich darin etwas wie Sehnsucht nach der guten alten Zeit, als sie an diesem Tage an ihrer Kasse gesessen hatte und unaufhörlich ihre Jetons an die Kunden ausgab.

Jemand hatte die Schaukel mit dem Papagei neben Marios Platz geschoben, und sogleich ließ Mario den Vogel wie einen Akrobaten turnen; dann setzte er ihn mit den Füßchen auf seine Finger und hob ihn hoch, damit er ihm mit dem Schnabel den Mund küssen konnte.

Ich bat Mario, uns den dicken Band, den er mitgebracht hatte, zu zeigen. »Das ist, wenn ich so sagen darf, mein Logbuch«, erklärte er, »aber ich kann es Ihnen nicht ganz zeigen. Seitdem meine Mutter 1913 dieses Haus eröffnete, sind hier sämtliche Mädchen verzeichnet, die in diesem Haus gearbeitet haben.«

Das aufgeschlagene Buch erregte natürlich unser Interesse, und wir standen auf und umringten Signor Mario. Es war in der Tat eine ungewöhnliche Dokumentation. Sie enthielt die Personalien sämtlicher Mädchen und dazu ihre »Künstlernamen«, die vergangene Zeiten heraufbeschworen. Da waren Wandas, Sonjas, Maruschkas nach den russischen Romanen, die man damals, im ersten Weltkrieg, las, als Offiziere und Soldaten in dieses Haus in der Nähe der Front kamen, um den vielleicht letzten Rausch ihres Lebens zu genießen. Neben den Eintragungen waren die Photographien der Mädchen eingeklebt; sie zeigten sie in der Mode von damals, schmachtend, mit blau umränderten Augen und kurzgeschnittenem Haar. Auf einigen der Bilder waren sie nackt, auf anderen nur knapp bekleidet. Zwischen den Seiten lagen Briefe, in denen sie sich vorgestellt und ihre besonderen Fähigkeiten ins rechte Licht gesetzt hatten. In einem der Briefe erklärte die Schreiberin in ihrer noch kindlichen Handschrift, daß sie der »Bologneser Typ« sei. Eine andere bezeichnete sich als »junonische Schönheit«, und viele andere bekannten sich zum »Typ der Triestinerin«. Man spürte den Rhythmus der Geschichte. Triest war erst vor kurzem befreit worden. Die Nachkriegszeit brachte dann andere Künstlernamen: »die Russin«, »die Wienerin«. Aber als man zur Epoche des Marsches auf Rom kam, wurde Signor Mario vorsichtig. Mit der flachen Hand bedeckte er die Mitte der Seite, aber hier und da konnte man doch erkennen, was er verbergen wollte. Da gab es besondere Anmerkungen wie: »Empfohlen vom Federale* von Mailand« oder auch »empfohlen vom Chef der Miliz von Brescia« und ähnliches mehr.

Die Geschichte Italiens nahm ihren Lauf auch in den geheimsten Bereichen des menschlichen Lebens. Es kamen die Spitznamen einer neuen Ära: die Balilla und die Moschettiera bis zu Negretta, Beduina oder gar Negus, Namen, die von der Eroberung Abessiniens kündeten. Es folgte das Zwischenspiel des spanischen Bürgerkriegs mit Carmen und Lolita und dann der Absturz in die traurigen Jahre des zweiten Weltkriegs, der deutschen Invasion und der Luftbombardements. Aber das Haus funktionierte nach wie vor, nur hießen die Mädchen jetzt Lili Marleen und Frieda. Als dann die Alliierten kamen, wurde neben die Tür eine befremdliche Warnung gemalt: *Out of bonds*, womit Soldaten in Uniform der Zutritt untersagt wurde. Als wollten sie sich dafür rächen, sah man sie oft an die Hauswand gelehnt, wo sie sich geräuschvoll erbrachen, nachdem sie den schlechten Wein in der Kneipe nebenan getrunken hatten. Jetzt hießen die Mädchen Mary und Miss. Aber schließlich mündete das Leben wieder in gewohnte Bahnen, und zuletzt lauteten die Namen wieder schlicht und christlich Rita und Pia.

* etwa dem »Gauleiter« der Nazis entsprechend. Anm. d. Übers.

Signor Mario schlug das Buch zu und legte den Arm darauf, als wolle er es vor unserer Neugier schützen, die noch keineswegs befriedigt war. Diesen Augenblick benutzte seine Frau, um uns ihren berühmten alten Magenbitter einzuschenken, und als wir ihn uns mit Ausrufen kennerischen Entzückens schmecken ließen, meldete sich der Papagei, um eine deutlich verständliche Obszönität zu sagen, die ihm Mario denn auch zu unserem allgemeinen Gelächter auf der Stelle verwies.

Ich schlug nun einen Besuch in dem ungenutzten, leeren Haus vor, und Signor Mario war einverstanden. Nachdem wir uns mit vielen Worten des Dankes von der Frau des Hauses verabschiedet hatten, traten wir auf die Straße hinaus. Durch einen verborgenen Nebeneingang gelangten wir in das Haus gegenüber. Eine Atmosphäre von Kälte, Moder und Verwahrlosung empfing uns schon im ersten Raum, in dem sich einst die Mädchen zum Essen zu versammeln pflegten. Mitten an einer Wand hing noch eine große gedruckte Bekanntmachung. Es war die Hausordnung, und jeder Absatz begann mit den Worten: »Es ist verboten ...« In diesem Haus schien einfach alles verboten zu sein. Verboten war, im Zimmer das Radio einzuschalten; verboten, zu singen, Wein und Spirituosen zu trinken, sich mit einer Kollegin zusammen im Zimmer aufzuhalten, Rauschgift zu nehmen, die Hausapotheke ohne Erlaubnis der Vorsteherin zu öffnen, Soldaten zurückzuweisen, und verschiedenes mehr.

Wir besichtigten die reservierten Zimmer und den großen Gemeinschaftsraum; alles war noch an seinem Platz wie am Tag, an dem das Haus geschlossen wurde, aber alle diese Jugendstilmöbel, die seit der Gründung des Hauses hier standen, schienen schon in einem Museum zu stehen, so kühl und fern mutete das Ganze an.

Wir gingen die Treppe hinauf zu den Zimmern, und auf jeder Stufe spürte man etwas wie Glockenklang in der Luft. Es war die Glocke der Zeit und zugleich der Lust. Wie viele Füße waren diese Treppe hinaufgestiegen seit jenem lang vergangenen Jahr 1913 bis noch vor einem Vierteljahr? Unser philosophischer Freund rechnete es annäherungsweise aus; er multiplizierte fünfhundert mit acht und das Resultat mit dreihundertfünfundsechzig und das Ganze mit zweiundvierzig, das heißt der Zahl der Jahre, die das Haus ohne Unterbrechung in Betrieb war. Er kam auf ungefähr sieben und eine halbe Million Gäste, die diese Treppe hinaufgestiegen waren. Und während beim Hinaufgehen bis zur obersten Stufe die Begierde so vieler Männer wieder lebendig und wie ein Fluidum spürbar wurde, meinte man, gedämpft die Marschrhythmen zu hören, die die Geschichte dieser Jahre begleitet hatten.

Oben in den Zimmern wies Mario voller Stolz auf den Komfort der sanitären Einrichtungen hin. Aber alles war kalt, wie versteinert und verstopft, als ob das Wasser in den Rohren gefroren sei, und Rostflecke verunzierten das weiße Porzellan. Auf einer Konsole lag eine Spritze. Die Matratzen waren aufgestellt, so daß man das elastische Drahtnetz darunter sah. Die Verlassenheit und die durch die offenen Fenster, bei geschlossenen Läden, von draußen eindringende Kälte ließen diese Zimmer älter und ferner erscheinen als die der Freudenhäuser Pompejis.

Neben dem Waschbecken hing noch ein Anschlag, eine Verlautbarung des Amtsarztes, die immer noch den »lasziven Kuß oder Zungenkuß« ausdrücklich verbot. Ein Gefühl der Trostlosigkeit ging von diesen Zimmern aus, als sei in jedem der aufgedeckten Betten jemand gestorben. Es war ein totes Haus, es war mit all seiner langen Geschichte und mit all der Lust, die in ihm gegeben und empfangen wurde, gestorben ohne jede Möglichkeit, noch einmal aufzuerstehen und neu zu blühen.

Es war wie eine große Blume, die den Rausch und Taumel unzähliger, mit Blütenstaub beladener Bienen empfangen und sich dann geschlossen hatte und dahingewelkt war.

Wie erschöpft gingen wir schweigend die Treppe hinunter, als plötzlich die Türglocke durch das Haus schrillte. Wir waren alle erschreckt und besorgt, selbst der Herr des Hauses, der die Haustür nicht öffnen mochte, sondern nur einen Fensterladen halb aufstieß, um zu sehen, wer da draußen war. Sofort stellten sich drei Soldaten unter das Fenster und fragten begierig, ob denn das Haus wieder geöffnet sei.

Eugenio Montale

Die Feinde des Herrn Fuchs

Lange Zeit machten mir die Feinde von Herrn Fuchs großen Eindruck. Ich kannte sie nicht, aber er sprach mir oft von ihnen: einflußreiche, mächtige Feinde und obskure, armselige Feinde, Frauen und Männer, wie konnten sie nur diesen Ausbund von Gelehrsamkeit, diesen uneigennützigen Priester des Snobismus hassen? Groß, mager, ärmlich gekleidet, mit einem langen gelben Schnurrbart, der ihm über den gierigen Mund fällt, ist Herr Fuchs, ein vielsprachiger Mann, dessen Alter ebensowenig bestimmbar ist wie seine Herkunft, in den mondänen und intellektuellen Milieus in Italien und anderswo sehr bekannt. Ohne Geld wie alle echten Dichter (und als ein solcher wird er betrachtet, auch wenn er keine Verse schreibt), ist sein Hauptberuf derjenige des Gastes. Er sucht reiche und wenn möglich adelige Familien, die ihm ein Zimmer und täglich zwei Mahlzeiten zur Verfügung stellen in einem Schloß an der Loire, in einem Turm in den Vogesen, in einer Villa in San Sebastian und im Notfall auch in einer kleinen Wohnung in Florenz, Venedig oder Mailand. Er sucht und findet, oder besser, er fand; aber seit den beiden großen Kriegen haben die Reichen ihre Schlösser dem Staat überlassen, und die Ausübung des Mäzenatentums wird immer seltener. So geschieht es, daß auch Fuchs, ein außerordentlich begehrter Mann, sich manchmal in Hotels vierter Klasse einlogieren muß, wo er sich seine Mahlzeiten selber auf einem Spirituskocher zubereitet. Eine Mahlzeit ist bei ihm immer ein *quatuor*, ein Quartett (Fuchs drückt sich meistens in französischer Sprache aus); zum Beispiel ein Schnitzel, zwei gekochte Mohrrüben, ein Stück Käse und eine Birne, eine Mahlzeit, die euch und mir ganz gewöhnlich vorkommt, verwandelt sich für ihn in eine Mozarts würdige Musik. Und kein Tag vergeht, ohne daß er seinen Freunden die Bestandteile des jeweiligen Quartetts enthüllt.

Denn Fuchs hat außer den Feinden auch viele Freunde, die ihn einladen, glauben zu machen, daß sie sich selber damit eine große, ja eine enorme Ehre erweisen. In diese Falle gehen alle, auch mir ging es so. Während ein paar Monaten war ich sein Freund und lud ihn mehr als einmal nach Hause oder ins Restaurant ein, verführt von seinem Geist und vom Brio seiner Konversation. Dann endete eines Tages unsere Freundschaft auf fast tragische Weise, und ich lüftete das Geheimnis, das mich so fasziniert hatte.

Es war ein kalter Winter in Florenz, kurz nach der Befreiung. Man fand nirgends Kohle, oder (ich erinnere mich nicht) meine Hausgenossen konnten sie nicht bezahlen. Tatsache ist, daß ich mit einem elektrischen Ofen heizte, von dessen vier Spiralen (»Elementen«) zwei auf einmal eingeschaltet werden konnten.

Ich war mit Fuchs beim Essen, als er eine gewisse Empfindlichkeit gegen die übermäßige Hitze zeigte. Ich stand auf und schaltete die zwei Elemente, die ihm überflüssig erschienen, aus. Wenig später hob Fuchs seinen Schnurrbart vom Lammkotelett (ein Wunder des Schwarzmarktes), das er gerade in Angriff nahm, um mir zu sagen, daß es nun eiskalt sei. Ich sprang mit vielen Entschuldigungen auf, und wir kehrten zur Vierspiralheizung zurück. Keine Minute verging, bis Herr Fuchs der Ansicht Ausdruck gab, daß drei und nicht zwei oder vier Elemente das für die Konversation günstigste Klima schaffen würden. »Ich bedaure«, sagte ich ihm, »daß ich Ihnen diesen Gefallen nicht tun kann, aber mein Ofen funktioniert mit zwei oder mit vier Elementen, und ich besitze keinen andern.«

Wir sprachen noch weiter, und ich erhob mich von Zeit zu Zeit, um die beiden Spiralen ein- oder auszuschalten, aber es war nicht zu übersehen, daß Herr Fuchs verstimmt war und meiner Heizbegabung nicht traute. Endlich stand er selber auf, beugte sich über den Ofen, hantierte lange Zeit, indem er die Schalter nach allen Seiten vor- und zurückdrehte, bis der Ofen mit einem langen Zischen endgültig erlosch.

»Es sieht so aus, als ob ich Ihnen den Ofen kaputt gemacht hätte«, sagte er und hob seinen Schnurrbart von den noch heißen Spiralen.

»Ich hoffe nicht«, sagte ich, »aber es ist auf jeden Fall unwichtig. Wir werden unser Gespräch in einem besser geheizten Café fortsetzen.«

Er schien schrecklich wütend. »Es gibt zwei Möglichkeiten«, sagte er. »Entweder habe ich ihn kaputt gemacht, oder er ist nicht kaputt, und Sie sollten sich dessen vergewissern und ihn wieder einschalten. Können Sie das nicht? (Ich machte einen oder zwei erfolglose Versuche.) Sehen Sie: das heißt, der Ofen ist beschädigt, und ich habe ihn kaputt gemacht.«

»Sorgen Sie sich nicht deswegen«, sagte ich, »wahrscheinlich ist eine Sicherung durchgebrannt. Das ist auch mir schon passiert.«

»Was wollen Sie damit sagen?« fragte Herr Fuchs. »Ihnen auch? So behaupten Sie also, daß ich ihn diesmal beschädigt habe.«

»Ich behaupte nichts, Herr Fuchs«, sagte ich. »Der Ofen funktioniert nicht mehr, und das ist meine Schuld, weil ich mich nicht um einen besseren Ofen gekümmert habe. Der Schaden ist minimal und wird morgen schon behoben sein.«

»Sie komplizieren die Dinge, indem Sie die Schuld auf sich nehmen, in Wirklichkeit aber durchblicken lassen, daß ich der Schuldige bin. Sie werden mir doch zugeben, daß die Bezeichnung Schuld übertrieben ist.«

»Ich gebe es zu und bitte Sie um Verzeihung, aber ich sprach von mir und nicht von Ihnen.«

»Solange die Sache nicht geklärt ist, trifft das Wort auch mich. Ich bin hier als Gast eingetreten und verlasse Sie als ein Schuldiger. Sie werden mit mir übereinstimmen, daß der Zerfall der Sitten wirklich unaufhaltsam geworden ist. Als ich bei der Prinzessin von Thurn und Taxis den großen Spiegel zerbrach, entließ sie den Kammerdiener, und der Spiegel wurde unverzüglich ersetzt. Und damals war ich schuldig, heute ist diese Frage *sub judice*. Auf Nimmerwiedersehn.«

Mit einer kleinen Verbeugung ging er auf die Türe zu. Ich versuchte vergeblich, ihn zurückzuhalten. Eine Versöhnung war nie mehr möglich. Gegen meinen Willen und gegen mein Wissen war auch ich in die ständig wachsende Legion seiner Feinde eingereiht worden. Ich tröstete mich darüber hinweg, indem ich dachte, daß ich ihm so vielleicht nützlicher war.

Giuseppe Tomasi di Lampedusa

Freude und moralisches Gesetz

Als er in den Autobus stieg, belästigte er alle.

Die Mappe, die gestopft voll war mit den Papieren anderer Leute, das riesige Paket, das er im gebogenen linken Arm halten mußte, das Halstuch aus grauem Samt, der Regenschirm, der im Begriff war, sich zu entfalten – alles das erschwerte es ihm, den Rückfahrschein vorzuweisen; er war gezwungen, das große Paket auf das Tischchen beim Fahrer zu legen, verursachte einen Erdrutsch gewichtloser kleiner Münzen, wollte sich bücken, um sie aufzusammeln, und erregte damit den Einspruch derer, die hinter ihm standen: seine Langsamkeit ließ sie befürchten, ihr Mantel könne von der sich automatisch schließenden Tür eingeklemmt werden. Schließlich gelang es ihm, in die Reihe der Leute einzurücken, die sich an den Riemen festhielten; er war nur schmal, aber seine Bepacktheit verlieh ihm den Umfang einer Nonne, die von sieben Röcken aufgequollen ist. Als er auf dem feuchten, schmierigen Boden durch das elende Gedränge weiterglitt, erregte sein Volumen im ganzen Wagen Mißstimmung: Er trat auf Füße, die anderen traten auf die seinen, er bekam Vorwürfe; als er aber gar hinter sich ein paar Worte hörte, die auf ein vermutlich mißliches Zuhause anspielten, gebot ihm die Ehre, sich umzudrehen; und er bildete sich ein, er hätte dem müden Ausdruck seiner Augen eine Drohung entlockt. Sie fuhren durch Straßen, in denen ländliche Barockfassaden die elenden Rückseiten verbargen, die sich dem Blick jedoch zeigten, sobald man um eine Ecke bog; trübe Lichter achtzig Jahre alter Geschäfte glitten an ihnen vorüber.

Als er an seiner Haltestelle angelangt war, drückte er auf den Klingelknopf, stolperte über seinen Schirm und fand sich endlich allein auf seinem holperig gepflasterten Quadratmeter Fußsteig.

Er beeilte sich, festzustellen, daß die Plastikbrieftasche noch da war. Endlich konnte er seines Glückes froh werden.

In der Brieftasche steckten siebenunddreißigtausendzweihundertfünfundvierzig Lire, das sogenannte dreizehnte Monatsgehalt, das er vor einer Stunde bekommen hatte. Das bedeutete etliche Dornen weniger: der erste, dringlichste war der Hausbesitzer, bei dem sich eine Mietschuld von nun schon einem halben Jahr aufgehäuft hatte; ein zweiter Dorn: der höchst pünktliche Raten-Eintreiber für die Kaninjacke, das sogenannte *lapin* seiner Frau – »Sie steht dir viel besser als ein langer Mantel, sie macht dich schlank«; ein weiterer Dorn: die schiefen Blicke des Fisch- und des Gemüsehändlers. Diese vier großen Scheine ließen auch die Furcht vor der nächsten Lichtrechnung verschwinden, die besorgten Blicke auf die Schuhchen der Kinder, die ängstliche Beobachtung der zitternden Flämmchen vom Kochgas; sie bedeuteten ganz gewiß keine Üppigkeit, aber sie versprachen eine Pause in der Angst, was ja die wahre Freude der Armen ist; und womöglich würden ein paar tausend Lire einen Augenblick länger leben, um sich dann im Glanz des Weihnachts-Festmahls zu verzehren.

Aber er hatte solche dreizehnten Monatsgehälter schon zu viele bekommen, als daß er allein der flüchtigen Erheiterung, die sie hervorbrachten, das rosige Gefühl von Euphorie hätte zuschreiben können, das ihn jetzt wie ein Sauerteig durchdrang. Jawohl, rosig war es, so rosig wie die Umhüllung der höchst angenehmen Last, die ihm den linken Arm geradezu lähmte. Nein – dieses Gefühl entströmte dem Sieben-Kilo-Weihnachtskuchen, dem Panettone, den er aus dem Büro mitgebracht hatte. Nicht daß er auf dieses ebenso verbürgte wie zweifelhafte Gemisch aus Mehl, Zucker, Eipulver und Rosinen erpicht war; ja, im Grunde aß er ihn nicht einmal besonders gern. Aber sieben Kilo Luxusware auf einmal! Ein genau umgrenzter, doch wirklich großer Überfluß in einem Hause, wo das, was verzehrt wurde, hundertgramm- und halbliterweise hineinkam! Ein berühmtes Erzeugnis in einer Speisekammer, die den Etiketts dritter Ordnung geweiht war! Was für eine Freude für Maria, was für ein Geschrei bei den Kindern, die vierzehn Tage lang ein unerforschtes Wildwest durchstreifen würden: die ihnen völlig unbekannte Vespermahlzeit!

Dies waren jedoch die Freuden der andern – materielle Freuden aus Vanille und buntem Papier, kurz: Panettoni. Sein persönliches Glück unterschied sich hiervon beträchtlich: ein geistiges Glück, gemischt aus Stolz und einem ganz besonderen Gefühl – eben geistig.

Als kurz zuvor der Commendatore, der mit dem Komturkreuz ausgezeichnete Leiter seines Büros, mit der etwas hochmütigen Liebenswürdigkeit des alten Parteihäuptlings Weihnachtswünsche und Gratifikationen verteilte, hatte er auch gesagt, der sieben Kilo schwere Panettone, den die große Erzeugerfirma dem Büro als Geschenk zugeschickt habe, solle dem verdienstvollsten Angestellten übermittelt werden; daher bitte er seine lieben Mitarbeiter, ihm auf demokratische Art – genau so sagte er – den Glücklichen unverzüglich zu bezeichnen.

Dabei lag der Panettone dort auf seinem Schreibtisch, gewichtig, hermetisch verschlossen, »mit Zukunftshoffnungen beladen«, wie eben derselbe Commendatore vor zwanzig Jahren in Faschistenuniform gesagt hätte. Unter den Kollegen hatte es ein unterdrücktes Lachen und Geflüster gegeben; dann hatten alle, und der Direktor zuerst, seinen Namen gerufen. Eine große Genugtuung, eine Zusicherung, daß er sein Amt behalten würde, kurz gesagt: ein Triumph. Und nichts hatte dann dieses stärkende Gefühl zu erschüttern vermocht, weder die dreihundert Lire, die er unten in der Bar, in der doppelt bleifarbenen Stimmung des Schlechtwetter ankündigenden Sonnenuntergangs und des schwachen Neonlichts, für den Kaffee hatte bezahlen müssen, den er den Freunden anbot, noch das Gewicht seiner Beute, noch die häßlichen Worte, die er im Autobus hörte; nichts, nicht einmal dann, als es ihm in der Tiefe seines Bewußtseins aufdämmerte, daß es sich bei den Angestellten um einen Akt demütigenden Mitleids für seine Bedürftigkeit gehandelt haben könnte. Er war wahrhaftig zu arm, um es sich zu erlauben, daß das Kräutlein Stolz irgendwo aufschoß, wo es das nicht durfte.

Sein Nachhauseweg führte ihn durch eine verfallene Straße,

der die Bombenangriffe vor fünfzehn Jahren die letzten Glanzlichter aufgesetzt hatten. Er kam zu der gespenstisch anmutenden Piazzetta; in ihrem Hintergrund lag wie zusammengekauert der merkwürdig fahle Bau seines Mietshauses.

Munter grüßte er den Hauswart Cosimo, der ihn verachtete aus dem Bewußtsein, daß er selber ein höheres Gehalt bekäme als er. Neun Stufen, drei Stufen, neun Stufen: das Stockwerk, in dem der Cavaliere Tizio wohnte. Puh – der hatte zwar einen Fiat 1100, das schon, aber auch eine häßliche, alte, immer schimpfende Frau. Neun Stufen, drei Stufen, fast wäre er ausgeglitten, neun Stufen: die Wohnung des Doktor Sempronio: der war schlimmer daran als je; ein Sohn arbeitslos, noch dazu toll auf Lambrettas und Vespas, und das Wartezimmer ständig leer. Neun Stufen, drei Stufen, neun Stufen: sein Zuhause, die kleine Wohnung eines wohlgelittenen, ehrenhaften, geehrten Mannes mit einer Extra-Belohnung, eines nichtbeamteten Buchhalters. Er öffnete die Tür, er trat in den schmalen Flur, den schon der Geruch gebratener Zwiebeln erfüllte; auf eine Sitztruhe, die nicht größer war als ein kleiner Lastkorb, legte er das schwere Paket, die mit den Anliegen anderer Leute beladene Mappe, das lästige Halstuch. Laut rief er: »Maria! Komm schnell! Komm und sieh, was ich hier Schönes habe!«

Die Frau trat aus der Küche in einem himmelblauen, vom Ruß der Töpfe gezeichneten Hauskleid, die kleinen, vom vielen Spülwasser geröteten Hände lagen über dem Leib, den die Geburten unförmig gemacht hatten. Die Kinder mit ihren Rotznasen drängten sich um das rosige Monument und zwitscherten aufgeregt, ohne daß sie gewagt hätten, es zu berühren.

»Ah, schön. Und hast du das Gehalt mitgebracht? Ich habe keine einzige Lira mehr.« »Hier ist es, meine Liebe; ich behalte für mich nur das Kleingeld, zweihundertfünfundvierzig Lire. Aber sieh doch: Was für ein Geschenk des Himmels!«

Maria war früher hübsch gewesen; noch vor einigen Jahren hatte sie ein süßes, ausdrucksvolles, von lebhaften Augen erhelltes Gesichtchen gehabt. Jetzt hatten die Streitereien mit den Kramladenbesitzern ihre Stimme rauh gemacht, das schlechte

Essen hatte ihre Haut verdorben; die unaufhörliche Sorge um eine Zukunft, die voller Klippen war und im Nebel lag, hatte den Glanz der Augen zum Erlöschen gebracht. Nur weniges war von ihr übriggeblieben: eine fromme und daher unbeugsame Seele ohne Zärtlichkeit, eine verborgene Güte, die sich in nichts als Vorwürfen und Verboten ausdrücken konnte; außerdem der Stolz einer gedemütigten, aber zähen Kaste, denn sie war die Enkelin eines großen Hutmachers von der Via Independenza und verachtete die nicht gleichwertige Herkunft ihres Girolamo; sie betete ihn an, wie man ein dummes, aber liebes Kind anbetet.

Ihr Blick glitt gleichgültig über das verzierte Papier. »Sehr schön. Morgen schicken wir den Kuchen dem Advokaten Risma; wir sind ihm sehr verpflichtet.«

Der Advokat hatte ihn vor zwei Jahren mit einer verwickelten Buchführungsarbeit beauftragt und hatte sie beide, außer daß er ihn bezahlt hatte, in seine abstrakt-metallische Wohnung zum Essen eingeladen; dabei hatte der Buchhalter wegen der aus diesem Anlaß gekauften Schuhe gottserbärmlich gelitten. Und jetzt sollten also für diesen Mann, dem es an nichts fehlte, seine Maria, sein Andrea, sein Saverio, die kleine Giuseppina und er selbst auf die einzige üppige Ader verzichten, auf die er in so vielen Jahren gestoßen war!

Er ging rasch in die Küche, holte ein Messer und stürzte sich auf den Kuchen, um die Goldfäden durchzuschneiden, die eine geschickte Arbeiterin in Mailand so schön um das Paket geknotet hatte; aber eine gerötete Hand legte sich ihm müde auf die Schulter: »Girolamo, sei kein Kind. Du weißt doch, daß wir uns Risma erkenntlich zeigen müssen.«

Es sprach das Gesetz; das moralische Gesetz, das von den rechtschaffenen Hutmachern ausging.

»Aber meine Liebe, das ist eine Belohnung für Tüchtigkeit, ein Beweis, daß ich geschätzt werde!«

»Ach, hör doch auf. Schöne Leute, deine Kollegen mit ihrem Zartgefühl! Ein Almosen, Girò, nichts als ein Almosen.« Sie nannte ihn mit dem alten Kosenamen, sie lächelte ihm zu mit

Augen, in denen nur er die Spuren des früheren Zaubers entdekken konnte.

»Morgen kaufst du einen andern, ganz kleinen Panettone, der genügt für uns; und vier solche roten Korkzieherkerzen, wie sie in der Marktbude ausgestellt sind. So wird es sehr festlich.«

Am Tage darauf erstand er in der Tat einen Panettone ohne kunstvolle Aufschrift, nicht vier, sondern nur zwei von den erstaunlichen Kerzen und schickte durch eine Agentur das Mastodon an den Advokaten Risma, was ihn wieder zweihundert Lire kostete.

Übrigens mußte er nach Weihnachten einen dritten Kuchen kaufen und ihn, in Stücke aufgeteilt, den Kollegen mitbringen, die ihn verspottet hatten, daß er ihnen auch nicht ein Krümchen von der üppigen Beute abgegeben habe.

Über das Schicksal des erstgeborenen Panettone fiel ein dichter Vorhang.

Er ging auf die Agentur Blitz, um zu reklamieren. Man zeigte ihm hochmütig das Verzeichnis der Empfangsbescheinigungen, auf dem der Diener des Advokaten gegengezeichnet hatte. Nach dem Dreikönigstag kam jedoch eine Visitenkarte »mit lebhaftesten Danksagungen und Wünschen«.

Die Ehre war gerettet.

Curzio Malaparte

Magdalena von Carlsbourg

Wir hatten unsere letzten Toten auf dem Friedhof von Rocroi begraben und waren nach Norden weitermarschiert, und Anfang Dezember waren wir mitten in dem traurigen wallonischen Land, das mit seinen endlosen Fichtenwäldern den Teil Belgiens umfaßt, der an Luxemburg grenzt. Niemand konnte sich an einen so strengen Winter erinnern: nachts hörte man in den Wäldern die Wölfe heulen, und der Frost trieb die Hirsche und Wildschweine aus dem Dickicht auf die weißverschneiten Lichtungen hinaus bis nahe an die Häuser von Carlsbourg, wo wir unser Winterquartier bezogen hatten.

Die noch lebendige Erinnerung an die Abenteuer dieses Sommers und Herbstes, an unseren Aufbruch aus Italien mit dem Zweiten Armeekorps, an die großen Schlachten im Wald von Bligny, längs der Aisne, auf dem Chemin des Dames, in den Sümpfen von Sissonne und an die Verfolgung bis Rocroi; die Erinnerung an die Tage der Märsche von der Maas bis zu den Wäldern von Saint-Hubert, als wir im Regen, gekrümmt unter der Last der Mühen, der Entbehrungen und Verwundungen die geschlagenen Deutschen verfolgten, vermochte nichts gegen das Unbehagen, das uns nun in diesen feuchten, finsteren Wäldern befiel. Wir fühlten uns als den Überrest eines durch Hunger und Kälte in fremdem Land versprengten Heeres.

Das neblige Grau des engen Horizonts, die ernste Stille des Hauses, in dem ich wohnte, genau gegenüber dem *Vrai Sanglier des Ardennes*, einem Gasthof mit einer Schenke, die unsere Infantristen abends zum Klang des *rommelpot* mit Liedern und Gelächter erfüllten, diese ständige, hoffnungslose Einsamkeit drückten mich nieder und ließen mich nicht zur Ruhe kommen.

In den Nächten träumte ich von wütenden Jagden hinter schneeweißen, blutbefleckten Hirschen her: wie traurig ist der

Klang des Horns in den Tiefen der Wälder! Und schließlich streifte ich mit einigen Infantristen, Wildschweinschlächtern aus den Maremmen, in der stolzen und fröhlichen Gesellschaft der Jäger von Carlsbourg und Saint-Hubert durch das Buschwerk. Das Leben in den Fichtenwäldern, das lange Warten am Rand der Lichtungen und an den Mündungen der Pfade, die orgiastische Fröhlichkeit der Treibjagden im dichten Gebüsch und der gargantuesken Trinkgelage um die großen, im Freien angezündeten Feuer, das Gelächter, das Geschrei, der Gesang, dieses wilde Leben in einem düsteren, fremden Land, das mir ganz wie ein erobertes vorkam, und diese Gesellschaft von Jägern und Infantristen, offenherzigen und großzügigen Menschen, Männern des Abenteuers und der Gefahr in meinen Augen, befreiten mich von der Traurigkeit der bösen Ahnungen und Phantasien. Das *dàlli! dàlli!* meiner Leute aus den Maremmen und das *hallali!* der Treiber von Carlsbourg hatten aus meinem Herzen die Schwermut, die Erinnerungen und Hoffnungen vertrieben und hetzten sie nun durch die tiefen Wälder.

Eines Abends, als ich von einer Treibjagd zurückkehrte und etwas zurückblieb, um dem traurigen Klang des Horns zu lauschen, das die Jäger zum Sammeln rief, verirrte ich mich im Wald. Es war schon Nacht, als ich endlich wieder in die Nähe der Häuser von Carlsbourg kam: ich erinnerte mich, daß sich in dieser Gegend, einen Flintenschuß vom Ortsgebiet entfernt, das Gasthaus zum *Sanglier noir* befinden mußte, wo, wie es hieß, eines jener unglücklichen Mädchen eingeschlossen lebte, die während der Besatzungszeit mit den Deutschen Liebeshändel gehabt hatten.

Es war ein verbotenes Gasthaus: auf Befehl unserer Kommandantur durfte es niemand, weder Offizier noch gemeiner Soldat, betreten. Der Bürgermeister von Carlsbourg hatte diese Maßnahme gefordert: in ganz Belgien wie in den besetzten Gebieten Frankreichs war diese Art von Frauen für rechtlos erklärt und geächtet worden. Man erzählte sich, daß in Brüssel am Abend des 11. November, des Waffenstillstandstages, einige dieser Unglücklichen auf den Gehsteigen des Boulevard Anspach von der aufgebrachten Menge blutig geschlagen und kahlgeschoren worden waren wie in alten Zeiten die Prostituierten. In den abgelegensten flämischen Weilern und in den weltverlorenen Dörfern tief in den Ardennen schwelte unerbittlich der Haß auf die schmutzigen Venusdienerinnen.

Es war hundekalt; aber ich entschloß mich gewiß nicht der Kälte wegen zu klopfen. Auf den dumpfen Widerhall meiner Knöchel an der Tür wurde im Haus ein Weinen laut. Ich hatte es mir anders überlegt und mich schon einige Schritte entfernt, als im Erdgeschoß ein Fenster aufging und ich in der Dunkelheit flüchtig das Gesicht eines Kindes zu sehen glaubte, das sich sofort wieder zurückzog. An diesem Abend hatte ich nicht den Mut, noch einmal zu klopfen, aber tags darauf, gegen Sonnenuntergang, kehrte ich zu dem Gasthaus zum *Sanglier noir* zurück und trat ein.

Die schmutzige Venus von Carlsbourg war ein Mädchen von wenig mehr als zwanzig Jahren, schmächtig und weißhäutig, mit großen sanften, hellen Augen im Schatten des dichten blonden Haars, das zu beiden Seiten des Gesichts in gleiche Strähnen geteilt und im Nacken zu einem Knoten geschlungen war. Sie lächelte beim Sprechen, und dieses traurige, argwöhnische Lächeln erhellte einen Mund mit schmalen, blassen Lippen, der unschuldig und schmerzverzogen war wie der Mund eines erschrockenen kleinen Mädchens. Sie hieß Magdalena: im Dorf nannte man sie Madelon. Ich bemerkte an gewissen roten Flekken an den Fingerknöcheln und um die Handgelenke, daß sie die Krätze hatte. Bei diesem ersten Mal gab ich ihr nicht die Hand.

In wenigen Tagen wurden wir gute Freunde. Das Haus war feucht und kalt, wie unbewohnt. Magdalena wagte nicht, in den Wald zu gehen, um Holz zu holen, und ihre Mutter, eine knochige, gelbhäutige Alte, die mir humpelnd die Tür öffnen kam und sich sofort wieder in den dunkelsten Winkel des großen erloschenen Kamins verkroch, war zu schwach, um mit dem Beil umzugehen. Sahen die Holzfäller sie im Gebüsch umherstreifen, wenn sie die abgefallenen Zweige und dürren Reiser sammelte, drohten sie ihr von weitem mit erhobenen Fäusten. Daher ging Magdalena jede Nacht hinaus, um Holz von den aufgestapelten Stößen auf den Lichtungen zu stehlen: die Arme kam jedesmal weiß vor Angst und mit blutigen Händen zurück. Eines Abends machte ich mich erbötig, sie zu begleiten, und von da an zog wieder die lebendige Freude des Feuers in das verbotene Haus ein.

Unter dem Vorwand, mich für das Abendessen zu versorgen, brachte ich ihr jeden Tag Päckchen mit Brot und Fleisch: Magdalena sah mir beim Essen zu und rührte keinen Bissen an. »*Nenni*«, sagte sie in ihrem wallonischen Französisch und wurde rot vor Scham. Aber das Wunder einer sizilianischen Orange, die ich aus Italien bekommen hatte und ihr eines Abends anbot, war stärker als ihr Stolz. Als sie die Lippen der goldenen, im Halbdunkel leuchtenden Frucht näherte, betrachtete ich ihre Hände: die Arme senkte den Blick, versteckte die Hände hinter dem Rücken und fing an, leise zu weinen.

Am nächsten Tag bezwang ich meine Zurückhaltung und brachte ihr einen Tiegel Schwefelsalbe, zeigte ihr, wie man sie anwenden mußte, und schon nach einer Woche war Magdalena geheilt. Ihre Freude war so unschuldig, daß ich ihr nicht in die Augen zu sehen wagte. Großes Mitleid überkam mich, sooft unsere Blicke einander begegneten: und der erste, der den Kopf senkte, war ich. Der Stolz der Einfachheit kehrte nach und nach mit der Lebensfreude in sie zurück. Aber eines Abends nahm die Arme meine Hände, drückte die Lippen darauf und begann still zu weinen.

Zu Beginn des Krieges, als die Deutschen schon Dinant genommen hatten, waren der Vater und der Bruder Magdalenas mit dem Gewehr über der Schulter in den Wald gegangen, um in der verzweifelten Gemeinschaft der *franc-tireurs* der Ardennen zu kämpfen. *Hallali! hallali!* So mancher Tote war, das Gesicht im Gras, im Dickicht der Fichtenwälder liegengeblieben, und eines Morgens waren die Ulanen auf der Straße nach Saint-Hubert erschienen; die *franc-tireurs* von Carlsbourg kehrten nicht mehr zu ihren Frauen zurück. Magdalena war mit der Mutter in dem Haus voll Erwartung und Schrecken allein geblieben: allein und wehrlos. Zuerst war sie mit Gewalt genommen worden, dann hatte sie sich aus Hunger hingegeben. Hatte denn niemand, niemand Mitleid mit ihr?

Ich war den Tränen nahe: Ich hab' dich lieb, hätte ich gern zu ihr gesagt, aber wie? Ich streichelte ihr Haar, ihre Hände, das von Tränen laue Gesicht. Der Mond stieg langsam über den endlosen, im Wind rauschenden Fichtenwäldern am Himmel auf.

Gegen Weihnachten, als die ersten Soldaten König Alberts, die Infantristen von Charleroi, von Ypern, von der Lys, in die fröhlichen Häuser von Carlsbourg, Saint-Hubert, Houffalize zurückkehrten, flammte von einem Ende der Ardennen bis zum andern der Haß gegen die Unglücklichen auf, die sich an die Eindringlinge verkauft hatten. In vielen Dörfern hatte die Jagd auf die Unreinen altertümliche Formen angenommen: die Menge hatte sie von Straße zu Straße gezerrt, sie nackt ausgepeitscht, und die Gendarmen hatten sich gezwungen gesehen, in die Luft zu schießen, um sie aus dem Aufruhr zu retten. In Saint-Hubert, wo sich das Hauptquartier des italienischen Armeekorps befand, hatte unsere Kommandantur in der Nacht für die Evakuierung der Verdächtigen sorgen müssen, sie wurden unter sicherem Geleit in Richtung Namur auf den Weg gebracht. Strengste Befehle ergingen an alle italienischen Garnisonen zwischen Houffalize und der französischen Grenze, die Unglücklichen in den Klöstern der Gegend unterzubringen, bis man sie an einen sichereren Ort schaffen konnte, und unterdessen dafür zu sorgen, daß die Klöster selbst unter den Schutz unserer Truppen gestellt wurden.

Die Nachricht von dieser Flucht war blitzschnell in den ganzen Ardennen verbreitet worden: das Volk hatte sich wütend aufgelehnt, einige Häuser wurden in Brand gesteckt. Bei der ersten Nachricht von der Gefahr hatte mir Magdalena ins Gesicht gesehen, gelassen und entschlossen. »Gut«, hatte sie gesagt, »sie werden mich holen kommen.« Und sie war neben der geschlossenen Tür stehengeblieben und hatte mir den Mund mit einem traurigen Kinderlächeln zugewandt, in dem die Resignation stärker war als die Liebe. Der Tag war hell und klar: und da begann mit einem Mal die Glocke der Kirche von Carlsbourg Sturm zu läuten.

Ich stürzte aus der Tür und sah zum Dorf hinüber: die Straße war leer, aber eine schwarze Rauchwolke stieg aus der Gegend des Klosters auf. »Sie haben das Haus der Valghedem angezündet«, sagte Magdalena ruhig. »Sie werden auch das unsere niederbrennen. Gott hat kein Erbarmen mit uns«, fügte sie hinzu und bekreuzigte sich. Die Alte war vor dem Kamin auf die Knie gefallen und hatte die Hände vors Gesicht geschlagen. Fliehen, fliehen, aber wohin? In die Wälder gehen, sich im Dickicht verbergen: und dann? Die Kälte, der Schnee, die Alte, die nicht laufen konnte. Es war keine Zeit zu verlieren: im Nu konnte ich im Dorf sein, mir von der Kommandantur einen Befehl geben lassen, mit einer Abteilung Soldaten zurückkehren, Magdalena und ihre Mutter im Kloster von Carlsbourg in Sicherheit bringen, niemand hätte ihnen etwas getan, sie wären gerettet gewesen.

»*Nenni*«, antwortete die Arme und sah mir in die Augen.

Ich rannte, den Kopf in dieser Glocke, die Sturm läutete. Das Dorf war in Aufruhr: die Nachricht, daß die Unglücklichen von einem Augenblick zum andern unter sicherem Geleit fliehen könnten, hatte eine Menge von wütenden Frauen, Männern mit Stöcken, johlenden Burschen auf die Straßen getrieben. Das Haus der Valghedem war angezündet worden: die Valghedem! Die Valghedem! Man suchte sie in den Häusern, auf den Heuböden, in den Ställen: dann liefen alle zum Kloster, wo die Unglückliche angeblich Zuflucht gesucht hatte. Unten Schläge an die Tür, Steine in die Fenster, Stöße gegen die Mauern. Unsere Kommandantur war überrumpelt worden, aber es war ihr dennoch gelungen, rechtzeitig eine halbe Kompanie auszuschicken, die den Mönchen beistehen sollten, und weitere fünfzig Infanteristen, die, mit Eimern ausgerüstet, Wasser auf das Haus der Valghedem schütteten, das wie ein Holzstoß brannte. »Platz da, Platz!« schrie ich im Laufen.

Die Menge bildet mitten auf der Straße eine Hecke, ich stürze mit gesenktem Kopf in den Haufen hinein, tausend Arme halten mich fest, ich reiße mich los, schlage auf die Köpfe der Nächststehenden ein, laufe weiter zur Kommandantur. Niemand hatte an das Gasthaus zum *Sanglier noir* gedacht. Man gab mir den Befehl, ich nehme etwa zehn Soldaten, laufe zurück: die Straßen waren leer. »Dorthin sind sie gegangen«, sagen mir die Infantristen, die vor dem Kloster Wache stehen.

Mein Gott, Magdalena! Und da plötzlich ein ferner Lärm. Ich jage aus dem Dorf, allen anderen voraus, und dort, wo die Straße eine Biegung macht, bevor sie in den Fichtenwald eintritt, kommt uns ein Zug von Tollwütigen entgegen und in ihrer Mitte, an den Haaren gezogen, Magdalena mit blutverschmiertem Gesicht, nackt unter den Schlägen. »Feuert in die Luft!« schrie ich.

Auf die Schüsse hin wich die Menge zurück und zerstreute sich. Aber bevor ich zu Magdalena laufen und ihr helfen konnte, hatte sich ein Mann auf sie gestürzt; er stach sie in die Leiste, richtete sich wieder auf, schleuderte ein Messer von sich und verschwand im Wald.

Ignazio Silone

Don Aristotile

Wer Schwierigkeiten mit seiner Geliebten hat und den Fall durch einen schönen Brief klären möchte, geht zu Don Aristotile Caramella. Dieser wohnt zwischen dem »Neudorf« und dem »Fegfeuer« in einem ständig stinkenden Gäßchen, das ewig feucht ist, weil die Sonne kaum hineinscheint und die Frauen gewohnheitsmäßig ihr Schmutzwasser vor die Haustüre schütten.

Es hat keinen Sinn, Don Aristotile am Abend um seinen Rat zu fragen, denn da ist er betrunken; es hat auch am Morgen keinen Zweck, denn er schlummert bis gegen Mittag. Es ist das beste, am Nachmittag zu ihm zu gehen.

Sein Haus besteht nur aus dem Erdgeschoß. Es gibt weder richtige Steinwände noch einen richtigen Fußboden. Wenn man eintritt, sieht man in einer Ecke eine an einem dicken Nagel befestigte Kette, und an dieser Kette hängt ein Kessel, der einmal im Jahr, und zwar am Karsamstag, geputzt wird. Unter dem Kessel brennt ein Feuer, das von Maisstielen genährt wird, und der Rauch wandert, nachdem er im Raum die Runde gemacht hat, zur Türe hinaus. In der Ecke gegenüber dem Kamin ist das Bett, das heißt, ein mit Maisblättern gefüllter und unter einer roten Wolldecke versteckter Sack. In der Mitte des Raumes steht ein kleiner, von drei Holzhockern umgebener Tisch. Hier hält Don Aristotile seine Sprechstunden ab.

Daß sich Don Aristotile damit begnügen muß, zwischen dem »Neudorf« und dem »Fegefeuer« wie ein Bettler zu leben, ist die Folge einer Jugendsünde. Als Knabe hatte er eine gute Ausbildung erhalten und dann als Gemeindeschreiber und als Sekretär bei einem Rechtsanwalt seine Beschäftigung gefunden. Er war auf der Suche nach Fällen für seinen Vorgesetzten und zugleich mit dem Auftrag, günstigste Zeugenaussagen zu vermitteln oder zu erfinden, in den Nachbardörfern herumgezogen. Er hatte diese Arbeit mit Fleiß und Geschick durchgeführt und wurde von der guten Gesellschaft als demütiger, dem Gericht wertvoller Diener geschätzt. Bei seiner Arbeit wurde Don Aristotile von drei oder vier armen Teufeln unterstützt, die sich daneben als Totengräber, Hundescherer und Hausierer betätigten. Am Dienstagvormittag, an dem die Verhöre im Amtsgericht stattfanden, hielten sie sich jeweils als eventuelle Zeugen in Bereitschaft. Don Aristotile nannte sie »die Stimmen der Wahrheit«. Diejenigen unter ihnen, die dann zu Zeugen gewählt waren, rasierten sich, schnitten sich die Nägel und ließen sich von dem Herrn Sekretär belehren, was sie bei Gericht auszusagen hatten. Sie gingen zur Gerichtsversammlung, schworen regelmäßig, »die Wahrheit zu sagen, nur die Wahrheit, nichts anderes als die reine Wahrheit«, und dann sagten sie die bei Aristotile gelernte Lektion auf. Wenn ihre Aussagen mit denen anderer, von der Gegenpartei aufgestellter Zeugen im Widerspruch standen, blieben sie unerschütterlich bei ihren Behauptungen und unterstrichen diese mit solchen Anrufungen des göttlichen Zornes, daß sich die Gegner meist verwirrten und ihre vorherigen Aussagen zurückzogen oder abschwächten. Unter den »Stimmen der Wahrheit« war Totò, der sich aufs Leugnen spezialisiert hatte, und Rufino, der ein besonderes Talent fürs Behaupten hatte. Wenn Totò den Auftrag erhielt, auf eine Frage des Richters mit Nein zu antworten, hätte nichts unter der Sonne ihn dazu bewegen können, Ja zu sagen, und wenn Rufino den Befehl hatte, mit Ja zu antworten, hätte keine Überredung oder Drohung ihn dazu führen können, Nein zu behaupten. Nach dem Gesetz erhielt jeder Zeuge zwei Lire fünfzig Entschädigung. Außerdem gab ihnen Aristotile auch noch etwas zum Trinken. Wenn man bedenkt, daß sie für einen Leichentransport fast nie mehr als eine Lira bekamen, so ist es begreiflich, daß »die Stimmen der Wahrheit« am Dienstag lieber dem Gericht als der Kirche dienten. Wenn einer am Montag starb, mußte er eben bis Mittwoch warten, ehe er zum Friedhof gebracht werden konnte. Das war allgemein bekannt, und so starb fast keiner mehr am Montag.

Don Aristotile war unbedingt berechtigt gewesen, auf eine angesehene und sichere Zukunft zu hoffen, als sein Herz ihm dazwischenkam und alles in die Brüche ging.

Don Aristotile unterhielt eine Beziehung zu der Näherin Faustina. Diese Näherin wurde eines Tages von den zwei großen Hunden des Barons von Pescina angefallen. Es war vor dessen Palazzo. Der Baron befand sich mit anderen jungen Leuten auf seinem Balkon und hat zur Unterhaltung seiner Gäste anscheinend selbst die Hunde auf Faustina gehetzt. Auf das Geschrei der Frau, wie auf das Gebell der Hunde hin, eilten einige Leute aus der Nachbarschaft herbei. Aber niemand wagte es, Faustina zu Hilfe zu kommen, weil niemand dem Baron mißfallen wollte. Erst als dieser sich zurückgezogen hatte, konnte die Frau gerettet werden. Für den Rest ihrer Tage hinkte sie jedoch. Kaum war Faustina imstande, sich auf den Beinen zu halten, schleppte sie sich aufs Gericht und trug ihre Klage vor. Man versuchte sie auf jede Weise zum Zurückziehen ihrer Verdächtigungen zu bewegen, aber die Frau wollte keine Vernunft annehmen:

»Ich will mein Recht!« antwortete sie.

Bei dem Auftritt vor dem Palazzo des Barons war auch der Ja-Sager Rufino dabei gewesen. Auf den Rat des Don Aristotile ließ Faustina ihn als Zeugen zitieren. Am Dienstagmorgen, vor dem Verhör, ging Rufino zu seinem Brotherrn:

»Was soll ich heute sagen?«

»Die Wahrheit!«

»Gut«, antwortete Rufino. »Ich werde schwören, daß ich die Wahrheit sage, nur die Wahrheit, nichts anderes als die reine Wahrheit, aber dann, was soll ich dann sagen?«

»Dann«, erwiderte Don Aristotile, »wirst du die Wahrheit sagen, nur die Wahrheit, nichts anderes als die Wahrheit!«

Rufino bekam es mit der Angst. Er hatte zu oft gelogen; jedesmal, wenn er vor dem Richter Zeugnis ablegen mußte, hatte er gelogen, und jetzt sollte er zum erstenmal die Wahrheit sagen? Daher wurde ihm Angst ...

Als Rufino vor dem Richter stand, zitterte er wie Espenlaub. Er legte mit unsicherer Stimme seinen Schwur ab, und dann erzählte er die Szene, wie sie sich vor dem Palazzo abgespielt hatte, und betonte dabei, daß der Baron die Hunde auf Faustina gehetzt habe. Der Baron war bei dem Verhör nicht zugegen; aber der Saal war voll von seinen Untergebenen, die am Richter vorüberzogen und genau das Gegenteil dessen, was Rufino gesagt hatte, beschworen. Den Todesstoß aber versetzte dem Armen Totò.

»War dein Freund Rufino wirklich vor dem Palazzo des Barons dabei?« fragte der Richter den Zeugen.

»Nein!« gab Totò prompt zur Antwort.

Rufino wurde sofort wegen Meineids verhaftet. Zwei Carabinieri legten ihm Fesseln an und transportierten ihn ins Gefängnis. Er wußte, daß er eine große Dummheit gemacht hatte, aber zu seiner Rechtfertigung erzählte er, daß er von Don Aristotile schlecht beraten worden war.

So kam es, daß dieser, weil er einer törichten Herzensregung gefolgt war, seine Arbeit sowohl in der Gemeinde wie auch beim Rechtsanwalt verlor und sich damit begnügen mußte, am Rand des Purgatoriums zu leben, zwischen den Armen, die er verachtete, und den Besitzenden, die er haßte.

Er hat sich eine schöne Handschrift bewahrt, aber sein Briefstil ist etwas veraltet, und deswegen wenden sich die Jungen ausschließlich in den schwierigsten Fällen an ihn.

Er spricht nur haßerfüllt von der heutigen Zivilisation, in der fast alle lesen und schreiben können, und gedenkt voller Sehnsucht jener goldenen Zeiten, in denen die Mehrheit der Bevölkerung Analphabeten waren. Denn damals stand der öffentliche Schreiber in hohem Ansehen. Er war die Feder aller, vor seinem Tische stauten sich die Kunden.

Die Cafoni verliebten sich am leichtesten während des Winters, in der Kirche. Vor und nach der Messe lauerten die Jungen mit Schneebällen auf die vorübergehenden Mädchen. Traf man solch ein junges Ding mit dem Schneeball, so bedeutete dies soviel wie: Ich habe ein Auge auf dich geworfen.

Die zweite Gelegenheit war der Brunnen. Des Abends vor dem Ave Maria kamen alle Mädchen mit ihren Kupfergefäßen aus den Häusern, um am Brunnen Wasser zu holen. Auf dem Hinweg hielten sie das Gefäß unter dem Arm, auf dem Heimweg trugen sie es, gleich einer Amphora, auf dem Kopf. In einer gewissen Entfernung begleitete, sowohl beim Kommen als auch beim Gehen, der junge Cafone den Gegenstand seiner Liebe und warf ihm feurige Blicke zu.

Nach dieser Begegnung am Brunnen erfolgte, besonders wenn das Mädchen dem Jüngling mit einem ermunternden Lächeln für seine Galanterie gedankt hatte, der von Don Aristotile verfaßte Brief.

»Dieser Ablauf war früher zwangsläufig«, erzählte mir Don Aristotile. »Zuerst kam die Kirche, dann der Brunnen, dann der Brief. Wenn auf diesen eine aufmunternde Antwort erfolgte, dann kam die Fensterpromenade. Von all diesen Bräuchen ist recht wenig übriggeblieben. Aber was ist das Leben der Menschen ohne Zeremonien … Eine traurige Angelegenheit. Übrigens ist dies nur eine Einzelheit. Es sind unendlich viele andere Bräuche verlorengegangen. Die Beziehungen zwischen den Menschen sind nackt und grob geworden …«

»Die Beziehungen zwischen den Menschen, zwischen Männern und Frauen, zwischen arm und reich sind klarer und direkter geworden«, wagte ich einzuwenden. »Härter, aber klarer. Es ist viel besser, daß heute der Priester, der öffentliche Schreiber, der Zauberkünstler und die Wahrsagerin weniger zu tun haben.«

»Du meinst, besser für die Revolution«, hat mir Don Aristotile geantwortet. »Aber es ist nicht besser für die Ordnung. Diese braucht einen gewissen Zwang. Für die Ordnung sind die Priester und der öffentliche Schreiber, der Zauberkünstler und die Wahrsagerin unentbehrlich … Ich weiß wohl, daß man diese Dinge durch anderes ersetzen wollte, aber es ist nicht gelungen …

Es ist der neuen Regierung nicht gelungen, neue, zugleich volkstümliche Bräuche zu schaffen, um unsere veralteten zu ersetzen. So bleibt nur die Gewalt. Aber die Gewalt wird sich ohne gesetzmäßige Bräuche nicht lange halten können.«

Don Aristotile ist ein Gegner des allgemeinen und obligatorischen Unterrichts. Nach seiner Meinung sollte nur eine kleine Minderheit lesen und schreiben lernen.

»Was mich am meisten bekümmert«, sagte er, »das ist, daß sich die neuen Zustände auf den Fortschritt berufen. Aber welch ein Fortschritt! Man ist nicht vorwärts, sondern rückwärts gegangen. Es genügt, einen heute von der Hand eines Liebenden selbst geschriebenen Liebesbrief zu lesen und ihn mit einem zu vergleichen, den der öffentliche Schreiber früher verfaßt hat ... Man spricht so viel vom Niedergang der Familie, von der Abnahme der Eheschließungen, aber man wagt es nicht, dem Übel auf den Grund zu gehen. Man wagt es nicht, die wahre Wurzel des Übels zu suchen. Wer das dennoch tut, der weiß, daß sie in der blödsinnigen Art zu finden ist, in der die Mehrzahl der Frauen heute ihre Liebeskorrespondenz selbst führt. Das soll nicht heißen, daß die Frauen dümmer wären als früher. Sie waren immer idiotisch. Aber früher konnten sie weder lesen noch schreiben und wandten sich an den öffentlichen Schreiber. Diesem gelang es, mit seiner Lebenserfahrung und seiner Bildung den gefühllosesten Mann zu rühren; es gelang ihm, gelöste Verlobungen neu zu knüpfen, in dem Manne den Wahn zu erwecken, daß die Auserwählte keine Gans – was sie in Wirklichkeit ja war –, sondern ein überaus gefühlvolles, gebildetes und liebeglühendes Wesen sei.«

»Und die Ehe brachte keine Enttäuschung?«

»Niemals«, versicherte Aristotile, »niemals! Denn nicht nur die Braut, sondern auch der Bräutigam wandte sich an den öffentlichen Schreiber. Oft war es dieselbe Hand, die die eine und den andern bediente, die ihr und ihm in romantischer und poetischer Form Gefühle eingab, von denen sie nichts ahnten. An der Schrift hätte man das leicht erkennen können, aber nichts ist für den Menschen angenehmer, als sich Illusionen hinzugeben. Und da der öffentliche Schreiber zugleich der öffentliche Vorleser war und man sich auch an ihn wandte, um sich die Briefe, die er geschrieben, von ihm vorlesen zu lassen, ehe man sie der Post übergab, oder wenn man dieselben erhielt, so hatten wir die Personen immer wieder vor uns und konnten den tiefen Eindruck, die Tränen sehen, die Seufzer hören, die unsere Prosa auszulösen verstand. Und da wir die zwei Schreibenden, mit ihren Geständnissen, ihren geheimen Wünschen, ihren Geschmäckern, ihren Ehrgeizen, kannten, war es ein leichtes für uns, den Knoten, der anfangs gelockert schien, immer fester zu knüpfen und sie in den Ehestand zu führen.« Don Aristotile liebte es, Hunderte von Fällen aufzuzählen, die von ihm glücklich in den Hafen der Ehe gelenkt worden waren. Und jene, die ihn aus der Gemeinde verdrängt hatten, verachteten es nicht, sich in ihren Privatangelegenheiten bei ihm Hilfe zu holen.

»Aber, Don Aristotile, glaubt Ihr denn nicht, daß Briefe, die eine Liebende selbst schreibt, viel ehrlicher sind? Daß ein Mädchen, welches lesen und schreiben kann, die Gefühle seines Herzens besser zum Ausdruck bringt als ein alter öffentlicher Schreiber?«

»Redet keinen so furchtbaren Unsinn!« gab mir Don Aristotile zur Antwort. »Das Mädchen kam ja nicht nur zum öffentlichen Schreiber, weil es nicht schreiben konnte, sondern weil es auch gar nicht wußte, was es sagen wollte. Es war unerfahren, es war in der Liebe nicht bewandert. Das Mädchen kam und bat: ›Don Aristotile, schreib mir einen Brief mit viel Leidenschaft darin!‹ Und weiter nichts. Fragte ich dann: ›In welchem Sinne?‹, gab es zur Antwort: ›Wenn Sie, der Sie so gebildet sind, das fragen, wie kann ich das wissen?‹ Ihr müßt nicht glauben, daß dem öffentlichen Schreiber die Briefe diktiert wurden! Das kam selten vor. Meistens gab der Auftraggeber das allgemeine Thema an, und der Schreiber mußte es entwickeln. Es kam zum Beispiel jemand und sagte: ›Ein Bursche hat mir eine Liebeserklärung gemacht. Ich will nicht gleich zusagen, denn das schickt sich nicht, aber ich möchte ihm Hoffnung machen, daß er, wenn er weiter darauf besteht, das Gewünschte bekommen wird.‹ Über dieses Thema verfaßte der Schreiber dann vier Seiten mit vielen Ausrufungszeichen!«

Natürlich zerbrach sich Don Aristotile in den Zeiten, in denen sein Gewerbe blühte, nicht immer wieder den Kopf über neue

Wendungen und Liebesworte. Er verfügte über einen bestimmten Wortschatz und bediente sich dessen unentwegt. Das Persönliche und Besondere jedes Briefes bezog sich eigentlich nur auf die Farbe der Augen, der Haare, auf die Üppigkeit des Busens und andere anatomische Eigenarten. Das übrige blieb sich immer wieder gleich. Daher kam es peinlicherweise vor, daß ein Mann einen »Liebesbrief« bekam, den er mit den gleichen Wendungen schon von früheren Bräuten erhalten hatte.

»Das wurde aber selten bemerkt«, meinte Aristotile. »Denn Liebe macht blind!« Don Aristotile konnte sich nicht an die neuen Formen gewöhnen, die sich zwischen den Geschlechtern entwickelt hatten, und er verstand auch recht wenig davon. Wenn sich nun einer um Rat und Hilfe an ihn wandte, so verfuhr er eben nach seiner alten Weisheit.

Der Metzger Liberato Boccella hatte auf die Tochter des Notars ein Auge geworfen. Er war bis über die Ohren verliebt.

»Warte auf sie vor der Kirchentüre«, riet ihm Don Aristotile, »und folge ihr, wenn sie an den Brunnen geht.«

»Aber das tut sie ja nie, der Notar hat sein Wasser im Hause!« erwiderte der arme Boccella.

»Das Wasser im Hause?« rief Don Aristotile betroffen aus.

Die Tochter des Notars spazierte an der Metzgerei vorüber.

»Guten Tag, mein Fräulein, viel Vergnügen!« rief ihr der Metzger zu.

Das Mädchen sah ihn voller Verachtung an und gab ihm keine Antwort. Kurz darauf kam sie mit einer Freundin zurück. Die Tochter des Notars hatte einen Strauß Margeriten in der Hand; sie ging vorüber, ohne überhaupt nach der Seite des Metzgerladens zu schauen.

»Hast du gesehen?« tuschelte Don Aristotile eifrig.

»Es ist offenbar, daß sie dich liebt. Die Margeriten wollen sagen: ›Sei beharrlich und vertraue mir.‹«

Don Aristotile wußte in der Blumensprache gut Bescheid:

»Die Sonnenblume bedeutet: ›Ich bleibe dir treu, selbst wenn du wetterwendisch bist‹, weiße Nelken heißen ›Ich warte auf einen Brief von dir‹, weißer Flieder will sagen ›Deinetwegen kann ich nicht schlafen‹, gelbe Nelken ›Eine neidische Freundin will uns trennen‹ und rote Rosen beschwören ›Ich muß sterben ohne dich‹... Margeriten bedeuten ›Sei beharrlich und vertraue mir!‹«

Der arme Boccella war außer sich vor Freude und schenkte Don Aristotile einen Knochen für seine Suppe. Ein Metzger als Kundschaft ist immer eine gute Sache.

»Was kann ich noch tun?« fragte Boccella.

»Halte dir immer Jasmin bereit und führe ihn an den Mund, wenn du ihr begegnest«, riet ihm Don Aristotile. »In der Blumensprache heißt das: ›Ja, ich will beharrlich sein und dir vertrauen.‹«

Es war unmöglich, einen Ratgeber mit mehr Erfahrung zu finden.

Jedesmal, wenn die Tochter des Notars spazierenging, näherte sich ihr der Metzger und führte einen Büschel Jasmin an die Lippen. Das Mädchen schaute weg. Nur einmal sah sie ihm ins Gesicht und sagte lächelnd: »Einfaltspinsel!«

Auf dem Heimweg hatte das Mädchen einen Strauß Veilchen in der Hand. Boccella lief zu Don Aristotile, um ihm alles zu berichten. Ein Metzger als Kundschaft ist immer eine gute Sache, und so bemühte sich Don Aristotile, ihn ja nicht entschlüpfen zu lassen.

»Alles ist klar«, versicherte der Alte, »in der Blumensprache heißt der Veilchenstrauß ›Achte nicht auf den Schein, sondern auf mein Herz!‹«

Dann beschloß man, einen Brief zu schreiben. Don Aristotile arbeitete einen ganzen Tag, um acht Seiten zu füllen. Der Brief wurde herzbewegend, und der Schreiber war sehr stolz darauf: »Wenn eine Kuh dies lesen könnte, würde sie Tränen vergießen!«

Die Tochter des Notars war aber keine Kuh, daher antwortete sie noch am selben Tag mit einem Brief, in dem nur das eine stand:

»Spiel nicht den Dummen und laß mich in Ruhe!«

Diese Worte waren ein furchtbarer Schlag für den armen Boccella, nicht aber für Don Aristotile.

»Sieh dir den Briefumschlag genau an«, riet dieser, »sieh dir die Marke gut an!«

Die Marke war verkehrt aufgeklebt, der Kopf stand nach unten.

»Was soll das bedeuten?« fragte Boccella.

»Es ist klar, es ist sonnenklar«, triumphierte der Schreiber, »die auf dem Kopfe stehende Marke hat immer geheißen: ›Glaub nicht, was in dem Brief steht, sondern genau das Gegenteil davon!‹ Wahrscheinlich hat dir das Mädchen auf Befehl des Vaters so schreiben müssen, aber dann beim Aufkleben der Marke hat es dich bitten wollen, das Geschriebene nicht ernst zu nehmen!«

Diese Erklärung gefiel dem Metzger so gut, daß er dem Alten einen großen Suppenknochen schenkte. Außerdem wurde auf die Zeilen der Notarstochter nur mit einer einfachen Postkarte geantwortet, auf der die Marke schief saß, mit dem Kopf nach rechts.

»In der Umgangssprache«, belehrte ihn der Schreiber, »heißt das ›Ich habe begriffen und bin einverstanden!‹«

Dann wurde ein Ständchen beschlossen, das unter dem Fenster des Notars dargebracht werden sollte. Der Metzger zog einen neuen Anzug an. Als Musikant wurde der Barbier verpflichtet, der sehr schön Gitarre spielte. Obwohl etwas heiser, wollte Don Aristotile den Gesang übernehmen. Um Mitternacht stand das Trio am Hause des Notars. Von der Gitarre begleitet, sang der Alte:

»Sind dreißig Tage,
daß ich dir gut bin,
sind dreißig Nächte,
daß der Schlaf mich flieht ...«

Im zweiten Stock öffnete sich ein Fenster. Don Aristotile und der Barbier traten ein wenig zur Seite, um den Metzger mit seiner Liebsten allein zu lassen. Da schob sich aus der Fensteröffnung eine Männerhand, die einen großen Nachttopf hielt. Der Nachttopf entleerte sich, und der Metzger wurde von der Pisse bis auf die Haut naß. Der arme Metzger hatte seinen neuen Anzug an; aber das war für ihn nicht das Schlimmste.

Seine Wut kehrte sich gegen Don Aristotile. »Du bist an allem schuld! Du hast mich verführt und betrogen, um mich auszubeuten!«

»Still!« befahl ihm Don Aristotile. Dann schlich sich der Schreiber an den Metzger heran, beschnupperte ihn von allen Seiten und fügte hinzu: »Beruhige dich, es ist von der Tochter.« Don Aristotile machte dem Barbier ein Zeichen. Der Haarkünstler näherte sich auch, beroch die durchnäßten Kleider des Metzgers sorgfältig und orakelte dann:

»Bestimmt, mir kannst du auf Ehre glauben, das ist von der Tochter!«

»Wieso wißt ihr das?« staunte der Metzger.

»Das kann man nicht erklären«, erwiderten die beiden, »das fühlt man, oder man fühlt es nicht.«

Diese Episode bewies, daß die alte Weisheit des Don Aristotile heutzutage nicht mehr viel tauge. Alle alten Sitten und Gebräuche sind überlebt. Männer und Frauen haben lesen und schreiben gelernt und sind deshalb doch nicht glücklicher geworden.

»Ein anderes, durch die neue Bildung hervorgebrachtes Unheil ist das Steigen der Selbstmordziffern. Man spricht viel über deren beunruhigende Zunahme und hatte dafür stets eine banale, ja blöde Erklärung. Niemand hat bis heute das Anwachsen der Menschenmasse, die lesen und schreiben kann, und das Zunehmen der Selbstmörder in Beziehung zueinander gebracht. Man sagt, das komme vom steigenden Elend. Das stimmt aber nicht. Elend hat es immer gegeben! Es gibt so viele, die elend sind und die sich nicht umbringen. Überlegen wir ein wenig: Was tut der Mensch, der sich das Leben nehmen will? Er schreibt Briefe. Immer! Unter allen Umständen! Jeder Mensch, der sich umbringt, schreibt einen Brief an die Mutter, an die Geliebte, an die Polizei, an die Gläubiger etc. etc. Die einfachste Logik zeigt uns, daß sich der Selbstmörder, wenn er keine Briefe schreiben könnte, auch nicht umbringen würde.«

Ich sehe Don Aristotile überrascht an.

»Was willst du daraus folgern?«

Er sagt: »Ein Staat, der nicht in der Lage ist, das Wohlbefinden aller zu sichern, hat kein Recht, Bildung zu verbreiten. Ohne Bildung war das Elend erträglich. Seit Jahrhunderten war es da und war erträglich. Aber seitdem alle der Bildung teilhaftig sind, will niemand mehr Hunger leiden. Die Schwachen töten sich. Die andern –«

Don Aristotile wird jäh unterbrochen. Eine Alte aus dem »Neudorf« braucht ihn. Sie ist die einzige Kundin des Tages.

»Don Aristotile«, sagt die Alte, »schreib mir einen anonymen Brief, einen, bei dem die Empfängerin vor Wut vierundzwanzig Stunden weinen muß.«

»Vierundzwanzig Stunden?« fragt Don Aristotile, »warum nicht zwölf?«

»Nein, nein, vierundzwanzig Stunden müssen es sein!« beharrt die Auftraggeberin.

Und Don Aristotile begibt sich an die Arbeit. Morgen wird eine im »Neudorf« vor Wut vierundzwanzig Stunden weinen.

Francesco Jovine

Die Schafe

Wir hatten damals einen Laden in einer der Nebengassen des Dorfes, ein paar Schritte von der Kirche entfernt, gleich hinter dem Bogengang des Seminars.

Es war ein Laden ohne Schild, der sich den Vorübergehenden durch den scharfen Geruch des Stockfischs und der Sardellen in den Fässern verriet. Es kamen wohl, wie ich später erfuhr, Kunden, um etwas zu kaufen, im Morgengrauen oder spät am Abend; aber zu der Zeit schlief ich. Mit mir im Laden waren am Nachmittag mein Vater, der mit der Pfeife zwischen den Zähnen döste, ein Priester, der ein entfernter Verwandter von uns war, und einer seiner Neffen in meinem Alter. Ich und dieser Junge bauten Häuser aus den Dauben eines zerlegten Fasses, und wir lernten pfeifen.

Der Priester las ein bißchen in seinem Brevier und wartete, bis mein Vater aus seinem Halbschlaf zu sich kam, dann begannen sie eine Partie. Sie spielten mit wohlüberlegter Langsamkeit, aber ab und zu wurden die Karten von meinem Vater, der besser spielen mußte als der Priester, denn er lachte und foppte ihn, mit fröhlicher Heftigkeit auf den Tisch geschmettert. Wenn mein Vater lachte, lachte auch ich; mein Spielgefährte, der Antonio hieß, sah mich lachen und starrte mich finster an; der Onkel drohte mir scherzhaft und verfolgte unser Spiel mit liebevollen und sanften Blicken.

Er war ein magerer, noch rüstiger Priester mit ganz weißem Haar; man hatte mir gesagt, daß er sehr arm sei, und ich, der ich mich für reich hielt, hatte großes Mitleid mit ihm.

Meine Mutter erschien hin und wieder im Laden und machte meinem Vater bittere Vorwürfe, weil er seine Zeit mit dem Spiel vergeudete.

Mein Vater, der ein geduldiger und träger Mann war, ärgerte

sich über ihre Vorwürfe, aber er antwortete freundlich und gutmütig:

»Wir spielen bei drei Partien nur um einen einzigen Soldo; es ist doch nur zum Spaß; darf man denn nicht einmal ein wenig Spaß machen?«

Der Priester senkte demütig den Blick; man sah, daß ihn meine Mutter dabei ertappt hatte, wie er etwas Verbotenes tat, und er wagte nicht zu antworten. Er raffte die verstreuten Karten zusammen und steckte sie in die Tasche, aber sobald meine Mutter gegangen war, legte er sie verstohlen wieder auf den Tisch, und sie begannen aufs neue zu spielen, ganz geräuschlos, aus Angst, daß sie zurückkommen könnte.

Meine Mutter war eine energische und traurige Frau, und sie sprach immer von schrecklichen Unglücksfällen, die ihre Jugend zerstört hatten. Sie hatte eine wunderschöne Stimme, und bei Sonnenuntergang sang sie manchmal; in ihren Liedern sprach sie mit großer Sehnsucht vom Mond und von den Sternen, von Blumen und von Vögeln.

Und ich stellte mir das Reich meiner Mutter vor den Unglücksfällen, durch die sie es verloren hatte, als ein nächtliches, seltsam leuchtendes und duftendes Reich vor.

Bei Tag war die Stimme meiner Mutter voll trauriger Ahnungen; wenn sie mich umarmte, sprach sie von ihrem Tod wie von einer bevorstehenden sicheren Tatsache. Wenn mein Vater draußen auf dem Land war und später als gewöhnlich zurückkehrte, trat sie auf den Balkon, der auf den Friedhof ging, und schickte ihre Rufe durch die dichte Finsternis ins Tal hinunter. Ihre sehr hohe Stimme dehnte schluchzend den letzten Vokal, und sie rief einen sich zwischen Mastixhecken verlierenden Pfad entlang, jemand müsse ihren Mann ermordet haben.

Aber dann kam mein Vater mit seinem hellen, lachenden Gesicht nach Hause, und alles wurde wieder still.

Damals geschah es, daß er davon sprach, Schafe zu kaufen; er sagte, daß der Laden nur kümmerlich existiere, aber nicht gedeihe, und daß die Schafe dagegen Wunder vollbrächten, um die Leute reich zu machen.

Mein Vater rauchte gemächlich neben einem Reisigfeuerchen und zählte alle Tugenden der Schafe auf: Die Schafe geben uns die Wolle, die Milch, die Lämmer. Ich begann damals zur Schule zu gehen und wußte, daß mein Vater die Wahrheit sagte: Schafe brachten dem, der sie besaß, ein Vermögen.

Meine Mutter dagegen weinte bei dem Gedanken, alles Geld, das wir hatten, auszugeben, um Tiere zu kaufen, die krank werden und eingehen konnten; sie wußte von so vielen Schafen, die umgekommen waren.

Der Hirtenjunge war zehn Jahre alt und kam in aller Morgenfrühe, um die kleine Herde zu holen und auf die Weide zu führen. Ich ging zur Schule, es war November, und oft regnete es und war kalt; durch das Fenster sah man das in Nebel getauchte Land und den von unbeweglichen Wolken bedeckten Himmel.

Ich dachte an die im Nebel verlorenen Schafe, die auf der frostnassen Erde das Gras weideten, und hatte großes Mitleid mit ihnen. Nachts hörte ich sie unten im Stall husten; die Canestrella mußte wirklich krank sein, denn ihr Blöken klang heiser und klagend.

Bei Sonnenuntergang kehrte der Hirt in seinen Mantel eingemummt und mit Schlamm bedeckt zurück; die Herde trottete unter dem engen Bogengang des Seminars durch, fröstelnd und langsam. Die Schafe stießen eine kleine lauwarme Atemwolke aus. Sie hatten nun den Weg gelernt; sobald sie den Hof erreicht hatten, betraten sie ohne ein Blöken, immer liebevoll aneinandergedrängt, den überdachten Gang, der in das Untergeschoß führte.

Pasquale kam in die Küche und stellte sich an den Kamin, er öffnete den Mantel und streckte die Hände nach dem Feuer aus. Er war ein häßlicher, wortkarger Bursche; seine Hände waren schon grob von Schwielen und die Fingernägel rissig von der Erde. An mich, der ich nichts von der langen, langen Straße und von den Gefahren seiner Arbeit wußte, richtete er nie das Wort. Er schien sein Handwerk sehr gut zu verstehen, und meine Mutter sprach mit ihm wie mit einem Erwachsenen; ich begriff in seiner Gegenwart die ganze Nutzlosigkeit meiner Existenz.

Meine Mutter trat, während sie ihm besorgte Empfehlungen für den nächsten Tag gab, an den Brotkasten und schnitt ein großes Stück dunklen Brotes ab. Pasquale nahm es mit seinen groben Händen, küßte es und schob es zwischen Brust und Hemd; dann hüllte er sich mit einer einzigen energischen Geste in seinen Mantel und ging mit den Worten: »Also dann, gute Nacht.«

Als die Totenwoche vorüber war, hellte sich der Himmel auf, und die Sonne zeigte sich wieder; am ersten Tag dampfte die Erde unter der Wärme der Strahlen, aber dann trocknete sie aus, und man sah wieder die weißen Steine auf den Wegen und die Dornen der Hecken. An einem dieser wunderschönen Tage ging ich mit Pasquale, um die Schafe zu hüten. Ich sah, wie die Sonne an der Küste aufging und die Schatten sich hinter den Bergen versteckten. Wir gingen langsam wie Menschen, die schon müde sind, damit die Schafe das feine magere Gras am Rain weiden konnten. Als die Sonne beinahe in der Mitte des blauen Himmels stand, waren die Schafe schon satt und blökten zufrieden.

»Jetzt haben sie Durst, und wir bringen sie zur Tränke«, sagte Pasquale.

Wir waren auf einem unbebauten Feld voller Steine und trokkener Ginsterbüsche, und wir setzten uns unter einer Gruppe von Jungeichen auf die Steine und begannen zu essen. Als ich fertig war, zog ich eine Mundharmonika aus der Tasche und zeigte sie Pasquale.

»Kannst du darauf spielen?« fragte er mich. Ich konnte nicht darauf spielen, weil ich noch keine Zeit gehabt hatte, es zu lernen. Pasquale nahm sie mir aus den Händen, wischte das Mundstück an seiner schmutzigen Hose ab und begann mit großer Geschicklichkeit auf dem Instrument zu spielen. Er sog die Luft ein und blies, und heraus kam ein Lied, das im Dorf alle sangen. Ich war verwundert über seine Kunstfertigkeit und sagte es ihm.

Pasquale lachte, und das war das erste Mal, daß ich ihn lachen sah: er spielte weiter, und ich hörte ihm verzaubert zu. So bemerkten wir nicht, daß die Schafe verschwunden waren.

Mir fiel es als erstem auf, und ich sagte es Pasquale. Er hörte einen Augenblick zu spielen auf und antwortete mir: »Sie sind trinken gegangen.«

Ich war immer fester davon überzeugt, daß er alles über Schafe wußte, und bereute meine Unruhe. Tatsächlich begannen die Schafe auch schon zurückzukehren, eines hinter dem anderen stiegen sie die Mulde auf, die sie unseren Blicken verborgen hatte.

Sie scharten sich wenige Schritte von uns entfernt zusammen, aber sie weideten nicht, sondern streckten die Mäuler in die Luft, als wollten sie die Sonne betrachten; dann begann Pomposella kläglich zu blöken. Pasquale, der sie seit einer Weile mit verblüffter Aufmerksamkeit betrachtet hatte, sprang auf und lief zu dem Graben, aus dem die Schafe getrunken hatten.

Mit langsamen Schritten und gebeugt kehrte er zurück. Er ging auf die Herde zu, nahm den Kopf Canastrellas und zwängte ihr das Maul auf; der Schlund des Schafes war weiß von Kalk.

»Sie haben Kalk in den Graben geschüttet, und ich wußte es nicht«, sagte er. Dann gab er mir die Mundharmonika zurück und fügte hinzu:

»Du hast mich dazu gebracht zu spielen; wenn du nicht gekommen wärst ... Warum bist du mitgekommen? Wer hat dich geschickt? Ich habe nicht zu dir gesagt: Komm!«

Er begann zu weinen, und ich begriff, daß ich schuld war.

Wir wollten die Schafe nach Hause zurückbringen und begannen, sie anzutreiben. Die erste, die zusammenbrach, war Pomposella. Pasquale rief sie liebevoll beim Namen und versuchte, sie wieder auf die Beine zu stellen; und alle anderen scharten sich klagend um Pomposella, die als erste verendete.

Carlo Levi

Verbannung

Am frühen Morgen weckten mich keine Herdenglöckchen wie in Grassano, da es hier keine Hirten, keine Weiden und kein Gras gibt, sondern das fortwährende Getrappel der Eselshufe auf dem Straßenpflaster und das Meckern der Ziegen. Dies ist der tägliche Auszug. Die Bauern stehen in der Dunkelheit auf, weil sie es weit haben, einige zwei, andere drei, manche gar vier Stunden Weges, um zu ihren Feldern zu gelangen, die an den ungesunden Kiesbetten des Agri und des Sauro oder an den Hängen der fernen Berge liegen. Das Zimmer war voller Licht; die Mütze mit den Buchstaben war verschwunden. Mein Gefährte war offenbar beim Morgengrauen aufgestanden, um den Trost des Gesetzes in die Häuser der Bauern zu bringen, noch bevor diese auf die Felder gezogen waren; und um diese Zeit lief er vielleicht schon mit der in der Sonne blinkenden Mütze, seiner Klarinette und einer Ziege am Strick die Straße nach Stigliano hinunter. Vom Eingang her drang der Klang weiblicher Stimmen und Kinderweinen an mein Ohr. Etwa zehn Weiber mit Kindern auf dem Arm und an der Hand warteten geduldig auf mein Aufstehen. Sie wollten mir ihre Kinder zeigen, damit ich sie kurierte. Es waren bleiche und magere Geschöpfe mit großen schwarzen und traurigen Augen in den wachsbleichen Gesichtchen, mit aufgetriebenen und gedunsenen Bäuchen wie Trommeln auf krummen und dünnen Beinchen. Die Malaria, die hier niemanden verschont, hatte sich bereits in ihren unterernährten und rachitischen Körpern eingenistet. Ich hatte es vermeiden wollen, mich mit Kranken zu beschäftigen, weil es nicht mein Beruf war, weil ich wußte, wie wenig Sachkenntnis ich hatte, und weil mir klar war, daß ich durch diese Tätigkeit in die starre und eifersüchtige Welt der Interessen der Signori dieses Ortes geraten würde, was mich keineswegs lockte. Aber ich begriff sofort, daß ich meinen Vorsatz nicht lange würde einhalten können. Der Vorgang vom vorigen Tag wiederholte sich. Die Frauen baten mich, segneten mich und küßten mir die Hände. Sie hofften auf mich und vertrauten mir vollkommen. Ich fragte mich, woher das käme. Der Kranke gestern war gestorben, und ich hatte nichts tun können, um seinen Tod abzuwenden; aber die Frauen behaupteten, sie hätten gesehen, daß ich nicht wie die andern sei, kein Quacksalber, sondern ein guter Mensch, und daß ich ihre Kinder heilen würde. Vielleicht lag das am natürlichen Ansehen, das der Fremde genießt, der von fernher kommt und eben deshalb wie ein Gott ist; oder eher noch hatten sie gemerkt, daß ich bei meiner Hilflosigkeit doch versucht hatte, etwas für den Sterbenden zu tun, und daß ich ihn mit Teilnahme und echtem Mitgefühl betrachtet hatte. Ich war betroffen und schämte mich ihres so völlig unverdienten Vertrauens. Ich schickte die Frauen mit ein paar Ratschlägen fort und ging hinter ihnen aus dem schattigen Zimmer in das blendende Morgenlicht. Die Häuserschatten waren schwarz und unbeweglich, der heiße Wind, der aus den Schluchten aufstieg, wirbelte Staubwolken auf; die Hunde flöhten sich im Staub.

Ich wollte den Bezirk, der mir zugewiesen war und der mit dem bewohnten Ort zusammenfiel, kennenlernen, wollte eine erste Umschiffung meiner Insel vornehmen: Das Land ringsum mußte für mich ein unerreichbarer Hintergrund jenseits der bürgermeisterlichen Säulen des Herkules bleiben. Das Haus der Witwe liegt am oberen Ende des Ortes auf einem Plätzchen, das hinten mit der Kirche, einem kleinen weißgetünchten Kirchlein, das kaum größer als die Häuser ist, seinen Abschluß findet. Am Eingang stand der Erzpriester und drohte mit einem Stock einer Gruppe von Buben, die ihm in einer Entfernung von ein paar Schritten Grimassen schnitten, Schimpfworte zuriefen und sich bückten, um Steine aufzulesen und nach ihm zu werfen. Bei meiner Ankunft stoben die Kinder wie die Spatzen davon; der Erzpriester verfolgte sie mit finstern Blicken, schwang seinen Stock und schrie: »Verfluchte, Ketzer, Exkommunizierte! Das ist hier ein von Gott verlassenes Nest!« sagte er dann zu mir gewendet.

»Die Kinder kommen nur in die Kirche, um zu spielen. Haben Sie es gesehen? Sonst kommt niemand. Die Messe lese ich vor leeren Bänken. Sie sind nicht einmal getauft. Und die Abgaben von dem bißchen Land, die zahlen sie unter keinen Umständen. Ich habe noch nicht einmal die vom vergangenen Jahr erhalten. Es sind wahrhaftig alles feine Herren in diesem Land, das werden Sie bald merken.«

Es war ein kleines, dürres, altes Männchen mit einer Stahlbrille auf der Hakennase, im Schatten seiner roten Bommel, die vom Hut herabhing; hinter der Brille blickten stechende Äugelchen, deren Ausdruck rasch von einem besessenen Starren zu plötzlich aufblitzender Schlauheit wechselte. Der feine Mund war in Falten einer zur Gewohnheit gewordenen Bitterkeit herabgezogen. Unter dem schmutzigen, zerdrückten Rock, der voller Flecken und ohne Knöpfe war, guckten die ausgetretenen und verstaubten hohen Stiefel hervor. Seine ganze Erscheinung atmete schlechtertragenes Elend, wie die schwarzen, mit Unkraut bedeckten Ruinen einer verbrannten Hütte. Niemand im Ort konnte Don Giuseppe Trajella leiden und wie ich aus der Unterhaltung am Abend zuvor erfahren hatte, verabscheuten ihn die hiesigen Signori geradezu. Sie taten ihm jede Art von Schabernack an, stachelten die Kinder gegen ihn auf und beklagten sich beim Präfekten und beim Bischof über ihn. »Nehmen Sie sich vor dem Erzpriester in acht«, hatte mir der Bürgermeister anvertraut. »Er ist ein Unglück für unsren Ort: eine Profanation des Gotteshauses; er ist immer betrunken. Wir konnten ihn bis jetzt noch nicht loswerden, aber wir hoffen, ihn bald wegzujagen. Wenigstens nach Gaglianello, dem Weiler, der sein eigentlicher Sitz ist. Er ist seit vielen Jahren hierher strafversetzt. Sie haben ihn, der Professor am Seminar war, zur Buße nach Gaglianello geschickt. Er erlaubte sich gewisse Freiheiten mit seinen Schülern. Sie verstehen schon. In Gagliano ist er eigentlich zu Unrecht, nur weil kein andrer da ist. Aber das ist eine Strafe für uns.« Armer Don Trajella! Wenn der Teufel ihn auch in seinen jungen Jahren versucht hatte, so ist das schließlich eine alte und vergessene Geschichte. Jetzt konnte er sich kaum mehr auf den

Füßen halten, er war nichts andres mehr als ein armer verfolgter und verbitterter Alter, ein schwarzes und krankes Schaf unter einer Wolfsherde. Aber, das sah man ihm auch noch in seinem Verfall an, in der schönen Zeit, als er Theologie in Melfi oder Neapel vortrug, mußte Don Trajella ein guter, gescheiter Mensch gewesen sein, geistvoll und anregend. Er schrieb über das Leben von Heiligen, malte, bildhauerte und beschäftigte sich lebhaft mit weltlichen Dingen. Das plötzliche Unglück hatte ihn getroffen, hatte ihn aus allem herausgerissen und ihn wie Strandgut an diese ferne ungastliche Küste gespült. Er hatte sich vollkommen sinken lassen, im bitteren Genuß, sein Elend dadurch zu vergrößern. Er hatte weder Buch noch Pinsel mehr angerührt. Die Jahre waren dahingegangen, und von allen alten Leidenschaften war nur eine übriggeblieben und nun zur Manie geworden: der Groll. Trajella haßte die Welt, weil die Welt ihn verfolgte. Er war so heruntergekommen, daß er mit niemandem sprach und ganz allein lebte, nur in der Gesellschaft seiner Mutter, einer neunzigjährigen vertrottelten und hinfälligen Alten. Sein einziger Trost (abgesehen vielleicht vom Wein) war es, seine Tage mit dem Verfassen von lateinischen Epigrammen gegen den Bürgermeister, die Carabinieri, die Behörden und die Bauern hinzubringen. »Das ist ein Land von Eseln, nicht von Menschen«, sagte er mir, indem er mich einlud, in die Kirche einzutreten. »Sie können doch Latein, nicht wahr?

Gallianus, Gallianellus
Asinus et asellus
Nihil aliud in sella
Nisi Joseph Trajella.«

Die Kirche bestand nur aus einem großen weißgetünchten, schmutzigen und vernachlässigten Raum, mit einem schmucklosen Altar auf einem Holzpodium im Hintergrund und einer kleinen Kanzel an der einen Wand. Die über und über rissigen Wände waren bedeckt mit alten Bildern aus dem 17. Jahrhundert, deren Leinwand sich geworfen hatte und in Fetzen hing; sie waren schlecht und unordentlich in mehreren Reihen übereinander aufgehängt.

»Die stammen aus der alten Kirche: es ist das einzige, was wir haben retten können. Sehen Sie sich die Bilder an, Sie sind ja Maler. Aber viel sind sie nicht wert. Dies hier war ursprünglich nur eine Kapelle. Die eigentliche Kirche, die Madonna degli Angeli, lag unten am andern Ende des Ortes, wo der Erdrutsch ist. Die Kirche ist vor drei Jahren plötzlich eingestürzt und in die Schlucht gefallen. Gott sei Dank geschah es in der Nacht, wir sind noch gut davongekommen. Hier kommen dauernd Erdrutsche vor. Wenn es regnet, gibt die Erde nach und rutscht ab, und die Häuser stürzen ein. Jedes Jahr stürzt das eine oder das andre hinab. Die Stützmäuerchen sind wirklich lächerlich. In ein paar Jahren wird dieser Ort nicht mehr vorhanden sein. Er wird völlig im Abgrund liegen. Es hatte drei Tage lang geregnet, als die Kirche zusammenstürzte. Aber jeden Winter ist es das gleiche: Ein paar mehr oder minder große Unglücksfälle geschehen jedes Jahr, hier und in allen andern Orten der Provinz. Es gibt weder Felsen noch Bäume, und der Lehmboden löst sich auf und fließt hinab wie ein Gießbach, mit allem, was darauf steht. Sie werden's in diesem Winter schon sehen. Aber ich wünsche Ihnen, daß Sie dann nicht mehr hier sind. Die Leute sind noch schlimmer als der Boden. *Profanum vulgus.*« Die Augen des Erzpriesters funkelten hinter den Brillengläsern. »Wir müssen uns mit dieser alten Kapelle begnügen. Ein Glockenturm ist nicht vorhanden, die Glocke hängt draußen an einem Gestell. Man müßte auch das Dach reparieren, es regnet herein. Man müßte es auch stützen. Sehen Sie die Risse in den Wänden? Aber wer gibt mir das Geld? Die Kirche ist arm und das Land noch ärmer, und außerdem sind es keine Christen, sie haben keine Religion. Sie bringen mir nicht einmal die üblichen kleinen Geschenke; man kann sich also vorstellen, wie es mit dem Glockenturm steht. Und der Bürgermeister, Don Luigi, und die andern sind sich darüber einig, nichts machen zu lassen. Dagegen spielen sie Apotheker. Sie werden schon sehen, was mit den öffentlichen Arbeiten los ist.«

Mein Hund Baron, der sich der Majestät des Ortes nicht bewußt war, guckte beim Eingang herein; das Warten war ihm langweilig, er bellte lustig, und ich konnte ihn nicht wegjagen oder zum Schweigen bringen. Ich verabschiedete mich also von Don Trajella und wendete mich auf der Straße links von der Kirche, auf der ich am Tag zuvor angekommen war, zu den ersten Häusern des Ortes. Das war die Gegend, die mir gestern beim raschen Durchfahren mit dem Auto so gastlich und beinah anmutig mit Bäumen und Grün erschienen war. Aber jetzt, unter dem scharfen Licht der Morgensonne, wirkte es, als habe sich das Grün im blendenden Grau der Mauern und der Erde aufgelöst. Es war nur eine unordentlich an den Seiten der Straße erbaute Häusergruppe in elenden Gärtchen mit ein paar magern Olivenbäumchen. Fast alle Häuser bestanden aus einem einzigen fensterlosen Raum, der durch die Tür sein Licht erhielt. Die Türen waren verschlossen, da die Bauern auf den Feldern waren; auf einigen Schwellen saßen Frauen mit Kindern im Schoß oder spinnende Alte; und alle hatten für mich eine grüßende Gebärde und folgten mir mit ihren großen, aufgerissenen Augen. Manchmal hatten die Häuser auch ein Stockwerk und einen Balkon, und die Haustür war nicht aus altem, schwarzem, abgenutztem Holz, sondern anspruchsvoll glänzend gestrichen und mit einer Messingklinke geschmückt. Das waren die Häuser der »Amerikaner«. Mitten unter den Bauernhütten lag ein langes, schmales, einstöckiges Haus, das vor kurzem in dem sogenannten modernen Stil, wie er in Vorstädten üblich ist, erbaut war: es war die Carabinieri-Kaserne. Auf der Straße und rings um die Häuser grunzten mißtrauisch und böse, in Haufen von Abfall und Unrat, die Säue, inmitten der Familien ihrer Ferkel, die wie gierige, lüsterne Greischen aussahen, und Baron bellte und wich zähnefletschend, mit gesträubten Haaren, von merkwürdigem Entsetzen ergriffen, zurück.

Hinter dem letzten Haus im Ort, wo die Straße bei einem Wäldchen zum Sauro abzufallen beginnt, lag ein kurzes Stückchen unebenen Bodens, das stellenweise mit gelbem verkümmertem Gras bedeckt war. Das war der Sportplatz, das Werk des Bürgermeisters Magalone. Hier sollten die Jungen der »GIL«* ihre Übungen abhalten und Volksversammlungen stattfinden. Links führte ein Pfad nochmals aufwärts zu einer nahen, mit Oliven bestandenen Anhöhe und endete dann an einem Eisengitter zwischen zwei Pfeilern, die sich in einem niedrigen Ziegelmäuerchen fortsetzten. Hinter dem Mäuerchen ragten zwei schlanke Zypressen hervor; durch das Gitter sah man die weißen Gräber in der Sonne. Der Friedhof war die äußerste obere Grenze des mir zugebilligten Bezirks. Von hier hatte man einen weiteren und weniger trostlosen Blick als von irgendeinem andern Punkt. Man übersah Gagliano nicht ganz, da es wie eine lange, zwischen Steinen lagernde Schlange versteckt ist; aber die rotgelben Dächer des obern Teils waren sichtbar zwischen dem grauen Laub der Oliven, das windbewegt, im Gegensatz zur allgemeinen Starre, wie etwas Lebendiges wirkte. Hinter diesem farbigen Vordergrund schienen die großen öden Flächen der Lehmhügel in der heißen Luft wie am Himmel aufgehängt zu wogen, und über ihr eintöniges Weiß zogen die veränderlichen Schatten der Sommerwölkchen. Eidechsen lagen unbeweglich auf der sonnenheißen Mauer; eine Grille, dann eine zweite, riefen einander abwechselnd zu, als wollten sie einen Gesang probieren, und dann schwiegen sie auf einmal wieder.

Da es mir verboten war, hier weiterzugehen, wendete ich mich zur Rückkehr und stieg auf der vorher begangenen Straße rasch in den Ort hinab; ich kam wieder an der Kirche und am Haus der Witwe vorbei und erreichte dann weiter unten das Postamt und das Mäuerchen über dem Bersaglierigraben. Der Bürgermeister und Schulmeister übte in diesem Augenblick sein Amt als Lehrer aus. Er saß auf dem Balkon seines Schulzimmers und rauchte, wobei er die Leute auf dem Platz betrachtete und in demokratischer Weise alle Vorbeigehenden anrief. Er hatte lange Rohre in der Hand, mit denen er von Zeit zu Zeit, ohne sich von seinem

* GIL war die faschistische Organisation der halbwüchsigen Jugend, in der die sogenannten »Avangardisten« militärisch gedrillt wurden. Die Vorstufe dazu war die Kinderorganisation der »Balilla«. Anm. d. Übers.

Sitz zu rühren, durch das offene Fenster die Ordnung wiederherstellte, indem er mit höchst geschickten und wohlgezielten Schlägen Kopf und Hände der Kinder traf, die, sich selbst überlassen, zuviel Lärm machten. »Schönes Wetter, Herr Doktor«, rief er mir von seiner Rednertribüne zu, als er mich auf dem Platz erscheinen sah. Dort oben, mit seinen Stöcken in der Hand, fühlte er sich so recht als Herr des Ortes, als umgänglicher, beliebter und gerechter Herr; und seinen Blicken entging nichts. »Ich habe Sie heute früh noch gar nicht gesehen. Wo waren Sie denn? Sind Sie spazierengegangen? Hinauf, bis zum Friedhof? Gut, gut, gehen Sie nur spazieren. Amüsieren Sie sich. Und kommen Sie hierher auf die Piazza nach dem Essen, so um halb sechs. Vorher werden Sie wohl schlafen. Ich will Sie meiner Schwester vorstellen. Wo gehen Sie jetzt hin? Nach Unter-Gagliano? Um eine Wohnung zu suchen? Meine Schwester wird etwas für Sie finden, machen Sie sich keine Sorgen. Für einen Mann wie Sie taugt kein Bauernhaus. Aber wir werden etwas Besseres auftreiben, Herr Doktor. Alles Gute!«

Hinter der Piazza stieg die Straße wieder an, überwand einen Vorsprung und fiel wiederum ab auf ein winziges Plätzchen, das von niedrigen Häusern umstanden war. Mitten darauf stand ein sonderbares Monument, fast so hoch wie die Häuser und bei der sonstigen Enge feierlich und riesenhaft. Es war ein Pissoir: das modernste, prächtigste und monumentalste Pissoir, das man sich vorstellen kann, eins aus Eisenbeton mit vier Ständen und einem kräftigen vorspringenden Dach, wie sie erst seit den letzten Jahren in den Großstädten errichtet wurden. Auf der einen Wand sprang wie eine Inschrift ein dem Herzen der Turiner vertrauter Name in die Augen: »Firma Renzi, Turin«. Welcher groteske Umstand oder welcher Zauberer oder welche Fee konnte aus fernen nordischen Ländern diesen Gegenstand durch die Luft hierhergebracht und ihn wie einen Meteor mitten auf dem Platz dieses Dorfes fallengelassen haben, in einem Land, wo es auf Hunderte von Kilometern weder Wasser noch hygienische Einrichtungen irgendwelcher Art gibt? Es war das Werk der Regierung, des Bürgermeisters Magalone. Es mußte, seinem Umfang nach zu urteilen, die Einkünfte einer erheblichen Anzahl von Jahren der Gemeinde Gagliano verschlungen haben. Ich guckte hinein: Auf einer Seite trank ein Schwein das im Becken stehende Wasser, auf der andern Seite ließen zwei Buben Papierschiffchen schwimmen. Im Laufe des ganzen Jahres habe ich es niemals zu etwas anderem dienen noch von jemand anderem als Schweinen, Hunden, Hühnern und Kindern betreten sehen, abgesehen vom Abend des Madonnenfestes im September, als ein paar Bauern aufs Dach hinaufkletterten, um von der Höhe das Schauspiel des Feuerwerks besser zu genießen. Ein einziger Mensch benutzte es oft zu dem Zweck, für den es erbaut war, und das war ich; und ich benutzte es, wie ich gestehen muß, nicht von einem Bedürfnis, sondern nur vom Heimweh getrieben.

In einer Ecke des Plätzchens, wohin der lange Schatten des Monumentes beinah reichte, blies ein schwarzgekleideter Krüppel mit einem trockenen, ernsten, priesterlichen und spitzigen Mardergesicht wie ein Blasebalg in den Körper einer toten Ziege. Ich blieb stehen und sah ihm zu. Die Ziege war kurz vorher auf dem Plätzchen geschlachtet worden und lag ausgestreckt auf einem Holzbrett über zwei Stützen. Der Lahme hatte in eines der Hinterbeine am Fuß einen kleinen Einschnitt gemacht, ohne sonst in das Fell zu schneiden, und hatte seinen Mund an den Einschnitt gelegt, und durch heftiges Blasen blähte er die Ziege auf und löste so das Fell vom Fleisch. Wenn man ihn so am Tier hängen sah, das allmählich seine Form veränderte und größer wurde, während der Mann, immer in der gleichen Haltung, kleiner zu werden und sich seines Atems völlig zu entledigen schien, war es, als wohnte man einer merkwürdigen Verwandlung bei, in welcher der Mensch sich allmählich vollkommen in das Tier ausleerte. Als die Ziege wie eine Montgolfiere aufgeblasen war, löste der Mann, gleichzeitig das Bein mit einer Hand zupressend, endlich den Mund vom Fuß des Tieres und wischte ihn mit dem Ärmel ab; dann begann er flink das Ziegenfell umzustülpen, wie einen umgedrehten Handschuh, bis das ganze Fell völlig abgelöst war und die Ziege nackt und geschunden wie ein Heiliger allein auf dem Brett liegenblieb und gen Himmel starrte.

»So wird es nicht verdorben, und man kann Schläuche daraus machen«, erklärte mir der Lahme mit großer Würde, während ein gelehriges und schweigsames Bübchen, sein Neffe, ihm dabei half, das Tier zu zerteilen. »Dieses Jahr gibt es ziemlich viel Arbeit. Die Bauern schlachten alle Ziegen. Sie sind dazu gezwungen. Wer kann die Steuern bezahlen?« Die Regierung hatte anscheinend vor kurzem entdeckt, daß die Ziege ein für die Landwirtschaft schädliches Tier sei, da es die Knospen und zarten Triebe der Pflanzen fresse; und sie hatte daher einen Erlaß herausgegeben, der für sämtliche Gemeinden des Königreichs ohne Ausnahme galt, wonach für jedes Stück eine so hohe Steuer verlangt wurde, daß sie fast dem Wert des Tieres entsprach. So wurden die Ziegen geopfert und die Bäume gerettet. Aber in Gagliano gibt es keine Bäume, und die Ziegen sind der einzige Reichtum der Bauern, da sie sich von fast nichts nähren, auf dem öden und zerrissenen Lehmboden herumspringen, an Dornbüschen knabbern und dort leben können, wo man, aus Mangel an Wiesen, weder Schafe noch Kälber halten kann. Die Ziegensteuer war demnach ein Unglück, und weil man kein Geld hatte, um sie zu bezahlen, ein unabwendbares Unglück. Man mußte die Ziegen schlachten und hatte keine Milch und keinen Käse mehr. Der Lahme war ein heruntergekommener Grundbesitzer, aber trotzdem stolz auf seine soziale Stellung. Um leben zu können, ging er vielerlei Berufen nach; einer davon war das Ziegenopfer. Dank dem fürsorglichen Erlaß konnte ich in diesem Jahr oft Fleisch bei ihm kaufen; in den vorhergehenden Jahren hätte ich, wie er mir erklärte, mich damit abfinden müssen, nur sehr selten welches zu essen. Er beschäftigte sich auch mit der Verwaltung von Gütern, deren Besitzer nicht im Ort wohnten, überwachte die Bauern, war Makler bei Verkäufen, machte den Heiratsvermittler und kannte alles und alle; und es gab kein Ereignis und keinen Vorfall, bei dem man nicht sein Hinkebein, sein schwarzes Gewand und sein Mardergesicht hätte auftauchen sehen. Er war ungemein neugierig, aber er schwatzte nicht viel; seine Sätze brachen in der Mitte ab und gaben zu verstehen, daß er viel mehr wisse, als er sage; und das geschah stets mit furchtbar ernster

Würde und Feierlichkeit, fast als wolle er seinen Namen, Carnovale, Lügen strafen. Als er erfuhr, daß ich eine möglichst geräumige und helle Wohnung suchte, wo ich auch malen könnte, dachte er ein Weilchen mit gesammeltem Gesichtsausdruck nach und sagte mir dann, daß der Palazzo seiner Vettern da sei, von denen ich vielleicht gehört hätte, da sie in Neapel sehr bekannte Ärzte seien. Vielleicht könnte ich einen Teil davon, zwei, drei Zimmer, bekommen; er wolle sofort in die Stadt schreiben, es wäre für mich ein Glück, denn es sei das einzige für mich passende Haus. Es stehe leer, aber ein Bett und das andre notwendige Mobiliar könne er mir verschaffen. Wenn ich es mir inzwischen ansehen wolle, werde er mich gleich von seinem Neffen mit den Schlüsseln begleiten lassen. Ich ging also mit dem Jungen, der ebenso schwarz, traurig und gemessen war wie der Onkel. Die Straße senkte sich noch hinter dem Plätzchen, bis zu dem Punkt, wo die beiden Schluchten von rechts und links keinen Raum mehr für Häuser ließen, und zog sich dann auf dem engen Grat zwischen zwei niedrigen Mäuerchen hin, über die hinaus der Blick sich ins Leere verlor. Ein Einschnitt von etwa hundert Metern trennte Ober- und Untergagliano; und hier, zwischen den beiden Abgründen, wehte dauernd ein heftiger Wind. In der Mitte des Einschnittes, an der Stelle, wo der Grat sich ein wenig verbreitert, lag einer der beiden einzigen Brunnen des Ortes; den andern hatte ich oben in der Nähe der Kirche gesehen. Der Brunnen, der das Wasser für ganz Untergagliano und einen beträchtlichen Teil von Obergagliano lieferte, war umdrängt von Weibern, wie ich ihn später immer, zu allen Stunden des Tages, sah. Sie bildeten Gruppen um den Brunnen, einige standen, andre saßen auf der Erde, junge und alte, alle mit einem Holzfäßchen auf dem Kopf und mit dem Ferrandineser Tonkrug. Eine nach der andern näherte sich dem Brunnen und wartete geduldig, bis der dünne Wasserstrahl glucksend das Faß gefüllt hatte, was sehr lange dauerte. Der Wind bewegte die weißen Schleier auf ihren geraden, mühelos im Gleichgewicht der Last aufgereckten Rücken. Sie standen unbeweglich unter der Sonne, wie eine Herde auf der Weide, und sie rochen auch wie eine Herde. Zu mir drang das unaufhörliche Stimmengewirr, ein nie abreißendes Gesumm. Als ich vorbeikam, rührte sich niemand, aber ich fühlte mich durchbohrt von vielen schwarzen Blicken, die mir durchdringend und ohne Wimperzucken folgten, bis ich nach Durchqueren der Senkung wieder zu steigen anfing und die ersten Häuser von Untergagliano erreichte, das sich bis zu der in den Abgrund gestürzten Kirche hinunterzieht. Wir gelangten rasch zum Palazzo; und es war wirklich das einzige Gebäude im Ort, das diesen Namen mit Recht tragen konnte. Es wirkte von außen recht düster mit seinen schwärzlichen Mauern, den kleinen vergitterten Fenstern und den Zeichen einer jahrhundertelangen Vernachlässigung. Es war die alte Behausung einer Adelsfamilie, die längst von hier weggezogen war. Später hatte es als Carabinieri-Kaserne gedient; doch war diese nun in das neue Haus verlegt worden. Im Innern wahrten der Schmutz und die übel zugerichteten Wände das Andenken an die Soldatenzeit. Es gab noch Gefängniszellen, die man durch Aufteilung des großen Saales hergestellt hatte; sie waren dunkel, mit Luken an den Fensterlöchern und mit großen Riegeln an den Türen, die aber durch Feuchtigkeit und Frost so verquollen waren, daß sie nicht mehr schlossen. Die Fensterscheiben waren alle zerbrochen, und eine dicke Staubschicht, die der Wind hereingeweht hatte, bedeckte alles. Von der vergoldeten und bemalten Decke hingen Fetzen von Malerei und Spinngewebe herab; die schwarz-weißen Mosaikfußböden waren zerbröckelt, und graues Gras wuchs in den Ritzen. Bei unserem Eintritt wurden wir in den Sälen von einem flinken huschenden Geräusch empfangen, als ob Tiere ängstlich in ihre Schlupfwinkel stürzten. Ich öffnete eine der Türen und trat auf einen Balkon mit einem zerfallenen Eisengitter aus dem 18. Jahrhundert. Als ich aus dem schattigen Innern plötzlich herauskam, wurde ich fast geblendet vom weißen Licht. Unter mir lag die Schlucht; vor mir breitete sich, ohne daß irgend etwas sich dem Blick entgegengestellt hätte, in der Sonne die Unendlichkeit der dürren, welligen Lehmhügel aus, ohne ein Zeichen menschlichen Lebens, unermeßlich bis in die fernste Ferne, wo sie sich im weißen Himmel aufzulösen schien. Kein Schatten brachte Abwechslung in dieses unbewegliche Erdmeer, das von der hochstehenden Sonne verzehrt wurde. Es war Mittag, Zeit zum Heimgehen.

Wie sollte ich in diesem verfallenen Adelssitz leben? Trotzdem besaß dieser Platz einen traurigen Reiz: Ich würde auf den zerbröckelnden Steinböden der Säle spazierengehen können, und als Nachtgefährten waren Fledermäuse immerhin dem Steuerbeamten und den Wanzen der Witwe vorzuziehen. Vielleicht, so überlegte ich, könnte ich die Scheiben wieder einsetzen und mir aus Turin ein Moskitonetz zum Schutz gegen die Malaria kommen lassen und den finstern, baufälligen Mauern ein neues Leben verleihen. Ich sagte dem Lahmen, der mich auf dem Plätzchen erwartete, er solle nach Neapel schreiben, und stieg dann wieder zu meinem Haus hinauf.

Als ich am Mäuerchen über dem Bersaglierigraben auf der Piazza angelangt war, sah ich einen jungen, blonden, gutaussehenden Menschen mit einem städtischen, kurzärmeligen Hemd aus der Tür einer Hütte heraustreten. Er trug in der Hand einen Teller mit dampfenden Spaghetti, überquerte den Platz und stellte mit einem Signalpfiff den Teller auf das Mäuerchen. Dann lief er wieder dort hinein, woher er gekommen war. Ich blieb neugierig stehen, um von weitem die verlassenen Nudeln zu betrachten. Sofort erschien aus einem gegenüberliegenden Haus ein großer, brünetter, sehr hübscher junger Mann mit bleichem, schwermütigem Gesicht, der einen grauen, elegant geschnittenen Anzug trug. Er ging zum Mäuerchen, nahm den Teller mit den Nudeln und ging wieder zurück. Auf der Schwelle angekommen, warf er einen verstohlenen Blick zu den Fenstern und über den Platz, dann drehte er sich nach mir um, lächelte, winkte mir ein freundliches Zeichen des Grußes zu und verschwand sofort wieder im Haus, wobei er sich bücken mußte, um die niedrige, kleine Tür zu durchschreiten. Don Cosimino, der kleine Bucklige von der Post, schloß gerade sein Büro und hatte von seinem verborgenen Winkel aus ebenso wie ich alles mit angesehen. Er bemerkte mein Erstaunen und machte mit dem Kopf ein Zeichen des Verständnisses zu mir hin; aus seinen traurigen und scharfen

Augen sprach Teilnahme. »Diese Szene«, erklärte er mir, »spielt sich täglich um diese Zeit ab. Es handelt sich um zwei Leute, die wie Sie konfiniert sind. Der Blonde ist ein kommunistischer Maurer aus Ancona, ein sehr braver Kerl. Der andere ist ein Student der Staatswissenschaft aus Pisa. Er war Milizoffizier und ist ebenfalls Kommunist. Er ist aus einfacher Familie, aber er erhält keine Unterhaltskosten, weil seine Mutter und seine Schwester Lehrerinnen sind und also, wie man behauptet, die Mittel haben, um ihn zu unterstützen. Früher durften die Konfinierten zusammensein, aber vor ein paar Monaten hat Don Luigi Magalone den Befehl gegeben, daß sie sich nicht einmal sehen dürfen. Die beiden, die aus Sparsamkeit gemeinsam kochen, sind jetzt gezwungen, abwechselnd das Essen zu bereiten und es, ein um das andre Mal, auf das Mäuerchen zu stellen, wo der zweite es abholt, wenn der erste wieder in seinem Haus verschwunden ist. Andernfalls, wenn sie sich etwa begegneten, könnte es für den Staat gefährlich werden!«

Wir waren zusammen hinaufgestiegen: Don Cosimino wohnte in der Nähe des Hauses der Witwe mit seiner Frau und mehreren Kindern. »Don Luigi legt sehr viel Wert auf diese Dinge. Er ist für Disziplin. Sie denken sich zusammen alles mögliche aus, er und der Feldwebel. Ich hoffe, Ihnen gegenüber wird das anders sein. Aber auf alle Fälle, machen Sie sich nichts daraus, Herr Doktor!« Don Cosimino sah mich von unten herauf tröstend an. »Die beiden haben die Manie, sich als Polizisten aufzuspielen, und wollen alles wissen. Der Maurer hat auch schon Unannehmlichkeiten gehabt. Er unterhielt sich mit den Bauern und versuchte ihnen die Darwinsche Theorie zu erklären, daß der Mensch vom Affen abstammt. Ich bin zwar kein Darwinist«, und Don Cosimino lächelte spitzbübisch, »aber ich sehe auch nichts Böses darin, wenn einer daran glaubt. Don Luigi hat es natürlich erfahren. Und hat eine fürchterliche Szene gemacht. Sie hätten hören sollen, wie er brüllte! Er hat dem Maurer gesagt, die Theorien Darwins seien gegen die katholische Religion und daß Katholizismus und Faschismus eins seien und es deshalb antifaschistisch sei, von Darwin zu sprechen. Und er hat auch nach Matera geschrieben an die Quästur, daß der Maurer revolutionäre Propaganda mache. Aber die Bauern haben ihn gern. Er ist freundlich und sehr geschickt.« Wir waren an seinem Hause angelangt. »Halten Sie den Kopf hoch«, sagte er. »Sie sind eben erst angekommen und müssen sich erst eingewöhnen. Aber all das geht vorbei.«

Fast als fürchte er, zuviel gesagt zu haben, grüßte der bucklige Engel mich ziemlich brüsk und entfernte sich.

Fortunato Seminara

Die Frau und der Esel

Immer verwünschte sie die Mutter, die ihr keinen Mann gegeben hatte. Sie erzählte, daß sie eines Tages zu ihr gesagt hatte: »Was willst du mit einem Mann? Ein Mann ist nur eine Last. Du mußt ihm zu essen geben und ihn bedienen, und zum Lohn dafür bekommst du Schläge. Ich kaufe dir einen Esel: er trägt dich auf dem Rücken, macht dir Dung, dient dir und schlägt dich nicht: ein Esel ist besser als ein Mann.« So bekam sie statt eines Mannes einen Esel. Die Mutter hatte recht, aber nur zum Teil; denn füttern mußte sie auch den Esel, und statt der Schläge bekam sie Bisse. Als sie zum erstenmal gebissen wurde, im Mai war es, grämte sie sich sehr und dachte eine Zeitlang darüber nach, ob es nicht besser wäre, das Tier zu verkaufen; doch zuletzt beschloß sie, es zu behalten. Den ganzen Mai über nahm sie getrocknete Feigen in der Schürze mit, um den Esel zu besänftigen, wenn er Anzeichen von Unruhe zu erkennen gab, aber nachdem sie zum zweitenmal gebissen worden war, nahm sie statt der Feigen den Stock mit und brachte ihm Respekt bei.

Die Männer, die sie mit dem verbundenen Arm sahen, hänselten sie:

»He, Chiarabella, war er zärtlich zu dir?«

»Männer sind schließlich auch nicht besser, eher schlimmer«, gab sie zurück.

Und einige Ehefrauen, die sie hörten, stimmten ihr bei.

Dann, als die Jahre vergingen und sie die Hoffnung verlor, je einen Mann an ihrer Seite zu haben, fand sie sich mit ihrer Einsamkeit ab und wandte ihre Zuneigung immer mehr dem Esel zu: ihm galten ihre Sorgen und Gedanken; sie streichelte ihn und sprach zu ihm wie zu einem Freund; und nicht selten konnte man sie abends im Stall dabei überraschen, wie sie ihm lange Reden hielt.

Sie besaß ein karges Stück Land mit Feigen- und Ölbäumen, aber ihr Brot mußte sie sich durch ihre und des Esels Arbeit verdienen; sie beförderte die Carabinieri zur Bahnstation, sie brachte den Studenten in der Kreishauptstadt oder im Seminar Lebensmittelvorräte und Wäsche, und sie kaufte für die feinen Herrschaften in einem Nachbarstädtchen Medikamente und Rindfleisch ein: kurz, sie gab sich redlich Mühe, und keine Arbeit war ihr zu gering. Sie war glücklich, wenn sie in Vollmondnächten auf den weißen Straßen hinter ihrem Esel herlief und neue Orte und unbekannte Menschen sah: mit gefühllos gewordenen Füßen, todmüde, aber glücklich. Hatte niemand einen Auftrag für sie, so sammelte sie den Dung auf den Straßen und trug ihn auf ihr Feld. Im Dorf mochten sie alle gern, besonders die Kinder, die ihr scharenweise entgegenliefen und riefen:

»Chiarabella, tumbli, tumbli!«

Und sie streckten ihr die Hände hin, damit sie sie kitzelte.

»Ah, tiritumbli, tumbli, tumbli!« antwortete sie, deutete einen Tanzschritt an und nahm eine kleine Hand nach der anderen.

Manchmal mußte sie flüchten, ohne alle zufriedengestellt zu haben, so groß war das Gedränge um sie. Sie ging durch die Straßen, und ein kleiner Junge rief ihr aus einem Fenster zu:

»Chiarabella, tumbli, tumbli!«

Sie hob das Gesicht, und während sie die Hand mit der Gebärde des Kitzelns ausstreckte, antwortete sie mit ihrem gewohnten Ritornell:

»Ah, tiritumbli, tumbli, tumbli! Ach, ich krieg' keinen Atem mehr!«

Und sie warf eine Kußhand.

Alle Kinder des Dorfes gehörten ihr; und sie besänftigte vielleicht mit dieser Illusion ihr Verlangen nach echter Mutterschaft und linderte die Traurigkeit ihres Lebens. Abends betrat sie ihr Haus, stieg in den ersten Stock hinauf und zündete die Öllampe an; dann ging sie in den ebenerdigen Raum hinunter, um den Esel zu versorgen. Sie schaute unter die Treppe und in jeden Winkel, und wenn sie sich vergewissert hatte, daß niemand da war, legte sie sich ruhig schlafen.

Man darf jedoch nicht glauben, Chiarabella habe keine Versuchungen gekannt, solange sie noch jung war: es hatte mehrere gegeben, aber sie hatte alle von sich gewiesen, denn sie wollte, daß alles rechtens und mit Gottes Segen zuging. Ein einziges Mal nur wies sie die Versuchung nicht zurück, vielleicht weil sie sie in einem Augenblick der Mutlosigkeit ankam, als man den Herbst mit den welken Blättern herannahen spürte. In jenem Jahr kamen auf ein Gut neben ihrem Feld Siedler aus Galatro, eine vielköpfige Familie und so arm, daß es einem weh tat. Chiarabella befreundete sich sofort mit ihnen; sie kam ihnen mehr als einmal, so gut es ihre Mittel erlaubten und mit wahrer Freude, in ihrer Not zu Hilfe. Und sie war nicht unempfänglich für die Aufmerksamkeiten, die ihr der älteste Sohn der Siedler erwies, ein junger Mann von etwa zwanzig Jahren, träge, aber einnehmend, der ihr, sei es aus Dankbarkeit für die empfangenen Wohltaten, sei es in der Hoffnung, weitere zu erhalten, viele Dienste leistete und sich als ihr Beschützer aufspielte. Aber der junge Mann wurde immer anspruchsvoller, und als er glaubte, sie in seiner Macht zu haben, verlor er jede Zurückhaltung.

»Du mußt mir alles schenken, was du besitzt«, sagte er eines Tages.

»Und du heiratest mich?« fragte sie mit niedergeschlagenen Augen.

Domenico lachte ihr ins Gesicht.

»Wenn ich tot bin, gehört mein ganzer Besitz dir. Bist du damit nicht zufrieden?«

»Nein.«

»Ich mache mein Testament vor einem Notar. Schon morgen, wenn du willst.«

»Nein.«

Chiarabella betrachtete das finstere Gesicht des jungen Mannes und war verwirrt, sie fühlte sich wehrlos gegen diese Anmaßung.

»Also gut, gib mir einen Tag Zeit zum Nachdenken«, sagte sie schließlich. Am Abend ging sie zum Advokaten Alvaro.

»Du kommst zur rechten Zeit«, sagte er, als er sie sah. »Am

Sonntag mußt du nach Palmi gehen und meinem Sohn eine Ladung Vorräte bringen.«

»Ich bin Euer Gnaden stets zu Diensten«, antwortete sie rasch. »Geben Sie mir einen Rat, Herr Advokat. Sind Schenkung und Testament dasselbe?«

»Was für eine Frage du mir da stellst! Du liegst doch nicht im Sterben, um ein Testament machen zu müssen ... Oder willst du etwa alles hergeben und Gefahr laufen zu verhungern?«

»Ich habe verstanden!« rief Chiarabella. »Mehr brauche ich nicht. Das Testament kann man machen und bis zum Tode widerrufen; die Schenkung macht man besser erst nach dem Tod«, fügte sie mit einer ausdrucksvollen Gebärde hinzu.

Am nächsten Morgen ging sie wieder auf das Feld und sagte zu Domenico:

»Wenn du dich mit dem Testament zufriedengibst, bin ich bereit, es zu machen, aber eine Schenkung – nein.«

Mehrere Tage lang kam Domenico nicht zur Hütte Chiarabellas, und diese suchte ihn auch nicht und ließ sich durch seine Drohungen nicht einschüchtern. Eines Abends kam ein kleiner Junge und sagte, sein Bruder Domenico wolle den Esel haben, um nach Rosarno zu gehen und einen Doppelzentner Kartoffeln zu holen. Der Grund für die Bitte erschien ihr seltsam, da sie die elenden Verhältnisse der Siedler kannte, dennoch verweigerte sie die Gefälligkeit nicht, stellte aber die Bedingung, daß auch sie mit dem Esel mitgehe. War das nicht eine gute Gelegenheit, sich mit Domenico auszusöhnen?

Später kam er selbst und sagte schroff:

»Du gibst mir also den Esel nicht?«

»Nimm ihn«, antwortete sie lächelnd.

Es war das erste Mal, daß sich Chiarabella von ihrem Esel trennte: noch nie hatte sie ihn bis dahin jemandem geliehen, und in der Nacht konnte sie kein Auge zumachen, denn tausend böse Ahnungen quälten sie. Gegen Morgen ließ sie ein langgezogener Eselsschrei aufspringen: Domenico war gegangen, er war schon auf der Landstraße angekommen. Sie lief über die Felder, schlug eine Abkürzung ein und erreichte vor ihm die Straße; sie versteckte sich hinter einer Hecke und wartete, bis er vorbeikam: das war nicht die Straße nach Rosarno. Wohin ging er? Im ungewissen Licht der Dämmerung sah man die Bauern vorüberziehen, die Kälber, Esel und Kleinvieh mit sich führten und alle demselben Ziel zustrebten; sie erinnerte sich, daß an diesem Tag in Radicena der Sant'Orsola-Markt abgehalten wurde, und schöpfte einen furchtbaren Verdacht: Domenico wollte ihren Esel verkaufen. Mitten unter den Bauern konnte sie ihm folgen, ohne von ihm bemerkt zu werden. Und sie täuschte sich nicht. In Radicena herrschte ein solches Gedränge von Menschen und Tieren, daß Chiarabella plötzlich ihren Esel aus den Augen verlor; sie begann zu laufen, bahnte sich mit den Ellbogen den Weg, schlüpfte ohne jede Rücksicht auf Gefahr zwischen den Tieren hindurch.

Endlich gelang es ihr, Domenico zu finden, der in einer Ecke des großen Platzes stand, und sie kam gerade dazu, wie er über den Verkauf des Esels verhandelte.

»Der Esel gehört mir«, sagte sie, drängte sich zwischen die Käufer und nahm das Tier am Halfter.

Domenico ließ sich nicht aus der Fassung bringen; er ging auf sie zu und versetzte ihr einen Stoß, daß sie zu Boden stürzte. Chiarabella stand wieder auf und begann zu schreien:

»Der Esel gehört mir, der Esel gehört mir. Hilfe!«

»Wer ist das?« fragten die Käufer. »Was sagt sie? Was will sie?«

Domenico zuckte die Schultern.

»Ich kenne sie nicht. Sie ist wahnsinnig, glaube ich. Seht ihr nicht, was für Augen sie hat? Sie ist wahnsinnig«, wiederholte er.

Aber Chiarabella versicherte beharrlich, daß der Esel ihr gehöre, und ließ ungeachtet der Stöße und Faustschläge, die sie erhielt, den Halfter nicht los. Ein großer, kräftiger Mann mit einem roten Gesicht, der dem Aussehen nach ein Fleischer zu sein schien, trat hinzu, packte den jungen Mann am Arm und sagte zu der Frau:

»Laß hören, wieso ist das dein Esel? Hat er ihn dir gestohlen?«

Chiarabella erklärte, daß sie ihn Domenico geliehen hatte, und schloß:

»Wollt ihr einen Beweis dafür, daß er mein Esel ist?«

Sie trat einige Schritte zurück und rief ihn mit ihrem gewohnten

Vers; der Esel stellte die Ohren auf, wandte den Kopf und ging auf sie zu.

Domenico wurde blaß und unsicher.

»Sie hat ihn mir gegeben, damit ich ihn verkaufe. Jetzt hat sie sich's anders überlegt«, stotterte er. Und er versuchte, sich aus den Händen des Fleischers zu befreien und davonzulaufen, aber der ließ ihn nicht los, und schon hatten sich auch andere Männer auf ihn gestürzt.

»In die Kaserne«, sagte der Fleischer. »Ruft die Carabinieri.«

»Nein, laßt ihn«, bat ihn Chiarabella. »Ich will keine andere Genugtuung. Mir genügt es, meinen Esel wiederzuhaben. Ich danke euch allen.«

Und sie ging und zog den Esel hinter sich her. Außerhalb des Ortes umarmte sie ihn in einer Aufwallung von Dankbarkeit und Liebe und begann zu weinen.

Libero Bigiaretti

Familiengeheimnis

In den wenigen Augenblicken, die sie mich an der Wohnungstür warten ließen, hatte ich durch den Blick auf den Balkon zum Innenhof, dessen Verkleidung aus rautenförmigen rosa und hellblauen Glasplatten bestand, einen angenehmen Eindruck von dem Haus, in dem ich wohnen sollte. Das Licht, das dort hereinschien, wurde sanft durch die Farben gefiltert und verlieh der ganzen Umgebung, die eigentlich recht schmutzig war, einen Anflug von Heiterkeit. In der Folgezeit ging ich täglich über diesen Balkon, denn mein Zimmer lag separat an dessen äußerstem Ende; und ich beobachtete stets mit dem gleichen Vergnügen, wie die Farben, die von Stunde zu Stunde wechselten, auf der Hauswand, die der Glasverkleidung gegenüberlag, widergespiegelt wurden.

Manchmal blieb ich an einer Stelle stehen, wo die abgestoßene Ecke einer Glasplatte den Blick in einen kleinen, ziemlich sauberen Hof freigab. Von dort stiegen das Plätschern eines Brunnens und ein angenehmer Eindruck der Kühle herauf. Der Boden des Korridors war aus Schiefer, und wenn man darüber ging, beschlich einen ein eigenartiges Gefühl der Brüchigkeit, fast der Gefahr. Auf diesem Balkon begegnete ich jeden Morgen meiner Wirtin. Sie war ungefähr fünfundvierzig Jahre alt, aber ich kann mich auch irren, denn damals verschätzte ich mich leicht, wenn ich das Alter nicht mehr ganz junger Menschen angeben sollte. Sie war jedenfalls noch nicht alt, machte einen ehrbaren, sauberen Eindruck, der mit ihrer flinken, geschäftigen Art in Einklang stand. Sie war emsig, die Signora Angela, irgendwie traurig, aber nicht streng; im Gegenteil, sie lächelte oft, aber gerade dieses Lächeln ließ einen etwas von ihrer Traurigkeit ahnen.

Morgens kam ich gegen acht Uhr aus meinem Zimmer, und bevor ich die Wohnungstür erreichte, blieb ich am anderen Ende des Balkons stehen, wo sich die Küchentür befand. »Guten Tag, Signora!« rief ich vernehmlich; auf meinen Gruß folgte stets die Einladung der Wirtin, in die Küche zu kommen, wo sie auf dem steinernen Tischchen eine Tasse Milchkaffee für mich bereitgestellt hatte. Obgleich wir es so vereinbart hatten, wäre es mir nie in den Sinn gekommen, diesen Milchkaffee ohne ihre Aufforderung zu verlangen. Ich war damals so schüchtern, daß ich keinerlei Vorstellung von dem hatte, was man ein Anrecht nennt. Und sicher wäre ich ohne Frühstück ins Büro gegangen, wenn Signora Angela eines Tages vergessen hätte, mich zu rufen. Zu dieser Stunde begegnete ich sonst niemandem in der Wohnung, denn ich hatte eine andere Dienstzeit als Herr Tamborri, der Hausherr, der sehr früh zur Arbeit ging. Die Tochter Lidia hingegen stand erst später auf, und Nando war immer gerade, bevor ich meine Zimmertür öffnete, zur Schule fortgegangen. Da jeder peinlich genau seinen Zeitplan einhielt, traf ich in der Küche nie jemanden außer Signora Angela an. Nur mit ihr hatte ich näheren Kontakt. Unsere Gespräche dauerten so lange, bis ich das Brot, das ich in den Milchkaffee tunkte, gegessen hatte.

Dabei stand meine Wirtin mir gegenüber, stützte sich auf die Tischkante und redete. Da sie keine neugierige Frau war, stellte sie mir wenig Fragen. Sie sprach lieber über sich, das heißt über ihre Familie. Um unsere Gespräche auszudehnen, füllte sie bisweilen meine Tasse nach und schnitt mir noch eine Scheibe Brot ab. Durch ihre Worte, die immer einen etwas klagenden Unterton hatten, nahmen ihr Mann und die Kinder, die ich bis dahin nur flüchtig gesehen hatte, für mich Gestalt an und erregten meine Neugier. Ich erfuhr, daß Tamborri seit zwanzig Jahren bei einem Spediteur angestellt war und daß Nando wenig Lust zum Lernen hatte. Wenn Signora Angela von Lidia sprach, die meine Neugier schon deshalb am meisten weckte, weil wir ungefähr gleichaltrig waren, entfuhr ihr stets ein tiefer Seufzer. »Dieses verflixte Mädchen«, sagte sie und schüttelte seufzend den Kopf. Ich wagte es nicht, ihr präzise Fragen zu stellen, aber ich half ihrer Redseligkeit in jeder erdenklichen Weise nach. Ich konnte jedoch lediglich in Erfahrung bringen, daß Lidia bei einem Notar arbeitete. »Nicht als Stenotypistin«, erläuterte die Wirtin, »in gehobenerer Stellung, als Sekretärin, gleichsam die rechte Hand des Notars Merloni.« Durch Signora Angelas tragischen Ton angestachelt, begann meine Phantasie fieberhaft und, wie ich mir einbildete, äußerst scharfsinnig um die Figur des Mädchens zu kreisen. Auf Grund der Seufzer und der unvollendeten Sätze gelangte ich recht bald zu der Überzeugung, daß Lidia das Kreuz der Familie sein mußte. »Wer weiß, in was für Abenteuer sie verstrickt ist«, dachte ich bei mir, und selbstverständlich waren es Liebesabenteuer. Damals war ich geneigt, einen leidenschaftlichen und möglicherweise düsteren Liebesroman hinter jeder Existenz zu vermuten, die mir auch nur im mindesten problematisch erschien, und meine Phantastereien gipfelten schließlich in der festen Überzeugung, daß Lidias wahres Gesicht nicht das war, welches sie in der Familie zeigte.

Ich sah das Mädchen bisweilen abends, wenn ich früh nach Hause kam; ich sah sie im Kreis ihrer Familie, zerstreut und hochmütig, fern und äußerst gelangweilt. Von Abend zu Abend ging ich früher nach Hause, und bevor ich mich in mein kleines Zimmer am Ende des Balkons zurückzog, blieb ich einen Augenblick auf der Türschwelle stehen, wenn ich Licht im Eßzimmer sah, und wartete darauf, daß sie mich hereinbaten. Um diese Zeit war die Familie gerade mit dem Abendessen fertig. Die Fäuste gegen die Schläfen gepreßt, saß Nando blaß und finster dreinschauend über ein Buch gebeugt. Signora Angela war beim Aufräumen oder nähte, und ihr Mann, falls er überhaupt da war – er ging nämlich fast immer nach dem Abendessen aus –, rauchte eine Zigarre in der Nähe des Fensters und spielte unablässig an den Gummihaltern, die er über den Ärmeln seiner Hemden trug. Auch Lidia war im Eßzimmer, aber es war so, als sei sie gar nicht da; sie sprach selten, schaute grollend auf den Zigarrenrauch, überhaupt betrachtete sie alle mit Groll, zumindest ohne Sympathie. In gewisser Weise verstand ich, daß das Benehmen der Mutter sie so widerspenstig machte. Signora Angela umgab die Tochter mit übertriebenem Eifer, warf ihr dauernd leidenschaftliche, sorgenvolle Blicke zu. Meist las Lidia; aus Rücksicht auf mich gab sie sich hin und wieder Mühe, sich an der Unterhaltung zu beteiligen, aber sie tat es mit geradezu beleidigender Unlust; ganz unvermittelt fragte die Mutter sie bisweilen, ob es ihr zu kalt oder zu warm sei. Sie beobachtete Lidia ständig, umkreiste sie unablässig, als wolle sie an ihr schnuppern oder als fürchte sie, die Tochter könnte sich von einem Moment zum anderen auflösen. In solchen Augenblicken glaubte ich Lidias Benehmen, ihre Unduldsamkeit zu verstehen. Aber dann wurde ich wieder von meinen Phantasien gepackt, denn ohne Zweifel herrschte in diesem Haus eine sonderbare Atmosphäre: eine außergewöhnliche Stimmung, als handele es sich um einen Abschied, um den letzten gemeinsamen Abend. Aber es gelang mir nicht, das Geheimnis zu lüften; ich wußte nur, daß Lidia das Geheimnis war; sie mußte etwas getan haben oder war dabei, irgend etwas zu tun, das die mütterliche Sorge rechtfertigte.

Manchmal war Lidia schon zu Bett gegangen, wenn ich auf der Schwelle des Eßzimmers guten Abend sagte. »Sie hat Kopfschmerzen«, erklärte Signora Angela und sah mich unterwürfig an, als müsse sie sich rechtfertigen. In diesen Fällen, ich muß es gestehen, empfand ich lebhaften Unwillen. Dabei war ich sicher, daß ich nicht in Lidia verliebt war. Sie gefiel mir nicht; sie hatte zu kleine Augen, die unter dunklen Schatten völlig verschwanden, wulstige Lippen, ihr langes, spitzes Gesicht war fahl, ihr Körper nichtssagend, wenig anmutig. Was mir aber überhaupt nicht gefiel, war ihr stolzes, aufgesetzt nachdenkliches Gehabe. Es war zu offenkundig, daß Lidia ihr Heim nicht liebte, und das machte sie mir unsympathisch. Ganz offensichtlich spielte sich ihr Leben anderswo ab. Und ich malte mir dieses Leben aus. Ich war sicher, daß sie einen Liebhaber hatte, vielleicht ging sie gar nicht zu dem Notar, oder er war ihr Liebhaber. Zu dieser Zeit hatte das Wort Liebhaber für mich einen starken Beigeschmack von Sünde, Schuld; es verwirrte mich, Lidia so zerstreut und hochmütig vor mir zu sehen und sie mir in den Armen eines Liebhabers vorzustellen. Ich dachte oft mit einer sonderbaren Bitterkeit an solche Dinge; auch ich hätte eine Geliebte haben können, und dabei hatte ich nicht einmal ein Mädchen, mit dem ich ging: Aber es war so, als bereitete ich mich darauf vor, jemand kennenzulernen. Nicht Lidia, eine andere. Lidia hingegen nahm in meinen Phantastereien auf häßliche, fast schändliche Art immer mehr Raum ein. Ich weiß nicht genau, warum ich sie nicht ansehen konnte, ohne daß verdächtige Gedanken, Vorstellungen von Wonnen und Laster in mir aufkeimten, Gedanken, die weder durch Lidias Aussehen noch durch ihr Verhalten gerechtfertigt waren und die man auch nicht dadurch erklären konnte, daß ich sie begehrt hätte. Sie zog mich in keiner Weise an; nur dieses vermeintliche Geheimnis ihres Lebens trieb mich zu den kühnsten Vermutungen.

Auf Grund gewisser Worte, die ich bei den Gesprächen der Eheleute aufgeschnappt hatte, hegte ich den Verdacht, daß Tamborri Lidias Geheimnis kannte; er ging nach dem Abendessen vor allem deshalb aus, um nicht mit ihr zusammenzutreffen, dessen war ich sicher. Und seufzte Signora Angela nicht auch, wenn sie von ihrem Mann sprach? Ich kann all die absurden, gräßlichen Verdächtigungen, die mir in den Sinn kamen, nicht wiedergeben. Es ging sogar so weit, daß mir die kräftige, jugendliche Gestalt Tamborris unnatürlich vorkam, wenn ich ihn mit seiner Tochter zusammen sah. Die Beziehungen zwischen den beiden waren nach meinem Empfinden nicht so eindeutig wie die zwischen dem Vater und Nando, wo der Strenge des Mannes die dumpfe Rebellion des Jungen gegenüberstand. Gott möge mir alles verzeihen, was ich mir in meiner ausschweifenden Phantasie damals ausgemalt habe. Dazu hat aber ohne jeden Zweifel auf vielfältige Weise die Wirkung von Lidias Gegenwart beigetragen, die auch die einfachsten Familienbeziehungen geheimnisvoll und kompliziert erscheinen ließ.

Inzwischen versuchte ich bei unseren morgendlichen Gesprächen, immer mehr Signora Angelas Vertrauen zu gewinnen. Dabei war mir jedes Mittel, sogar Heuchelei, recht. Damit will ich sagen, daß ich mich durch mein Verhalten und meine Worte immer stärker bemühte, den Eindruck eines verständigen jungen Mannes zu erwecken; ich täuschte Ernsthaftigkeit vor, eine Lebenserfahrung, die ich nicht besaß, Güte und ein Bedürfnis nach

Familienbanden, das freilich den Tatsachen entsprach. Ich konnte gut zuhören, und allein dadurch gewann ich Signora Angelas Wohlwollen. Und das alles, um hinter Lidias Geheimnis zu kommen.

»Sie hat es gut«, sagte ich einmal zu Signora Angela, auf die Tochter anspielend, »sie braucht nicht so früh ins Büro.« »Zum Glück«, erwiderte sie prompt, »es handelt sich nur pro forma um eine Anstellung. Der Notar behandelt sie wie eine Tochter. Sonst könnte Lidia gar nicht hingehen.«

Ich fühlte, wie Bosheit in mir aufstieg, und mußte an mich halten, um mir die bittere Ironie, die sich in meiner Seele breitgemacht hatte, nicht anmerken zu lassen: »Wie eine Tochter.« Wie naiv war Signora Angela doch! Dann lehnte ich mich auf: »Warum könnte sie das nicht? Ist sie kein Mädchen wie andere auch?«

»Das arme Kind«, sagte sie mit dem üblichen Seufzer. »Sie ist so mager.«

Sie senkte die Stimme und sagte, als ob sie mir ein Geheimnis anvertraute:

»Sie ist fast zwanzig Jahre alt und noch überhaupt nicht entwickelt.«

Ich wurde rot. Signora Angela fuhr fort: »Sie ist regelrecht unterentwickelt« und faßte sich an den Busen und die Hüften, um mir verständlich zu machen, was sie unter Entwicklung verstand. Mit der Verlegenheit, die diese Worte bei mir hervorriefen, fühlte ich eine Welle des Zorns in mir aufsteigen, so daß ich am liebsten geschrien hätte: »Sie ist unterentwickelt, aber voller Laster. Man braucht sich doch nur ihre Augen, ihren Mund anzusehen.«

Ich wohnte inzwischen seit vier Monaten bei den Tamborris, und wegen Lidia führte ich ein Leben, das für mein Alter höchst absurd war: Ich ging abends sehr früh nach Hause, aß rasch in einer Trattoria und verabschiedete mich von meinen Freunden, um mich im Eßzimmer der Tamborris einzufinden. Freilich genügte die geringste Kleinigkeit, um mein Opfer zu belohnen, zum Beispiel, daß Lidia plötzlich auflachte oder den ganzen Abend kein einziges Wort sagte, daß die Schatten um ihre Augen noch dunkler waren, oder sie noch blasser als sonst war. Das alles waren für mich ausreichende Indizien, um ihren Tagesablauf zu rekonstruieren. Meine Neugier wurde wirklich krankhaft. Als ich eines Tages nach Hause kam, stellte ich fest, daß im Kasten der Tamborris ein Brief durch die kleine Glasscheibe schimmerte. Da auch ich Post erwartete, versuchte ich, die Anschrift zu entziffern, und konnte sie dann auch tatsächlich lesen. Der Brief war an Lidia gerichtet. Diese Tatsache versetzte mich in Aufregung, obgleich ich mir sagte, daß es sich um den höchst unverfänglichen Brief einer Verwandten oder einer Freundin handeln konnte. Die Schriftzüge schienen mir aber von einer männlichen Hand zu stammen, was meinen Verdächtigungen neue Nahrung gab. Am nächsten Morgen richtete ich es so ein, daß sich das Gespräch um das Thema Korrespondenz drehte, aber ohne Erfolg. So geschickt meine Fragen auch waren, Signora Angela wich ihnen aus; und da ich wußte, daß Lidia den Brief nicht ohne Wissen der Ihren genommen haben konnte, da einzig und allein Herr Tamborri einen Briefkastenschlüssel besaß, gelangte ich immer mehr zu der Überzeugung, daß man in scheinheiliger Weise bemüht war, Lidias Existenz zu verschleiern. Weitere derartige Vorkommnisse genügten, um mich regelrecht in Aufregung und Beklemmung zu versetzen.

So vergingen die Wochen, und Lidia nahm in meinem Leben einen größeren Raum ein, als wäre ich in sie verliebt. Aber obgleich meine Vertrautheit mit der Familie auch wegen der lateinischen Nachhilfestunden, die ich Nando erteilte, wuchs, kam ich Lidia nicht näher. Wir sprachen fast nie miteinander: ich aus Schüchternheit, Lidia aus Hochmut oder Gleichgültigkeit. »Ich bin ihr zu jung«, dachte ich wütend. »Sie ist an alte Notare, an reife, vermögende Männer gewöhnt.« Wenn ich manchmal eine Illustrierte mitbrachte, nahm Lidia sie jedoch gern an. Wir blätterten sie meist zusammen durch, dicht nebeneinander, und unwillig fühlte ich Signora Angelas Blick auf uns ruhen, der gleichzeitig wohlgefällig und traurig war. Eine Welle der Bosheit stieg in mir auf, störte meinen Frieden in diesen Augenblicken.

Bilden Sie sich nur nicht ein, dachte ich dann bei mir, daß ich so blöd bin und Ihre Tochter heirate.

Einmal nahm Lidia auch eine Zigarette an, aber die Mutter machte sofort eine ablehnende Geste und hielt dann auf halbem Weg inne, als bereute sie sie. Sie warf Lidia den üblichen flehentlichen Blick zu, wagte aber nicht zu sagen:

»Nein, Lidia, rauche nicht.«

Arme Närrin, ging es mir durch den Kopf, sie denkt, daß sie noch nie geraucht hat, und tatsächlich merkte man, daß Lidia nicht zum erstenmal rauchte.

Ich erinnere mich jetzt nicht mehr genau, warum ich eines Abends schon vor dem Essen in die Wohnung hinaufstieg, obgleich draußen noch heller Tag war. Ich besaß einen Schlüssel für die Wohnungstür, trat ein, ohne ein Geräusch zu machen, und bevor ich durch die Balkontür ging, zeigte ich mich instinktiv an der Eßzimmertür. Ohne daß sie mich bemerkten, erblickte ich Signora Angela und Lidia eng umschlungen auf dem Sofa. Lidia, den Kopf an der Brust der Mutter, schluchzte; in ihrer Hand, die am Körper herunterhing, hielt sie ein zusammengeknäultes Taschentuch. Die Mutter streichelte ihr mit einer gleichförmigen, mechanischen, mutlosen Geste über das Haar und sagte mit ihrer klagenden Stimme, die keinen Trost verhieß, leise:

»Du wirst sehen, du wirst es sehen, es wird alles gut werden.«

Ich entfernte mich, lief die Treppen wieder hinunter, als hätte ich eine unwirkliche Szene gesehen. An diesem Abend irrte ich lange durch die Straßen, ohne Ruhe zu finden, denn meine Gedanken, so unnatürlich sie auch waren, lieferten mir eine Erklärung für das, was ich gesehen hatte. Für mich war alles klar; Lidia hatte die Mutter in ihr Geheimnis eingeweiht. Plötzlich kam ich darauf, daß die Worte der Mutter auch einen anderen Sinn haben konnten. Beispielsweise konnte Lidia ihr gebeichtet haben, sie sei schwanger. Einige Tage kreisten meine Gedanken um diese Annahme, und die Worte, die ich jeden Morgen mit Signora Angela wechselte, halfen nichts. Sie lief jetzt immer mit verweinten Augen herum und hatte die Lust verloren, mir ihr Herz auszuschütten. Ich hielt dieses Schweigen, das auch abends andauerte, nicht aus; Lidia war meist nicht zugegen, hatte sich in ihr Zimmer zurückgezogen, die Mutter ging von Zeit zu Zeit bis zur Türschwelle, um zu horchen, Herr Tamborri zog, die Stirn an die Fensterscheibe gepreßt, an den Gummibändern an seinen Unterarmen. Schließlich sagte ich eines Morgens:

»Mir können Sie vertrauen, Signora Angela. Was ist denn mit Lidia? Kann ich vielleicht etwas für sie tun?«

Meine Wirtin wurde sofort von der Aufrichtigkeit meiner Worte überwältigt:

»Ach Lidia, das arme Kind. Es geht ihr nicht gut. Das ist es. Es geht ihr wirklich schlecht. Sie ist schon immer schmal gewesen, aber ich hätte nicht gedacht, daß ...«

Sie wiederholte: »Ich hätte wirklich nicht gedacht, daß ...«

Wie ein Tor fragte ich:

»Ist sie krank?«

»Ja, sehr krank sogar.«

Wahrscheinlich sagte ich daraufhin, das täte mir leid, sehr leid; also ich sagte etwas Derartiges, aber genau in diesem Augenblick schoß neues Gift in meine Phantasie. Ich glaubte zu wissen, um welche Krankheit es sich handelte. Boshaft fragte ich:

»Ist eine Operation nötig?«

»Nein, mein Sohn«, antwortete sie, »sie muß nicht operiert werden. Es ist schlimmer. Sie muß in ein Sanatorium.«

Signora Angela sank auf einen Stuhl und weinte; ich stand da und legte ihr unbeholfen die Hand auf die Schulter; ich war voller Reue. Ich spürte, wie die ganze Bosheit, die sich in mir aufgestaut hatte, wie ein Panzer von mir abfiel, und grenzenloses Mitleid und damit verbunden ein undeutliches, stechendes Gefühl traten an ihre Stelle.

Später gab ich dieses Zimmer auf, denn ich hielt den Gedanken an Lidia, die ihr Dasein im Sanatorium zubrachte, nicht aus. Außerdem begann jenes Gefühl immer deutlicher zu werden. Ich gab mich ihm hin, je mehr es sich herausbildete; ja, ich nährte es noch in mir, obgleich es mir einen Schmerz bereitete, der mein damaliges Leben lange belastete.

Dino Buzzati

Der Überfall auf den Großen Konvoi

Auf der Dorfstraße festgenommen und, weil man ihn nicht erkannt hatte, nur wegen Schmuggels verurteilt, blieb Gaspare Planetta, der Bandenchef, drei Jahre im Gefängnis.

Als er herauskam, war er verändert. Die Krankheit hatte an ihm gezehrt, außerdem war ihm ein langer Bart gewachsen, und so machte er jetzt eher den Eindruck eines hinfälligen Alten, als daß er noch an den berühmten Räuberhauptmann erinnerte, den besten Schützen weit und breit, der noch nie sein Ziel verfehlt hatte.

Mit seinen Habseligkeiten in einem Sack machte er sich nun auf den Weg nach Monte Fumo, wo er einst wie ein König geherrscht und wo er seine Kameraden zurückgelassen hatte.

An einem Junisonntag kam er in das Tal zurück, an dessen Ende das Haus der Bande stand. Die durch das Gehölz führenden Wege waren dieselben geblieben. Hier trat eine Wurzel ans Tageslicht, dort ein charakteristischer Stein, an den er sich erinnerte: alles war wie damals. Da es ein Feiertag war, befanden sich die Räuber alle im Hause. Beim Näherkommen hörte Planetta Stimmen und Gelächter. Aber anders als zu seiner Zeit war die Tür geschlossen.

Er klopfte zweimal, dreimal. Drinnen wurde es ganz still. Dann fragte jemand: »Wer ist da?«

»Ich komme aus der Stadt«, antwortete er. »Planetta schickt mich.«

Er wollte sie überraschen. Aber als sie die Tür öffneten und ihm gegenüberstanden, sah Gaspare Planetta sogleich, daß sie ihn nicht erkannten. Nur der alte Hund der Bande, der klapperdürre Tromba, sprang mit Freudengebell an ihm hoch.

Zuerst drängten sich seine alten Kameraden, Cosimo, Marco und Felpa, aber auch drei oder vier neue Gesichter, um ihn und fragten ihn nach Planetta. Er erzählte ihnen, daß er den Bandenchef im Gefängnis kennengelernt habe. In einem Monat würde er frei sein. Mittlerweile aber habe er ihn geschickt, um zu erfahren, wie die Dinge standen.

Aber bald verloren die Briganten das Interesse an dem Neuankömmling und suchten nach Vorwänden, um sich nicht mehr um ihn kümmern zu müssen. Nur Cosimo blieb und setzte das Gespräch mit ihm fort, obwohl auch er ihn nicht erkannte.

»Und was plant er nach seiner Rückkehr zu tun?« fragte er und meinte den Alten im Gefängnis.

»Was er plant?« fragte Planetta. »Kann er vielleicht nicht hierher zurückkommen?«

»Aber ja doch, ich habe nichts gesagt. Ich denke dabei nur an ihn. Die Lage hier hat sich verändert. Und er wird natürlich immer noch kommandieren wollen, aber ich weiß nicht ...«

»Was weißt du nicht?«

»Ich weiß nicht, ob Andrea bereit sein wird ... er wird bestimmt Streit suchen ... meinetwegen kann er ruhig kommen, im Gegenteil, wir beide haben uns immer gut verstanden ...«

So erfuhr Gaspare Planetta, daß der neue Anführer Andrea war, einer seiner ehemaligen Kameraden, und zwar der, den er damals für den größten Esel gehalten hatte.

In diesem Augenblick ging die Tür auf. Andrea trat ein und blieb mitten im Zimmer stehen. Planetta hatte noch die Erinnerung an einen langen Laban, einen temperamentlosen jungen Menschen. Jetzt stand ein Mordskerl von Bandit vor ihm, mit harten Zügen und einem prachtvollen Schnurrbart.

Als er von dem Fremden erfuhr, wandte er sich ihm zu, auch er, ohne ihn zu erkennen. »Ach so?« fragte er, als er von Planetta gehört hatte. »Aber wieso ist es ihm nicht gelungen zu fliehen? Das kann doch nicht so schwer sein. Marco war auch eingesperrt, und er ist nur sechs Tage dringeblieben. Und auch Stella hat nicht lange gebraucht, um herauszukommen. Ausgerechnet er, der der Anführer war, hat versagt.«

»Es ist nicht mehr so wie früher, sozusagen«, erwiderte Planetta mit schlauem Lächeln. »Die Wachen sind verstärkt, man hat neue Gitter angebracht, und ständig wurden wir beobachtet. Außerdem ist er krank geworden.«

So sprach er; aber er begriff bereits, daß er nunmehr ausgestoßen war, daß ein Bandenchef sich nicht ins Gefängnis sperren läßt und schon gar nicht drei Jahre drinnen bleibt, wie irgendein armer Teufel und Pechvogel. Er begriff, daß er alt geworden war, daß für ihn kein Platz mehr war, daß seine Zeit vorbei war.

»Er hat mir gesagt«, fuhr er mit müder Stimme fort, er, der gewöhnlich so heiter und gelassen sprach, »Planetta hat mir gesagt, daß er hier sein Pferd zurückgelassen hat, einen Schimmel, hat er gesagt. Polak heißt er und hat, glaube ich, eine Geschwulst unter dem Knie.«

»Er hatte, willst du wohl sagen, er hatte«, antwortete Andrea hochfahrend, dem nun der Verdacht kam, daß er es hier mit Planetta zu tun hatte. »Wenn das Pferd gestorben ist, dann ist das nicht unsere Schuld.«

»Er hat mir auch gesagt«, fuhr Planetta ruhig fort, »daß er hier Kleidung zurückgelassen hat, auch eine Laterne und eine Uhr.« Dabei lächelte er fein und stellte sich ans Fenster, damit ihn alle genau sehen konnten.

Und tatsächlich sahen ihn jetzt alle gut und erkannten in dem dürren alten Männchen, was von ihrem Chef noch übrig war, von dem berühmten Gaspare Planetta, dem besten Schützen weit und breit, der noch nie sein Ziel verfehlt hatte.

Und doch sagte niemand ein Wörtchen. Auch Cosimo wagte nicht, etwas zu bemerken. Alle taten so, als ob sie ihn nicht erkannt hätten, weil Andrea, der neue Chef, vor dem sie Angst hatten, anwesend war. Und Andrea stellte sich, als ob er nichts bemerkt hätte.

»Seine Sachen hat niemand angerührt«, sagte Andrea. »Sie müssen da in einer Truhe liegen. Von Kleidern weiß ich allerdings nichts. Wahrscheinlich hat sie ein anderer getragen.«

»Er hat mir gesagt«, fuhr Planetta unbeirrt fort, diesmal ohne zu lächeln, »er hat mir gesagt, daß er sein Gewehr hier gelassen hat, sein Präzisionsgewehr.«

»Sein Gewehr ist noch immer hier«, sagte Andrea. »Er kann kommen und es sich holen.«

»Er sagte immer«, fuhr Planetta fort, »er sagte immer: Wer weiß, wie sie mit meinem Gewehr umgehen, wer weiß, was für ein Stück Alteisen ich bei meiner Rückkehr vorfinde. Ihm lag so viel an seinem Gewehr.«

»Ich habe es ein paarmal gebraucht«, gestand Andrea mit einer leisen Herausforderung im Ton, »aber ich glaube nicht, daß ich es deshalb verdorben habe.«

Gaspare Planetta setzte sich auf eine Bank. Er spürte wieder das Fieber, nichts Besonderes, aber genug, ihm einen schweren Kopf zu machen.

»Sag mal«, wandte er sich an Andrea, »könntest du es mir zeigen?«

»Los!« Andrea winkte einem der neuen Bandenmitglieder, die Planetta noch nicht kannte, »geh rüber und hole es.«

Man brachte Planetta sein Gewehr. Mit besorgter Miene musterte er es genau, doch schien er sich allmählich zu beruhigen. Zärtlich strich er mit den Händen über den Lauf.

»Schön«, sagte er nach langer Pause. »Er hat mir auch gesagt, daß er hier Munition zurückgelassen hat. Ich erinnere mich sogar genau: Pulver, sechs Maß, und fünfundachtzig Kugeln.«

»Los, geht und holt es ihm«, sagte Andrea gereizt. »Außerdem noch etwas?«

»Das noch«, sagte Planetta mit der größten Ruhe, indem er aufstand und auf Andrea zutrat, um ihm einen langen, in einer Scheide steckenden Dolch aus dem Gürtel zu nehmen. »Das noch«, bekräftigte er, »sein Jagdmesser.« Und damit setzte er sich wieder.

Es folgte ein bedrückend langes Schweigen. Endlich brach es Andrea.

»Also dann guten Abend«, sagte er, um Planetta zu bedeuten, er könne jetzt gehen.

Gaspare Planetta hob den Blick zu ihm auf und maß den kräftigen Körperbau Andreas. Hätte er ihm denn Trotz bieten können, mitgenommen von der Krankheit und müde, wie er war?

Deshalb stand er langsam auf und wartete, bis man ihm auch seine anderen Sachen gab. Er steckte alles in seinen Sack und warf sich das Gewehr über die Schulter.

»Alsdann guten Abend, meine Herren«, sagte er, während er zur Tür ging. Die Briganten verharrten stumm und ohne Bewegung, so verwundert waren sie, weil sie nie geglaubt hätten, daß Gaspare Planetta, der berühmte Räuberhauptmann, einmal so fortgehen könnte, nach einer solchen Demütigung. Nur Cosimo fand seine Stimme wieder, die freilich merkwürdig heiser klang.

»Leb wohl, Planetta!« rief er ihm nach, nun alle Verstellung aufgebend. »Leb wohl und viel Glück!«

Planetta schlug den Weg durchs Gehölz ein, das nun in abendlicher Dunkelheit lag, und pfiff ein fröhliches Lied vor sich hin.

So wurde aus Planetta, dem einstigen Bandenchef, einfach nur noch Gaspare Planetta, Sohn des verstorbenen Severino, 48 Jahre alt, ohne festen Wohnsitz. Aber einen Wohnsitz hatte er doch, seine kleine Hütte auf dem Monte Fumo, mitten im Waldesdickicht, halb aus Holz, halb aus Stein gebaut. Hierhin hatte er sich früher geflüchtet, wenn zuviel Polizei unterwegs war.

Planetta hatte seine Hütte erreicht, machte Feuer, zählte sein Geld (es konnte ihm für einige Monate genügen) und begann damit, allein zu leben.

Aber eines Abends, als er am Feuer saß, ging plötzlich die Tür auf, und ein junger Mann, ein Gewehr über der Schulter, erschien. Er mochte siebzehn Jahre alt sein.

»Was ist los?« fragte Planetta, ohne auch nur aufzustehen. Der junge Mann hatte ein kühnes Gesicht und ähnelte ihm, Planetta, wie er vor rund dreißig Jahren gewesen war.

»Bin ich hier bei denen vom Monte Fumo? Die suche ich seit drei Tagen.«

Der Junge hieß Pietro. Er berichtete ohne Scheu, daß er sich den Briganten anschließen wollte. Er habe von jeher als Vagabund gelebt und seit Jahren vom Brigantentum geträumt, aber um ein Brigant zu werden, müsse man wenigstens ein Gewehr haben – und darauf habe er lange warten müssen. Jetzt jedoch habe er ein Gewehr gestohlen, und es sei ein ganz ordentliches.

»Du hast es gut getroffen«, erklärte Planetta fröhlich, »ich bin Planetta.«

»Planetta, der Chef, meinst du?«

»Ja, natürlich, eben der.«

»Aber warst du nicht im Gefängnis?«

»Doch, sozusagen«, erklärte Planetta verschmitzt. »Drei Tage war ich drin. Länger haben die mich nicht halten können.«

Begeistert sah ihn der Junge an.

»Und du willst mich also bei dir aufnehmen?«

»Bei mir aufnehmen?« fragte Planetta. »Also heute nacht schläfst du hier, und morgen sehen wir dann weiter.«

Die beiden lebten zusammen. Planetta nahm dem Jungen die Illusion nicht. Er ließ ihn in dem Glauben, daß er, Planetta, noch immer der Chef sei, und erklärte ihm, daß er lieber allein wohne und mit den Kameraden nur, wenn es nötig war, zusammenkomme. Der Junge glaubte an seine Macht und erwartete große Dinge von ihm.

Aber die Tage gingen dahin, und Planetta rührte sich nicht. Allenfalls ging er ein bißchen auf die Jagd. Im übrigen hielt er sich immer in der Nähe des Ofens.

»Chef«, fragte Pietro, »wann nimmst du mich einmal mit und läßt mich etwas tun?«

»In den nächsten Tagen machen wir einen richtigen Plan«, erwiderte Planetta. »Ich rufe dann alle Kameraden zusammen, und du wirst zufrieden sein.«

Aber die Tage gingen dahin.

»Chef«, sagte der Junge, »ich habe gehört, daß morgen auf der Talstraße ein Kaufmann in der Kutsche vorbeikommt, ein gewisser Signor Francesco. Er muß die Taschen voller Geld haben.«

»Ein gewisser Francesco?« wiederholte Planetta, ohne besonderes Interesse zu bekunden. »Schade! Den kenne ich gut und nicht erst seit gestern. Ein schlauer Fuchs, das kann ich dir sagen. Wenn der auf Reisen geht, steckt er keinen Taler ein. Es ist schon viel, wenn er überhaupt angezogen ist, so groß ist seine Angst vor Räubern.«

»Chef«, sagte der Junge, »ich habe erfahren, daß morgen zwei Planwagen mit guter Ware vorbeikommen. Lauter Sachen zu essen. Was sagst du dazu, Chef?«

»Wirklich?« fragte Planetta. »Etwas zu essen?« Und dabei ließ er es bewenden, als sei dieser Vorschlag seiner nicht ganz würdig.

»Chef«, sagte der Junge, »morgen ist unten im Dorf ein Festtag. Da sind eine Menge Leute unterwegs, viele kommen in Kutschen, und manche werden erst nachts heimfahren. Sollte da nichts zu machen sein?«

»Wo viele Leute zusammenkommen, da hält man sich besser zurück«, antwortete Planetta. »Wo ein Fest gefeiert wird, ist auch die Polizei auf dem Posten. Das Risiko ist zu groß. Gerade an einem solchen Tag bin ich geschnappt worden.«

»Chef«, sagte der Junge ein paar Tage darauf, »sag die Wahrheit. Irgend etwas ist mir dir. Du hast keine Lust mehr, dich von der Stelle zu rühren. Nicht einmal auf die Jagd willst du gehen. Die Kameraden willst du nicht sehen. Du mußt krank sein, auch gestern mußt du Fieber gehabt haben, du hast immer nur am Ofen gesessen. Warum bist du nicht offen mit mir?«

»Kann sein, daß es mir nicht ganz gut geht«, sagte Planetta lächelnd, »aber es ist nicht das, was du denkst. Wenn ich es dir also wirklich sagen soll, dann laß mich wenigstens danach in Ruhe. Es ist doch blöd, sich wegen ein paar Taler abzurackern. Wenn ich etwas unternehme, dann muß es die Mühe lohnen. Also, ich habe mich entschlossen, sozusagen, auf den Großen Konvoi zu warten.«

Er meinte den Großen Konvoi, der einmal im Jahr, und zwar am 12. September, eine Ladung Gold in die Hauptstadt brachte. Es waren die Steuern aus den südlichen Provinzen. Unter Hörnerklang und vom Getrappel berittener Polizei begleitet, kam er die Landstraße herauf, der kaiserliche Große Konvoi mit dem großen eisernen Wagen, in dem die Münzen, in eine Unzahl von Säckchen verpackt, lagen. Davon träumten in ruhigen Nächten die Räuber, aber seit hundert Jahren war es noch niemandem gelungen, straflos den Konvoi zu überfallen. Dreizehn Räuber hatten es mit dem Tode gebüßt, und zwanzig waren ins Gefängnis gewandert. Niemand wagte mehr daran zu denken; zumal die bewaffnete Eskorte, entsprechend den wachsenden Steuereinnahmen, jedes Jahr verstärkt wurde. Leichte Kavallerie vorn und hinten, berittene Wachen links und rechts, bewaffnet die Kutscher, Begleiter und Knechte.

Voran kam ein Vorreiter mit Fahne und Trompete. In einem gewissen Abstand folgten vierundzwanzig leichte Reiter mit Flinten, Pistolen und großen Kavalleriesäbeln. Dann, von sechzehn Pferden gezogen, der eiserne Wagen mit dem kaiserlichen Wappen im Relief. Vierundzwanzig Reiter als Nachhut und je zwölf zu beiden Seiten des Wagens. Hunderttausend Golddukaten und tausend Unzen Silber für die kaiserliche Kasse.

Durch die Täler, hinein und hinaus, zog der Konvoi im gestreckten Galopp. Luca Toro hatte es vor hundert Jahren gewagt, ihn zu überfallen, und es war ihm wie durch ein Wunder geglückt. Es war das erste Mal gewesen, und die Eskorte hatte Angst bekommen. Luca Toro war danach in den Orient geflüchtet und hatte dort wie ein großer Herr gelebt.

Nach einigen Jahren hatten es dann auch andere Räuber versucht: Giovanni Borso, um nur ein paar zu nennen, dann der Tedesco, der Mäuse-Sergio, der Graf und der Hauptmann der Achtunddreißig. Sie alle fand man am Morgen darauf am Straßenrand, mit gespaltenem Schädel.

»Der Große Konvoi? Das willst du im Ernst wagen?« fragte der Junge verwundert.

»Natürlich, das will ich wagen. Wenn ich Glück habe, dann habe ich ausgesorgt.«

So sprach Gaspare Planetta, doch in Wirklichkeit dachte er nicht im Traum daran. Es wäre absoluter Wahnsinn, selbst zu zwanzigst den Großen Konvoi zu überfallen. Und nun gar allein – man stelle sich das vor!

Er hatte einen Scherz machen wollen, aber der Junge nahm es für bare Münze und blickte voller Bewunderung zu Planetta auf.

»Sag mal, wieviel seid ihr?«

»Mindestens fünfzehn.«

»Und wann?«

»Das hat Zeit«, antwortete Planetta. »Ich muß mit den Kameraden sprechen. Es ist schließlich kein Kinderspiel.«

Aber, wie es so geht, die Tage verstrichen, und die Wälder begannen sich zu verfärben. Voller Ungeduld wartete der Junge. Planetta ließ ihn bei seinem Glauben, und an den langen, am Ofen verbrachten Abenden erörterte er mit ihm das große Projekt und fand schließlich selbst daran Vergnügen. Manchmal dachte er sogar, daß das Ganze auch wahr sein könnte.

Am 11. September, also am Vorabend des bewußten Tages, blieb der Junge bis zur Nacht aus. Als er heimkam, machte er ein finsteres Gesicht.

»Was hast du?« fragte Planetta, der wie gewöhnlich am Ofen saß.

»Ich habe endlich deine Freunde getroffen.«

Es folgte ein langes Schweigen, und man konnte das Prasseln des Feuers hören. Man hörte auch den Wind, der draußen die Bäume zauste.

»Ja, dann haben sie dir also alles gesagt, sozusagen?« fragte schließlich Planetta in einem Ton, der scherzhaft klingen sollte.

»Natürlich«, antwortete der Junge. »Sie haben mir wirklich alles gesagt.«

»Gut«, sagte Planetta, und es wurde wieder still in dem von Rauch erfüllten Raum, der nur vom Schein des Feuers erhellt war.

»Sie sagen, ich soll zu ihnen kommen«, wagte der Junge endlich zu gestehen. »Sie sagen, daß es viel zu tun gibt.«

»Selbstverständlich«, stimmte Planetta zu. »Du wärest dumm, wenn du nicht zu ihnen gehen wolltest.«

»Chef«, fragte da Pietro, mit einer Stimme, die dem Weinen nahe war, »warum hast du mir nicht die Wahrheit gesagt, warum nur all diese Märchen?«

»Was für Märchen?« fragte Planetta, und er gab sich alle Mühe, seinen gewöhnlichen fröhlichen Ton beizubehalten. »Was für Märchen habe ich dir denn erzählt? Ich habe dich bei deinem Glauben gelassen, das ist alles. Ich wollte dir nicht deine Illusion nehmen. Das ist, sozusagen, alles.«

»Das ist nicht wahr«, sagte der Junge. »Du hast mich hier mit Versprechungen zurückgehalten und hast es nur getan, um dich über mich lustig zu machen. Morgen, und das weißt du genau ...«

»Was ist morgen?« fragte Planetta, der wieder seine Gelassenheit gefunden hatte. »Meinst du den Großen Konvoi?«

»Ja, und ich Idiot habe dir geglaubt«, sagte zornig der Junge. »Ich konnte es übrigens gut verstehen, krank, wie du bist, weiß ich nicht, was du hättest tun sollen ...« Er schwieg einen Augenblick, um dann mit leiser Stimme zu schließen: »Also morgen gehe ich fort.«

Aber am nächsten Morgen stand als erster Planetta auf. Er erhob sich, ohne den Jungen zu wecken, kleidete sich in Eile an und nahm das Gewehr. Erst, als er schon auf der Schwelle war, erwachte Pietro.

»Chef«, fragte er, aus Gewohnheit die alte Anrede gebrauchend, »kann man erfahren, wohin du um diese Stunde gehst?«

»Jawohl, mein Herr, das kann man erfahren«, antwortete Planetta mit einem Lächeln. »Ich gehe jetzt und warte auf den Großen Konvoi.«

Darauf drehte sich der Junge, ohne zu antworten, auf die andere Seite, als wollte er damit ausdrücken, daß er von den Flausen nun mehr als genug habe.

Aber es waren keine Flausen. Planetta, der sein Versprechen, auch wenn er es im Scherz gemacht hatte, halten wollte, ging jetzt, allein wie er war, fort, um den Großen Konvoi zu überfallen.

Die Kameraden hatten ihn zum besten gehabt, da sollte denn wenigstens der Junge wissen, wer Gaspare Planetta war. Aber nein, auch auf den Jungen kam es ihm nicht an. Eigentlich tat er es nur für sich selbst, um sich wieder als der zu fühlen, der er einmal gewesen war, und wenn es zum letztenmal sein sollte. Niemand würde dabei sein, der ihn sehen konnte, vielleicht würde es überhaupt niemand erfahren, aber darauf kam es nicht an. Dies war eine persönliche Angelegenheit zwischen ihm und dem einstigen Planetta in seiner Kraft und Stärke. Etwas wie eine verzweifelte Wette.

Pietro ließ Planetta gehen. Aber später kamen ihm Bedenken: Ob Planetta nicht doch den Überfall machen wollte? Es war ein schwacher und absurder Zweifel, und doch stand Pietro nun auf und machte sich auf die Suche. Ein paarmal hatte Planetta ihm den Platz gezeigt, an dem er den Konvoi erwarten wollte. Dort wollte er ihn jetzt suchen.

Der Tag war bereits angebrochen, aber lange Gewitterwolken zogen sich über den Himmel hin. Es war ein helles, graues Licht. Ab und zu sang ein Vogel. In den Pausen dazwischen hörte man die Stille.

Pietro lief durch den Wald bis zum Ende des Tals, wo die Landstraße vorbeiführte. Er arbeitete sich vorsichtig durchs Gebüsch auf eine Gruppe Kastanien hin, wo er Planetta vermutete.

Planetta war wirklich da. Er hatte sich hinter einem Baumstamm versteckt und sich eine Brustwehr aus Zweigen und Gras gebaut, um sicher zu sein, daß man ihn nicht sehen konnte. Der Platz befand sich auf einem Vorsprung, der eine jähe Biegung der Straße überragte; es war eine Strecke mit starker Steigung, auf der die Pferde nur langsam vorwärts kamen. Daher bot dieser Punkt ein gutes Schußfeld.

Der Junge blickte hinunter. Die weite Ebene des Südens, nur durch die Straße geteilt, verlor sich ins Unendliche. In der Ferne erkannte er eine Staubwolke, die sich bewegte.

Die Staubwolke, die sich längs der Straße näherte, war der Staub des Großen Konvois.

Planetta legte gerade mit aller Gelassenheit sein Gewehr nieder, als er ein Geräusch in der Nähe vernahm. Er drehte sich um und erkannte den Jungen, der sich mit seinem Gewehr hinter dem nächsten Baum versteckte.

»Chef«, sagte der Junge keuchend, »Planetta, komm weg! Bist du verrückt geworden?«

»Sei ruhig«, antwortete Planetta mit einem Lächeln, »bis jetzt bin ich noch nicht verrückt. Kehr sofort um.«

»Ich sage dir, du bist verrückt, Planetta. Du wartest hier auf deine Leute, aber sie kommen nicht, sie haben es mir gesagt, sie denken nicht im Traum daran.«

»Sie werden kommen, bei Gott, sie werden kommen. Sie lassen nur ein bißchen auf sich warten. Es ist ihre Manie, immer zu spät zu kommen.«

»Planetta«, flehte der Junge, »tu mir den Gefallen, komm weg von hier. Ich habe gestern abend nur Spaß gemacht, ich verlasse dich nicht.«

»Ich weiß, ich hatte es gleich begriffen«, sagte Planetta mit gutmütigem Lachen. »Aber jetzt ist es genug. Geh weg, sage ich dir, mach rasch. Das ist kein Platz für dich.«

»Planetta«, sagte der Junge beharrlich. »Siehst du denn nicht, daß es ein Wahnsinn ist? Siehst du nicht, wie viele es sind? Was kannst du allein gegen sie ausrichten?«

»Zum Teufel, geh jetzt«, rief Planetta mit verhaltener Stimme. Nun war er doch noch wütend geworden. »Merkst du nicht, daß du mich so nur gefährdest?«

Jetzt konnte man allmählich auf der Landstraße die Reiter des Großen Konvois, den Wagen und die Fahne erkennen.

»Zum letzten Mal, geh!« wiederholte wütend Planetta. Und endlich rührte sich der Junge von der Stelle. Er kroch durch das Gesträuch und war schließlich verschwunden.

Jetzt hörte Planetta das Trampeln der Pferdehufe. Er warf einen Blick auf die großen, bleifarbenen Wolken, die gleich aufbrechen mußten, und er sah drei oder vier Raben am Himmel. Der Große Konvoi kam wegen der Steigung langsamer voran.

Planetta hatte den Finger am Abzug, als er bemerkte, daß der Junge heimlich zurückgekommen war und wieder hinter dem Baum Stellung bezog.

»Siehst du«, flüsterte Pietro, »siehst du es jetzt, daß sie nicht gekommen sind?«

»Spitzbube«, brummte Planetta mit unterdrücktem Lächeln und ohne den Kopf zu bewegen. »Spitzbube, bleib jetzt an deinem Platz, es ist zu spät, um wegzugehen, paß auf, gleich kommt das Schönste.«

Dreihundert, zweihundert Meter. Der Große Konvoi näherte sich. Schon war das große Wappen als Relief an den Seiten des kostbaren Fuhrwerks zu erkennen, und schon konnte man die Stimmen der Reiter vernehmen, wenn sie miteinander sprachen.

Aber jetzt endlich bekam der Junge Angst. Er begriff, daß dies ein wahnwitziges Unternehmen war, aus dem es keinen Ausweg gab.

»Siehst du nun, daß sie nicht kommen!« flüsterte er verzweifelt. »Um Himmels willen, schieß nicht!«

Aber Planetta nahm keine Notiz von ihm.

»Paß auf!« flüsterte er vergnügt, als ob er nicht gehört habe. »Herrschaften, jetzt geht's los.«

Planetta visierte, er, der berühmte Scharfschütze, der kein Ziel verfehlte. Aber da ertönte plötzlich ein Gewehrschuß von der gegenüberliegenden Seite des Tals her.

»Jäger!« erklärte Planetta scherzend, während das Echo gewaltig anschwoll. »Das sind nur Jäger! Keine Angst! Im Gegenteil, besser so, weil es sie verwirrt.«

Aber es waren keine Jäger. Gaspare Planetta hörte neben sich ein Stöhnen. Er wandte den Kopf und sah, daß dem Jungen das Gewehr entglitten war und er rücklings am Boden lag.

»Sie haben mich erwischt!« jammerte er. »Oh, Mamma!«

Nicht Jäger hatten geschossen, sondern die Reiter der Eskorte, die den Auftrag hatten, dem Transport voranzureiten, und die an den Seiten des Tals ausgeschwärmt waren, um einem Angriff aus dem Hinterhalt zuvorzukommen. Es waren sämtlich ausgesuchte, aus Wettkämpfen hervorgegangene Scharfschützen, und sie verfügten über Präzisionsgewehre.

Bei der Durchsuchung des Gehölzes hatte nun einer der Reiter den Jungen bemerkt, als der durch das Gebüsch kroch. Er hatte beobachtet, wie er sich auf den Boden legte, und schließlich hatte er auch den alten Briganten entdeckt.

Planetta stieß einen Fluch aus. Vorsichtig richtete er sich auf den Knien auf, um dem Gefährten beizustehen. Da krachte ein zweiter Schuß.

Die Kugel begann ihre Bahn gradaus, unter den Gewitterwolken, durch das kleine Tal; dann begann sich, den Gesetzen der Ballistik gehorchend, die Kurve zu senken. Das Geschoß war auf den Kopf gezielt; aber es drang, nahe am Herzen vorbei, in die Brust ein.

Planetta sank zu Boden. Eine große Stille, wie er sie noch nie vernommen hatte, brach herein. Der Große Konvoi hielt. Das Gewitter verharrte noch immer, wie unentschlossen. Die Raben standen hoch am Himmel. Alles war voller Erwartung.

Der Junge wandte den Kopf und lächelte. »Du hast recht gehabt«, stammelte er. »Sie sind gekommen, deine Freunde. Hast du sie gesehen, Chef?«

Planetta vermochte nicht zu antworten, aber mit einer äußersten Anstrengung blickte er in die angegebene Richtung.

Hinter ihnen, in einer Lichtung des Waldes, waren jetzt etwa dreißig Reiter, mit umgehängtem Gewehr, erschienen. Sie machten den Eindruck, lichtdurchlässig wie eine Wolke zu sein, und doch hoben sie sich klar von dem dunklen Hintergrund des Waldes ab. Man konnte sie für Räuber halten, wenn man nach ihrem lächerlichen Aufzug und ihren dreisten Mienen urteilen durfte.

Und in der Tat erkannte sie Planetta. Es waren wirklich die alten Gefährten, es waren die toten Briganten, gekommen, um ihn zu holen. Von der Sonne gegerbte Gesichter mit langen Narben quer über die Wange und gräßlichen Generalsschnurrbärten, mit Bärten, vom Wind zerzaust, mit hellen Augen und entschlossenem Blick, die Hände in die Hüften gestemmt, mit gewaltigen Sporen und großen vergoldeten Knöpfen, ehrliche und sympathische Gesichter, vom Staub der Schlachten bedeckt.

Da war der gute Paolo, von etwas langsamer Auffassungsgabe, der beim Überfall auf die Mühle umgekommen war. Und da Pietro del Ferro, der nie richtig reiten gelernt hatte, da Giorgio

Pertica, da Frediano, der erfroren war, alle guten alten Freunde, die er nacheinander hatte sterben sehen. Und der ungetüme Kerl mit dem Riesenschnurrbart und einem Gewehr, das so lang war wie er selbst, dort auf dem dürren Schimmel – war das nicht der Graf, der berüchtigte Räuberhauptmann, auch er bei einem Überfall auf den Großen Konvoi gefallen? Ja, er war es. Der Graf, mit einem Gesicht, das vor Herzlichkeit und Freude nur so strahlte. Und irrte sich Planetta, oder war der letzte links, der so gerade und stolz dastand, wirklich Marco Grande persönlich, der berühmteste der einstigen Chefs? Marco Grande, gehenkt in der Hauptstadt in Anwesenheit des Kaisers und von vier Regimentern unter Waffen? Marco Grande, dessen Namen man noch fünfzig Jahre später nur mit leiser Stimme nannte? Ja, er war es, auch er war gekommen, um Planetta zu ehren, den letzten, so glücklosen wie tapferen Chef.

Die toten Briganten standen schweigend da, sichtlich bewegt, aber auch von einer gemeinsamen Freude erfüllt. Sie warteten darauf, daß sich Planetta bewegte.

Tatsächlich erhob sich jetzt Planetta, genauso wie der Junge, vom Boden, nicht mehr aus Fleisch und Blut wie vorher, vielmehr durchscheinend wie die andern, aber doch identisch mit sich selbst.

Nach einem Blick auf seinen armen Körper, der zusammengekrümmt am Boden lag und für den er nur ein Achselzucken hatte, wie um sich selbst zu sagen, daß er sich nicht den Teufel um diesen Körper scherte, schritt Gaspare Planetta auf die Lichtung zu, gleichgültig jetzt gegen eventuelle Flintenschüsse. So trat er auf die alten Gefährten zu und fühlte, wie sich freudige Genugtuung seiner bemächtigte.

Gerade wollte er jeden einzelnen begrüßen, als er in der ersten Reihe ein Pferd bemerkte, gesattelt und gezäumt, doch ohne Reiter. Lächelnd und wie unwillkürlich trat er heran. »Sollte das nicht«, begann er, verwundert über den seltsamen Klang seiner neuen Stimme, »sollte das nicht, sozusagen, mein Polak sein, und zwar besser in Form denn je?«

Ja, es war Polak, sein geliebtes Pferd, das, als es seinen Herrn erkannte, eine Art von Wiehern hören ließ, wenn man es so nennen wollte, denn das Wiehern der toten Pferde ist ein weit zarterer Laut als der des uns sonst bekannten Wieherns.

Planetta tätschelte liebevoll sein Pferd und freute sich schon auf den Ritt zusammen mit den getreuen Freunden ins Reich der toten Briganten, das er zwar nicht kannte, doch von dem er sich, wie nur recht und billig, eine bestimmte Vorstellung machte. Voller Sonne dachte er es sich, von einem Frühlingshauch durchweht und mit langen weißen, staublosen Straßen, die zu wunderbaren Abenteuern führten. Die Linke auf den Sattelknopf gestützt, als sei er schon im Begriff aufzusitzen, wandte sich Gaspare Planetta an die Anwesenden.

»Danke, meine Freunde«, sagte er – und mußte gegen die Rührung ankämpfen – »ich schwöre euch ...«

Da unterbrach er sich, weil er sich plötzlich an den Jungen erinnerte, der, obwohl ebenfalls in Schattengestalt, ein wenig abseits stand, in abwartender Haltung und mit der Verlegenheit, die man in Gesellschaft von Menschen empfindet, die man gerade erst kennengelernt hat.

»Ich bitte um Vergebung«, sagte Planetta. »Hier steht ein braver Kamerad«, fuhr er, an die toten Briganten gewandt, fort. »Er war kaum siebzehn Jahre alt; er wäre ein tüchtiger Kerl geworden.«

Die einen mehr, die anderen weniger lächelnd, neigten die Briganten leicht den Kopf, wie um den Jungen willkommen zu heißen.

Planetta schwieg. Unschlüssig blickte er um sich. Was sollte er tun? Mit den Gefährten zusammen wegreiten und den Jungen im Stich lassen? Planetta tätschelte wieder sein Pferd, dann hüstelte er verlegen und wandte sich an den Jungen.

»Na los, spring rauf! Es ist nur gerecht, daß du das Vergnügen hast. Los, los, fackele nicht lange«, fuhr er mit gespielter Strenge fort, als er sah, daß der Junge nicht wagte, sein Anerbieten anzunehmen.

»Wenn du es wirklich willst ...« sagte schließlich, offensichtlich geschmeichelt, der Junge. Und mit einer Gewandtheit, die er sich selbst, da in der Reitkunst kaum geübt, nicht zugetraut hätte, saß er auf einmal im Sattel.

Die Briganten schwenkten die Hüte zum Abschied von Gaspare Planetta; ein paar zwinkerten ihm freundlich zu, wie um auf Wiedersehen zu sagen. Dann gaben alle den Pferden die Sporen und ritten im Galopp davon.

Es klang wie prasselndes Gewehrfeuer, als sie sich zwischen den Bäumen entfernten, und es glich einem Wunder, wie sie sich ins Labyrinth des Waldes stürzten und es, ohne im Tempo nachzulassen, durchquerten. Die Pferde liefen weiter in einem lockeren, dem Auge angenehmen Galopp. Noch von weitem winkten der Junge und einer der Briganten zurück, indem sie ihre Hüte schwenkten.

Allein geblieben, ließ Planetta den Blick über das Tal schweifen. Verstohlen und nur ganz flüchtig nahm er den nutzlos gewordenen Körper Planettas wahr, der unter dem Baum lag. Dann sah er zur Straße hinüber.

Der Konvoi hielt noch immer, aber er stand hinter der Kurve und war deshalb für Planetta unsichtbar. Auf der Straße befanden sich nur sechs oder sieben Reiter der Eskorte; sie standen still und sahen zu Planetta hinüber. So unwahrscheinlich es sein mochte, hatten sie die Szene beobachten können: die Schatten der toten Briganten, die Grüße, die Kavalkade. An manchen Septembertagen, wenn am Himmel die Gewitterwolken hingen, war es nicht gesagt, daß gewisse Dinge nicht passieren könnten. Als Planetta sich nach dem Aufbruch der andern umblickte, bemerkte der Anführer des Trupps, daß er beobachtet wurde. Er richtete sich auf und grüßte militärisch, so wie man sich unter Kameraden grüßt.

Planetta griff sich, mit einer gutmütigen, sehr vertraulich anmutenden Geste, an die Hutkrempe, die Lippen zu einem Lächeln verziehend.

Dann zuckte er wieder die Achseln, das zweite Mal an diesem Tage. Er verlagerte das Gewicht auf das linke Bein, wandte den Reitern den Rücken, steckte die Hände in die Taschen und ging pfeifend fort, jawohl, meine Herren, einen Militärmarsch pfeifend. Er ging in derselben Richtung fort wie zuvor die Kameraden, der Welt der toten Briganten entgegen, die er nicht kannte, aber von der er durchaus glauben durfte, sie sei besser als diese.

Die Reiter sahen, wie er immer kleiner und durchscheinender wurde; sein Schritt war unbeschwert und geschwind, im merkwürdigen Gegensatz zu seiner Gestalt, der Gestalt eines kleinen alten Mannes; es war ein freudiger Gang, wie ihn nur Männer um die Zwanzig herum haben, wenn sie glücklich sind.

Mario Soldati

Die Frau meines Lebens

Ich glaube, jedem Mann ist es wenigstens einmal in seinem Leben geschehen, daß er plötzlich vor dem Bild einer ihm unbekannten Frau von einer außerordentlichen Bewegung ergriffen wurde und wenigstens für ein paar Augenblicke das Bild mit dem absurden und bangen Gefühl betrachtete, diese und keine andere sei die Frau seines Lebens.

Ich schäme mich also nicht, wenn ich jetzt eine Torheit gestehe.

Einmal wollte ich der Sache auf den Grund gehen, wollte dahinterkommen, wer die Unbekannte war, sie kennenlernen und das Schicksal unmittelbar befragen.

Es war das Titelbild einer belgischen Illustrierten, ein Farbphoto, das ich nicht weiter beschreiben will. Das Wichtige war die Wirkung, die das Bild auf mich ausübte. Wie durch ein Wunder fand ich hier, auf einem Rechteck aus Glanzpapier, alle Eigenschaften, die ich bei einer Frau am meisten liebe; sie alle wären hier wiedergegeben und vereint. So zeigt in den alten Märchen der Zauberer dem Helden in einem Spiegel die Züge der göttlichen Frau; so zeigten Kaufleute, die von weither kamen, dem jungen Prinzen die Miniatur seiner zukünftigen Gattin.

Vor allem ein Detail hatte es mir so angetan, daß es mich völlig aufwühlte. Ich meine ihre Hände. Sie hatten die Form, die Farbe und die Proportionen, die ich, ohne zu wissen warum, über die Maßen liebe.

Es war nicht die Photographie einer Schauspielerin oder einer berühmten oder auch nur bekannten Frau. Weder ein Name noch sonst eine Angabe stand darunter.

Ich legte die Illustrierte in ein Regal, zwischen alte Zeitungen und Papiere. Vielleicht wollte ich unbewußt die Probe machen, das Bild eine Zeitlang nicht mehr vor Augen zu haben, es zu vergessen und dann auszuprobieren, ob es mich noch immer so beeindruckte.

So geschah es. Ich vergaß die schöne Unbekannte, ein paar Monate vergingen. Aber als ich eines Tages zufällig in meinen Papieren krame, kommt das Bild wieder zum Vorschein. Und die Überraschung wiederholt sich, der berühmte *coup de foudre*, ein *coup de photofoudre*. Wie widersteht man dem Anblick solcher Hände?

Ich schrieb also an die Redaktion der Zeitschrift. Ich fragte nach dem Namen und der Adresse der Unbekannten, die mich, wie ich erklärte, als eventuelle Darstellerin einer Nebenrolle in einem kommenden Film interessierte.

Die Redaktion sandte meinen Brief an die junge Dame weiter; sie antwortete, und damit begann eine lange Korrespondenz zwischen uns.

Sie wohnte in Antwerpen und übte den Beruf eines Mannequins aus, wünschte sich aber sehnlichst, Schauspielerin zu werden. Ich wollte ihr keine Illusionen machen, andrerseits aber auch nicht auf die Hoffnung einer Begegnung mit ihr verzichten, und so schrieb ich ihr weiter von »kleinen Rollen« , und da ich sie selbstverständlich wegen einer kleinen Rolle nicht nach Italien kommen lassen konnte, fragte ich sie, ob sie vielleicht bald eine Urlaubsreise vorhabe.

Die Unbekannte übertraf mich noch an Aufrichtigkeit, indem sie mir nicht verhehlte, daß jenes Photo vor ein paar Jahren aufgenommen worden war. Ihre Briefe bereiteten mir übrigens eine kleine Enttäuschung. Ich hatte mir eine ihrer Hände würdige Handschrift vorgestellt, die ihren Händen in gewisser Weise ähnelte, eine schlanke, elegante, großzügige und eigenwillige Schrift. Aber ihre Schriftzüge waren klein und hatten etwas Unsicheres.

Wieder vergingen ein paar Monate, und ich hatte die Sache vergessen, bis ich im Winter in Paris, wo ich mich meiner Arbeit wegen aufhielt, eines einsamen Sonntags plötzlich wieder an die schöne Unbekannte dachte und mir der Einfall kam, sie in Antwerpen anzurufen.

Da hörte ich also ihre Stimme am Telefon, eine warme, ein wenig rauhe Stimme, mit jenem gutturalen Klang und der musikalischen Kadenz, die den Zauber des Französischen ausmachen, wenn es von Flamen gesprochen wird. Aber sie konnte nicht nach Paris kommen und beschwor mich, sie in Brüssel zu treffen. Wir verabredeten uns für den nächsten Sonntag. Sie wollte mich mit dem Auto an der Gare du Midi in Brüssel abholen, *à midi et dix minutes*; dies war die Ankunftszeit des D-Zugs aus Paris. Ich würde sie leicht erkennen, weil sie ... Es folgte ein französischer Satz, der mit dem Wort *blanche* endete.

»*Une fourrure blanche?*« fragte ich zurück, »ein weißer Pelz?«

Nein, antwortete sie, nein, kein Pelz. Wieder sagte ihre Stimme etwas, was ich nicht verstand, einen Satz, der mit *blanche* endete. Nun, dachte ich, ich würde sie ja nach der Photographie erkennen.

Und ich, erklärte ich ihr nun, ich trug eine Brille, einen Schnurrbart, eine Baskenmütze und einen dunkelblauen Mantel.

Der Sonntag kam heran. Das Wetter war umgeschlagen, es war kalt geworden. Ich mußte auf den blauen Mantel verzichten und statt dessen einen wärmeren, haselnußbraunen anziehen.

Der Zug verließ Paris, und endlich war das offene Land zu sehen. Es war ein eisiger, klarer Tag. Über uns war der Himmel graublau, aber weiter zum Horizont hin ging er gleichmäßig und allmählich in ein Rosagrau über. Die in perfekter Geometrie geteilten und gepflügten Felder glitten vorbei. Am Horizont zeichneten sich kompakte Wälder ab, durchquerten zuweilen, mit scharfer Abgrenzung, die Felder und drangen bis zum Schienenweg vor, um ihn ein paar Kilometer weit zu begleiten und sich dann wieder wie ein Vorhang zu teilen.

In meinem Abteil war ich allein mit einem Jäger zusammen, einem Herrn in mittleren Jahren, mit Bürstenschnitt und amerikanischem Schnurrbart, robust, vierschrötig und seriös – die wahre Verkörperung Frankreichs, wie es ist und wie alle Ausländer, Romanen oder Angelsachsen, hartnäckig leugnen, daß es sei. Sicher hatte er gut gefrühstückt, *café au lait* und *croissants*. Jetzt wühlte er in einem mit Patronen gefüllten Sack aus Leinen und Leder. Mit einem Taschenmesser öffnete er einige Patronen, schüttete die Schrotkugeln auf die Handfläche und betrachtete sie. Schließlich zog er große Blätter, mit Ziffern und Projekten bedeckt, aus der Tasche, wahrscheinlich Berichte eines Verwaltungsrats, in die er sich sogleich vertiefte. Ab und zu zog er beim Lesen einen Augenblick lang die Oberlippe hoch und sog die Luft zwischen den Zähnen mit einem seltsamen, auf die Nerven gehenden Pfeifgeräusch ein.

Ich aber dachte an die junge Belgierin, von der ich seit mehr als einem Jahr träumte und die ich nun endlich kennenlernen sollte. Ob sie wirklich der Photographie glich? Und wenn ja, was würde ich ihr sagen? Ob ich den Mut aufbrachte, ihr mein mehr menschliches als professionelles Interesse zu gestehen? Oder sie es wenigstens vermuten zu lassen? Und wie mochte sie sich in diesem Fall verhalten?

Der Jäger pfiff unerbittlich in regelmäßigen Zeitabständen. Merkwürdig, daß mir bei aller Bewunderung seines gediegenen, bürgerlich-provinziellen Wesens dieses Pfeifen so unerträglich war. Einmal – nach einem noch lauteren und energischeren Pfiff – mußte ich an mich halten, um nicht aufzuspringen und ihm ins Gesicht zu brüllen, endlich damit aufzuhören! Ich trat auf den Gang hinaus. Der Zug fuhr jetzt langsamer, wir waren in Compiègne. Zu meiner Überraschung raffte der Jäger plötzlich alles zusammen, Patronentasche, Sack, Hut und Gewehr, und stieg aus.

Alleingeblieben im Abteil, gab ich einer unwiderstehlichen Versuchung nach. Ich zog die Illustrierte mit dem Titelbild aus meinem kleinen Koffer und versenkte mich zum letztenmal in diese unsinnige Betrachtung einer Photographie.

Wenn sie diesen Blick nun hatte, sagte ich mir, dieses Lächeln, diesen Körper, aber vor allem diese Hände, dann würde ich mich sofort in sie verlieben. Und wenn ich mich in sie verliebte, dann würde ich auch jeden Widerstand besiegen. Ich war kein kleiner

Junge mehr. Ich würde mich sogar nicht scheuen, ihr auch eine Hauptrolle zu versprechen. Worauf es ankam, war, daß sie wirklich so war wie die Photographie.

Bruxelles-Midi. Ich sah erst von der Photographie auf, als mir bewußt wurde, daß der Zug langsam in den Bahnhof einfuhr. Die Augen schmerzten mir von der Anstrengung, so lange ein Bild aus zwanzig oder dreißig Zentimeter Entfernung anzustarren und es dabei in der Phantasie zu vergrößern und lebendig werden zu lassen.

Ich stand auf und bereitete mich vor auszusteigen. Auf der Bank gegenüber war das Taschenmesser des Jägers liegengeblieben, ein sehr hübsches Taschenmesser. Nach kurzem Zögern (niemand beobachtete mich) nahm ich es an mich und steckte es in die Tasche.

Bruxelles-Midi.

Noch bevor der Zug richtig hielt, war ich schon ausgestiegen. Ich eilte an den Fahrgästen vorbei, die aus dem vorangehenden Wagen ausgestiegen waren. Ich wollte französische in belgische Franken umtauschen und am Ausgang der Bahnhofshalle sein, bevor alle Reisenden aus meinem Zug die Sperre passiert hatten. Ich fürchtete, daß sonst die junge Frau, wenn sie niemanden mehr kommen sah, enttäuscht wieder fortgehen könnte.

Als ich auf der Suche nach der Wechselstube die große Bahnhofshalle eiligst durchquerte, sah ich links den Schwarm der Reisenden, die sehr viel schneller, als mir lieb war, dem Ausgang zustrebten. Draußen, hinter dem niedrigen Gitter und den Sperren, stand die Menge der Wartenden, dunkel vor dem Hintergrund der von der Sonne beschienenen hohen Mietshäuser auf der gegenüberliegenden Straßenseite. Gewiß stand auch sie in dieser Menge und wartete auf mich. Ich glaubte, in der ersten Reihe etwas Weißes zu sehen, eine weiße Jacke oder so einen kurzen weißen Mantel, einen Dufflecoat. Ich sagte mir gleich, das könnte nur sie sein. Deshalb hob ich die Hand, bevor ich in die Wechselstube trat, und winkte in Richtung des weißen Dufflecoats – eine Geste, halb Gruß, halb Ausdruck des Entzükkens. Freilich auch albern und, vor allem, zwecklos, außer in dem unwahrscheinlichen Fall, daß sie mich, auf diese Entfernung und obendrein in einem Mantel, der nicht blau war, auf diesem weiten Bahnhof erkannt hätte.

Als ich die Wechselstube wieder verließ, blickte ich suchend hinüber, aber die weiße Jacke war verschwunden.

Ich kam zusammen mit den letzten Fahrgästen aus dem Pariser Zug an die Sperre, und während ich dem Kontrolleur meine Fahrkarte zeigte, die auch für meine Rückfahrt noch am selben Abend galt, stellte ich mich auf die Zehenspitzen und umfaßte mit einem Blick alle, die noch draußen, hinter dem Gitter, warteten. Es waren nur noch wenige, ein Dutzend im ganzen, und sie – sinnlos, sich noch Illusionen zu machen – sie war, ob weiß oder nicht weiß, nicht dabei.

Ich trat auf die Straße hinaus. Es war eine lange, gerade, von Trambahngleisen durchlaufene Straße. Links führte die Zeile der grauen Mietskasernen zur Peripherie, während sie rechts den Platz vor dem Bahnhof begrenzte. Die letzten Passagiere, die mit meinem Zug gekommen waren, entfernten sich zu Fuß oder mit dem Auto, wenn sie nicht zur Haltestelle der Straßenbahn gingen, deren Wagen auf dem Platz zwischen den Marktständen hielten. Aber auch der Markt war bereits geschlossen. Ein paar Leute montierten die Stände und Zelte ab und luden ihre Waren auf die Lieferwagen.

Im übrigen lag die Straße in sonntäglicher Verlassenheit vor mir. Fünf oder sechs Autos standen am Bürgersteig gegenüber. Ich dachte, daß mich das junge Mädchen in einem dieser Wagen erwarten könnte. Ich überlegte sogar, daß das *blanche* die Autofarbe meinen könnte. Aber es war kein weißes Auto da. Nur ein gelbes, so entschieden gelb, daß von Weiß nicht die Rede sein konnte. Immerhin ging ich über den Fahrdamm und inspizierte nacheinander jedes Auto. Sie waren alle leer und abgeschlossen.

Ich kehrte zum Bahnhof zurück, übrigens nicht ohne auf Schwierigkeiten bei den Bahnbeamten zu stoßen. Ich erklärte dann einem alten Kontrolleur – bartloses, bebrilltes Gesicht, schmächtig, offenbar gutmütig –, daß ich eine junge Dame erwartete, die aus Antwerpen kam und die mir noch unbekannt war. Mit einem Lächeln ließ mich der Alte wieder durch.

Kaum wieder auf dem Bahnhof, bemerkte ich, daß es am anderen Ende noch einen Ausgang gab, den ich vorher in der Eile übersehen hatte. Dorthin stürzte ich nun. Vielleicht handelte es sich um Sekunden. Mein Schicksal (die Frau meines Lebens zu treffen) konnte von einem Augenblick abhängen. Vielleicht hatte das junge Mädchen dort auf mich gewartet und ging, da sie die Hoffnung, mich zu treffen, aufgegeben hatte, jetzt fort; und ich wäre vielleicht um den Bruchteil einer Sekunde zu spät gekommen, genug für sie, um hinter der nächsten Ecke zu verschwinden oder ins Auto zu steigen und abzufahren.

Aber es war nur ein Nebenausgang, für Güter und Gepäck bestimmt. Spiralförmige Betonrampen für Autos und Lastwagen führten zu den oberen Stockwerken. Aber das alles lag verlassen, ohne Bewegung und Leben. Hier kann niemand vorbei, auch nicht draußen, auf der Straße.

Ich kehrte um und ging durch die Bahnhofshalle zur Fernsprechvermittlung. Die Verbindung mit Antwerpen kam sofort. Ich sprach mit einer Hausangestellten. Ja, die junge Dame sei abgefahren, um mich zu treffen. Es sei unmöglich, daß ich sie nicht gesehen hätte. Nur eine Panne könnte schuld sein an ihrer Verspätung. Ja, ihr Auto war ein weißer Cadillac, *une Cadillac blanche*. Endlich! Und während ich den Hörer aufhängte, sah ich durch die Scheibe der Kabine eine Gestalt rasch auf mich zukommen, schlank und absolut allein auf diesem großen, jetzt menschenleeren Bahnhof: eine Frau in einem Leopardenpelz.

Es war sie.

Der Alte mit der Brille, der von weitem jeden meiner Schritte beobachtete, hatte ihr gesagt, daß ich in die Fernsprechvermittlung gegangen war.

Sie streifte den Handschuh ab, um mir die Hand zu geben: eine Hand, behangen mit klimpernden Armbändern und vergoldeten Anhängern, die Hand, von der ich so lange geträumt hatte und die ich nun, während ich sie drückte, in ihrer Wirklichkeit beurteilen konnte, wozu bereits der flüchtigste Blick genügte. Es war nicht die Hand, die ich von der Photographie kannte. Vielleicht war eine optische Verzerrung, eine besondere Justierung der Linse, der Einstellung, mit der die Aufnahme gemacht worden war, an meinem Irrtum schuld gewesen. Es war nicht dieselbe Hand. Und es war nicht die Frau, konnte nicht die Frau sein, nach der ich mich gesehnt hatte.

Wie gesagt, das alles begriff ich in dem Augenblick, in dem ich ihre Hand mit einem verstohlenen Blick betrachtete, bevor ich sie drückte und in der meinen fühlte. Ich hatte mich wieder einmal geirrt. Der Zauberer (der belgische Verleger, der mir die Illustrierte mit dem Umschlagbild meiner Idealfrau geschickt hatte) hatte mich betrogen. Da war nichts zu machen.

Als wir, dem Ausgang zustrebend, die ersten konventionellen Redensarten wechselten, blickte ich der jungen Frau einen Augenblick ins Gesicht um einer letzten Probe willen oder auch mit einer letzten Hoffnung. Sympathisch, reizend, schöne braune Augen, ein gewinnendes Lächeln … gewiß, es war die Frau auf dem Photo, ich erkannte sie wieder; aber es war nicht sie, nicht die Frau, von der mich die Photographie träumen ließ.

»Haben Sie abgenommen?« fragte ich unvermittelt.

»Ja«, antwortete sie stolz, als ob ich ihr ein Kompliment gemacht hätte.

»Auf dieser berühmten Photographie waren Sie viel dicker«, fuhr ich fort.

»Habe ich es Ihnen nicht geschrieben? Die Aufnahme ist vor zwei Jahren gemacht worden.«

»Mir haben Sie damals besser gefallen«, erklärte ich. Aber es ging gar nicht um die Frage, ob dicker oder dünner. Sie war in jedem Fall eine Frau, die ich nicht lieben konnte. Diese Unmöglichkeit fühlte ich mit absoluter Sicherheit. Mein Problem war nur, mit dieser Frau einen ganzen, unendlich langen Sonntag zu verbringen, Stunden um Stunden mit ihr zu sprechen und das auch, selbstverständlich, über ihre Rolle in einem meiner nächsten Filme.

Da stand nun der weiße Cadillac, gegenüber dem Bahnhof am Marktplatz, dort bei den Ständen, mit deren Abbau die Händler inzwischen so gut wie fertig waren.

Die junge Frau sitzt am Steuer, ich neben ihr. Sie schaltet den Gang ein. Ungeachtet meines geringen Sachverstandes auf diesem Gebiet merke ich sofort, daß sie nichts vom Autofahren versteht. Oder liegt es nur an ihrer Nervosität, weil sie mit dem Regisseur zusammen ist, der aus ihren Träumen Wirklichkeit machen kann?

»Ich bin Miss Belgien gewesen«, erklärt sie mir. »Und auch Miss Ostende. Ja, vor sieben Jahren.« Sie lächelt und legt einen anderen Gang ein; so kommt sie bis an die Marktstände heran, wo ein durch den Abbau verursachtes Durcheinander von auf dem Boden liegenden Waren und Planen herrscht. Sie müßte jetzt den Cadillac vorbeisteuern, an Manövrierraum fehlt es nicht: der Platz der Haltestelle, von den Trambahngleisen markiert, ist frei. Aber meine junge Dame wagt es nicht. Sie möchte lieber, wie sie mir erklärt, umkehren und um den Platz herumfahren.

Nervös stützt sie die mit goldenem Schmuck beladene Hand auf den Schalthebel. Sie versucht es mit dem Rückwärtsgang, aber der Hebel kreischt und knirscht nur. Er klemmt.

Am Ende fahren wir im Rückwärtsgang. Doch nur wenige Meter. Es folgt ein plötzliches Bremsen, gerade noch rechtzeitig, um nicht auf einen Lastwagen aufzufahren. Sie startet von neuem, diesmal vorwärts, und versucht, um eine Straßenbahn herumzufahren, die dort an ihrer Endstation hält. Es ist ein ganz einfaches Manöver, würde ich meinen. Aber der Cadillac schnellt plötzlich vor und fährt mit dem Bug in die Tür der Straßenbahn. Ein kurzer Knall und das Aufblitzen von einem leuchtenden Ding vorn an der Motorhaube; schließlich ein metallischer Klang auf dem Asphalt.

»*Ce n'est rien*«, beruhigt sie mich, rot vor Verlegenheit, und versucht ein Lächeln. »*Excusez-moi!*«

Aber ich steige aus, um den Schaden zu besehen. Und während ich mich vor die Motorhaube stelle, wo, von ein paar elektrischen Drähten gehalten, einer der beiden Scheinwerfer heraushängt, hat sich von allen Seiten eine Menge angesammelt, die ruhig und friedlich jetzt den weißen Cadillac, *la Cadillac blanche*, umringt. Wo hatte sich nur bis noch vor einem Augenblick diese Menge verborgengehalten? Kein Ruf, keine Bemerkung, keine Geste. Sie waren alle ruhig, lächelten, blond, mit rosigen Wangen und himmelblauen Augen. Ohne ein Wort zu sagen, betrachteten sie aufmerksam und amüsiert den Cadillac, den herabbaumelnden Scheinwerfer, das Mädchen am Steuer und mich, der ich mich am Scheinwerfer zu schaffen machte. Ich versuchte, ihn wieder in seine ursprüngliche Position zu versetzen, wenn ich so sagen darf, ihn wieder in seine Augenhöhle zu drükken, wenn auch nur provisorisch, damit er nicht am Boden schleifte und wir bis zur nächsten Reparaturwerkstatt kamen.

Indessen waren zwei Polizisten, ruhig und höflich, an die Fahrerin herangetreten und hatten sie nach den Papieren gefragt. Mit einem verstohlenen Blick auf die Zulassung erkannte ich, daß der Cadillac nicht ihr gehörte, sondern einem gewissen Williams, einem Amerikaner.

Die Ärmste gab sich Mühe, Erklärungen abzugeben, die die Polizisten nicht von ihr gefordert hatten. Von Zeit zu Zeit lächelte sie mir zu – ein Lächeln, das immer verlegener wurde. Schließlich unterzeichnete sie einige nicht ohne Komplikationen zustande gekommene Protokolle.

Ich dagegen kämpfte, immer verlegener angesichts der schweigenden Zuschauermenge, die sich in lächelnder Untätigkeit um uns versammelt hatte, mit dem Scheinwerfer, versuchte – völlig erfolglos – ihn wieder zu befestigen. Wenn ich den Blick hob, sah ich in diese rosigen Gesichter mit den himmelblauen Augen und den lächelnd entblößten Zahnreihen – alles Gesichter von Mechanikern und Technikern oder doch die meisten, wie ich überzeugt war. Sie alle hätten in einer Sekunde das gekonnt, worum ich mich seit mehr als zehn Minuten in meiner Ungeschicklichkeit vergebens bemühte.

Ich wandte mich an die junge Frau. Wo das Werkzeug wäre? Sie wußte es nicht.

Da fiel mir das Taschenmesser ein, das Taschenmesser des Jägers. Triumphierend zog ich es aus der Tasche. Es war ein prächtiges und kompliziertes Taschenmesser, zu dem auch ein Schraubenzieher gehörte. Unter den Blicken von einem halben Hundert amüsierter Mechaniker schraubte ich, mit großer Mühe und so gut es eben gehen wollte, den Scheinwerfer fest. Während dieser Tätigkeit warf ich ab und zu einen Blick auf die junge Frau, die, im Leopardenfell, die schönen – für mich allerdings nicht mehr schönen – Hände träge auf dem Lenkrad ruhen ließ und darauf wartete, daß ich fertig wurde. Ich aber dachte schon voller Sehnsucht an den Augenblick, da ich, nach einem irgendwie herumgebrachten Nachmittag, wieder auf den Bahnhof gehen würde. Dann würde ich endlich wieder allein sein und in meinen Zug steigen. Um Mitternacht Ankunft auf der Gare du Nord! Es war eine Fata Morgana, ein Traumziel. Ich hätte ihm noch ganz andere Herzensdamen geopfert als dieses immerhin doch sehr reizende Wesen, das nun den ganzen Tag an meiner Seite bleiben sollte. Jetzt hatte ich also die große Probe gemacht und wußte Bescheid. Für wie lange würde ich wohl immun bleiben?

Vitaliano Brancati

Die Geschichte der Mila

Das Unglück begann damit, daß Giovanni Gorgone im Mai 1895, als er noch sehr jung war, die Europa-Tour machte. Es war seine erste Auslandsreise, und für einen Sizilianer mit so geringer Erfahrung ist es ein gefahrvolles Unternehmen, den hohen Norden zu entdecken. Giovanni kehrte als bereits verheirateter Mann nach Messina zurück. Und wen hatte er geheiratet? Eine Norwegerin. Alle sagten: »Da hat er sich was Schönes eingebrockt!«, und sie legten die Hände an die Ohren, streckten Zeigefinger und kleinen Finger aus und schlossen die übrigen. Jedoch bekamen viele dieser Bürger, die die Hände an die Ohren gelegt hatten, im Lauf der Zeit richtige Hörner aufgesetzt, während Giovanni Gorgone ein geachteter Ehemann wurde, dem nur ein böswilliger Verrückter irgend etwas hätte nachsagen können.

Die junge Norwegerin nahm innerhalb kürzester Zeit die ältesten und kompliziertesten sizilianischen Gebräuche an, sie wurde allmählich immer farbloser und unterschied sich bald nicht mehr von den schwächlichsten Geschöpfen meiner Heimat; ihr blasses Gesicht schwand hinter den trüben Scheiben der Veranda, auf der sie jeden Nachmittag saß, langsam dahin wie ein Blatt, das zwanzig Jahre braucht, bis es im Wasser einer Zisterne versinkt.

Dieses Paar, das ein so zurückgezogenes Leben führte, hatte eine Tochter: Mila. Wenn das Mädchen, im Alter von etwa fünfzehn Jahren, an den Strand ging, tauchten die Badegäste aus dem Sand auf, in dem sie sich vergraben hatten und dösten, um dieses »Wunderwesen von einer Frau« zu sehen. Der Sand, in dem sie dann wieder versanken, um ihrem Herzen Luft zu machen, schluckte viele zärtlich-bewundernde Kraftausdrücke.

Vom fünfzehnten bis zum zwanzigsten Lebensjahr wurde Mila immer schöner und größer: Nun schimmerte ihr Kopf mit dem üppigen Haar über dem trägen Strom von Schlapphüten und Schildmützen, der sich jeden Abend den Corso hinauf- und hinunterbewegte. Blaßwerden, zitternde Lippen, Augen, die fast aus den Höhlen traten, alle äußeren Zeichen der Verliebtheit eines Mannes beim Anblick der geliebten Frau – all das verbarg und verlor sich unter diesen Filzhüten mit schwarzem Band, während der Blick des Mädchens rasch die Menge überflog und nur selten das Gesicht eines Mannes, noch seltener das einer Frau traf, das in derselben Höhe über den anderen Köpfen schwebte. Mila war alles andere als eine Bohnenstange: Im Gegenteil, sie war die ebenmäßigste Frau weit und breit, und ihre Größe wäre auf den Straßen einer Stadt im Norden völlig normal gewesen. Hier war das jedoch anders, und auf öffentlichen Bällen wagten es Scharen von Verehrern, die der Wunsch, mit ihr zu tanzen, verzehrte, oft nicht, sie aufzufordern, und sie machten langsam einen weiten, kummervollen Bogen um sie, wie Raben um etwas, das sie magisch anzieht, auf dem aber schon ein toter Rabe liegt. Sie fanden sie hochmütig. Um ihre eigene unglückselige Schüchternheit zu entschuldigen, behaupteten sie, Mila sei hart, kalt, ein Eisberg. Das arme Mädchen war aber in Wirklichkeit herzensgut und umgänglich; sie wäre gerne in Kontakt gekommen mit diesen dunklen, lebhaften Männern, die sie im übrigen außerordentlich reizvoll fand, besonders ihrer tiefliegenden Augen wegen; und wenn sie sich nicht verliebte, so war es nur, weil sie sich für zu reizlos hielt, um in das Spiel erwiderter Zuneigung einbezogen werden zu können.

Diese vollendet schöne Frau, die Hunderte von Männern tief im Herzen trugen, um deretwillen so viele meiner Freunde ihr Elternhaus verließen und sich unter die blasse Sonne des Nordens begaben, bei deren spärlichem Licht sie nie mehr glücklich wurden, oder sich in lebensgefährliche Unternehmungen stürzten – diese Frau beneidete oft irgendeine dunkle Sizilianerin mit glänzender Haut, und wenn sie nach Hause ging, seufzte sie: »Ja die da, die hat Glück!« Mila hätte Jahre ihres Lebens gegeben, wenn sie dafür so hohe Backenknochen, eine kleine Statur und einen üppigen weichen Busen gehabt hätte.

Von ihrer Schönheit eingeschüchtert und im Glauben, sie würden leicht die Grenzen zum Lächerlichen überschreiten, wenn sie ihren Gefühlen freien Lauf ließen, hielten sich die Männer ihr gegenüber immer zurück, und zwar so weit, daß sie kühl und gelangweilt wirkten oder sportliche und kameradschaftliche Umgangsformen pflegten, die weder mit ihrer Natur noch mit ihren augenblicklichen Gefühlen und Stimmungen in Einklang standen; war es nun im Gebirge oder am Meer, sie klopften ihr auf die Schulter und traktierten mit groben Püffen und Ausdrükken aus Witzblättern das schöne Mädchen, vor dem sie, hätte sich die Gelegenheit ergeben, deren sie bedurften, um aufrichtig zu sein, in die Knie gesunken wären und verwirrt die fünf oder sechs Schlager gestammelt hätten, die ihnen im Lauf ihres Lebens tiefen Eindruck gemacht hatten.

Von alledem erfuhr Mila nichts, und sie sollte auch nie etwas davon erfahren, obwohl an einem Nachmittag im Juli das Schicksal die Dinge so gefügt hatte, daß sich der qualvolle Irrtum von einem Augenblick auf den andern hätte aufklären können. An diesem Julinachmittag bewegte sich der Sohn des Bürgermeisters, in ihren Augen der liebenswerteste junge Mann auf der Welt, am Strand auf sie zu. Da er beinahe mit der Nase am Boden vorwärtsrutschte, tastete sein Blick hin und her wie die Fühler einer Schnecke. Mila, die auf dem Rücken lag, spürte plötzlich eine Berührung; sie setzte sich rasch auf und schüttelte den Sand aus den Haaren. »Ich, gnädiges Fräulein«, fing der junge Mann an, als er noch zu weit entfernt war, um jenen bestimmten Ton anschlagen zu können (aber die Worte strömten bereits aus seinem Mund, und er zitterte vor Erregung), »ich … schon lange, Fräulein Mila … Mein Vater kennt Ihren Vater … Beim Ruderball, glaube ich, sind wir uns schon begegnet … Also, ich … ich …« Und er war fast schon im Begriff, ein Wort hervorzustoßen wie einen Klumpen von Blut, Fleisch und herausgerissenen Wurzeln, als Mila, da sie den Blick des jungen Mannes nicht ertragen konnte, die Augen zum Meer hin wandte. Was, um

Himmels willen, ging in diesem Mädchen vor in dem Augenblick, als sie aufs Meer hinausblickte? Ihr stets so merkwürdig ernstes Gesicht nahm nun, als sie das Meer betrachtete, wegen des Lichts, das ihre Augen auf die Wangen widerstrahlten, die Farbe der Dämmerung an, die Farbe der Statuen, die in der Nähe der Kirchenfenster stehen. Der Sohn des Bürgermeisters kam sich vor wie ein ertappter Dieb, der von der Laterne des Küsters angeleuchtet wird, als er gerade zu der Statue der Madonna hinaufklettert, um ihr ein Armband zu stehlen. Die Verwirrung, in die er stürzte, war so groß, daß er auf das Gesicht eines Herrn trat, der in der Nähe unter einer Sandschicht lag und von dem nur die Pfeife herausragte. Nun fand er nicht einmal mehr ein Wort der Entschuldigung, es entspann sich ein heftiger Streit, es setzte Faustschläge, die Pfeife flog in ein Boot, doch schließlich hatte der Sohn des Bürgermeisters eine gequetschte Nase. Kaum hatte er gemerkt, daß er furchtbar entstellt war, wandte er sein Gesicht nach der anderen Seite, um es vor Mila zu verbergen, und flüchtete hinkend, wie ein Hase, der beim ersten Schuß getroffen wurde. Aus einiger Entfernung erspähte er, zwischen Palmenstämmen hindurch, wie sein Gegner, ein norwegischer Kapitän, die Pfeife aufhob und sich wieder in den Sand eingrub, während er ein paar Worte mit Mila wechselte.

Er ist ein Landsmann von ihr! dachte der Sohn des Bürgermeisters. Sie werden sich gut verstehen!

Der norwegische Kapitän gefiel Mila nicht besonders. Aber ihr Vater sagte zu ihr: »Liebe Tochter, du bist kein Kind mehr. Auf wen wartest du noch? Gibt es einen unter deinen hiesigen Freunden, der dich heiraten möchte? Wenn ja, dann sag es mir!« Mila mußte zugeben, daß es keinen gab, und senkte den Kopf. Einige Zeit darauf reiste sie, einen Blumenstrauß im Arm, mit ihrem norwegischen Ehemann in den Norden; in den Ohren klangen ihr noch die Worte des sizilianischen Priesters nach und wie er in einer ihr so sympathischen Weise genuschelt hatte (das einzige, worüber sie lächeln konnte, bei all den trüben Gedanken, die ihr plötzlich gekommen waren).

Doch zwei Jahre später kehrte sie nach Hause zurück. Es war ihnen nicht gelungen, miteinander auszukommen. »Und da redet man immer vom Blut...! Alles Blödsinn!« lautete der Kommentar der Leute von Messina. Mila war vor Verzweiflung fast gestorben an der Seite dieses kühlen und förmlichen Mannes, der, in einer Wolke von Pfeifenrauch, pünktlich um ein Uhr mittags an der gefrorenen Fensterscheibe vorbeiging mit den Worten: »Ich bin da, guten Tag, Mila! Ist das Essen fertig?« Im übrigen mußte auch er sich wohl sehr langweilen an der Seite dieser Frau, die sich hier ganz verloren vorkam und die unvermittelt bald nach rechts, bald nach links in die Ferne schaute, als ob sie sich auf allen Seiten von Gittern eingeschlossen fühlte. Er verließ als erster das Haus, zusammen mit einer Frau natürlich. Eine Woche danach reiste Mila nach Sizilien ab.

»Und was willst du jetzt machen?« fragte ihr Vater.

»Ich werde eine Stelle annehmen, ich werde mein Brot selbst verdienen. Ich glaube nicht, daß man mir ein bißchen Hilfe verweigert, die Leute sind hier so anständig!«

Und in der Tat ist Mila von 1927 an Sekretärin bei einem reichen Reeder, und um sechs Uhr nachmittags sieht die Menge, die den Corso bevölkert, sie noch heute mit einer Ledertasche am Arm vorbeigehen. Dieser Frau kann niemand etwas Schlechtes nachsagen, übrigens ihrer Mutter auch nicht. »Und da redet man immer über die Frauen von da oben ... Alles Blödsinn!« lautet der Kommentar der Leute von Messina. Seit 1937 kann man Mila nicht mehr eine elegante Frau nennen, und sie unterscheidet sich auch nicht mehr von den anderen. Sie scheint auch kleiner zu sein als früher. Doch die älteren Herren folgen ihr mit den Blicken, solange sie im Licht der Schaufenster, an denen sie rasch vorübergleitet, auch noch aus der Entfernung erkennbar ist. Wie viel vom Leben anderer Menschen ist mit dieser älteren Frau verknüpft, die auch jetzt noch glaubt, keinerlei Sympathie geweckt zu haben unter den hiesigen Männern, die ihr so sympathisch sind! Der Apotheker erinnert sich, daß er an einem Abend im Jahre 1921, als er ihr in einem weißen Kleid begegnete, von einem solchen Glücksgefühl überwältigt wurde, daß ihm schien, sein Gehirn müsse sich sanft öffnen wie die Knospe einer Blume. Der Notar erinnert sich, daß er an einem Nachmittag im Jahre 1917, als er ihr mit einigem Abstand folgte, bei den Klängen eines Klaviers, die überraschend an sein Ohr drangen, die Musik begriff, die er immer gehaßt hatte. Und drei Advokaten erinnern sich ... Und ein Gutsbesitzer erinnert sich ... Und sogar ein Oberst erinnert sich ... Der Zipfel ihres Kleides, der noch über den kräftigen Knien weht, läßt überall Erinnerungen wachwerden ... Doch es ist Abend geworden. Die Lampen auf dem Corso werden nicht mehr wie früher angezündet. Das Licht in den Schaufenstern geht mit einem Mal aus.

Mila ist nicht mehr zu sehen.

Alberto Moravia

Der Lastwagenfahrer

Ich bin mager, sehnig, habe dünne Arme, lange Beine und einen so flachen Bauch, daß mir die Hosen hinunterrutschen. Kurz, ich bin das Gegenteil von dem, was man einen guten Lastwagenfahrer nennt. Seht euch doch einmal die Chauffeure an: Das sind Kerle mit breiten Schultern, mit Armen wie Gepäckträger, einem starken Rücken und kräftigem Bauch. Denn der Lastwagenfahrer braucht vor allem Rücken und Bauch: Arme, um das Steuer zu lenken, das bei den Lastwagen einen Durchmesser von kaum weniger als Armeslänge hat, und bei gewissen Kurven in den Bergen muß er es ganz herumdrehen. Der Rücken muß stark sein, um die Anstrengung auszuhalten, stundenlang in der gleichen Haltung zu verharren, ohne weh zu tun oder steif zu werden. Der Bauch endlich soll dem Fahrer Ruhe und Sicherheit geben, daß er sich unverrückbar wie ein Fels in den Sitz einfügen kann. Das gilt für die Figur. Noch schlimmer steht's um meinen Charakter. Der Fahrer darf weder Nerven noch Grillen im Kopf, weder Sehnsucht noch andere zarte Gefühle haben. Die Straße ist zermürbend, sie könnte eine Roßnatur umbringen. Und was die Frauen anbelangt, darf der Chauffeur so wenig an sie denken wie der Seemann; denn bei dem ewigen Kommen und Gehen müßte er ja verrückt werden. Ich bin aber voller Gedanken und Sorgen. Ich habe ein schwermütiges Temperament, und die Frauen gefallen mir. Dennoch wollte ich Lastwagenfahrer werden, obgleich das kein Beruf für mich schien. Ich hatte das Glück, von einer Transportfirma angestellt zu werden. Man setzte mir als Mitfahrer einen gewissen Palombi an die Seite, der – man darf es wohl sagen – ein grober Mensch, tatsächlich der vollendete Lastwagenfahrer war. Nicht, daß unter diesen nicht auch intelligente Leute zu finden wären; er aber hatte das Glück, so dumm zu sein, daß er mit dem Lastwagen ein einziges Stück bildete. Obwohl er gegen die Dreißig ging, hatte er noch etwas Jungenhaftes an sich. Sein Gesicht war pausbackig, mit kleinen Augen unter der niedrigen Stirn; der Mund hatte Ähnlichkeit mit dem Schlitz einer tönernen Sparbüchse. Er sprach wenig, sozusagen nichts, oder dann ließ er nur ein kaum verständliches Brummen hören. Seine Intelligenz erwachte vor allem, wenn es ans Essen ging. So erinnere ich mich, daß wir einmal auf dem Wege nach Neapel, in Itri, müde und ausgehungert in einer Osteria einkehrten. Es war nichts anderes zu bekommen als Bohnen mit Schweineschwarten; ich rührte kaum etwas an, da mir dies Essen nicht gut bekommt. Palombi verschlang davon zwei Schüsseln voll. Dann lehnte er sich auf seinem Stuhl zurück, betrachtete mich einen Augenblick gleichsam feierlich, als habe er mir etwas Wichtiges zu sagen. Schließlich strich er sich mit der Hand über den Bauch und sagte: »Ich hätte noch viermal soviel essen können.« Das war der bedeutende Gedanke, den er unter so großer Mühe hervorbrachte.

Ich kann nicht behaupten, daß ich mit diesem Gefährten, der mir aus Holz schien, zufrieden war, bis wir zum erstenmal Italia begegneten. Zu jener Zeit machten wir die Route Rom – Neapel. Wir transportierten die verschiedensten Waren: Ziegelsteine, altes Eisen, Zeitungspapierrollen, Holz, Früchte, aber auch kleine Schafherden, die von einer Weide zur andern gebracht werden mußten. Italia hielt uns in Terracina an und bat, sie nach Rom mitzunehmen. Wir hatten zwar Befehl, niemanden aufsteigen zu lassen. Doch nachdem wir sie mit einem Blick gemustert hatten, beschlossen wir, den Befehl für diesmal zu umgehen. Wir bedeuteten ihr, aufzusteigen, und behend kletterte sie hinauf und sagte: »Es gibt doch noch liebenswürdige Lastwagenfahrer!«

Italia war ein provozierendes Mädchen; ein anderes Wort gibt es dafür nicht. Sie hatte einen unglaublich langen Oberkörper; die hohen Brüste stachen spitz, geradezu giftig hervor unter dem enganliegenden Pullover, der ihr bis zu den Hüften reichte. Auch der Hals war lang und trug ein kleines braunes Köpfchen mit zwei grünen Augen. Dieser lange Oberkörper ruhte auf zwei kurzen krummen Beinen, so daß man den Eindruck hatte, sie gehe auf den Knien. Sie war nicht schön, aber besser als schön, was sie auf jenem ersten Ausflug bewies, als sie auf der Höhe von Cisterna, während Palombi lenkte, meine Hand ergriff und sie heftig drückte. Sie gab sie nicht mehr frei, bis wir in Velletri waren, wo ich mit Palombi Platz wechselte. Es war Sommer und gegen vier Uhr nachmittags, also zur heißesten Stunde, und unsere Hände waren feucht vom Schweiß. Aber immer wieder warf sie mir aus ihren grünen Zigeuneraugen einen Blick zu, daß mir das Leben, das bisher nur ein Stück Asphalt gewesen war, von neuem zu lächeln schien. Nun hatte ich gefunden, was ich suchte, eine Frau, an die ich denken konnte. Zwischen Cisterna und Velletri hielt Palombi an, stieg ab, um die Räder nachzusehen, und ich benützte diesen Augenblick, um ihr einen Kuß zu geben. In Velletri wechselte ich gerne wieder Platz mit Palombi. Ein Händedruck und ein Kuß genügten mir für diesen Tag.

Von da an ließ sich Italia regelmäßig ein-, oft auch zweimal in der Woche von Rom nach Terracina bringen und wieder zurück. Sie wartete am Morgen jeweils mit einem Paket oder einem Handkoffer bei der Mauer auf uns. Wenn Palombi lenkte, drückte sie mir bis Terracina die Hand. Wenn wir von Neapel zurückkehrten, erwartete sie uns in Terracina und stieg wieder auf. Dann begann das Spiel der Hände aufs neue und, auch wenn sie nicht wollte, die heimlichen Küsse, doch nur, wenn Palombi uns nicht sehen konnte. Kurz, ich verliebte mich ernsthaft in sie, schon weil ich seit langem keine Frau mehr geliebt hatte; ich war nicht mehr daran gewöhnt. So sehr verliebte ich mich, daß ich wie ein Kind bis zu Tränen gerührt wurde, wenn sie mich auf eine gewisse Art anschaute. Es waren Tränen des Entzückens, aber ich hielt sie für Tränen der Schwäche und eines Mannes unwürdig; und bemühte mich erfolglos, sie zurückzuhalten. Wenn ich am Steuer saß, benützten wir Palombis Schläfchen, um leise miteinander zu sprechen. Ich erinnere mich nicht an das, was wir einander sagten, ein Zeichen, daß es Nichtigkeiten waren: kleine Späße, Liebesgestammel. Ich weiß nur, daß die Zeit ungemein rasch verflog. Sogar die Strecke bis Terracina, die sonst nie enden will, wurde wie durch Zauber zurückgelegt. Ich verlangsamte die Geschwindigkeit bis auf dreißig, ja zwanzig in der Stunde, so daß ich beinahe von Eselskarren überholt wurde. Doch immer kamen wir ans Ziel, und Italia stieg aus. Nachts war es besser. Der Wagen lief fast von selbst. Mit der einen Hand hielt ich das Steuer, mit der andern umfaßte ich Italias Taille. Wenn in der Dunkelheit die Scheinwerfer anderer Autos, den Signalen antwortend, aufflammten und erlöschten, hätte ich mit meinen Scheinwerfern ein paar Worte bilden mögen, um ihnen von meinem Glück zu erzählen; zum Beispiel: »Ich liebe Italia, und Italia liebt mich.«

Entweder merkte Palombi nichts, oder er gab vor, nichts zu merken. Er protestierte tatsächlich nie gegen Italias häufige Ausflüge. Wenn sie in den Wagen kletterte, begrüßte er sie mit einem knurrenden Laut. Dann rutschte er etwas zur Seite, um ihr Platz zu machen. Sie saß immer zwischen uns, da ich doch die Straße im Auge behalten mußte, um Palombi aufmerksam zu machen, wenn es galt, bei freier Bahn einen andern Wagen zu überholen. Palombi protestierte nicht einmal, wenn ich, töricht wie ich war, auf die Windschutzscheibe etwas für Italia schreiben wollte. Ich überlegte einen Augenblick und schrieb dann mit weißen Buchstaben: »Viva l'Italia!« Aber Palombi war so dumm, daß er den Doppelsinn dieser Worte nicht wahrnahm, bis andere Fahrer uns scherzhaft fragten, warum wir denn so patriotisch geworden seien. Da erst betrachtete er mich mit offenem Mund und meinte lächelnd: »Die glauben, es handle sich um Italien, dabei gilt es dem Mädchen … Wie klug du bist! Das hast du dir gut ausgedacht!«

So ging es ein paar Monate, vielleicht auch mehr. Eines Tages jedoch, als Italia uns wie immer in Terracina verlassen hatte, erhielten wir in Neapel den Befehl, auszuladen und ohne zu übernachten nach Rom zurückzukehren. Das tat mir leid, denn ich hatte mich für den nächsten Morgen mit Italia verabredet. Aber Befehl ist Befehl! So setzte ich mich denn ans Steuer, und Palombi fing gleich an zu schnarchen. Bis nach Itri ging alles gut, weil die Straße sehr kurvenreich ist, und nachts, wenn man anfängt, müde zu werden, zwingen einen die Kurven, die Augen offenzuhalten; sie sind die Schutzengel des Chauffeurs. Doch nach Itri, in den Orangenhainen von Fondi, überkam mich der Schlaf, und um ihn zu verscheuchen, begann ich eifrig an Italia zu denken. Dennoch war mir, als ob die Gedanken in meinem Hirn immer wilder durcheinander gerieten, gleich den Zweigen eines Waldes, die sich mehr und mehr ineinander verstricken. Plötzlich, ich erinnere mich gut, sagte ich mir: »Glücklicherweise kann ich an sie denken und mich wach halten ... sonst wäre ich längst eingeschlafen.« Ich war aber wirklich eingeschlafen, und diesen Gedanken hatte ich im Schlaf, nicht im Wachen; der Schlaf gab ihn mir ein, damit ich noch tiefer und sorgloser weiterschlafe. Im selben Augenblick fühlte ich, wie der Lastwagen von der Straße abwich und im Straßengraben landete. Ich hörte hinter mir ein Getöse; auch der Anhänger kippte um. Da wir langsam fuhren, erlitten wir keinen Schaden; als wir aber ausgestiegen waren, sahen wir, daß der Anhänger sich überschlagen hatte; seine Räder waren in der Luft, und die ganze Ladung von Fellen, die zum Gerben bestimmt waren, lag im Straßengraben.

Es war dunkel, eine mondlose Nacht, aber der Himmel war voller Sterne. Wir befanden uns glücklicherweise am Eingang von Terracina: zur Rechten ragte der Berg empor, zur Linken, jenseits der Weingärten, dehnte sich schwarz und ruhig das Meer.

Palombi sagte nur: »Na, das hast du ja schön gemacht!« Dann fügte er bei, wir sollten uns aufmachen, um in Terracina Hilfe zu holen. Wir brachen zu Fuß auf. Es waren nur wenige Schritte, aber da wir vor Terracina standen, sagte Palombi, der stets ans Essen dachte, er habe Hunger ... Bis der Hilfswagen mit dem Kran käme, würde es wohl einige Stunden dauern. Es wäre daher besser, in eine Schenke zu gehen. So gingen wir in Terracina auf die Suche nach einem Lokal. Aber Mitternacht war schon vorbei, und auf dem runden, von den Bombardierungen ganz durchlöcherten Platz wurde das letzte Café eben geschlossen. Wir bogen in eine kleine Straße ein, die zum Meer zu führen schien. Bald darauf erblickten wir ein beleuchtetes

Schild. Voller Hoffnung beschleunigten wir den Schritt. Es war tatsächlich eine Schenke. Aber der Rolladen war schon halb heruntergelassen, als ob auch hier geschlossen werden sollte. Die Flügeltüren waren aus Glas; der Rolladen ließ noch einen Glasstreifen frei, so daß man hineinschauen konnte. Palombi bückte sich und spähte hinein; ich machte es ihm nach. Wir sahen den Raum einer ländlichen Schenke mit wenigen Tischen und einer Theke. Die Stühle waren umgekehrt auf die Tische gestellt, und Italia, mit einem Besen bewaffnet und einem Tuch um die Hüften, kehrte in aller Eile den Boden. Hinter dem Schanktisch, ganz hinten im Lokal, saß ein Buckliger. Ich habe viele Bucklige gesehen, aber einen so vollkommenen noch nie. Der Buckel überragte seinen Kopf. Das Gesicht in die Hände gestützt, starrte er Italia mit seinen schwarzen bösen Augen an. Flink schwang sie den Besen. Der Bucklige rief ihr, ohne sich zu regen, etwas zu. Da trat sie zu ihm hin, lehnte den Besen an die Theke, legte den Arm um seinen Hals und gab ihm einen schönen langen Kuß. Darauf griff sie wieder nach dem Besen und schritt, als tanze sie, durch das Lokal. Nun erhob sich der Bucklige von seiner Bank. Er sah aus wie ein Seemann und trug Sandalen, blaue, aufgekrempelte Leinenhosen, wie die Fischer sie tragen, dazu ein ausgeschnittenes Hemd à la Robespierre. Er näherte sich der Türe, und wir zwei fuhren blitzschnell zurück. Der Bucklige öffnete die Glastür und zog den Rolladen ganz herunter.

Um meine Verwirrung zu verbergen, sagte ich: »Wer hätte das gedacht!« Und Palombi antwortete mit einer Bitterkeit, die mich überraschte: »Tja.« Wir gingen zu einer Garage, dann verbrachten wir die Nacht damit, den Lastwagen wieder aufzurichten und die Felle wieder aufzuladen. Im Morgengrauen, als wir gegen Rom hinunterfuhren, fing Palombi, wohl zum erstenmal, seit ich ihn kannte, zu sprechen an:

»Hast du's gemerkt, was diese Hexe von Italia mir angetan hat?«

Wie benommen fragte ich: »Was denn?«

»Nachdem sie mir so schön getan und mir bei der Hin- und Herfahrt jeweils die Hand gedrückt hatte, erklärte ich ihr, ich wolle sie heiraten ... Wir waren also wie verlobt, nicht wahr? ... Und dann dieser Bucklige ...«

Mir blieb der Atem weg, aber ich sagte nichts. Palombi fuhr fort: »Ich machte ihr schöne Geschenke. Eine Korallenkette, ein Seidentuch, Lackschuhe ... Ja, ich liebte sie wirklich, und sie hätte auch zu mir gepaßt ... ein herzloses, undankbares Geschöpf ist sie ...« Er fuhr in dieser Weise fort zu sprechen, langsam, wie zu sich selbst, in dem fahlen Frühlicht, während wir rasselnd gegen Rom rollten. So blieb mir nichts anderes übrig, als zu denken, Italia habe uns beide hintergangen, nur um sich jeweils die Fahrkarte zu ersparen. Es schmerzte mich brennend, Palombi sprechen zu hören, denn er erzählte die gleichen Dinge, die auch ich hätte erzählen können, und zudem erschienen mir diese Dinge aus seinem Mund, der kaum zu sprechen wußte, überaus lächerlich. Schließlich sagte ich ganz brutal:

»Nun laß mich endlich in Ruh' mit diesem Frauenzimmer. Ich bin müde und will schlafen ...«

Doch der Ärmste antwortete: »Nun ja, gewisse Dinge tun einfach weh.« Dann blieb er stumm, bis wir in Rom waren.

Monatelang war ich traurig. Die Straße war für mich wieder wie früher; ohne Anfang und ohne Ende; etwas Bitteres, das man zweimal täglich verschlingen und wieder ausspucken mußte. Was mich jedoch dazu führte, meinen Beruf zu wechseln, war, daß Italia an der Straße von Neapel eine Osteria eröffnete mit dem Wirtshausschild: »Treffpunkt der Lastwagenfahrer«.

Ein schöner Treffpunkt! Es lohnte sich wahrhaftig, Hunderte von Kilometern zu fahren, um ihn zu besuchen. Natürlich kehrten wir dort nie ein. Und doch, Italia nur hinter der Theke zu sehen, zuzuschauen, wie der Bucklige ihr Gläser und Bierflaschen reichte, das allein schmerzte mich so, daß ich die Stelle aufgab.

Aber der Lastwagen mit der Aufschrift »Viva l'Italia« und Palombi am Steuer ist immer noch unterwegs.

Guido Piovene

Ein wohlerzogener Junge

Am 3. August 1925 traf Francesco Possagno gegen vier Uhr nachmittags in Aosta ein. Obwohl seine wirtschaftliche Lage keineswegs blühend war, erkundigte er sich als erstes danach, ob man in Aosta ein Bad nehmen könne. Er richtete diese Frage an einen Mann von gutbürgerlichem Äußeren, der ihm auf der Allee, die vom Bahnhof zu dem großen Platz führte, begegnete.

»Selbstverständlich«, erwiderte der Angesprochene mit dem stolzen Ton eines Mannes, der die Kultur seiner Stadt rühmt: »Selbstverständlich haben wir Bäder.«

»Wo?«

»Nicht direkt in Aosta, aber in der Nähe. In Pré St. Didier.«

Als sich der Mann entfernt hatte, blickte Francesco auf die Karte. Danach lag Pré St. Didier etwa zweiunddreißig Kilometer weiter westlich.

Um so mehr wurde er von dem Geräusch überrascht, das ihm entgegendrang, als er den Hauptplatz dieser anscheinend so wasserscheuen Stadt betrat. Zuerst klang es so, als eilten aus den Nebenstraßen ein Schwarm von Frauen herbei und fegten mit seidenen Schleppen das Pflaster. Die Illusion war so stark, daß er auf der Stelle haltmachte und sich umdrehte. Später begriff er, daß die Straßen von Aosta, die von beiden Seiten zur Mitte hin abfallen, sich um diese Stunde in Bäche verwandeln. Da Aosta keine Kanalisation besitzt, reinigt man die Stadt, indem man das Wasser durch die Straßen laufen läßt, die davon ein silbernes, wie poliertes Aussehen annehmen. Das Wasser sammelt sich von den Bächen zu Flüssen, das heißt, es strömt von den Gassen in die Straßen, und die Straßen münden in einen gewaltigen Sturzbach.

Aber an diese Kleinigkeiten denkt man später nicht mehr, wenn man sich an Aosta erinnert. Dann sieht man nur seine Klöster und Kirchen vor sich, die aus dem grauen Stein des Gebirges errichtet sind, an dem der Regen die Körnung zum Leuchten bringt, als sei es Glimmer. Die kleine Stadt ist nur der eingegrenzte Bezirk um eine Kirche, Sant'Orso, und Sant'Orso ist nur die Einfriedung um das Chorgestühl, das kreisförmig um ein großes, aufgeschlagen auf dem Predigtpult liegendes Meßbuch angeordnet ist. Hier ist der magnetische Mittelpunkt, um den Aosta kreist.

Sobald man die Piazza und die Hauptstraßen hinter sich läßt, kommt man in ein Geflecht von zumeist zwischen Mauern verlaufenden Feldwegen, die die Stadt gleichsam einzukreisen und zu isolieren scheinen. Aus den Klostergärten ragen die Zweige von Obstbäumen; oft stützen sie sich mit der ganzen Krone auf die Mauer. Wenn Francesco auf diesen Feldwegen nach Süden zu ging, begegneten ihm die Kretins, die einzeln oder in Reihen mit dem Kochgeschirr vor den Türen der Mönchsklöster warteten – wenn es Männer waren – oder vor den Nonnenklöstern, wenn es Frauen waren. Sie stritten sich darum, der erste zu sein, wenn sich die Türflügel öffneten und der Pförtner oder die Pförtnerin erschien, um die Reste der Suppe auszuteilen.

Francesco hatte sich Hals über Kopf entschlossen, diese Stadt der Kirchen und Klöster aufzusuchen, mit der Absicht, sich dort mindestens einen Monat lang zu verstecken und dabei nur von Wasser, Luft und der schönen Aussicht zu leben. Vor ein paar Tagen hatte er in Turin bei den Pferderennen sein ganzes Geld für einen Ferienmonat verwettet. Da er es aus Feigheit nicht über sich brachte, zu Hause den Verlust zu gestehen, hatte er beschlossen, sich nach Aosta zu verbannen und einen Monat dort von ein paar hundert Lire zu leben. Sein Entschluß war ihm heldenhaft erschienen, wie es ja so vielen, auch weniger jungen und unreifen Menschen geht, die nicht wissen, daß der größte Heroismus gewöhnlich aus einer kleinen Angst entsteht und daß eine Heldentat nur der Schleichweg ist, um einem Mutbeweis auszuweichen, und daß es keine Helden gäbe, wenn die Welt voll mutiger Menschen wäre. Sich kopfüber, mit geschlossenen Augen, ins Ungewisse zu stürzen, ist immer nur eine Flucht, auch wenn ihr Ziel die Gefahr ist. Sie verbindet zwei Feigheiten: die Flucht und das Die-Augen-Schließen, um nicht zu sehen. Francesco Possagno war glücklich in Aosta angekommen, glücklich wie alle Flüchtlinge. Sein Glück hatte in dem Augenblick begonnen, in dem er mit leeren Taschen die Rennbahn verließ. Wie sehr hatte es ihn amüsiert, die Leute zu beobachten, die gleichzeitig mit ihm fortgingen, die einen fröhlich, die andern ärgerlich! Einer hatte ganz offensichtlich verloren und biß sich nun auf die Lippen, daß es zum Lachen war. Wie dumm fand er den Mann, der schlecht gewettet hatte! Francesco ging zu Fuß, zwischen den beiden Baumreihen; bei jedem Windhauch fiel Staub aus den Zweigen. Noch nie hatte er so genußreich die Landschaft empfunden, obwohl sie in der Nähe der Rennbahn durchaus nichts Reizvolles hatte. Aber gerade das machte ihm Freude: zu sehen, wie weit seine innere Ausgeglichenheit ging, so weit, daß er sich an einem Nichts zu erfreuen vermochte. Ich habe beim Wetten verloren, dachte er, aber ich mache mir deshalb keine Gedanken, sondern bin gelassen und glücklich. Ich könnte überhaupt nicht glücklicher sein. Alles, worauf seine Blicke fielen, war poetisch und bedeutend. Schon von weitem erkannte er die Äderung eines Blattes, und er erinnerte sich, was er in der Schule über die grüne Farbe der Blätter gelernt hatte. Er glaubte, daß es die Menschen, denen er begegnete, geradezu kränken müßte, wenn sie wissen könnten – nicht nur mit Worten, sondern mit dem Herzen –, wie gleichgültig sie ihm waren und wie unabhängig und glücklich er sich fühlte. Es war ihm eine Genugtuung wie der Besitz einer Waffe – er wußte nicht recht, ob des Angriffs oder des Spottes – gegen das ganze menschliche Geschlecht. Man hätte ihn beleidigen können, ohne daß er auch nur den Kopf gewendet hätte. Er sah jemanden mit lachendem Gesicht. Vielleicht hast du gewonnen, dachte er, aber du kannst nicht mit so klaren Augen in eine so milde Sonne sehen. Du kannst nicht mit so jugendlicher Sanftheit lächeln und nicht so unbeschwert atmen. Du kannst nicht so zärtlich die Linien in deiner Hand betrachten. Er gefiel sich darin, in die Sonne zu sehen, dann zu lächeln, um das Gefühl auszukosten, daß er dazu noch fähig war, schließlich seine Hand zu betrachten – lauter Gesten, die er zum erstenmal in ihrem innersten Wesen erlebte. Vor allem machte er sich mit allem Nachdruck klar, wie glücklich er sich fühlte. Diese Stimmung hatte bis zu seiner Ankunft in Aosta angehalten.

Die ersten Stunden brauchte er dazu, eine Unterkunft zu finden. Er machte die Runde durch alle Wirtshäuser auf der Suche nach dem billigsten und mietete sich schließlich in einer abgelegenen Gastwirtschaft ein. Sie lag da, wo sich die Straße, gegenüber der Einmündung einer engen Gasse, zu einer Art Platz erweiterte. Dort bot man ihm für fünf Lire die Nacht ein Zimmer an. Um hineinzugelangen, mußte er durch einige größere und bereits besetzte Zimmer hindurch. Den ersten Tag schloß sich Francesco in seinem Zimmer ein, als ob es genügte, die Tür zu verriegeln, damit das bescheidene Logis nicht mehr existierte, so wie ein Gefangener aus Abscheu vor dem Gefängnis seine Zelle verbarrikadiert. Doch später gewöhnte er sich daran, hinunterzugehen und sich an einen Tisch in einer Ecke der großen Gaststube zu setzen, um von dort aus ganz ungeniert die Gäste zu beobachten. Von den wenigen Einwohnern der Stadt, die in dem Lokal verkehrten, hatte er nicht den Eindruck, daß sie zu ihrem Vergnügen kamen, sondern daß sie sich hier selbst einsperrten. Wirklich konnte man glauben, es mit Gefangenen zu tun zu haben, die dazu verurteilt waren, den Wein ohne alle Mäßigung in sich hineinzuschütten und sich Brotscheiben mit einem Messer so groß wie ein Tranchiermesser abzuschneiden. Wenn es einen Streit gab, ließen sich die Unbeteiligten, während sich die Gegner rauften, nicht beim Essen und Trinken stören; sie kommentierten vielmehr nüchtern die Angelegenheit und hetzten die Streitenden mit der friedlichsten Miene gegeneinander auf. Die gleiche Gelassenheit legten sie auch ihm gegenüber an den Tag und schienen seine Anwesenheit überhaupt nicht zu bemerken, während er sie doch stundenlang beobachtete. An den Querbalken über der Tür pflegte der Wirt, gleichsam als Ladenschild, ein Wildhuhn, einen Hasen oder ein Rebhuhn zu hängen. An die Türpfosten gelehnt, saßen seine Frau und seine Tochter, um aufzupassen, wer hereinkam. Die eine trug ein schwarzes, die andere ein rotes Kleid, die aber beide weiße Tupfen hatten. Wenn Francesco abends heimkam, ging er steif wie ein Stock an den Frauen vorbei, da er fürchtete, sie könnten das Grüßen vergessen. Er war bemüht, vor seinen Nachbarn in seinem Zimmer zu sein, um sie nicht, wie am zweiten Abend nach seiner Ankunft, nackt wegen der Hitze, auf dem Bauch liegen zu sehen.

Es störte ihn ein wenig, als er erfuhr, daß die gegenüber der Osteria einmündende Gasse der Prostitution diente. Am Tage war sie wie ausgestorben, aber abends, gegen neun, erschien an jedem Fenster ein Gesicht – das Gesicht einer Frau aus den Bergdörfern, einer Hausfrau, die sich träge anbot. Um elf verschwanden die Frauen wieder, die Lichter erloschen, und die Gasse lag wieder wie ausgestorben. Nur an der Mündung der breiten Straße blieben noch für eine Weile die Männer zurück, keine rauhen Gesellen übrigens, mit hinterhältigen oder finsteren Blicken, sondern hübsche, freundliche junge Burschen, kleine Zuhälter, die auf Treppenstufen oder am Boden saßen, verstohlene Blicke wechselten und sich mit einem knabenhaft hellen Klang ihrer Stimmen (der Francesco einen ähnlichen Genuß bereitete wie sein Spielverlust) aufs freundschaftlichste unterhielten.

In den folgenden Tagen machte es sich Francesco zur Gewohnheit, durch das Labyrinth der Gassen um den Stadtkern zu streifen, ohne sich jedoch weiter als ein paar hundert Meter zu entfernen. Zuweilen kaufte er sich etwas zu essen und verzehrte es in Sant'Orso; das Wasser dazu schöpfte er aus dem Brunnen vor der Kirche in seine Feldflasche. Bei diesen Streifzügen hatte er das bestimmte Gefühl, daß sich hinter all seinem Mißgeschick eine besondere Bedeutung verbarg, daß nicht der Zufall seine Schritte lenkte, sie ihn vielmehr zu einem vorbestimmten Ziel führten. Alles, was er dachte, hatte den Tonfall der Frage. Selbst die einfachste Feststellung wie »dieses Wasser ist frisch« schien ihm nur obenhin gesehen in sich schlüssig zu sein, aber insgeheim nach einer Antwort zu verlangen. In seiner Vorstellung übertrieb er noch das Labyrinthische der Wege, um sich in seinem Eindruck zu bestärken, daß sie um einen Mittelpunkt kreisten, zu dem es den Zugang zu entdecken galt. Dieses sonderbare Gefühl, zwar herumzuirren, aber immer um einen bestimmten Punkt, ähnlich einem Hund, der eine flüchtige Witterung aufgenommen hat und nun schnuppernd in der Erwartung umherstreift, daß ihm der Wind weitere Informationen zutrage – dieses Gefühl steigerte sich in ihm, ohne erkennbaren Grund, von Tag zu Tag. Und das bezeugten auch seine jähen Bewegungen mit dem Kinn bei dem geringsten Geräusch oder auch die Überraschung, mit der er die gewohnten Bilder »entdeckte«, den Schnitt eines Anzugs, eines Kleides oder die Farbe des Laubs, der dann immer die Enttäuschung auf dem Fuße folgte. Er ließ sich gleichsam von den Stunden an die Hand nehmen – zerstreut, aber wie ein Kind, dem man sagt, es solle die Augen zumachen, während das neue Spielzeug auf dem Tisch seines Zimmers aufgebaut wird.

Vielleicht aber war es der Hunger, der seinen Gedanken den Frageton gab. Er aß noch weniger, als er sich leisten konnte, da er fürchtete, wenn er sich nicht eine äußerste Disziplin auferlegte, nach und nach in ein bequemes Sichgehenlassen abzugleiten und dann, mit einer neuen Flucht, alles in ein paar Tagen zu verschwenden und die Sorge um die Zukunft dem lieben Gott zu überlassen. Nachts träumte er immer, bei Tische zu sitzen, vor sich üppige und pikante Speisen, über die er heißhungrig herfiel. Und neben ihm saß jemand, der ihm sagte: Genug, du platzt sonst! Doch um den Mann zu ärgern, stopfte er sich erst recht voll und setzte dazu eine überlegene Miene auf, stolz auf soviel Gefräßigkeit.

Nach einer Woche schien ihm das Leben selbst in Aosta noch zu teuer, so daß er es für das beste hielt, von jetzt an die Täler zu durchwandern, sich mit trockenem Brot zu begnügen und nachts auf der Erde zu schlafen. Bevor er aufbrach, hatte er auf das heldenhafte Vorhaben verzichtet, sich in einem Hotel als Küchenjunge zu verdingen oder der Gehilfe eines Ochsenhirten zu werden. Mit diesem Verzicht wollte er sich vor allem die Ausgeglichenheit seines Planens bestätigen und damit die Durchführung seiner Pläne garantieren. Wenn ich einsehe, was undurchführbar ist, und darauf verzichte, dachte er, dann ist, was übrig bleibt, vernünftig, und ich weiß, daß ich es auch durchführen kann.

Er leistete sich den Luxus, bis zum Ausgang des Gressoney-Tals den Zug zu nehmen, wo er sich dann vor der Mittagsstunde auf den Weg machte und dazu sein erstes Brot aß. Nur, da er jetzt allein von Brot leben mußte, hielt er es für nötig, es ohne Unterbrechung in sich hineinzuschlingen. Also kaufte er in jedem Ort, durch den er kam, ein Brot und trank, im Übermaß, Wasser dazu. Da ihm alles andere versagt war, hielt er es für seine Pflicht, das, was er ohne Schwierigkeit haben konnte, bis zur Neige zu genießen. Er wanderte den ganzen Tag, und er unterteilte die Strecke in einzelne Etappen; aber als das Ziel jeder Etappe bestimmte er eine Brotmahlzeit. Außerdem machte er an jedem Brunnen halt und trank so lange, bis er meinte, er habe mit seinem Trinken den Brunnen geleert und entlocke ihm mit Mühe die letzten Tropfen. Auf den Wiesen rechts und links vom Wege blühten rosa und blaue Blumen, und die Bauern mähten das Gras. Francesco machte es Spaß, zuzusehen, wie bei jedem Sichelhieb das fallende Gras den nebenstehenden Halmen eine Vibration mitteilte, die wie eine Vorankündigung ihres Todes war. Aber eine Stunde nach Sonnenuntergang konnte er nicht mehr weiter. Das Wasser in seinem Magen schwappte ihm bis zur Kehle hoch, da es die wasserundurchlässigen Brotmassen nicht zu durchweichen vermochte. Francesco entschloß sich zu einer Rast, zumal er in einiger Entfernung bereits die Lichter von Gressoney erkannte. Er kletterte über die niedrige Mauer und streckte sich auf dem nächsten Heuhaufen aus. Auf dem Rücken liegend, ließ er seine Augen zu den Gipfeln im Hintergrund wandern, die zu schweben schienen, da er nicht zugleich das Tal sehen konnte; und er erschrak, so anders als zuvor waren sie geworden. Unvermittelt zeigte sich eine Welt, ohne Beziehung zu seiner eigenen, eingetaucht in einen immer klareren Sternenhimmel. Ihm war, als ob er mit einem Schritt in eine ungeahnte Region eingetreten sei, die ihm jetzt, vom Wind blank gefegt und von Sternen besät, erschien und die zuvor, unsichtbar über seinem Kopf, gewartet hatte.

Dieser Gebirgshimmel leuchtete so heftig, daß er ihm brennend herabzustürzen schien; das Gefühl war so stark, daß er die Augen schloß und sie mit beiden Händen bedeckte. Dann beobachtete er die Schatten auf den Bergen, eisig und gewaltig über dem Schnee; und selbst das Himmelsblau meinte er in den Sternen zu sehen, die wie Federwolken die Gipfel umkränzten. Als er erschreckt den Blick zurücknahm und auf sich selbst lenkte, brachte er von den Bergen einen eisigen Lufthauch mit, der ihm unter die Kleider ging und ihn erschauern ließ. Er kroch ins Heu und sah auf den Boden. Ein leises Summen und ein erst beginnendes Kopfweh, das sich jedoch bei jedem Pulsschlag an der Schläfe ankündigte, lenkten ihn von der Angst ab. Statt dessen erinnerte er sich, daß Heu nachts eine schädliche Ausdünstung hat. So legte er sich wieder auf den Rücken, schloß die Augen und versuchte, an nichts mehr zu denken, da er ja am Morgen, ob gesund oder krank, auf jeden Fall die Augen wieder öffnen würde. Aber gleichsam ohne sein Wissen suchte es in ihm nach Gründen, die ihn zum Fortgehen bewegen könnten. Wenn morgen früh die Bauern kommen und das Heu aufladen wollen, fragte es nach einer Weile solch eifrigen Suchens aus ihm, können sie mich da nicht mit der Heugabel verletzen? Der Zweifel war bereits längst in ihm zur Gewißheit gereift, als Francesco aufsprang, als sei er ihm gerade in diesem Augenblick mit unwiderstehlicher Überzeugungskraft zu Bewußtsein gekommen. Sich selbst vortäuschend, einem plötzlichen Impuls zu gehorchen, rannte er los und blieb nicht eher stehen, als bis er vor einem Gasthof stand, der mit seiner rotbemalten Fassade hinter einer kleinen Allee mit zwei Baumreihen aufragte. Man führte ihn in ein Zimmer, das statt Fensterläden Vorhänge aus schmutzigem Samt hatte. Er ging zu Bett, übrigens überrascht, seine Augen im Spiegel so heiter, fast fröhlich gefunden zu haben. Dabei hatte er, nach dieser Komödie, die er sich selbst vorgespielt hatte, kaum Grund zur Zufriedenheit: denn er sah sich jetzt in bezug aufs Essen und Schlafen zu Kompromissen gezwungen, sah sich nun wirklich von seinen Verhältnissen abhängig, wie eine lange ehrbar gebliebene Frau nach ihrem ersten Ehebruch.

Er schlief bis in den späten Vormittag hinein, und sobald er wach wurde, nahm ihn die Erinnerung an Aosta gefangen, und zwar auf eine Weise, als handelte es sich um eine Person. Es war etwas von Zweifel und Unsicherheit in seinem Erinnern, als hätte er dort ein Problem ungelöst gelassen und es unterwegs nur vergessen; aber jetzt, nach dem Schlaf, kehrten seine Gedanken dorthin zurück. Seine Unruhe äußerte sich, unerklärlicherweise, in der bildhaften Erinnerung an bestimmte Stellen der Stadt: in sich wiederholenden, immer gleichen Vignetten, die ihm eine Frage stellten. Seine Erinnerung hielt sie ihm vor Augen wie einen Gegenstand und fragte nach ihrer Bedeutung; und er glaubte, diese Bedeutung nur erfahren zu können, wenn er noch einmal zurückkehrte, um diese Orte zu sehen. Wenn er sie jetzt in seiner Erinnerung betrachtete, entdeckte er Einzelheiten an ihnen, die ihm entgangen waren, als er an Ort und Stelle gewesen war. Er folgte den Voluten eines Kapitells, zählte die Pflastersteine einer Straße, meinte aber, das Bild und seine Berechnung seien nicht genau genug. Er fürchtete, eine Straße oder ein Kapitell nicht dechiffrieren zu können, wenn er auch nur die Äderung eines Steines vergessen hätte. Zwischen zwei Punkten, an die er sich erinnerte, gab es immer die Lücke auszufüllen, um sie zu vereinen und in ihrem Zusammenhang zu sehen. In der Erinnerung wiederholte er seine Wanderungen durch die Gassen, um ihrem Sinn nachzugehen; er glaubte, daß die Lösung ihn in Aosta erwartete wie ein Stein oder ein Haus. Er härmte sich, daß die Bilder immer die gleichen waren, als wollten sie, indem sie sein Gedächtnis fesselten, ihn daran hindern, alle anderen Punkte Aostas kennenzulernen. Er begeisterte sich an der Farbe der Steine, am Rauschen des Wassers, wie sie ihm die Erinnerung zurückbrachte, zugleich mit der Frage, was sie bedeuteten.

Um diese Erstarrung abzuschütteln, ließ er seine Einbildungskraft spielen. Aber es waren immer Vorstellungen, die Aosta zum Thema hatten, und nach einer vorgetäuschten Abschweifung führten sie ihn immer wieder dorthin zurück. Weil die Stadt etwas Klösterliches hatte, sah er sie von Hunderten schmächtiger Theologen bevölkert, die sich des Nachts in ihren Häusern damit abquälten, die sensationelle Widerlegung eines kirchlichen Dogmas zu finden, und die, sobald sie die Widerlegung gefunden hatten, wachend auf das Morgengrauen warteten, um als erster auf der Straße zu sein und ihre Einwände in Sant'Orso zu verkünden, ohne das Licht in ihren Zimmern zu löschen, das nun durch die Fenster auf die Gassen schien. Draußen auf dem Marktplatz indessen maßen sich die Anhänger der verschiedenen Lehrmeinungen mit scheelen Blicken und warteten auf die Presseberichte über den Streit der Theologen mit dem Marderblick.

Mit großem Vergnügen spann er seine Phantasien aus, aber es war ein Vergnügen der Art, wie er es auf seinen Wanderungen durch die Gassen von Aosta empfunden hatte. Um die Mittagszeit kehrte er mit dem Postbus ins Tal zurück. Und nachts – es war die Laune eines Jungen, der zum erstenmal allein reist – schlug er den Weg nach Aosta ein. Es war nicht die ausgestirnte Nacht des Gressoney-Tals, wo die Berge den Mond verbargen. Hier in dem weiten Tal leuchtete der Mond, der klassische Mond, der Menschenfreund, der die Häuser und die Heugarben zeigte, ein Mond für die friedlichen und glücklichen Seelen. Francesco schritt durch den strahlenden Mondschein, und Aosta lächelte ihm in seiner Vorstellung mit einem ebenso heiteren Schein entgegen, und vielleicht war es überhaupt ein und dasselbe mit dem silbernen Licht der vom Regen gewaschenen Steine. Als er im Morgengrauen in der Stadt ankam, war er auf dem Gipfel des Glücks. Vor dem Haus, in dem er gewohnt hatte, blieb er stehen und sah in die enge Gasse. Sein Blick ruhte auf den Häusern der Frauen, die dunkel und scharf umrissen gegen die aufgehende Sonne standen, und nahm jede Einzelheit wahr; aber dahinter leuchtete golden und blendend der Himmel. Ein glänzender Staub, den die Sonne mit schrägen Strahlen geschickt hatte, verbreitete sich auf einmal in der Gasse, überflutete die Häuser und blendete den Jungen, der mit geschlossenen Augen nun an die Mädchen dachte, die dort ruhig atmend in ihren weißen Betten schliefen.

Als es vollends Tag geworden war, setzte er sich auf eine Bank vor Sant'Orso, und die Wärme schläferte ihn ein. Als er nach einer halben Stunde aufwachte, war er zugleich benommen und voller

Unruhe, und die fragende Kadenz, an die er sich bereits gewöhnt hatte, glitt über die üblichen Themen, kam und ging mit den immer gleichen Gedanken und gelangte nach mancher Täuschung und Irreführung immer an denselben Punkt, ohne daß er sie fassen und begreifen konnte. Der Gedanke an die Orte, an die ihn der Zufall geführt hatte, vermengte sich mit dem Bewußtsein von seinem Leben, gleichsam einer vollständigen Erinnerung an alles, was er seit Kindertagen empfunden hatte. Gegen vier Uhr nachmittags entfernte er sich auf der Landstraße ein wenig von Aosta in Richtung auf den Großen Sankt Bernhard, und er fühlte sich, wie ein Rekonvaleszent, in besonderem Maße zur Zärtlichkeit geneigt. Ab und an rief er sich, mit einem plötzlichen Ruck, zur Ordnung, wie um die fliehenden Gedanken mit überraschendem Zugriff zu packen, wie der Fischer, der plötzlich den Köder, an dem der Fisch angebissen hat, in der Hoffnung an sich zieht, der Fisch habe nicht mehr die Zeit gefunden, seine Beute loszulassen. Er indessen fand sich zwar auf den Ordnungsruf ein, doch mit leeren Händen. Wie gerade erwachend sah er sich um, aber von den Gedanken fand er keine Spur mehr. »Ich bin müde«, sagte er sich und ließ sich wieder gehen. Er setzte seinen Weg fort, voll Dankbarkeit gegenüber seinen Füßen, die ihn führten; er sah, aus Liebe zu seinen Augen, die so mannigfache Dinge zu sehen vermochten. Ängstlich schmeckte und kostete er die Welt, als fürchtete er, daß er sie nicht gebührend zu genießen wüßte; aber jede Probe entlockte ihm Jubel, eine stolze Befriedigung ohnegleichen und ein Gefühl rauschhafter Entdeckerfreude. Der Weg stieg in Stufen an, unter ihm lag Aosta; bei jeder Windung der Straße setzte er sich auf die niedrige Mauer und ließ den Blick über die Stadt schweifen, unentschlossen, ob er bleiben oder sich auf neue Abenteuer einlassen sollte. Aber ein Haus, das ihm auffiel, weil es weißer als alle anderen war, oder ein Gipfel auf der gegenüberliegenden Seite, mit einer Tanne auf halber Höhe, und von ganz klaren Umrissen, garantierten ihm gleichsam die Ungefährlichkeit seines Unternehmens.

Dann stieg die Straße nicht mehr in Stufen an und entfernte sich, nun geradeaus fortlaufend, rasch von Aosta. Alle hundert

Meter nahm sich Francesco aus Angst vor dem eigenen Wagemut vor, am Ende der nächsten Etappe umzukehren, wie das der Mutter entlaufene Kind, das denkt: O weh, meine Beine sind zu schnell! Meine Mutter kann mich nicht mehr einholen. Wer weiß, wo ich landen werde!‹ Er hatte den Eindruck, wieder eine seiner üblichen Heldentaten zu begehen; sich Hals über Kopf ins Abenteuer zu stürzen, sich einzureden, es geschehe einer gebieterischen Notwendigkeit zufolge, mit geschlossenen Augen sich jedes Nachdenken zu verbieten. Aber an diesem Punkt kam er mit einem Ruck wieder zu Bewußtsein. Er sah ein, daß er phantasierte, aber er konnte darüber lächeln. Er gebot sich, seine Entscheidung nicht weiter in Zweifel zu ziehen und ein wenig außerhalb von Aosta zu Abend zu essen. Er bildete sich ein, daß dies seine Schwierigkeiten habe, daß es dabei ein Hindernis gab, das zu überwinden er seinen ganzen Willen brauchte. So spiegelte ihm seine Phantasie Komplikationen vor und darauf für jede einzelne den blinden Impetus, mit dem er sie dann überwand. Er sah sich, nun endlich wach geworden, um, und ihm blieb nur sein fester Entschluß, ins nächste Wirtshaus zum Abendessen zu gehen. Aber die Sonne war gerade erst untergegangen. Francescos Blick fiel auf den Wildbach neben der Straße, am Grund des Abhangs, wo zwischen friedlichen, weiß schimmernden Kiesstränden das klare tiefblaue Wasser floß, das die Sonne nicht mehr erreichte. Er bekam Lust, hinunterzuklettern und sich dort auszuruhen. Unten, auf dem Kiesstrand, streckte er sich bäuchlings aus und stützte den Kopf mit dem Kinn auf die geschlossenen Fäuste. Mit dem Blick den Lauf des Wildbachs zurückverfolgend, kam Francesco, ohne auf Hindernisse zu stoßen, bis zum Sankt Bernhard und den ersten Gletschern. Der Sonnenuntergang säumte sie mit einer gleichbleibenden Helligkeit, die unbeweglich schien und, wenn man den Blick nicht abwandte, eher zunahm als erlosch. Vom Gletscher aus senkten sich die Schatten immer tiefer zur Erde, aber sie brachten keinen Frost mit, sondern hatten sogar etwas von einem mütterlichen Appell. Wenn oben Kälte herrschte, dann war sie gewiß von der Art, die die Glieder taub macht und bald als Hitze empfunden wird.

Er stieg wieder zur Straße hinauf, die flach zwischen Obstgärten dahinführte. Am Ende eines Dorfes, ein wenig abseits von der eigentlichen Ortschaft, fand er ein Wirtshaus, zu dem man über einen weiten freien Platz gelangte. Der Speisesaal war gesteckt voll von Gästen, die gerade mit dem Essen fertig waren. Eine Magd, mit hagerem, dabei rundem, sommersprossigem Gesicht, das Haar auf dem Kopf zu einem endlosen Zopf geflochten, mit spitzen Schultern und steifen Bewegungen – sie erinnerte ihn an die Frauen, die auf den Darstellungen flämischer Meister von der Geburt Christi die Wäsche oder die Speisen tragen – kam ihm entgegen und fragte ihn, wie er sein Huhn haben wollte: nach Jägerart, gekocht oder gebraten. Er sah sie überrascht an, aber sie erklärte ihm lächelnd, daß die Spezialität des Hauses sein Geflügel sei und daß die Gäste nur wegen der Hühner kämen. Francesco glaubte, daß der Spaß dieser unvermittelten Frage hier wohl so obligatorisch wie die Begrüßung war, und fühlte sich amüsiert. Jetzt erinnerte er sich auch, daß er, als er über die Tenne kam, Flügelschlagen und Gackern gehört hatte. Hier, erklärte ihm die Frau weiter, würden täglich Dutzende von Hühnern verzehrt. Niemand sonst verstünde so, sie zu mästen, und so, sie zuzubereiten. Sie führte ihn in den Speisesaal, wo die Gäste dicht nebeneinander vor ihren Tellern voller abgenagter Knochen saßen. Ein schönes junges Mädchen, hochblond, trug gerade für eine verspätet eingetroffene Tischgesellschaft das Essen auf: einen glänzenden Kapaun und ein halbes Hähnchen am Spieß. In einer Ecke spielten zwei Fremde, ein Mann und eine Frau – die elegantesten Gäste im Saal –, mit dem »Gabelbein« genannten Hühnerknochen, indem jeder auf seiner Seite mit aller Vorsicht und taktischer Geschicklichkeit zog, damit ihm der Knöchel in der Mitte blieb.

Francesco dankte aufs höflichste und hatte nicht den Mut, das Brathuhn nicht zu bestellen, obwohl ihn die Ausgabe erschreckte. Allein, als er bemerkte, daß die Frau sich anschickte, ihn zwischen zwei Gäste zu zwängen, bat er darum, in einem anderen Raum allein essen zu können. Die Magd entfernte sich für einen Augenblick, um ihn dann in den hinter der Theke gelegenen

Raum zu führen, wo die Wirtin, eine Witwe, mit ihren Kindern saß. Wie man es bei den Bäuerinnen des Val d'Aosta, wo sich die Nähe Frankreichs schon bemerkbar macht, oft trifft, sah sie wie eine in den Stürmen des Lebens gereifte, vornehme ältere Dame aus. Reserviert, ohne hochmütig zu sein, haben die Frauen von Aosta das von Natur, was bei uns, ungeachtet der Erziehung, niemals zur Gewohnheit wird: die schickliche Art, sich auszudrücken, keine Überraschung zu zeigen, keine Ausbrüche, bei jeder Gesprächswendung, auch einer unvorhergesehenen, gelassen zu bleiben; das gastliche Lächeln, das bei den jungen Frauen angenehme Liebesbeziehungen erhoffen läßt.

Francesco näherte sich der Wirtin, ohne zu sehen, daß sie gerade einem Säugling die Brust gab; und da er im Halbschatten das Bündel nicht erkennen konnte, beugte er sich herab. Sie hob den Blick und senkte ihn sogleich wieder; ruhig, mit einer Gebärde voller Würde, bedeckte sie ihre Brust. »*Monsieur veut donc manger seul?*« Sie erklärte, daß das Wirtshaus klein sei und weiter keine Zimmer besäße – es sei denn, er wolle im Hühnerstall essen, wo die Hühner gemästet würden, fügte sie scherzend hinzu. Aber Francesco ließ es sich gesagt sein. Man möge ihm nur einen Tisch zwischen die Hühnerkäfige stellen, wenn es sonst keine Möglichkeit gab, allein zu essen. Die Frau erhob sich und ordnete an, daß man einen Tisch – sie wagte nicht zu sagen: in den Hühnerstall, und so stockte sie, um alsdann fortzufahren – dort hinbringe, *où monsieur vous dira*. Sie sah ihn an, glücklich, ihre Anordnungen zu geben, mit dem nachsichtigen Lächeln einer Mutter, die viele Kinder gehabt hat. Sie schickte ihm ihre älteste Tochter, das blonde Mädchen, das kurz zuvor die verspäteten Gäste bedient hatte. Nachdem sie ihm das Brot und das Brathuhn gebracht hatte, ging sie wieder, nicht ohne sich die Ohren zuzuhalten, um in koketter Übertreibung auszudrücken, wie unerträglich ihr der Lärm der eingesperrten Hühner war. An der Wand war eine Reihe von Käfigen angebracht, und das Flügelschlagen war sozusagen das ständige Untergrundgeräusch für das kapriziösere der das Korn pickenden Schnäbel. Anfangs nahm Francesco, aus alter großstädtischer Gewohnheit, dem

Mädchen aus dem Volk gegenüber einen Ton ein wenig ironischen Wohlwollens und überlegener Selbstgefälligkeit an; aber er ließ ihn fallen, als er bemerkte, daß ihm das Mädchen mit einer stärkeren Waffe begegnete: mit jener Natürlichkeit im Betragen, die den Hochmut des anderen nicht einmal zu argwöhnen scheint.

Gleich am ersten Abend entstand zwischen Francesco und der Wirtstochter eine besondere Art Liebe, die so einige Tage andauerte und kein anderes Gesprächsthema kannte als das Essen und seine Zubereitung. Er hatte sich wieder in dem Gasthaus vor der engen Gasse einquartiert und kam nun jeden Abend zum Essen in den Hühnerstall. Er durfte, nachdem er gegessen hatte, seine Wünsche für den nächsten Tag äußern, und sie hörte ihn mit liebevollem Ernst an, als lege er ihr eine schwierige Frage zur Erwägung vor. Francesco bat sie: »*Ne pourriez-vous pas me faire trouver de la polenta?*« Und sie antwortete ihm mit einem *Oui*, so ernst und würdevoll, als wolle sie sich selbst ihm schenken. Doch nach wenigen Tagen erkannte Francesco, daß die *Ouis* des Mädchens ihm zu dreiviertel die Taschen geleert hatten. Aber in Aosta zu wohnen und nicht mehr in dieses Wirtshaus zu kommen, hielt er für unmöglich, ja fast für unredlich. Er hatte in diesen Tagen ein Gefühl für Würde und Mut gewonnen, und so entschloß er sich, einfach nach Turin zurückzukehren.

Allein, am Abend vor dem geplanten Aufbruch wußte er nicht, wie er sich verabschieden sollte. Er warf sich vor, die Höflichkeit des Gaststättengewerbes mit persönlicher Zuneigung zu verwechseln. Aber als das Mädchen bei ihm stehenblieb, um mit ihm zu plaudern, zitterte er vor Angst, daß sie schweigen könnte, weil ihm bei jeder Pause des Gesprächs der Augenblick gekommen schien, ihr seine Abreise anzukündigen, und er sich nun in der Zwickmühle befand, entweder diese Worte zu sagen, die ihm doch in der Kehle steckenblieben, oder sie nicht auszusprechen und dafür das peinliche Gefühl zu haben, ein Feigling zu sein. Er sprach nur gezwungenermaßen, als sie ihn beim Nachtisch fragte: »*Voyons, monsieur veut que j'achète quelque chose pour demain?*« »*Je pars*«, erwiderte er mit erstickter Stimme, um nach einer Pause wie jemand, der einen geliebten Menschen geschlagen hat und es nun bereut und ihm wenigstens den Schmerz wieder nehmen will, mit der Erklärung fortzufahren, daß er bestimmt im nächsten Sommer wiederkommen würde. Vielmehr nicht im Sommer, verbesserte er sich, da ihm die Vorstellung eines ganzen Jahres, dessen Ablauf er abzuwarten hätte, wie ein einziger Leerlauf vor Augen stand, nein, er wolle schon im Winter wiederkommen, wie die Skiläufer, aber allein. Er fand, daß er wie ein guter Arzt mehr versprach, als er halten konnte, um den Schmerz zu lindern. Sie sollten ihm also für den Winter ein gutes Zimmer bereithalten und ja nicht vergessen, daß auch ein Schreibtisch darin stehen müsse, in der Nähe des Fensters. Mit dieser die Zukunft vorwegnehmenden Einzelheit hoffte er das Mädchen davon zu überzeugen, daß er wirklich wiederkommen wollte, daß er es ehrlich meinte. »Wir sollten uns doch gleich«, sagte er – er sagte es italienisch und vergaß, daß er sonst immer aus Höflichkeit mit ihr Französisch gesprochen hatte –, »das Zimmer ansehen, das Sie mir geben können.« Er ging in den Nebenraum und begrüßte die Mutter, die dem Jüngsten die Brust gab, sie aber diesmal nicht vor ihm bedeckte, als gehörte er zur Familie. »*C'est dommage*«, sagte das Mädchen, als sie hereinkam, »*que monsieur s'en aille. On pouvait l'inviter à la fête de lundi.*« Auch hier mußte er sich erklären: Man möge Verständnis haben. Zum Ausgleich, glaubte er, wieder von seiner geplanten Winterreise sprechen zu müssen. »Haben Sie nicht gesagt, daß ich mir gern das Zimmer ansehen kann?« Noch während das Mädchen der Mutter den Wunsch Francescos mitteilte, hatte er selbst schon das Gefühl einer sinnlosen Komödie; er bedurfte einer Willensanstrengung, um sie bis zum Ende mitzuspielen. Da krähte ein Hahn im Stall. »Da haben wir die Kerze vergessen«, sagte das Mädchen, »und nun glauben die Hühner, es sei schon Tag!« Man schickte die Magd, und alsbald kam sie mit der ausgelöschten Kerze zurück; sie drückte den Docht zwischen Daumen und Zeigefinger aus, weil er noch rauchte, und sie tat es so zornig wie nach einer persönlichen Kränkung. Francesco ging hinauf, um sich das Zimmer anzusehen, ohne rechte

Überzeugung, eher widerwillig und mit der Furcht, sich lächerlich zu machen. Was für ein Andenken werde ich von dieser Liebe mitnehmen? dachte er, als er das Haus verließ, einen Hühnerknochen?

Er schlief in Aosta. Am nächsten Morgen ging er in eine Konditorei, um dort seinen Morgenkaffee zu trinken, denn jetzt konnte er ja sein Geld ausgeben. Nach ihm kamen zwei gutgekleidete junge Mädchen herein; sie traten an die Theke und begannen ein Gespräch mit dem Mann, der bediente. Aus ihren Worten entnahm Francesco, daß die beiden zwei kleine Schauspielerinnen auf Tournee waren, die im Schauspielhaus der Stadt auftraten. Er nahm sich plötzlich zusammen, da er das Gefühl hatte, die Mädchen mit flehenden Augen anzusehen und ihnen mit den Gefühlen eines Bettlers zuzuhören. Eine kurze Frage drängte sich ihm auf: Bin ich wirklich so glücklich, wie ich es in diesen Tagen geglaubt habe? Er fürchtete, sich doch nicht so glücklich zu finden, wie er gemeint hatte, und suchte nun nach einer Bestätigung, daß er es wirklich war und daß er nicht etwa wie ein Vagabund, sondern als freier Mann gelebt hatte. Er mußte noch einmal in das Wirtshaus zurückkehren, und wenn es nur für diesen Vormittag war; er mußte noch einmal Abschied nehmen und sich seiner Freiheit vergewissern, mußte sich das Glück dieser Tage noch einmal bestätigen, bevor er aufbrach und sie seinem Gedächtnis anvertraute.

Gegen zehn Uhr machte er sich auf den Weg. Als er das Gasthaus betrat, begann er, noch vor der Begrüßung, sich zu rechtfertigen, weil er fürchtete, daß man seine Rückkehr merkwürdig finden könnte. Er erklärte also, ein Telegramm seines Vaters habe ihn veranlaßt, noch ein wenig zu bleiben. Kaum hatte er das gesagt, als ihm bewußt wurde, daß er sich damit verpflichtet hatte, nicht nur diesen Tag zu bleiben. Aber er tat so, als mache ihm das nichts aus, und ließ es sein Bewenden damit haben; ja, um seinen Entschluß noch zu bekräftigen, bat er um Quartier in dem Zimmer, das er sich am Abend zuvor angesehen hatte.

Beim Mittagessen schien es ihm plötzlich, als ob sich der Nebel vor seinen Blicken teilte und als ob die fragende Kadenz, die ihn in all diesen Tagen verfolgt hatte, ihm jetzt, indem sie verstummte, sein Ziel enthüllen wollte. Er quälte sein Gedächtnis vergebens mit Bildern von Aosta, weil er dort nur unpersönliche Gegenstände fand; und das Zentrum, das er suchte, ohne es entdecken zu können, waren vielleicht zwei Augen und ein Gesicht. Und da richtete sich plötzlich seine fragende Unruhe auf das junge Mädchen und kam in ihm zur Ruhe. Es gab, allein indem es atmete, indem es lebte, auf eine Unzahl von Fragen Antwort; es war eine von Anbeginn an formulierte Antwort, die Francesco aber erst jetzt wahrnahm. Nach so vielen Stunden der Verworrenheit schien ihm dies die erste klare zu sein, und er suchte sie festzuhalten. Das junge Mädchen bemerkte sogleich, wie er sie verstohlen anblickte, mit einem Blick voller Liebe und Scham zugleich.

Zum großen Teil verbrachte er die folgenden Tage in seinem Zimmer. Ab und zu kam das junge Mädchen und berichtete: »Weißt du, wer jetzt gekommen ist? Der Jäger, der Briefträger«, als wohnte er seit Jahren im Ort und kenne alle Leute. Aber er kannte niemanden, und doch lächelte er bei diesen Informationen glücklich. Oft, wenn er mit ihr zusammen war, bekam er Lust zu lachen; und wenn sie sich entfernte, glaubte er, daß es ihr ebenso ging und sie sich deshalb verstecken wollte; und sich vorzustellen, daß sie lachte, genügte, daß auch er herzhaft lachte. Ihre leuchtend hellen Haare hatten sich seinem Blick so eingeprägt, daß er, wenn er die Augen schloß, sie sah, aber gleichsam losgelöst, wie einen leichtgefiederten Vogel, der lautlos schwebend im Winde leuchtete.

Am Abend stieg ein warmer Nebel vom Wildbach und dem bewässerten Gemüsegarten herauf und hüllte das Haus ein. Francesco war allein und streckte sich auf dem Bett aus; atmend spürte er einen anderen, weiblichen Atem, der fließend und wie Musik das Zimmer umgab und die Ruhe brachte. In solchen Augenblicken dachte er, daß er um nichts auf der Welt hätte sterben mögen. Seine Tage standen still, und seine Gedanken stockten.

Morgens stand sie früh auf, um, ohne daß ihre Mutter es

merkte, wieder in ihr Bett zurückzukommen. Auch er stand auf, und zusammen blickten sie durch die herabgelassenen Jalousien. Der weiße Morgennebel breitete eine helle Dämmerung, wie eine zweite Lichtquelle, über die Felder; lautlos tauchten die Karren aus ihr auf. Er stellte sich vor, daß dieser zärtliche Atem über das noch starre Gras strich, sich ein wenig an den Strahlen der aufgehenden Sonne erwärmte und sich wie ein Schleier über die Wiesen breitete. Auf der zum Großen Sankt Bernhard führenden Straße kam zuerst eine Kompanie Soldaten herab; Francesco preßte ihren Ellenbogen vor Freude, es besser als alle andern zu haben. Dann kamen ein paar Karren, und wenn es noch dunkel war, sah man zuerst die Laterne an der Deichselstange und dann die Ladung wie ein aufgetürmtes Gebirge, immer heller und kleiner beim nächsten. Abends vorm Einschlafen hörte er aufmerksam auf das Geräusch der fallenden Früchte draußen, und am Aufprall unterschied er, ob sie ins Wasser fielen oder ins Gras oder auf festeren Boden. Francesco stellte sich die Früchte vor, rund auf dem Rechteck einer Wiese. Dieses Bild vor Augen, schlief er ein. Zuweilen ergriff ihn mitten in der Nacht ein so übermächtiges Glücksgefühl, daß er aus dem Schlaf auffuhr. Er stand auf und lief ans Fenster. Er öffnete es, als habe ihn jemand gerufen, und blickte auf einen Paß zwischen zwei Gipfeln gerade gegenüber. Das Licht der Sterne legte sich zärtlich auf sein Gesicht, farbiges Licht, eingetaucht in den von der Erde aufsteigenden Dunst, ein luftig leuchtender Hof. Eingedenk dessen, was er gelernt hatte, erkannte er am Horizont die friedlich wandelnden Planeten.

Nach sechs Tagen stellte er fest, daß er nicht mehr genug Geld hatte, um seine Rechnung bei der Wirtin zu bezahlen. An eine Rückkehr nach Turin konnte er jetzt nicht ernstlich denken, als läge sie noch in weiter Ferne. Statt dessen schrieb er an seinen Vater und bat ihn um Geld, um noch vierzehn Tage länger bleiben zu können, und überlegte dabei, daß die Ausgaben für vierzehn Tage im Hotel, die sein Vater berechnen würde, für einen ganzen Monat im Wirtshaus reichen müßten. Aber er brachte es nicht über sich, die Antwort dort abzuwarten, wo er sich befand, es bedrückte ihn, noch mehr Schulden zu machen und sich vielleicht zahlungsunfähig erklären zu müssen. Deshalb entschloß er sich, mit dem wenigen, das ihm verblieben war, einen Ausflug in die Berge zu unternehmen, in der Erwartung, daß inzwischen das Geld für ihn postlagernd in Aosta bereitläge. Vom Ausflug zurück, wollte er, nachdem er das Geld abgeholt hatte, in das Gasthaus zurückkommen; andernfalls würde er es, mit einem höflichen Brief des Bedauerns, von Turin aus senden. So brach er denn eines Morgens nach Gressoney auf, von wo aus er über den Col d'Olen zur höchstgelegenen Schutzhütte des Monte Rosa hinaufstieg und dort zwei Tage blieb und bei geschlossenen Augen das sonnenbestrahlte Weiß des Gletschereises auf der Netzhaut genoß.

Am dritten Morgen stieg er zur Dufourspitze auf, die der nächste Gipfel war, fest entschlossen, danach sogleich nach Aosta abzusteigen und zu sehen, wie das Schicksal für ihn entschieden hatte. Die Ungewißheit beunruhigte ihn nicht weiter, so stark war sein Gefühl innerer Festigung geworden. Der Hüttenwart lieh ihm zwei Steigeisen für seine Schuhe, die zwar genagelt waren, aber ungeeignet für die Besteigung eines Gletschers.

Es war ein so klarer Tag, daß die Luft wie ein Vergrößerungsglas wirkte; die Gipfel der anderen Berggruppen erschienen deutlich und fern wie durch ein umgekehrtes Fernrohr gesehen. Ein rosiger Lichthof umgab die Bergspitzen; sie strahlten erhaben, wie über der Erde schwebend. Aber dort, wo Francesco wanderte, wehte ein sehr starker Wind, ein sozusagen unsichtbarer Sturm bei klarem Himmel, über das Eis. Die erste Strecke hatte er im Windschatten des Hangs zurückgelegt; nachdem er ihn erreicht hatte und sich nun auf dem Kammweg befand, der in Stufen zum Gipfel führte, traf ihn die Gewalt des Sturms ohne Deckung.

Er kam nur langsam vorwärts, behindert durch eine Eisschicht auf dem Felsen, die der Wind, der den schon kräftigen Sonnenstrahlen entgegenwirkte, jeden Augenblick härter machte. Zu beiden Seiten fiel der Berg steil ab. Der Kammweg machte eine Biegung, die man von weitem nicht sah, und die so beschaffen war, daß man, um den Aufstieg fortzusetzen, erst ein paar Meter heruntersteigen mußte. Francesco klammerte sich an einen Stein und ließ einen Fuß herabhängen; aber als er genauer hinsah, um nicht fehlzutreten, bemerkte er, daß sich das Steigeisen, das für den Schuh zu groß war, gelöst hatte und nur noch lose am Riemen hing. Er wollte das Steigeisen abnehmen, bevor er den Fuß aufsetzte, weil sonst Gefahr bestand, daß er mit dem baumelnden Eisen ausglitt, oder daß es sich gänzlich löste. Sobald er wieder einen sicheren Stand gefunden hatte, wollte er es dann fester binden. Er beugte den Rumpf und versuchte, während er sich mit der linken Hand am Felsen festhielt, mit der rechten den Absatz zu fassen; da er nicht so weit reichte, machte er, mit dem Arm herumfuchtelnd, alle möglichen Anstrengungen, und da auch sie erfolglos blieben, versuchte er, nun den Fuß der Hand entgegenzustrecken. Doch diese instinktive Bewegung erschütterte sein Gleichgewicht. Er kam ins Rutschen und stürzte.

Das, was Francesco Possagno nun dachte und fühlte, geschah während eines winzigen Zeitraums, der vielleicht nur den Bruchteil einer Sekunde ausmachte. Ein Gedanke trat plötzlich mit so vollkommener Klarheit in sein Bewußtsein, als wäre er seit langem bereitgestellt gewesen und nun durch einen Druck auf den Knopf hochgeschnellt worden: Ich werde irgendwo Halt finden. Es ist nichts weiter. Ich werde leben. Ich bin schon gerettet. Sofort klammerte sich sein Bewußtsein hartnäckig an diesen Gedanken, so wie sich seine Hände an einem Felszacken festgehalten hätten. Ich werde Halt finden. Es wird mir nichts geschehen. Ich werde weiterleben. Indessen stürzte er. Der Gedanke, an den er sich klammerte, schien sich zusammenzurollen, wie gewisse Blätter sich, wenn man sie berührt, in Spiralen zusammenrollen. Zusammengerollt, verdorrte er und fiel ab wie ein welkes Blatt vom Baum. Francesco fuhr zwar fort, diesen Gedanken festzuhalten, ja er bemühte sich, ihn immer intensiver zu denken, aber auch sein Geist schien sich, trotz aller Anstrengung, mit ihm vereint zu bleiben, von ihm zu lösen; und während Francesco diese Worte inständig wiederholte, waren es schon nicht mehr seine Worte, waren es schon Worte wie die, die sich im Kopf des Guillotinierten nach seinem Tode formen. Sein Leben war jetzt ganz in den übrigen Teil seines Körpers übergetreten, der sich von diesem irrigen Gedanken befreit hatte und einen Schreckensschrei ausstieß, den Francesco nicht begriff, als er ihn hörte. Denn er war wie enthauptet. Es war ein Schrei, der, die Luft durchschneidend, anschwoll und der ihm wie das Brausen des Windes erschien, wie ein Dröhnen, das ihm aus dem Tal entgegenschlug. Dies alles ereignete sich in ihm in weniger als einer Sekunde; es war, als habe sich der Zeitablauf verlangsamt oder das Denken sich beschleunigt. Francescos Sturz endete auf einem vorspringenden Felsen, der nicht tiefer als zehn Meter unter dem Punkt lag, von dem er abgestürzt war.

Daß er wieder zu sich kam, wurde ihm nur bewußt, weil er auf einmal wieder den Satz: »Ich werde weiterleben« vor sich sah, als ob er die ganze Zeit an der Schwelle des Bewußtseins auf ihn gewartet hätte. Vielleicht hätte es auch nicht genügt, daß er ihn nur sah, weil er ihn dann wie ein Spiegel zurückgeworfen hätte; aber sein Geist bemächtigte sich dieses Satzes gleichsam mit einem Sprung, sobald er vor ihm aufgetaucht war. Als er mehrmals und in allen Tonarten wiederholt hatte: »Ich werde weiterleben«, hatte er, obwohl er nur dem inneren Klang dieser Worte lauschte, das Gefühl, sich zu bewegen. Er schwieg und hielt den Atem an. Als er sich vergewissert hatte, daß es stimmte, entschloß er sich, die Augen zu öffnen, und erkannte, daß er gerade an Schultern und Füßen über die Schwelle der Schutzhütte getragen wurde. Die Raschheit seines Denkens war noch die gleiche wie im Augenblick seines Sturzes. Auf dem kurzen Weg nahm er die verschiedensten und gleichgültigsten Dinge mit einer ungewohnten Eindringlichkeit und Ernsthaftigkeit wahr. Nach dem Licht zu urteilen, mußte es, wie er fest überzeugt war, elf Uhr sein, und doch hatte er in der Vergangenheit noch nie die Zeit nach dem Tageslicht bestimmen können. Die einzelnen Phasen seines Transports, das Überschreiten der Schwelle, das Durchqueren des Speiseraums, der Anblick dieses oder jenes Gegenstands, schienen ihm so getrennt voneinander zu sein, daß er dazwischen genügend Zeit fand, sich über jeden seiner Eindrücke Gedanken zu machen. Denn der Weg kam ihm lang vor. In dem Zimmer befanden sich viele, erst vor kurzem eingetroffene Ausflügler, eng um die Tische gedrängt, die aber aufstanden, um ihn zu sehen, während er vorbeigetragen wurde. Er betrachtete das Gesicht eines jeden, und er glaubte, daß es mit dem Sehen allein nicht getan war, sondern daß es viele weitere Fragen aufwarf, die er sich jedoch keine Mühe gab zu klären: Herkunft und Beruf, die Art, zu sprechen und sich zu bewegen, lauter Dinge, die er, wenn nötig, ins Gedächtnis zurückrufen konnte, genau wie bei den Menschen, die er kannte, den Verwandten und Freunden. Natürlich dachte er das alles nicht so klar, und er hätte mehr in Erfahrung gebracht, wenn nicht dieses kleine Mädchen mit der roten Matrosenmütze gewesen wäre, das sich zwischen die Leute drängte und sich auf die Zehenspitzen stellte, um ihm ins Gesicht zu sehen; es zerriß den Faden seiner Gedanken, es schnitt ihm den Blick ab und lenkte ihn auf seine nächste Umgebung.

In dem kleinen Zimmer nebenan, dem Schlafraum, warteten die beiden Männer die Rückkehr des Hüttenwarts ab, bevor sie Francesco auf die Pritsche legten. Er brachte eine Matratze mit, die er aus einer benachbarten Hütte geholt hatte, einer Unterkunft, die nur gelegentlichen Besuchern diente, Wissenschaftlern, die zu Forschungszwecken heraufkamen. Sobald Francesco ausgestreckt lag, fühlte er, wie er abgetastet wurde. Es verursachte ihm einen leichten, ja fast angenehmen Schmerz, der eine einschläfernde Wirkung auf ihn hatte. Als er aufwachte, fand er sich an Hüften und Brust wie ein Säugling fest in Binden gewickelt und wußte mit Sicherheit, daß wieder eine Stunde vergangen war, daß es also zwölf Uhr mittags war. Aber vielleicht glaubte er das auch nur, weil die Touristen jetzt ihre Mahlzeit einnahmen.

Merkwürdig, daß er das sah, obwohl er sich in dem anderen Zimmer befand. Aber anscheinend war sein Sehvermögen nicht mehr an seinen Körper gebunden; es hatte ihn zurückgelassen – und das war nur natürlich –, wie eine Frau, bevor sie ins Bad steigt, die Hüllen fallen läßt, ohne darauf zu achten; so hatte es sich, flink und geräuschlos, an die Tür zum Nebenraum begeben. Vielleicht glaubte er es auch nur, weil sich ihm jedes Geräusch als Bild mitteilte. Alle Linien des Zimmers liefen sonderbarerweise auf den eisernen Ofen zu, auf dem ein dampfender Topf stand – der Gegenstand, der ihm bei seinem Vorbeikommen am meisten aufgefallen war; ebenso wie er den Eindruck gehabt hatte, daß sich alle Anwesenden um das Mädchen mit der roten Mütze versammelt hätten, während sie in Wahrheit in einer Ecke gestanden hatte. Alle schwiegen, teils aus Rücksichtnahme, teils aus Verlegenheit. In dieser Stille hörte er das Geräusch von Eierschalen und unterschied (und er glaubte, es zu sehen), ob sie mit dem Messer aufgebrochen oder schräg am Tellerrand aufgeklopft wurden oder mit dem unteren Teil am Tisch; und das Klappern der Gabeln auf irdenen Tellern oder Aluminiumgeschirr; und nachdem er ihren Rhythmus aufgenommen hatte, wie von mehreren gleichzeitig laufenden Uhren, konnte er mit den Augen jeweils auch die Hand erkennen. Und er hörte das knirschende Geräusch der Messer, wenn sie über die Teller glitten, hörte, wie das Wasser kochte und das Holz im Ofen krachte. Er hörte das Knistern der Tüten und das scharfe Geräusch, das der Büchsenöffner machte, wenn eine Fleischdose geöffnet wurde. Er spürte den Widerstand, den das Blech dem Büchsenöffner entgegensetzte, und es beunruhigte ihn, und er flehte die Hand an, die Anstrengung zu verdoppeln. Auch das unwillkürliche Scharren der Füße beunruhigte ihn, in dem sich, wie er glaubte, die unterdrückten Worte Luft machten. Nach und nach unterschied er die Menschen im Nebenraum, konnte er aus der Fülle der Geräusche dem Besonderen jeder Person nachgehen. Und bei jedem von ihnen bewährte sich wieder, wie bereits bei seinem Eintritt, die intuitive Sicherheit, daß er, wenn er nur wollte, dessen Vergangenheit hätte erzählen können, nicht anders, als wären es alte Bekannte. Aber diese Mühe machte er sich nicht.

Neue Ausflüglergruppen kamen, die nichts von ihm wußten; er hörte, wie die Tür aufgerissen wurde, und der Luftzug brachte eine plötzliche Explosion von Stimmen – wie Böen von Orgelmusik auf dem Platz vor der Kirche, wenn jemand die Tür öffnet und herauskommt. Aber so wie diese Orgelklänge unvermittelt wieder abbrechen, so erstarben diese Stimmen, und die alte Stille kehrte zurück. Francesco hatte beim Öffnen der Tür für einen Augenblick den Platz vor der Hütte gesehen, unter dem Schnee, der in der Sonne blendete; und er hatte die Neuankömmlinge gesehen, ein deutsches Ehepaar, er groß und dürr, sie rundlich, mit einem kleinen Jungen; und zwei englische Studenten. Dann hatte er eine Handbewegung beobachtet, mit der einer der am Tisch Sitzenden um Ruhe bat, und jetzt sah er, wie sich seine Lippen bewegten, als er den Neuankömmlingen, mit einem Blick in Richtung des Schlafraums, den Grund dafür nannte.

Was sagt er ihnen wohl? überlegte Francesco. Wenn ich es hören könnte, wüßte ich vielleicht, ob Gefahr für mich besteht. Bei dieser Überlegung erwachte er gleichsam, er spürte seinen Körper wieder. Und es wurde ihm plötzlich bewußt, daß der, dem er die Möglichkeit, in den Raum nebenan zu schauen, zuschrieb, gar nicht er war, sondern der Hüttenwart, der wie ein Wachtposten an der Tür zum Nebenraum stand.

Wie unhöflich ich gewesen bin, dachte er, da er nun wieder zu sich gekommen war. Wenigstens hätte ich etwas später kommen können, so daß sie in Ruhe hätten essen können. Am liebsten hätte er sich jetzt bedankt und entschuldigt oder wäre Hals über Kopf davongelaufen. Einen Augenblick war es ihm nur schmerzlich, soviel Unannehmlichkeiten zu bereiten, und das Schweigen, dessen Ursache er war, bedrückte ihn. Es wäre ihm lieber gewesen, wenn sie sich unterhalten, wenn sie gelacht und Lärm gemacht hätten, um ihn von diesem Druck zu befreien; und er fürchtete, daß dieses Schweigen aus Rücksichtnahme sie insgeheim gegen ihn aufbrachte und daß sie drüben mit mißmutigen, verdrossenen Gesichtern herumsaßen. Wenn sie ihm doch wenigstens ein freundliches Wort sagen, sich ihm ohne Bitterkeit nähern wollten! Er war schon im Begriff, es dem Hüttenwart zu sagen, als er plötzlich denken mußte: Sind diese Skrupel nicht übertrieben, wenn es mein Schicksal sein sollte, zu sterben? In dem Fall hätten sie kein Recht, sich über mich zu beschweren. Also nur in einem Fall brauchte er sich keine Gewissensbisse zu machen, nämlich wenn er sterben mußte. Erst jetzt wurde ihm bewußt, daß er an den Tod gedacht hatte, und dieser Gedanke widerstrebte ihm so sehr, daß er sich verbot, ihn zu denken; und da es feststand, daß er weiterlebte und er also so viele Leute um nichts und wieder nichts gestört hatte, klammerte er sich jetzt an seine Gewissensbisse wie der Schiffbrüchige an den Rettungsring. Er argwöhnte, daß seine Gewissensbisse kleinmütig, unwichtig, unbegründet seien; nun übertrieb er sie, begründete sie und bemühte sich, sie zur Verzweiflung zu steigern; als wüchse in dem Maße, in dem seine Verzweiflung wuchs, auch seine Gewißheit, am Leben zu bleiben. So viel Rummel, dachte er bei sich, erregt und gleichsam innerlich schreiend, und nur besorgt, nicht laut genug zu schreien, wegen einer Schramme!

Aber der Schreie ungeachtet, wuchs seine Bestürzung, sosehr er versuchte, sie zu unterdrücken. Und je mehr sie zunahm, um so mehr suchte er, sie durch sein innerliches Schreien zu übertönen; aber er erreichte nur, daß sie sich gegenseitig steigerten. Am Ende konnte er die Frage nicht länger zurückhalten; sie stellte sich ihm als fertige Überlegung: Warum sind die Leute still? Sie würden doch nicht schweigen, wenn es sich nur um eine Schramme handelte. »Herr Hüttenwart«, wandte er sich an den Mann an der Tür, »warum bewachen Sie mich? Es ist nicht nötig. Und warum sprechen die Leute nicht? Sagen Sie ihnen, daß es mich nicht stört.« – Jetzt, dachte er bei sich, werden sie wenigstens aus Rücksicht auf mich sprechen, damit ich nicht merke, wie es um mich steht. Übrigens würde es ihm schon genügen, wenn sie auch nur aus Rücksicht sprachen.

Der Hüttenwart warf einen Blick in den Aufenthaltsraum.

»Seien Sie doch ruhig. Es ist niemand mehr da.«

»Das ist nicht wahr. Es sind noch alle da.«

Francesco hatte den Eindruck, daß gerade, während der Hüttenwart sprach, ein Mann, die Initiative für alle ergreifend, plötzlich aufstand und ans Fenster trat und daß eine Frau, gleichsam unter Berufung auf sein Beispiel, ebenfalls aufstand, um sich die Hände am Ofen zu wärmen.

Kein Laut war zu hören. Der Hüttenwart wandte zweimal den Kopf, um abwechselnd in das eine und das andere Zimmer zu sehen. Dann, da er sich anders nicht aus der Verlegenheit zu ziehen wußte, gebot er Francesco brüsk, zu schweigen. Der entschiedene Ton beruhigte Francesco für einen Augenblick; er nahm ihn für das sichere Zeichen seiner Rettung. Doch dann schien ihm das kleine Mädchen mit der roten Mütze aufgestanden zu sein und etwas sagen zu wollen, aber ein Blick ihrer Mutter veranlaßte es, sich wieder auf die Bank zu setzen.

»Sie soll ruhig reden!« brummte er vor sich hin. »Wie kann man nur ein kleines Mädchen so zum Stillsitzen zwingen!«

Ein Gedanke durchzuckte ihn. Wenn es doch wahr wäre, was der Hüttenwart sagt? Wenn sie alle aus Abneigung gegen mich fortgegangen wären? Wenn ich mir alles nur eingebildet hätte? Aber die Vorstellung des leeren Zimmers, mit leeren Bänken um den erloschenen Ofen und den Essensresten auf den Tischen erschreckte ihn mehr als alles andere. Sie vermischte sich mit seiner Todesfurcht. Und da er nicht wissen konnte, wie es sich wirklich verhielt, schwankte er hin und her zwischen den beiden Vorstellungen, der der leeren und der der überfüllten Stube, und je nachdem zu welcher der beiden er sich gerade entschloß, hoffte oder fürchtete er, daß die Hüttentür noch einmal aufging und neue Gäste hereinkamen. Vor allem aber fürchtete er, feststellen zu müssen, daß alle seine Gedanken nur Fieberphantasien waren; oder auch, falls wirklich Gäste in der Hütte waren, diese jetzt fortgehen könnten. Dann wollte er zu ihnen gehen und sie bitten zu bleiben, wollte ihnen gut zureden und sie an die Hand nehmen, um ihnen zu zeigen, wie unbegründet ihre Scheu sei, weil ihm überhaupt nichts fehlte, und daß es wirklich nicht seine Schuld war, wenn sie den Fall so tragisch nahmen. Im Gegenteil, er wünschte sie fröhlich zu sehen, und wollte, daß sie mit ihm feierten.

Die Vorstellung des überfüllten Zimmers überwog, und sie beruhigte ihn, so sehr war er auf diese Menschen angewiesen, um etwas zum Denken und Vorstellen zu haben, kurz, um leben zu können. Warum kommen sie nicht hier herein, um auszuruhen, fragte er sich. Wenn es nicht schlecht um mich stünde, würden sie mich nicht allein lassen. Eine Weile lebte er in der Hoffnung, jemand könnte hereinkommen, sich ausstrecken und rücksichtslos die Schuhe von den Füßen streifen und in eine Ecke schleudern, ihm stumm den Rücken zuwenden wie irgendeinem andern auch. Aber als er merkte, daß er umsonst wartete, wurde er böse auf den Hüttenwart, der es nicht verstand, sich für ihn einzusetzen. Aber dann sah er die Sache wieder anders.

Es ist ausgeschlossen, daß die Leute deshalb nicht hereinkommen, weil mein Zustand ernst wäre. Denn gerade dann würden sie sich verstellen, um mich nicht mißtrauisch zu machen. Alle würden hereinkommen, um ein Wort mit mir zu reden, und wären bemüht, mir ein normales Gesicht zu zeigen. – »Hüttenwart«, begann er von neuem, »ich fürchte, diese Herrschaften könnten gehen, bevor ich aufstehe. Lassen Sie sich bitte ihre Adressen geben, damit ich mich bei ihnen, sobald ich wieder schreiben kann, wegen der Unannehmlichkeiten entschuldige, die ich ihnen bereitet habe.«

Der Sinn dieses Satzes war es, die Worte »sobald ich wieder schreiben kann« auszusprechen und sich, indem er sie aussprach, ihrer Wahrheit zu vergewissern. Bald darauf verband ihn der Hüttenwart noch einmal und sagte ihm, daß der Arzt am nächsten Morgen aus Alagna kommen würde. Jetzt kam es ihm so vor, als ob die Leute im Nebenraum sich allmählich an die Situation gewöhnten und sich etwas unbefangener bewegten. Er glaubte, die ersten Worte zu hören, die sich, zunächst noch abgerissen und scheu, am Ende zu Sätzen verbanden. Wenn er auch nichts verstehen konnte, rührte es ihn doch, denn es erinnerte ihn an die Abende zu Hause, als er noch klein war, wenn es Zeit geworden war, daß er zu Bett gehen mußte, sein Vater aber nichts sagte. Er sah ihn ängstlich an, in der Hoffnung, der Vater hätte nicht gemerkt, wie spät es schon war, und ließe ihn noch länger aufbleiben. Aber gerade an seinem verstohlenen Blick bemerkte der Vater, wie spät es wirklich war.

Er schlief ein. Als er erwachte, schien der Morgen anzubrechen. Niemand schien in der Schutzhütte zu sein, aber er hatte keine Angst. Das junge Mädchen aus Aosta stand vor ihm; er bemerkte es erst nach einer Weile. Sie stand draußen auf der Terrasse vor der Schutzhütte und sah dem Sonnenaufgang zu. Er selbst befand sich nicht mehr in der Hütte, sondern dem Mädchen gegenüber, wie in der Luft schwebend, gerade vor der Terrasse. Unten lag Aosta, und wenn er auch nicht hinunterblickte, sah er es doch auf eine von den Augen unabhängige Weise: ein leuchtendes Aosta, wie die Projektion einer Laterna magica auf eine Nebelwand, oder wie eines dieser Gebilde, die in einem Gemälde die Gedanken einer der dargestellten Personen versinnbildlichen sollen. Er sah nur die junge Frau an und wollte sie etwas fragen. Hinter ihr war die Hütte, von blauem Himmel und von flammenden Wolken umrahmt, deren Widerschein ihrem Gesicht Farbe lieh. Als er sie so starr ansah, fühlte er eine solche Nähe, daß er meinte, in ihren großen aufgerissenen, tränenlosen Augen, in denen sich still die leuchtende Morgenröte spiegelte, zu ertrinken. Sie zählte die Berge gegenüber auf.

»Was für eine Freude!« sagte Francesco Possagno. »Ich bin frei. Ich bin glücklich. Wann werde ich genesen sein? Kann ich dich morgen besuchen?«

Bei jedem seiner Worte verlor die Erscheinung an Kraft, und immer rascher nickte sie ihm zu, zum Zeichen der Bejahung.

Tommaso Landolfi

Hochzeitsnacht

für Libero de Libero

Gegen Ende des Hochzeitsbanketts meldete man die Ankunft des Schornsteinfegers. Daß gerade heute die Zeremonie der Kaminreinigung stattfinden sollte, freute den Vater, und er gab leutselig die Weisung, man möge den Mann hereinbitten; der aber zeigte sich nicht und zog vor, beim großen Herd in der Küche zu bleiben. Leider waren noch nicht alle Trinksprüche ausgebracht, so daß einige Gäste den unvorhergesehenen Aufbruch heimlich mißbilligten; dennoch erhoben sich schließlich unter dem Jubel der Kinder alle vom Tisch.

Die liebe Braut hatte noch nie einen Schornsteinfeger gesehen: sie war immer in der Schule gewesen, wenn er kam. Sie trat in die Küche und stand vor einem großen, schweren Mann in einem Samtgewand, das wie gekochtes Öl schimmerte, mit imposantem grauem Bart und gebeugten Schultern; wie um seiner krummen Haltung entgegenzuwirken, trug er mächtige Bergschuhe, die seinen Körper im Gleichgewicht zu halten schienen; seine Gesichtshaut war, obwohl er sich eben jetzt mit Sorgfalt gewaschen hatte, durch und durch geschwärzt, als säßen unzählige verschieden große Mitesser darin; mit den schwarzen Rückständen, die sich in den Falten seiner Stirn und Wangen gesammelt hatten, sah er aus wie ein alter Philosoph. Dieser Eindruck verflog jedoch rasch, und die große Schüchternheit des Mannes trat zutage, als seine Gesichtszüge in einem unbeholfenen Lachen verschwammen.

Der Mann hätte, da er hinter der Tür stand, die Braut beinahe erschreckt und war offenbar selbst erschrocken; denn als hätte man ihn bei einer unschicklichen Handlung ertappt und als müßte er seine Gegenwart an diesem Ort rechtfertigen, begann er hastig zu reden und wiederholte immerfort einige Sätze, wobei er sich besonders an die Braut wandte, die ihm nicht zuhörte und nichts verstand. Er stotterte mit Ausdauer, offenbar überzeugt, es sei, was er sagte, für sie äußerst wichtig, und musterte sie dabei mit verstörtem und dennoch zudringlichem Blick. Der Braut war augenblicklich klar, daß er die Natur eines Kriechtiers hatte.

Der Mann zog die Jacke aus und knöpfte seine Weste auf. Die Braut entwischte durch die zweite Tür, blieb aber weiterhin neugierig darauf, was drinnen vorging; sie hatte das Gefühl, etwas Unziemliches bereite sich vor, sie dachte, ihre Gegenwart würde den Mann bei seinen Verrichtungen stören, und zugleich schien ihr, sie müsse sich ob der ganzen Angelegenheit für ihn schämen. Weil aber kein Geräusch ihrer Neugier weiterhalf, ging sie nach einiger Zeit wieder in die Küche. Die Kinder waren entfernt worden, und er war allein; er hatte im Rauchfang eine Leiter aufgestellt und stieg gerade hinauf; er war barfüßig und in Hemdsärmeln, über seinem braunen Hemd war auf Brusthöhe mit einigen Riemen ein Werkzeug befestigt, das aussah wie ein Spachtel und dessen Gebrauch der Braut ein für allemal unbekannt blieb; Mund und Nase hatte er mit einer Art Maske bedeckt, die auf den Ohren festsaß. Die Braut aber sah ihn nicht in den Schlund des Kamins eindringen, weil sie von neuem entfloh.

Als sie ein zweites Mal zurückkam, war die Küche vollkommen leer, und ein fremder, schrecklicher Geruch hatte sich in ihr verbreitet. Die Braut blickte sich um und dachte zunächst, er müsse von den großen Schuhen des Mannes kommen, die neben einem Kleiderhaufen in einer Ecke der Küche standen; der modrige Geruch kam jedoch vom Ruß, der sich auf der Herdplatte häufte, auf die er in kleinen Schüben fiel, im Takt eines dumpf dröhnenden Kratzens, das im Hausinnersten rumorte und von dem ihr Leib vibrierte. In Abständen verriet ein stumpfes Reiben das mühsame Emporklimmen des Mannes.

Dann herrschte für einen Augenblick tiefste Stille, und die Spannung der Braut wuchs ins Unermeßliche. Sie blickte immer noch auf den Schlund des Kamins im Innern des schwarzen

Rauchfangs; der Schlund war nicht viereckig, sondern schmal, ein dunkler Schlitz.

Plötzlich erklang ein lauter, kehliger, unmenschlicher Schrei, wer weiß woher, aus den Mauern, den Steinen des Hauses, aus den Bäuchen der Kochtöpfe, aus der Brust der Braut selbst, deren Leib erbebte. Der tierische Todesschrei erwies sich bald als Triumphruf: der Mann hatte das Dach erreicht. Dann setzte, jetzt in kürzeren Abständen, das stumpfe Reiben wieder ein; schließlich sah man aus dem Schlitz einen haltsuchenden schwarzen Fuß auftauchen, Fuß eines Gehängten. Der Fuß fand die oberste Sprosse der Leiter, und die Braut entwischte.

Sie saß dann im Hof auf einem Mühlstein, und die alte Wirtschafterin, eine jener Frauen, für die alles neu bleibt, hielt sie auf dem laufenden, kam und ging geheimnistuerisch und überbrachte Nachrichten: »Jetzt steht er unter dem Rauchfang und putzt sich«; und die Braut stellte sich vor, wie er, mitten auf dem Rußhaufen wie ein Totengräber auf einem Erdhügel, den Ruß von sich klopfte. »Aber was tut er wohl an die Füße, daß er Halt findet?«; die Wirtschafterin eilte hinein und fragte: »Guter Mann, was tut Ihr an die Füße, daß Ihr Halt findet?« Sie bekam eine fröhliche Antwort, die sie nicht verstand. »Jetzt hält er Brotzeit«; und die Wirtschafterin blieb drinnen. Dann erschien sie wieder mit einem Sträußchen Edelweiß; sie sagte, der Mann habe es einer hübschen kleinen Schachtel entnommen und verehre es dem Fräulein Braut.

Kurz darauf erschien er selbst, angekleidet, mit einem Quersack über der Schulter. Er ging durch den Hof und wollte sich davonmachen, doch der Vater hielt ihn auf und begann, ihn leutselig über sein Leben auszufragen. Auch die Braut trat herzu. Im fahlen Licht der Wintersonne sah der Mann, inzwischen noch schwärzer im Gesicht, mit seinem verrußten Bart und den vom Licht geblendeten, zusammengekniffenen Augen wie ein großer Falter aus, wie ein vom Tag überraschter Nachtvogel. Oder noch eher wie eine Spinne oder Assel; denn schließlich ist ein Rauchfang, wenn es draußen hell genug ist, von unten gesehen nicht ganz schwarz, weil er ein graues, schleimiges Licht ausschwitzt.

Er sagte, daß er schon seit fünfunddreißig Jahren durchs Land ziehe und die Schornsteine fege, daß er im nächsten Jahr seinen Sohn mitnehmen wolle, um ihn das Handwerk zu lehren, daß es nun verboten sei, Edelweiß zu pflücken, daß er aber heimlich jene wenigen habe sammeln können, und andere belanglose Dinge. Dennoch merkte man, daß er, ob aus Vorsicht oder Kummer, all dies nur sagte, um sich zu verbergen, daß er sich in diesen Vorhang von Worten hüllte, wie der Tintenfisch sich umwölkt.

Er kannte alle Toten in der Familie, und niemand hatte ihn je beachtet!

Der Braut schien es nun, daß sie sich nicht für ihn, sondern für sich selbst schäme.

Als er gegangen war, steckte sie die Edelweiß unter die Bilder der Toten.

Cesare Pavese

Selbstmorde

I

Es gibt Tage, wo die Stadt, in der ich lebe, die Leute, der Verkehr, die Bäume, wo alles am Morgen mit einem seltsamen Aussehen erwacht, gewohnt und doch fremd, etwa wie in jenen Augenblicken, wenn man sich im Spiegel betrachtet und sich fragt: Wer ist das wohl? Für mich sind das die einzigen liebenswerten Tage im Jahr.

An solchen Vormittagen entrinne ich, wenn ich kann, dem Büro ein wenig früher, gehe hinunter und mische mich auf der Straße unter die Menge; ich scheue mich nicht, jeden, der vorübergeht, ebenso keck anzusehen, wie, so denke ich mir, mancher Vorübergehende mich ansieht – denn in diesen Augenblikken fühle ich mich tatsächlich richtig keck, und das macht mich zu einem anderen Menschen.

Ich bin überzeugt, daß ich vom Leben nie etwas Wertvolleres haben werde als die Entdeckung, wie ich es fertigbekommen kann, diese Augenblicke nach Belieben hervorzurufen. Auch ist mir bisweilen eine Art geglückt, sie zu verlängern: Ich setze mich in irgendein ganz neues helles Café mit großen Fenstern und nehme von hier aus den Lärm des Hin und Her und der Straße in mich auf, die jäh aufspringenden Farben und Stimmen und die innere Ruhe, die den ganzen Aufruhr mäßigt.

Ich habe innerhalb weniger Jahre Enttäuschungen und brennende Gewissensqualen erlitten, und doch kann ich versichern, daß mein heißester Wunsch allein dieser Frieden und diese heitere Ruhe ist. Ich bin für die Stürme und für den Kampf nicht geschaffen; wenn ich auch an manchen Vormittagen hinuntergehe, zitternd vor Verlangen, die Straßen zu durcheilen, und mein Schritt einer Herausforderung gleicht, so wiederhole ich: Nichts fordere ich vom Leben, als daß es sich betrachten läßt.

Und doch läßt auch diese bescheidene Lust manchmal geradezu die Bitterkeit eines Lasters in mir zurück. Nicht erst seit gestern weiß ich, daß zum Leben eine Schläue notwendig ist, mehr sich selbst als den andern gegenüber. Ich beneide diejenigen, die es fertigbekommen – es sind besonders die Frauen –, eine schlechte Tat, eine Bosheit zu begehen oder auch nur eine Laune zu befriedigen, nachdem sie eine ganze Reihe von Umständen dahin dirigiert haben, daß ihre Tat vor ihrem eigenen Gewissen als rechtmäßig erscheint. Ich habe keine großen Laster – falls nicht die Neigung, sich aus Mangel an Vertrauen vom Kampf zurückzuziehen und eine einsame Gemütsruhe zu suchen, das größte der möglichen Laster ist –, aber ich verstehe es auch nicht, mich selbst mit Schlauheit zu behandeln und mich in der Gewalt zu haben, wenn ich das wenige genieße, das mir gewährt ist.

Kurz, es kommt vor, daß ich manchmal auf dem Corso stehenbleibe, rundum blicke und mich frage, ob ich das Recht habe, diese Keckheit zu genießen. Das geschieht besonders, wenn meine Ausgänge häufiger sind. Nicht, daß ich meiner Arbeit die Zeit raubte; ich sorge anständig für meinen Lebensunterhalt und für den einer Nichte im Internat: Sie steht allein in der Welt, denn die Alte – sie nennt sich meine Mutter – will sie nicht im Haus haben. Was ich mich frage, ist dies: Ob ich bei diesem Entrückungs-Spaziergang nicht lächerlich bin, lächerlich und abstoßend. Denn manchmal denke ich, daß ich ihn in Wahrheit nicht verdiene.

Oder, wie es gestern vormittag geschah, ich brauche nur in einem Café zufällig irgendeiner merkwürdigen Szene beizuwohnen, die mich anfangs dadurch täuscht, daß die betreffenden Menschen normal wirken, und schon werde ich die Beute eines schuldbewußten Einsamkeitsgefühls und vieler trostloser Erinnerungen, die, je weiter sie sich von mir entfernen, in ihrem unbeweglichen Leben um so mehr quälende, furchtbare Bedeutungen bloßlegen.

Es waren fünf Minuten Spaß zwischen der jungen Kassiererin und einem Besucher in hellem Überrock; ein Freund begleitete ihn. Der junge Mann schrie, die Kassiererin schulde ihm den Rest eines Hundertlirescheins, und er schlug mit der Hand auf die Kasse und behauptete, er müsse ihre Handtasche und ihre Kleidertaschen durchsuchen.

»Junge Frau, so behandelt man Kunden nicht«, sagte er, wobei er dem verlegenen Freund zublinzelte. Die Kassiererin lachte. Der junge Mann erfand die Geschichte einer Reise, die sie mit diesen hundert Lire im Fahrstuhl eines Tageshotels zusammen machen würden. Die Sache war so komisch, daß sie am liebsten laut herausgeplatzt wären; aber sie beschlossen ganz ernsthaft, sie würden dieses Geld auf einer Bank deponieren – wenn sie es gehabt hätten.

»Addio, junge Frau«, rief er schließlich im Hinausgehen. »Denke heute nacht an mich.«

Erregt und lachend sagte die Kassiererin zum Kellner: »Was für eine Type!«

Ich hatte diese Kassiererin schon an anderen Vormittagen beobachtet, und manchmal, in einem Augenblick des Vergessens, lächelte ich, ohne sie anzusehen. Aber mein Frieden ist allzu labil, es ist wirklich nicht viel dran. Ich bekam die üblichen Gewissensbisse.

Alle sind wir auf dieser Welt innerlich schmutzig, aber es gibt zwei Arten von Schmutzigsein: die eine, liebenswürdige, lächelt dabei und bringt auch andere zum Lächeln, und eine andere, einsame, schafft um sich her Leere. Doch im Grunde ist die erste Art nicht die dümmste.

An solchen Vormittagen überfällt mich jedesmal neu der Gedanke, daß wirklich schuldhaft in meinem Leben nur die Dummheit ist. Andere bewirken vielleicht etwas recht Böses mit Berechnung, mit Selbstsicherheit, wobei sie sich für das Opfer und das Spiel interessieren – und ich vermute, daß ein so verbrachtes Leben viel Befriedigung geben kann; was mich betrifft, so habe ich nie etwas anderes getan, als an einer großen, unnützen Unsicherheit zu leiden und, wenn ich mit andern in Berührung komme, in einer blödsinnigen Grausamkeit um mich zu schlagen. Denn – da gibt es keinen Ausweg – es genügt, daß ich einen Augenblick der Gewissenspein meiner Einsamkeit nachgebe: und schon denke ich wieder an Carlotta.

Seit mehr als einem Jahr ist sie tot; ich kenne nun schon alle Wege, die die Erinnerung an sie durchlaufen kann, um mich zu überfallen. Wenn ich will, kann ich auch den anfänglichen Gemütszustand, der ihre Erscheinung vorbereitet, erkennen und mich gewaltsam ablenken. Aber ich will das nicht immer; und noch jetzt bietet mir diese Gewissenspein dunkle Winkel, neue Punkte, die ich mit der gleichen zitternden Angst wie vor einem Jahr erforsche. Ich bin mit Carlotta so quälend wahrhaftig umgegangen, daß jeder dieser zurückliegenden Tage für mein Gedächtnis nicht etwas Festes darstellt, sondern etwas wie ein Gesicht, das vor mir zurückweicht, genau wie es mir mit der heutigen Wirklichkeit geht.

Nicht, daß Carlotta ein Geheimnis gewesen wäre. Sie war vielmehr, die Ärmste, als Frau viel zu einfach; und solche Frauen machen, wenn sie einmal einen Augenblick sich selbst nicht treu sind und eine Koketterie versuchen oder sich selbst entfliehen wollen, den andern vollkommen nervös. Aber solange sie einfach bleiben, nimmt niemand von ihnen Notiz. Ich habe nie begriffen, wie sie es ertrug, sich den Lebensunterhalt an der Kasse zu verdienen. Als Schwester wäre sie ideal gewesen.

Eines ist mir jedoch bis heute nicht klargeworden: Ich bin weder meinen damaligen Gefühlen noch meinem damaligen Verhalten je auf den Grund gekommen. Was soll ich zum Beispiel von dem Abend sagen, als Carlotta ein Samtkleid angezogen hatte – ein altes Kleid –, um mich in ihrer kleinen Zweizimmerwohnung zu empfangen, und ich zu ihr sagte, ich hätte sie lieber im Badeanzug gesehen? Ich war erst wenige Male bei ihr gewesen und hatte sie noch nicht einmal geküßt.

Na schön – Carlotta hatte ein verlegenes Gesicht gemacht, hatte sich in den Vorraum zurückgezogen und war, unglaublich, im Badeanzug wieder erschienen. An jenem Abend geschah es, daß ich sie umarmte und auf den Diwan warf; aber sobald es zu

Ende war, sagte ich ihr, ich sei nachher gern allein, und ging davon und ließ mich drei Tage nicht blicken, und als ich zurückkehrte, sagte ich Sie zu ihr.

Dann begann ein unsinniges Hofieren, das auf ihrer Seite aus zitternden Bekenntnissen, auf der meinen aus spärlichen Worten bestand; plötzlich sagte ich du zu ihr, aber Carlotta wies es zurück. Da fragte ich sie, ob sie sich mit ihrem Mann wieder versöhnt habe. Carlotta kamen die Tränen, und sie sagte: »Er hat mich nie so behandelt, wie Sie mich behandeln.«

Es war leicht zu erreichen, daß sie den Kopf an meine Brust lehnte und ich sie streicheln und ihr sagen konnte, ich liebte sie – ich war ja allein, und warum hätte ich diese Witwe nicht lieben sollen? Und Carlotta gab nach, sie bekannte mir leise, sie habe mich vom ersten Augenblick an gern gehabt, ich machte ihr den Eindruck eines ungewöhnlichen Mannes, aber ich hätte sie in der kurzen Zeit, die wir uns kannten, schon viel erdulden lassen; und, sie wisse nicht warum, alle Männer behandelten sie auf diese Art.

»Einmal heiß und einmal kalt«, sagte ich lächelnd in ihr Haar, »das macht die Liebe dauerhaft.«

Carlotta war bleich, mit riesigen, von der Müdigkeit etwas erschöpften Augen, und bleich war auch ihr Körper. In jener Nacht fragte sie mich im Dunkel ihres Zimmers, ob ich sie das letzte Mal verlassen hätte, weil mir ihr Körper nicht gefiele.

Aber auch diesmal hatte ich kein Mitleid; mitten in der Nacht zog ich mich wieder an und redete mich gar nicht erst heraus, ich sagte einfach, ich müsse mir Bewegung machen und hinuntergehen. Carlotta wollte mit mir kommen. »Nein, ich bin gern allein.« Ich gab ihr einen Kuß und verließ sie.

2

Als ich Carlotta kennenlernte, kam ich aus einem Sturm, der mich beinahe das Leben gekostet hätte; und es stimmte mich bitter und erfüllte mich zugleich mit Freude, wieder durch die öden Straßen zu gehen und vor der zu fliehen, die mich liebte. Lange Zeit war es mein Los gewesen, Nächte und Tage gedemütigt hinzubringen, in wildem Zorn über die Launen einer Frau.

Jetzt bin ich überzeugt, daß keine Leidenschaft so viel Kraft hat, die Natur dessen zu verändern, der sie erduldet. Man kann daran sterben, aber die Dinge ändern sich nicht. Wenn der Taumel vergangen ist, wird man wieder der brave Mann oder Halunke, Familienvater oder Junge, der man war, und lebt seinen eigenen Tag. Oder besser: man hat in der Krisis seine eigene, wahre Natur gesehen, und diese setzt uns in Schrecken, und das normale Leben ekelt uns an, und man wäre am liebsten tot, so abscheulich ist der Schimpf, den man uns angetan hat – aber wir können keinen anklagen als uns selbst. Ich verdanke es jener Frau, wenn ich jetzt dieses merkwürdige Leben führe, in den Tag hinein, ohne Ziel, nicht imstande, mich fest an die Welt zu binden, gefühllos meinem Nächsten, gefühllos meiner Mutter gegenüber, die ich ertrage, meiner Nichte gegenüber, die ich nicht liebe: alles verdanke ich jener Frau; aber wäre ich mit einer anderen besser gefahren? Ich meine, mit einer anderen, die fähig wäre, mich so zu demütigen, wie es meine Natur erfordert?

Damals jedenfalls hat mir der Gedanke, daß schlecht an mir gehandelt wurde, daß man diese Frau treulos nennen konnte, einigen Trost gegeben. Bei einem bestimmten Grad des Leidens ist es unvermeidlich, ist es ein natürliches Anästhetikum, daß man denkt, man leide ungerecht: das belebt wieder und festigt, unseren heimlichsten Wünschen gemäß, den Zauber des Lebens, gibt uns von neuem das Gefühl unseres Wertes den Dingen gegenüber; es schmeichelt. Ich hatte empfunden und hätte gewünscht, daß die Ungerechtigkeit, die Undankbarkeit womöglich noch grausiger sein sollten. Ich erinnere mich – an jenen langen Tagen, an den angsterfüllten Abenden – eines unbestimmten, geheimen Gefühls, wie eine Atmosphäre oder eine Erleuchtung: das Staunen, daß all das geschah, daß die Frau wirklich diese Frau war, die Wahnvorstellungen und tiefen Schmerzen wirklich diese, die Seufzer, Worte, Tatsachen, ich selbst – daß all das wirklich so geschah.

Und siehe da, weil ich eine Ungerechtigkeit erduldet hatte, vergalt ich diese Ungerechtigkeit, wie es in der Welt so geht, nicht der Schuldigen, sondern einer anderen.

Carlottas kleine Wohnung verließ ich bei Nacht satt und aufgeheitert und hatte Spaß daran, allein herumzugehen; ich schob alle Eile von mir weg, freute mich in Freiheit an der langen Allee, hing vagen Empfindungen und Gedanken an die frühe Jugend nach. Die Einfachheit der Nacht – Dunkel und Straßenlaternen – hat mich immer zärtlich aufgenommen, sie gewährte mir die absonderlichsten, angenehmsten Phantasien, tönte sie mit ihrem Kontrast und machte sie riesengroß. Sogar der dumpfe Groll, den ich gegen Carlotta hegte wegen ihrer Sucht, sich zu demütigen, hatte hier freies Spiel, er war gelöst von einer gewissen Verlegenheit, die ich in ihrer Gegenwart empfand, weil sie mir dann leid tat.

Aber ich war nicht mehr jung. Um mich von Carlotta leichter zu lösen, dachte ich immer wieder über ihren Körper und ihre Zärtlichkeiten nach und zerlegte beides. Ich schätzte roh genug ab, wie es ihr – sie lebte von ihrem Mann getrennt und war noch jung und kinderlos – geradezu unwirklich erscheinen mußte, daß sie bei mir ihrem Liebesbedürfnis freien Lauf lassen konnte. Aber die Ärmste war als Liebende allzu einfach, und vielleicht hatte schon ihr Mann sie deshalb betrogen.

Ich erinnere mich an den Abend, an dem wir Arm in Arm vom Kino zurückkamen und Carlotta, als wir durch die halbdunklen Straßen gingen, zu mir sagte:

»Ich bin so froh. Es ist schön, mit dir ins Kino zu gehen.«

»Bist du mit deinem Mann nie hingegangen?«

Carlotta lächelte. »Bist du eifersüchtig?«

Ich zuckte die Achseln. »Das ändert sowieso nichts.«

»Ich bin müde«, sagte Carlotta und hängte sich fest an meinen Arm. »Diese nutzlose Kette, die uns bindet, ruiniert das Leben mir und ihm und zwingt mich, einen Namen zu respektieren, der mir nur Böses angetan hat. Man müßte sich scheiden lassen können, wenigstens wenn keine Kinder da sind.«

An jenem Abend war ich von der langen warmen Berührung und von der Sehnsucht zärtlich gestimmt.

»Du hast also Gewissensbedenken?«

»O Lieber«, sagte Carlotta, »warum bist du nicht immer so gut wie heute abend? Stell dir vor, wenn ich mich scheiden lassen könnte!«

Ich sagte nichts. Einmal, als sie von Scheidung sprach, war ich aufgefahren. »Aber ich bitte dich, wem geht es besser als dir? Du tust, was du willst, und ich wette, daß er dir noch immer etwas zahlt, wenn es stimmt, daß er dich betrogen hat.«

»Ich habe nie etwas haben wollen«, hatte Carlotta geantwortet. »Seit damals arbeite ich«, und sie hatte mich angesehen. »Jetzt nun gar, wo ich dich habe, würde es mir vorkommen, als betrüge ich dich.«

An diesem Kinoabend hatte ich ihr den Mund mit einem Kuß verschlossen. Dann hatte ich sie ins Bahnhofscafé geführt und ihr zwei Gläser Likör bringen lassen.

In dem dunstigen Licht, das durch die Scheiben fiel, saßen wir in einer Ecke wie Verliebte. Auch ich trank etliche Gläser und sagte laut zu ihr:

»Carlotta, machen wir heute nacht ein Kind?«

Jemand sah uns an, weil Carlotta, lachend und mit rotem Gesicht, mir den Mund mit der Hand zuhielt.

Ich redete, redete. Carlotta sprach von dem Film und sagte dummes Zeug, aber leidenschaftliches dummes Zeug, wobei sie uns mit der Filmhandlung verglich. Ich trank, denn ich wußte, das war die einzige Art, Carlotta gern zu haben.

Die Kälte draußen belebte uns wieder, und wir eilten nach Hause. Ich blieb die ganze Nacht bei ihr, und am Morgen beim Aufwachen spürte ich, wie sie, zerzaust und schlaftrunken neben mir, eine Umarmung versuchte. Ich stieß sie nicht zurück; doch als ich mich erhob, tat mir der Kopf weh, und die verhaltene Freude, mit der Carlotta mir trällernd den Kaffee bereitete, ärgerte mich. Dann wollten wir eigentlich zusammen ausgehen, aber sie dachte an die Pförtnersfrau und schickte mich vor, nicht ohne mich hinter der Tür zu umarmen und zu küssen.

Von diesem Erwachen sind mir am lebhaftesten die Zweige der Bäume am Corso in Erinnerung: steif, tropfend im Nebel, standen sie hinter den Vorhängen. Die Wärme und Geschäftigkeit im Innern und die kalte Luft des Morgens draußen fuhren mir belebend ins Blut; nur hätte ich gern alles allein betrachtet und hätte gern geraucht, wobei ich mir ein ganz anderes Erwachen und eine andere Gefährtin vorstellte.

Die Zärtlichkeit, die Carlotta mir in diesen Fällen zu entlokken verstand, warf ich mir vor, sobald ich allein war. Ich verbrachte wuterfüllte Augenblicke damit, meinen Sinn genau zu durchforschen, um mich auch von der armseligsten Erinnerung an sie freizumachen und mir Härte vorzunehmen, die ich nur allzusehr in die Tat umsetzte. Es sollte ein für allemal klar sein, daß wir uns nur aus Langeweile liebten, aus schlechter Angewohnheit, aus irgendeinem beliebigen Beweggrund, nur nicht dem, über den sie sich Täuschungen hingab. Mich ärgerte die Erinnerung an ihren bedeutungsvollen glückseligen Blick nach unserer Umarmung, und ich war empört, ihn an ihr zu bemerken, während die einzige, von der ich sie mir gewünscht hätte, sie mir nie erlaubt hatte.

»Wenn du mich so annimmst, wie ich bin, gut«, sagte ich einmal zu ihr, »aber schlag es dir aus dem Kopf, in mein Leben einzudringen.«

»Hast du mich nicht gern?« stammelte Carlotta.

»Das bißchen Liebe, dessen ich fähig bin, habe ich restlos verbraucht, als ich jung war.«

Aber manchmal geriet ich in Zorn darüber, daß ich es aus schandbarem Bedürfnis oder aus Wollust hatte geschehen lassen, ihr ein wenig Neigung entgegenzubringen.

Carlotta versuchte zu lächeln.

»Sind wir wenigstens gute Freunde?«

»Höre«, sagte ich ernsthaft, »diese Geschichten sind mir zuwider: Wir sind ein Mann und eine Frau, die sich langweilen, und wir fühlen uns im Bett wohl.«

»Oh, das ja«, sagte sie, grub mir die Nägel in den Arm und verbarg ihr Gesicht, »du gefällst mir, du gefällst mir.«

»Und weiter gibt es nichts.«

Es genügte eines dieser Gespräche, in denen mir schien, ich sei schwach gewesen, daß ich sie ganze Wochen mied und ihr, wenn sie mich aus ihrem Café im Büro anrief, antwortete, ich hätte zu tun. Das erste Mal versuchte Carlotta sich zu empören. Da ließ ich sie einen Abend in Angst zubringen: Ich blieb kalt auf dem Diwan sitzen – der Lampenschirm warf auf ihre Knie ein weißes Licht –, und ich spürte in dem Halbdunkel den kaum zurückgehaltenen Kummer ihrer Blicke. In der unerträglichen Spannung sagte schließlich ich selbst: »Bedanke dich bei mir, meine Gnädige – an diese Sitzung wirst du dich vielleicht mehr erinnern als an vieles andere.«

Carlotta rührte sich nicht.

»Warum bringst du mich nicht um, meine Gnädige? Wenn du meinst, du könntest mir gegenüber das Weibchen spielen, so verlierst du deine Zeit. Launen leiste ich mir selbst.«

Carlotta keuchte.

»Nicht mal der Badeanzug schafft es heute nacht«, sagte ich zu ihr.

Carlotta sprang nach vorn, ihr dunkler Kopf kam in dem weißen Licht wie ein Gegenstand, der geworfen wird, auf mich zu. Ich hob abwehrend die Hände. Aber Carlotta stürzte vor meine Knie hin und weinte. Ich legte ihr zwei-, dreimal die Hände auf den Kopf und erhob mich.

»Auch ich müßte weinen, Carlotta. Aber ich weiß, es nutzt nichts. Alles, was du empfindest, habe auch ich empfunden. Ich habe mich umbringen wollen, aber dann hat es mir an Mut gefehlt. Darin liegt ja der Witz: Wer so schwach ist, daß er an Selbstmord denkt, ist zu schwach, ihn zu vollbringen ... Komm, Carlotta, sei brav!«

»Behandle mich doch nicht so!« stammelte sie.

»Ich behandle dich gar nicht ›so‹. Aber du weißt, daß ich gern allein bin. Wenn du mich allein gehen läßt, komme ich zurück; sonst werden wir uns nicht mehr sehen. Hör zu, du möchtest doch, daß ich dich liebe?«

Carlotta hob unter meiner Hand das entstellte Gesicht.

»Dann hör auf, mich zu lieben. Etwas anderes gibt es nicht. Wo der Hase ist, ist der Jäger nicht fern.«

Solche Szenen erschütterten Carlotta viel zu tief, als daß sie daran gedacht hätte, von mir zu lassen. Und dann – bezeichneten sie nicht eine tiefgehende Gleichartigkeit unserer Temperamente? Carlotta war im Grunde einfach, allzu einfach, und konnte das nicht klar erkennen, doch sicher spürte sie es. Die Unglückliche versuchte mich mit Scherzen zu fangen und sagte manchmal: »So ist das Leben!« und »Ach, ich Ärmste!«

Ich glaube, daß ich, hätte sie mich damals entschieden zurückgewiesen, ein wenig gelitten hätte. Aber Carlotta konnte mich nicht zurückweisen. Wenn ich zwei Abende nacheinander nicht gekommen war, hatte sie Schatten unter den Augen. Und wenn mich manchmal das Mitleid oder die Zärtlichkeit packte, wenn ich in ihr Café kam und sie fragte, ob sie mit mir ausgehen wolle, erhob sie sich mit glühendem Gesicht, wurde verwirrt und sogar hübscher.

Mein Groll richtete sich nicht gegen sie; er richtete sich gegen jede Begrenzung und jede Unterwerfung, die unsere Intimität mir auch nur andeutungsweise zu schaffen schien. Da ich Carlotta nicht liebte, erschien mir selbst ihr kleinstes Anrecht auf mich grauenhaft. Es gab Tage, wo es mich schauderte, sie zu duzen, es würdigte mich herab. Wer war diese Frau für mich, daß sie sich bei mir einhakte?

Zur Entschädigung kam ich mir wie neugeboren vor, wenn ich an manchen halben Tagen, zu manchen Stunden, nachdem die Arbeit getan war, hinaus an die Sonne gehen konnte durch die lichterfüllten Straßen, befreit von Carlotta, von allem, körperlich gesättigt, wenn der alte Schmerz eingeschlafen war: einfach nichts tun als sehen, schnuppern, empfinden wie zu der Zeit, da ich jung war. Daß Carlotta an der Liebe zu mir litt, linderte meine vergangenen Qualen und machte sie kümmerlicher, entfremdete sie mir ein wenig, als kämen sie aus einer Welt, über die man lachen kann; fern von Carlotta fand ich mich wieder intakt und reicher an Erfahrung. Carlotta war, so dachte ich oft von ihr, der Schwamm, der mich säuberte.

3

An manchen Abenden redete und redete ich, wurde, ins Spiel versunken, wieder zum Jungen und vergaß meinen Groll.

»Carlotta«, sagte ich, »wie fühlt man sich, wenn man verliebt ist? Ich bin das schon seit langer Zeit nicht mehr. Ich glaube, alles in allem ist es schön. Geht es gut, so freut man sich, geht es schlecht, so hofft man. Man hat mir erzählt, man lebe in den Tag hinein. Wie fühlt man sich, Carlotta?«

Carlotta schüttelte lächelnd den Kopf.

»Und dann, Carlotta, macht man sich so viele schöne Gedanken. Der, den wir lieben, der aber nichts davon wissen will, wird nie so glücklich sein wie wir. Außer«, und ich lächelte, »er geht mit einer anderen ins Bett und lacht sich eins.«

Carlotta zog die Brauen zusammen.

»Eine schöne Sache, die Liebe«, schloß ich. »Und kein Mensch entgeht ihr.«

Carlotta diente mir als Publikum. Ich redete an diesen Abenden nur für mich. Das ist die schönste Art, zu reden.

»Es gibt die Liebe, und es gibt den Verrat. Will man die Liebe wirklich genießen, dann muß auch ein Verrat dabei sein. Gerade das verstehen die jungen Burschen nicht. Ihr Frauen begreift das rascher. Hast du deinen Mann betrogen?«

Carlotta wurde rot und versuchte ein kleines Lächeln.

»Wir Jungen waren dümmer. Wir verliebten uns ernsthaft in eine Schauspielerin oder in eine Kameradin und brachten ihr unsere besten Gedanken dar. Nur vergaßen wir, es ihr zu sagen. Soviel ich weiß, entging es keinem Mädchen in unserem Alter, daß die Liebe eine Frage der Schlauheit ist. Es erscheint unmöglich, aber es ist so: die jungen Burschen gehen in die Bordelle und schließen daraus, die Frauen draußen wären anders. Was hast du mit sechzehn Jahren getrieben, Carlotta?«

Aber Carlotta hing einem anderen Gedanken nach. Statt zu antworten, drückten ihre Augen aus, daß ich ihr gehörte, und ich haßte die Festigkeit und den Eifer, die aus ihrem Blick strahlten.

»Was hast du mit sechzehn Jahren getrieben?« wiederholte ich und starrte zu Boden.

»Nichts«, antwortete sie ernsthaft. Ich wußte, was sie dachte. Dann bat sie mich um Verzeihung, sie sagte »Ich Ärmste«, erkannte an, daß sie keinerlei Recht habe; doch jenes Aufblitzen hatte genügt. »Weißt du, daß du blöde bist? Von mir aus könnte dein Mann dich auch wieder holen.« Und ich ging erleichtert davon.

Am nächsten Tag erhielt ich im Büro einen schüchternen Anruf und antwortete trocken. Am Abend sahen wir uns.

Carlotta machte es Spaß, wenn ich ihr von meiner Nichte im Internat erzählte, und sie schüttelte ungläubig den Kopf, als ich ihr sagte, ich würde ins Internat lieber meine Mutter stecken und mit dem kleinen Mädchen zusammenleben. Sie stellte sich uns beide wie zwei sonderbare Wesen vor, die so tun, als seien sie Onkel und Nichte; in Wirklichkeit aber haben sie eine Unmenge Geheimnisse und Tücken, die sie freuen und beschäftigen. Sie fragte mich mißtrauisch, ob die Nichte etwa meine Tochter sei.

»Sicher! Sie wurde mir geboren, als ich sechzehn Jahre alt war. Und dann mußte sie auch noch blond sein, nur um mich zu ärgern. Wie macht man es, daß man blond geboren wird? Für mich sind die Blonden Tiere wie die Affen oder die Löwen. Es würde mir so vorkommen, als sei ich immerzu an der Sonne.«

Carlotta sagte: »Ich war als ganz kleines Mädchen blond.«

»Und ich war kahlköpfig.«

In diesen letzten Zeiten empfand ich für Carlottas Vergangenheit eine gelangweilte Neugier, die mich von Mal zu Mal vergessen ließ, was sie mir früher erzählt hatte. Ich blätterte sie durch, wie man die Zeitungsnachrichten durchblättert. Ich machte mir ein Spiel daraus, sie mit sonderbaren Äußerungen zu verwirren, ich stellte ihr grausame Fragen und beantwortete sie von mir aus. In Wirklichkeit hörte ich nur mich selbst.

Aber Carlotta hatte mich verstanden. »Erzähl mir was«, sagte sie an manchen Abenden und preßte meinen Arm. Sie wußte, die einzige Art, mich als Freund zu haben, war, wenn sie mich zum Reden brachte.

»Habe ich dir je erzählt, Carlotta«, sagte ich eines Abends zu ihr, »daß ein Mann sich für mich getötet hat?« Sie sah mich halb lachend, halb verwirrt an.

»Da gibt es wenig zu lachen«, fuhr ich fort. »Wir haben uns zusammen töten wollen, aber er hat dran glauben müssen. Jugendtorheiten.« Merkwürdig, dachte ich dann, nie habe ich das jemandem erzählt: ausgerechnet Carlotta muß ich das sagen. »Ein Freund von mir, ein hübscher blonder Junge. Der sah wirklich aus wie ein Löwe. Ihr Mädchen schließt solche Freundschaften nicht. In diesem Alter seid ihr schon zu eifersüchtig. Wir gingen zusammen zur Schule, aber wir sahen uns immer abends. Wir sagten Ferkeleien, wie man das unter Jungen tut, aber wir waren verliebt in eine Signora. Sie muß noch am Leben sein. Sie war unsere erste Liebe, Carlotta. Wir verbrachten die Abende damit, über Liebe zu reden und über Tod. Kein Verliebter ist je gewisser gewesen, von dem Freund verstanden zu werden, als wir beide. Jean – er hieß Jean – hatte eine kühne Traurigkeit, die mich beschämte. Er schuf die Melancholie der Abende, an denen wir im Nebel umherspazierten. Wir hätten nie geglaubt, daß man so sehr leiden könne ...«

»Warst du auch verliebt?«

»Ich litt darunter, daß ich weniger melancholisch war als Jean. Schließlich entdeckte ich, daß wir uns töten könnten, und sagte es ihm. Jean befreundete sich mit der Idee nur langsam – er, der gewöhnlich ganz Phantasie war. Wir hatten nur einen Revolver. Wir gingen auf den Hügel, um ihn auszuprobieren – falls er überhaupt losging. Jean schoß als erster. Er war immer ängstlich gewesen, und ich glaube, wenn er es aufgegeben hätte, die Schöne zu lieben, hätte ich es auch aufgegeben. Nach der Probe – wir waren auf einem kahlen Pfad, im Winter, in halber Höhe – dachte ich noch an die Heftigkeit des Schusses, als Jean sich den Lauf in den Mund steckte und sagte: ›Es gibt welche, die es tun‹, und der Schuß ging los und tötete ihn.«

Carlotta sah mich entsetzt an.

»Ich wußte nicht, was ich tun sollte, und riß aus.«

Damals sagte Carlotta zu mir: »Und du hattest diese Frau wirklich gern?«

»Diese Frau? Ich liebte Jean, ich habe es dir ja gesagt.«

»Und du wolltest dich ebenfalls töten?«

»Sicher. Und es wäre eine Dummheit gewesen. Aber es nicht tun, war eine große Feigheit. Manchmal bereue ich es.«

Carlotta erinnerte sich oft an diese Erzählung und sprach von Jean, als habe sie ihn gekannt. Sie ließ ihn sich beschreiben und fragte mich, wie ich damals gewesen sei. Sie fragte mich, ob ich den Revolver aufbewahrt hätte.

»Hör mal, bring dich ja nicht um! Du hast doch nie wirklich daran gedacht, dich umzubringen?« Bei diesen Worten sah sie mich forschend an.

»Immer, wenn man verliebt ist, denkt man daran.«

Carlotta lächelte nicht einmal.

»Denkst du noch immer daran?«

»An Jean denke ich manchmal.«

4

Mit Carlotta hatte ich es recht mühsam um Mittag, wenn ich, aus dem Büro kommend, an den Scheiben ihres Cafés vorüberging und mich nicht sehen lassen wollte, damit ich nicht gezwungen wäre, hineinzugehen und ein bißchen nett mit ihr zu sein. Mittags ging ich nicht nach Hause, ich war dieses Stündchen gern für mich allein in der Trattoria, schloß halb die Augen und rauchte. Carlotta saß auf ihrem Platz, trennte Kassenzettel von der Maschine ab, nickte dabei und lächelte und runzelte die Stirn, und mancher Kunde machte einen Spaß mit ihr.

Sie saß von früh sieben bis vier Uhr nachmittags an der Kasse. Sie trug ein hellblaues Kleid. Und sie verdiente im Monat vierhundertachtzig Lire. Carlotta liebte es, alles auf einmal zu erledigen, sie trank, statt zu Mittag zu essen, eine große Tasse Milch, ohne ihren Platz zu verlassen. Es wäre, sagte sie mir, eine leichte

Arbeit gewesen ohne das heftige Zuschlagen der Tür beim Kommen und Gehen der Besucher. Manchmal empfand sie das wie Faustschläge aufs bloße Gehirn.

Seitdem mache ich die Tür, wenn ich in das Café trete, leise zu. Carlotta versuchte mir die kleinen Szenen mit den Besuchern zu beschreiben, aber es gelang ihr nicht, so zu sprechen wie ich, wie es ihr auch nicht gelang, mich zu erschüttern mit ihren flüchtigen Hinweisen auf die Vorschläge, die ihr mancher ältliche Mann machte.

»Geh doch darauf ein«, sagte ich zu ihr, »nur sieh zu, daß ich ihn nicht zu Gesicht kriege. Empfange ihn an den ungeraden Tagen. Und nimm dich vor Krankheiten in acht.«

Carlotta verzog den Mund.

Seit einigen Tagen nagte irgendein Gedanke an ihr. »Sind wir wieder einmal verliebt, Carlotta?« sagte ich zu ihr eines Abends.

Carlotta sah mich an wie ein geprügelter Hund. Ich verlor von neuem die Geduld. Diese Blicke, die abends im Halbdunkel des kleinen Zimmers aufglänzten, diese Händedrücke brachten mich in Wut. Ich fürchtete immer, mich an Carlotta zu binden. Und ich haßte es, daß sie auch nur daran dachte.

Ich wurde wieder schweigsam und flegelhaft. Aber Carlotta nahm meine Ausbrüche nicht mehr mit der früheren, demütig-verhaltenen Erregung entgegen. Sie starrte mich an, wobei sie unbeweglich blieb, und manchmal entzog sie sich einer freundlichen Geste der Zärtlichkeit, mit der ich sie wieder besänftigen wollte.

Das behagte mir noch weniger. Ihr den Hof machen, um sie zu haben, widerstrebte mir. Aber die Sache geschah nicht plötzlich. Carlotta sagte:

»Ein Kopfweh habe ich ... diese Tür! Halten wir heute abend Ruhe. Erzähl mir etwas!«

Als ich merkte, daß Carlotta Ernst machte und sich als die Unglückliche aufspielte und Gewissensbedenken hervorholte, ließ ich meine heftigen Ausbrüche sein: ich betrog sie einfach. Ich erlebte wieder einen der trüben Abende von früher, wenn ich mich, aus einem Bordell zurückkehrend, in irgendein jämmerliches Café setzte, um auszuruhen, weder froh noch traurig, nur benommen. Ich dachte: So ist es recht; entweder man nimmt die Liebe mit allen ihren Risiken an, oder es bleibt einem nur die Prostitution.

Ich dachte, Carlotta heuchelte nur Eifersucht, und lachte darüber. Carlotta litt. Aber es war nur zu einfach, aus ihrer Qual Nutzen zu ziehen. Und wie es jemandem so geht, wenn er wirklich leidet: sie wurde sogar häßlich. Es tat mir leid, aber ich fühlte, daß ich sie verlassen mußte.

Carlotta sah den Schlag voraus. Eines Abends, als wir im Bett lagen und ich instinktiv ein Gespräch vermied, stieß sie mich plötzlich zurück und kroch an der Wand in sich zusammen.

»Was hast du?« fragte ich ärgerlich.

Sie drehte sich mir unversehens wieder zu und sagte: »Wenn ich morgen verschwände – würde dir das etwas ausmachen?«

»Ich weiß nicht«, stammelte ich.

»Und wenn ich dich betrügen würde?«

»Das Leben ist ein einziger Betrug.«

»Und wenn ich zu meinem Mann zurückginge?«

Sie sprach im Ernst. Ich zuckte die Achseln.

»Ich bin armselig dran«, begann Carlotta von neuem. »Und ich bin nicht imstande, dich zu betrügen. Ich habe meinen Mann gesehen.«

»Wie kam denn das?«

»Er ist ins Café gekommen.«

»Aber ich denke, er war nach Amerika ausgerissen?«

»Ich weiß es nicht«, sagte Carlotta. »Jedenfalls habe ich ihn im Café gesehen.«

Vielleicht wollte sie es mir nicht sagen, aber es fuhr ihr so heraus, daß ihr Mann von einer Signora im Pelzmantel begleitet wurde.

»Dann habt ihr nicht miteinander gesprochen?«

Carlotta zögerte. »Er ist am nächsten Tag wiedergekommen. Er hat mit mir gesprochen und mich nach Hause gebracht.«

Ich muß zugeben, daß ich mich unbehaglich fühlte. Ich sagte leise: »Bis hierher?«

Carlotta preßte sich mit dem ganzen Körper an mich. »Aber ich habe dich gern«, flüsterte sie. »Du darfst nicht glauben ...«

»Bis hierher?«

»Hier war nichts, Lieber. Er hat mir von seinen Geschäften erzählt. Nur – als ich ihn wiedersah, habe ich gemerkt, wie gern ich dich habe. Ich würde nicht mehr zu ihm zurückgehen, auch wenn er mich darum bäte.«

»Dann hat er dich darum gebeten?«

»Nein. Er hat gesagt, wenn er noch einmal heiratete, würde er wieder mich heiraten.«

»Und hast du ihn noch einmal gesehen?«

»Er ist wieder ins Café gekommen mit dieser ...«

Das war das letzte Mal, daß ich die Nacht mit Carlotta verbrachte. Ohne von ihrem Körper Abschied genommen zu haben, ohne Bedauern hörte ich auf, sie zu bedrängen, sie im Hause zu treffen. Ich duldete es, daß sie mich anrief und in Cafés auf mich wartete, nicht jeden Abend, doch hin und wieder. Carlotta kam jedesmal und verschlang mich mit den Augen. Wenn wir uns verabschiedeten, bebte ihre Stimme.

»Ich habe ihn nicht mehr gesehen«, flüsterte sie eines Abends.

»Das ist ungeschickt«, antwortete ich ihr, »du solltest versuchen, ihn wieder einzufangen.«

Es ärgerte mich, daß Carlotta, wie sie es zweifellos tat, die Sache mit ihrem Mann bedauert hatte, und es ärgerte mich, daß sie gehofft hatte, mich mit diesem Gespräch an sich zu ziehen. Und diese Blanko-Liebe lohnte weder Carlottas Gewissensbedenken noch mein Risiko.

Eines Abends rief ich sie an: Ich würde zu ihr kommen. Sie öffnete mir ungläubig und ängstlich. Ich sah mich im Vorraum mit einiger Absicht um. Carlotta trug ein Samtkleid. Ich erinnere mich, daß sie erkältet war und immerzu das Schnupftuch zusammenpreßte oder es an die gerötete Nase führte.

Ich sah sofort: sie hatte begriffen. Sie war gefügig und schweigsam und antwortete auf meine Fragen mit armseligen

Blicken. Sie ließ mich reden, wobei sie mich über ihrem Schnupftuch verstohlen ansah. Dann stand sie auf, kam auf mich zu, lehnte ihren Körper gegen mein Gesicht, und ich mußte sie umarmen.

»Kommst du nicht ins Bett?« sagte sie leise mit der gewohnten Stimme.

Ich ging mit ihr ins Bett, und die ganze Zeit über ärgerte mich ihr feuchtes, von der Erkältung erhitztes Gesicht. Um Mitternacht sprang ich auf und begann mich anzuziehen. Carlotta knipste das Licht an und betrachtete mich einen Augenblick. Dann knipste sie es aus und sagte: »Geh nur.« Verlegen, stolpernd ging ich davon.

In den folgenden Tagen befürchtete ich einen Anruf, aber nichts störte mich. Ich arbeitete Wochen um Wochen in Frieden, und eines Abends packte mich die Sehnsucht nach Carlotta, aber die Scham half mir, mich zu überwinden. Doch wußte ich: wenn ich an ihrer Tür geklingelt hätte, hätte ich das Glück hereingebracht. Diese Sicherheit hatte ich immer gehabt.

Ich gab nicht nach, aber am nächsten Tag ging ich um Mittag an ihrem Café vorüber. An der Kasse saß eine Blonde. Carlotta mußte die Arbeitsstunden geändert haben. Aber auch am Abend sah ich sie nicht. Ich dachte, sie sei krank, oder ihr Mann habe sie zurückgeholt. Diese Vorstellung mißfiel mir.

Aber mir zitterten die Knie, als die Pförtnersfrau, die regelmäßig den Dienst versah, mich mit kleinen, harten, sehr unfreundlichen Augen ansah und mir sagte, man habe sie vor vier Wochen tot im Bett gefunden, bei geöffnetem Gashahn.

Leonardo Sinisgalli

Mein Dorf

Ich kenne nur wenige Dörfer in meiner Provinz, vielleicht wirklich gut nur eins, das, in dem ich geboren bin. Ich habe nicht viele Jahre dort gelebt. Dann, als ich im Internat war, weit weg, in Caserta und später in Benevent, bin ich einmal im Jahr, in den großen Ferien, nach Hause gekommen. Als ich größer wurde, kam ich immer weniger gern und immer seltener nach Hause, später, als Erwachsener, wieder lieber. Ich kam mal im Winter, mal im Sommer; es waren kurze Besuche, aus traurigen Anlässen.

Meine Eltern starben; meine Schwestern verließen nacheinander das Dorf. Nur eine ist dort geblieben. Das Haus, in dem ich geboren bin, steht leer. Meine Schwester wohnt in dem Haus gegenüber, das meine Mutter ein paar Jahre, bevor mein Vater nach einer langen Abwesenheit von zehn oder zwölf Jahren aus Amerika zurückkehrte, gekauft hatte.

Er kehrte aus Kolumbien heim, wohin ihn meine Verwandten geholt hatten, die seit ihrer Jugend dort gelebt und sich, indem sie den Einheimischen Hüte aus Monza und Stoffe aus Biella verkauften, ein hübsches Vermögen erworben hatten. Sie besaßen ein gut eingeführtes Geschäft im Zentrum der Stadt und ein schönes, im Tropenstil errichtetes Haus, das, wie man mir erzählt hat, als ein kleines Monument mitten zwischen den Wolkenkratzern von Barranquilla erhalten geblieben ist. In dieses Haus, in dem es Moskitonetze vor den Fenstern und rund um die Betten gab, wurde mein Vater aufgenommen. Auch er trug wie unsere Verwandten dort stets leichte weiße Anzüge, einen Strohhut und leichtes Schuhzeug. Die Photographien unserer in der Ferne lebenden Verwandten hüten wir, als seien es Reliquien. Es waren Kaufleute, während mein Vater in New York als Schneider gearbeitet hatte. Er war zweimal dort gewesen. Zum erstenmal als ganz junger Mensch gegen Ende des vorigen Jahrhunderts; damals war er noch allmorgendlich und allabendlich zu Fuß über die Brooklyn Bridge gegangen. Das zweite Mal war er schon erwachsen, ein Familienvater mit fünf Kindern. Er war jetzt Meister und hatte eine Stellung als Zuschneider in einer Fabrik. Aber er blieb nur ein gutes Jahr dort und wohnte in dieser Zeit bei seinen Geschwistern im Village, in der Thompson Street.

Als ich 1954 zum erstenmal in New York war, ließ ich mir von meinen Cousinen das Haus zeigen, in dem mein Vater gewohnt hatte. Im selben Viertel besuchte ich auch seinen Bruder Vincenzo, der trotz seines Alters noch eine kleine Werkstatt in der Nähe des Washington Square besaß, wo er Farbpulver für einige Fabriken von künstlichen Blumen herstellte.

Die Thompson Street in New York hat rund dreißig Jahre die gute Hälfte der Auswanderer aus Montemurro aufgenommen; die andere Hälfte war nach Brooklyn gegangen. Dreißig Jahre lang trugen die Ladenschilder der Wurstwarengeschäfte in der Thompson Street Namen aus unserem Dorf. Es gibt zwar noch ein paar Würstchenverkäufer vor den Cafés im Village, aber die Namen aus Montemurro sind verschwunden, so wie meine Landsleute verschwunden sind, die aufgebrochen waren, um sich als Schuhputzer durchzubringen und die nach zwei Generationen Doktoren und Bischöfe geworden waren. Der Auswanderungsstrom hat sich von Nord- nach Südamerika verlagert, nach Brasilien und Argentinien. Nur einige verstreute Gruppen gingen nach Kolumbien und Venezuela. Jetzt höre ich, daß meine Landsleute, und nicht nur die armen Tagelöhner, sondern auch die Bauern und Weinbauern, in Gruppen zu hundert, zweihundert und dreihundert nach Australien auswandern. Auch in Australien arbeiten meine Landsleute aus Montemurro als Gärtner und Gemüsegärtner am Rand der großen Städte; manch einer putzt die Toiletten im Zug oder im Hotel, und einige verkaufen immerhin Elektrogeräte. Aber sie sind imstande, niemals in die Stadt zu fahren, ihr ganzes Leben im selben Viertel wohnen zu bleiben und Dialekt zu sprechen. Unsere Brüder, die Auswanderer, sind immer freigebig gegenüber ihren Eltern, ihrer Heimatgemeinde, ihrer Pfarrei. Sie überweisen Dollar- und Pfundbeträge nach Hause und erwarten als Gegenleistung nur grüne und schwarze Oliven, Petersilie, Basilikum, Fenchel und getrocknete Peperoni.

Meine Großmutter hatte nie den Ort verlassen. Ein einziges Mal konnte man sie dazu bringen, sich in einer Sänfte ins Gebirge tragen zu lassen. Meine Mutter war gerade bis zu der Wallfahrtskirche von Novi gekommen. Mein Onkel hat nie einen Autobus benutzt, da ihm sofort übel geworden wäre. Deshalb ist er nie bis in die Provinzhauptstadt gekommen, wo er eigentlich hätte studieren sollen. Man erzählt von vielen Leuten in unserer Gegend, die plötzlich beschlossen, nicht mehr das Haus zu verlassen. Auch nicht, um in die Frühmesse zu gehen, wenn es draußen noch stockfinster ist.

Ich habe während meiner Kindheit nur Kerzenlicht gekannt, Kerzen und Öllampen. In meiner Heimat werden Öllampen und Laternen mit großer Sorgfalt und Kunst aus Blech geschnitten und gelötet. Etwas über zehn Jahre, meine ganze frühe Kindheit über, habe ich in dem jetzt leeren Haus in Libritti verbracht. Ich bin dort geboren, wie schon meine Mutter dort geboren wurde. Meine Tante Gerolomina beschwört mich, etwas zu unternehmen, um das Haus zu erhalten. Die Zimmer, die auf den Wassergraben gehen, sind in einem der letzten Winter eingestürzt. Die Fliesen im Fußboden haben sich gelockert, die Fenster und Türen sind morsch, und die Zimmerdecken wölben sich. Zehn Jahre habe ich in und außerhalb des Hauses in einem Umkreis von ein paar hundert Metern gelebt – wie die Katzen. Wenn ich zu unserem Halbpächter ging, der taubstumm war und in einer Hütte in den Gemüsegärten von Merula wohnte, kam es mir vor, als unternähme ich eine Reise in ein anderes Land. Wenn ich in Gannano beim Gärtner Sellerie holte, trug ich wie ein Rekrut eine Trillerpfeife, einen Apfel und eine Brotschnitte für den Weg in meiner Tasche.

Ich kenne nur wenige Häuser, die meiner Kameraden aus der

Nachbarschaft, Bauernhäuser mit einer kleinen Treppe davor, mit ein oder zwei Zimmern mit Hühnern, einer Ziege und einem Schwein – das Schwein unter dem Bett – und der Wiege, die am Balken hängt. Auch wir haben immer ein Schwein gehalten. Meinen Großeltern gelang es, mit fettem Viehtrank aus Kleie, Eicheln und Mais den Stolz der Familie auf über vier Zentner zu bringen. Wenn es aber ein schlechtes Jahr war, kaufte meine Mutter bei einem unserer Nachbarn ein halbes Schwein, das sie nach dem Gewicht bezahlte. Am Abend kam Giacinto, um es zu zerlegen. Dann kamen Tante Gerolomina und, immer, die Gevatterin Adelina, um meiner Mutter zu helfen. Zeitweilig nahm meine Mutter zwei Schneiderinnen zu ihrer Unterstützung ins Haus, zuweilen auch den Schuhmacher mit seinem Gehilfen oder den Maler. Allwöchentlich kamen die Frauen, die die große Wäsche besorgten. Wenn sie vom Wassergraben zurückkamen, mit den Körben voll trockener Wäsche, bereitete meine Mutter ihnen eine Abendmahlzeit, die aus einer bestimmten, *mezziziti* genannten Sorte Makkaroni mit Tomatensauce bestand. Uns Kindern schmeckte dieses Gericht viel besser als die berühmten *orecchiette*, die Teigwaren mit Fleischsauce, die wir am Sonntag bekamen.

Das Brot backte meine Mutter noch selbst. Nur selten verließ sie das Haus. Dann schlüpfte sie in blanke elegante Schühchen, zog ihre Spitzenbluse an, warf ein Tuch um die Schultern und frisierte sich die Haare aus der Stirn, auch wenn sie nur zweihundert Schritt weit den Rinnstein entlang hinunterging und die Großmutter besuchte. Das war damals, als meine geliebte Großmutter mütterlicherseits das Bett nicht mehr verlassen konnte.

Mein Dorf ist gewiß nicht das schönste von den Dörfern im Tal des Agri. Vielleicht sogar das häßlichste. Jedenfalls behaupten das, halb im Scherz, halb im Ernst, meine Verwandten aus der Stadt, die aber immer gute Miene zum bösen Spiel gemacht haben, wenn sie dort waren. Sie haben sich dort wohl gefühlt. Denn mein Vater – als er noch lebte –, mein Onkel und meine Tante kamen ebenso wie meine Schwestern den Gästen stets mit liebevoller Rücksicht entgegen. Wenn einer seine gute Laune verlor, war ich das; ich schloß mich in mein Zimmer ein und ging erst nachts aus, allein. Meine römischen Verwandten mußten also lange Stunden vor dem Kaminfeuer oder um ein Kohlenbecken sitzen. Aber ich glaube, sie haben nie die Zeit gefunden, sich zu langweilen. Die Leute kommen und gehen, sie treten durch unser Tor ein und gehen wieder hinaus. An Freundinnen und Bekannten hat es meiner Schwester Annina, die dort geblieben ist, nie gefehlt, so wenig wie der Familie meines Onkels und seinen Kindern. Die eine bringt in Farnkraut gewickelte Ricotta, die andere ein großes Tuch voller Pilze, die dritte frische Eier in ihrem Mieder, jemand bringt Granatäpfel oder Weintrauben oder Feigen und Nüsse. Einer ein Taubenpärchen und einer ein Lamm. Es ist ein Hin und Her von Besuchen, von Höflichkeitsbezeigungen, ein Austausch von unausgesprochenen Andeutungen.

Wenn die langen Abende kamen und der Kreis der Stühle um den Kamin sich erweitert hatte, schlug meine Schwester vor, mit ihr das alte Spiel von der Ameise und dem Mäuserich zu spielen. Sie machte die Ameise, und die andern mußten der Reihe nach die Stimme eines Ochsen, eines Pferdes, eines Esels, eines Hundes, eines Katers, eines Hahns, eines Puters und eines Uhus nachahmen und sie, die Ameise, bitten, ihre Frau zu werden. Laß mich deine Stimme hören, sagte die Ameise zu jedem der Bewerber, worauf sie ihm mit Entschiedenheit antwortete: Geh weiter, ich will dich nicht. Am Ende aber war die Reihe an meinem aus Rom gekommenen Patensohn Filippo, die Rolle des Mäuserichs zu übernehmen.

Laß mich deine Stimme hören, sagte meine Schwester. Und Filippo piepste: *Zizìzizì, zizì*. Darauf wurde die Hochzeit gefeiert. Aber meine Schwester setzte die Erzählung fort und gab der Fabel erst ihre tiefere Bedeutung. Sie berichtete, daß der neugierige Mäuserich den Deckel von dem kleinen Topf mit kochendem Wasser heben wollte, den die Braut aufgesetzt hatte, um eine Suppe zu kochen. Der gierige Mäuserich klettert also bis zum Rand des Kochtopfs hinauf. Der Duft einer Speckschwarte schlägt ihm entgegen; er hebt den Deckel hoch und fällt ins kochende Wasser.

Elio Vittorini

Mein Marsch auf Rom

Daß seit dem Oktober 1922 zehn Jahre vergangen sein sollen, kann ich einfach nicht begreifen, es erscheint mir unwirklich, ein Betrug des Kalenders, es kommt mir so vor, als hätte ich mich seither überhaupt nicht verändert und hätte damals so gedacht wie heute, dieselben Dinge hätten mir gefallen, dieselben Bücher, dieselben Stunden der Wirklichkeit – ja, es kommt mir geradezu so vor, als hätte ich mir, wenn ich mit den Händen in der Tasche heimkehrte, Frauen und andere wunderbare Dinge auf dieselbe Art wie heute durch den Kopf gehen lassen.

Und doch trug ich kurze Hosen, und der Überschwang meiner vierzehn Jahre erfüllte mich. Ich ging in die Obertertia, trottete pfeifend durch die Straßen, bezog Prügel von meinem Vater, blieb ganze Nächte außer Hause, und der Professor für Italienisch und Latein nannte mich eine Kanaille.

Ach, mein unvergeßliches Leben von damals! Dieser denkwürdige Oktober! Wie gewöhnlich war ich in allen Fächern zum herbstlichen Prüfungstermin zurückgestellt worden, und ich hatte es fertiggebracht, nur in Mathematik durchzufallen. Beim Schulanfang, der damals um den 6. oder 7. Oktober stattfand, saß ich noch einmal in der Obertertia, und es war an einem Morgen in diesen Tagen, daß mich auf dem Bahnhof, wo mein Vater Stationsvorsteher war, das Trommeln der Faschisten weckte, die nach Neapel aufbrachen. Niemals zuvor hatte ich so viele von ihnen gesehen, und alle waren sie bewaffnet. Tatsächlich hatte ich, in meine Lektüre und mein Luderleben vertieft, die wunderbare Wirklichkeit dieser Jungen im Schwarzhemd nicht wahrgenommen, die den sumpfigen Grund der provinziellen Ruhe aufrührten. Doch das waren vereinzelte Heldentaten gewesen, die keine Anziehungskraft auf mich ausübten, obgleich meinen Schulkameraden aus der Obersekunda fast die Augen aus dem

Kopf fielen, wenn sie bei dem großen Palaver in der halben Stunde zwischen dem ersten und zweiten Unterrichtsblock davon sprachen. Ich muß auch gestehen, daß mir wegen meiner Antipathie gegen einen sommersprossigen Industriellensohn, der als ganz wilder Faschist galt, lange Zeit schon das Wort Faschismus zuwider war.

Aber an dem Tag, als ich die Trommeln hörte und die Glücklichen aus der Obersekunda innerhalb eines Wirklichkeit gewordenen Spiels in einem Zug ganz für sie allein abfahren sah, mit Geschrei, mit Fahnen, Trompetenklang und Gewehren, an diesem Tag erstickten mich Tränen der Wut, und ich wußte mir keinen anderen Trost, als mit den wenigen zurückgebliebenen Faschisten Freundschaft zu schließen. Und kaum waren die »Neapolitaner« zurückgekehrt und ich hatte von dem Marsch auf Rom gehört, der ihnen in Neapel versprochen worden war, plünderte ich die Ersparnisse meiner Schwester, hielt in einem Café Rücksprache mit einem Fettwanst aus der Obersekunda, der sich als Allmächtiger der Partei wer weiß wie wichtig tat, bat ihn, mich aufzunehmen und auf die Liste derer zu setzen, die nach Rom gehen würden. Erst weigerte er sich, dann nahm er lachend mein Geld, bestellte viel Kuchen und Eiskaffee für mich und für sich – aber den Parteiausweis erhielt ich niemals und forderte ihn auch in meiner Wurstigkeit allem Papier gegenüber nicht an. Und erst 1925 oder 1926, im Augenblick der ersten faschistischen Rekrutierung, merkte ich, daß ich zum Narren gehalten worden war.

Jedenfalls war ich an dem nebligen Morgen dabei, als man nach Rom aufbrach. Am Abend zuvor hatte ich an einer stürmischen Versammlung teilgenommen, hatte es nicht fertiggebracht, mir ein Gewehr geben zu lassen, und als ich nach meinem Recht brüllte, hatte man mir mehrmals mit Fußtritten gedroht, wenn ich den Mund nicht hielte. Ein schwarzes Hemd besaß ich selbst, ich zog die Hosen und Wickelgamaschen aus der Zeit an, als ich Pfadfinder war, und verbrachte die Nacht in Erwartung des Trommelns in einem Güterwagen. Um fünf Uhr wurde ich vom Pfeifen einer Lokomotive geweckt. Ich rannte hinunter, vergaß dabei meinen Brotbeutel und sah einen anfahrenden Zug, der vom Geschrei wilder Tiere erfüllt war. Ich sprang auf den letzten Wagen. Dort befand ich mich unter fremden, eher gewöhnlichen Leuten im Schwarzhemd, unter denen ich nicht einen einzigen meiner Freunde entdeckte. Erst kümmerten sie sich nicht um mich, als wir dann aber durch das dunkle Land fuhren, packte mich einer bei den Haaren und schaute mir genau ins Gesicht. »Hier ist eine Rotznase«, sagte er. Und alle begannen Witze zu reißen, man brauche in dem Zug eine Amme, und so weiter, und einer schlug tatsächlich vor, die Notbremse zu ziehen, um mich aussteigen zu lassen. Da erzählte ich von meiner Kindheit in Görz und von dem Jahr der Belagerung, und alle hörten schweigend zu, dann sprachen sie sich untereinander ab und fragten mich, ob ich Trompete blasen könne. Dann vergaßen sie mich, und erst bei einem langen Aufenthalt von vier oder fünf Stunden um die Mittagszeit auf einem großen Bahnhof kamen sie darauf zurück, daß ich aussteigen solle. »Siehst du den Zug dort?« fragte mich einer mit einer Brille. »Mit diesem Zug bist du bis heute abend zu Hause, wenn du mitfahren willst. Wir geben dir das Reisegeld.« Ich entgegnete, ich sei schon früher allein gereist, und wenn ich jetzt den Zug dort nehmen wollte, bekäme ich eine Freikarte erster Klasse, denn mein Vater sei Bahnhofsvorsteher, aber ich pfiffe darauf.

»Also?« drängte der mit der Brille.

»Ich habe Hunger«, erwiderte ich. Und der mit der Brille teilte sein Eßpaket mit mir und sprach nicht mehr davon, mich aussteigen zu lassen. Dann gab er mir die goldene Trompete, die ich später blasen sollte, und verbrachte den ganzen Nachmittag damit, mir die Noten für das Wecken und für den Appell beizubringen, während wir im letzten Nachmittagssonnenschein am Meer entlangfuhren. Als es Abend wurde, begann es ganz allmählich leise gegen die Fensterscheiben zu regnen, dann schliefen wir ein und wachten in der grauen Morgendämmerung auf einem kleinen Bahnhof wieder auf. Wir hielten, und unter dem Eindruck, im stehenden Zug aufzuwachen, kam es mir so vor, als hätte ich das Rütteln der Fahrt schon im Schlaf seit einer Weile nicht mehr gespürt.

»Auf welchem Bahnhof sind wir denn?« fragte einer mit aufgelösten Wickelgamaschen und stand auf, um sich die Füße ein bißchen zu vertreten. »In Praja d'Ajeta Tortora«, erwiderte eine verschlafene Stimme aus dem Hintergrund.

»Praja d'Ajeta Tortora«, von allen, jede Silbe einzeln betonend, ausgesprochen, klang dieser Name märchenhaft wie der eines Landstrichs in Anatolien und erinnerte mich an den Rückzug der Zehntausend durch das Reich des Artaxerxes. »Bei Gott, dann sind wir ja noch in Kalabrien«, rief der mit der Brille, »vierundzwanzig Stunden Fahrt und immer noch in Kalabrien! Diese Eisenbahner haben sich verschworen, uns nicht ankommen zu lassen.« Und er schimpfte so über die Eisenbahner, daß ich es bereute, erzählt zu haben, ich sei der Sohn eines Bahnhofsvorstehers.

»Wahrscheinlich habe ich noch Zeit, meine Feldflasche wieder zu füllen ...« meinte einer und stieg aus, aber kaum hatte er einen Fuß auf den Boden gesetzt, begann er sofort zu brüllen, der Zug sei nicht mehr da. Wir stürzten alle hinaus in die kalte Dämmerung. Unser Waggon stand allein auf den verlassenen Geleisen, der kleine Bahnhof schien verriegelt zu sein, und leichte Flocken von Sonnenschein begannen durch die Luft zu tanzen. In der Ferne krähte ein Hahn.

»Da sieht man mal, was beim Schlafen herauskommt«, sagte der mit der Brille, »die haben den Wagen abgehängt, während wir schliefen. Und wer weiß, ob sie auf der weiteren Fahrt nicht auch die übrigen, einen nach dem anderen, abgehängt haben. Eine gute Taktik, bei Gott. Die haben uns schön reingelegt ... Los, alles zu den Waffen, wir gehen die rote Mütze wecken.«

Aber der Bahnhof schien tatsächlich verlassen zu sein, wir riefen, und als wir schwiegen, um auf eine Antwort zu warten, hörte man nichts als das Summen des eingeschlossenen Telegrafen. Die Tür wurde aufgebrochen, wir stiegen in die Wohnung hinauf und durchstöberten die Dachböden, ohne eine Menschenseele anzutreffen. Nur die Hühner gackerten in einem Schuppen hinter dem Gärtchen – und um uns zu trösten, stellten wir die Zelte auf und aßen. »Wißt ihr was?« fragte ich plötzlich, während ich an einem Hühnerflügel knabberte, »wir könnten telegraphieren, ich weiß, wie man das macht ... mein Vater hat es mir beigebracht.« Wir rannten in das kleine Büro, ich setzte mich an die Taste mit allen um mich herum und begann Sapri zu rufen. Es war schon nach ein Uhr, als Sapri antwortete, es hieß, der Eisenbahnverkehr sei auf der ganzen Strecke eingestellt, dort sei ein anderer Waggon abgehängt worden, und eine Handvoll der Unseren biwakiere wie wir auf dem Bahnhof, aber in der Nacht wolle man versuchen, einen neuen Zug zusammenzustellen. Alle, die um mich herumstanden, fluchten und brüllten, während ich ihnen Wort für Wort die geheimnisvolle Botschaft der Morsezeichen übersetzte, dann ordnete der mit der Brille an, wir sollten uns nach Sapri in Marsch setzen. »Das sind vierundzwanzig Kilometer«, sagte er. »Wenn wir fünf Kilometer pro Stunde rechnen, wäre es ein Weg von fünf Stunden, sagen wir mal sechs, wir könnten also vor acht Uhr in Sapri sein und in Sapri den Zug nehmen.« Aber es war schon drei Uhr, als wir uns auf den Weg machten, dann verirrten wir uns, ich weiß nicht wie, auf diesen einsamen Straßen, und um acht Uhr waren wir in Maratea. In Sapri war es schon tiefe Nacht, der ganze Bahnhof lag im Dunkel, alle Büros waren geschlossen, und der Zug war fort. Wir schliefen im Lokomotivschuppen beim Schein von brennendem Koks, der draußen über die Geleise verstreut war.

Am Morgen weckte uns ein Zug, der von Neapel kam. Vom Gepäckwagen warf man uns einen Packen Zeitungen herunter, den niemand aufhob. Erst als der Zug wieder abfuhr, öffneten wir den Packen, und so erfuhren wir, daß Mussolini die Macht ergriffen hatte.

Carlo Bernari

Der Fremde

Die Straße nach Dentecane ist lang, steil und ermüdend; wenn man nicht sorgfältig die Bremsen bedient, nicht das Kühlwasser kontrolliert und nicht ständig den Zweiten eingeschaltet läßt, kann man sowohl bergauf als auch bergab Überraschungen erleben. Als noch Karren und Wagen im Gebrauch waren, hatte das letzte Stück Stufen, damit die Hufe der Pferde, Esel und Ochsen einen Halt fanden. Schon zu jener Zeit war es nicht selten, an den Straßenrändern liegengebliebene Automobile zu sehen, deren Hinter- oder Vorderräder – je nach Fahrtrichtung – mit zwei Steinen abgesichert waren und um deren geöffnete Motorhauben eine Schar Lausbuben herumstanden. Der Geruch nach trockenen Kastanien und verbranntem Holz entströmt ihren gebeugten, schmalen Rücken; aber diese Jungen wissen es nicht, sie scheinen glücklich zu sein, daß sie so hoch oben leben und frische Luft atmen, daß sie jeden Tag so viele Wagen mit kochendem Kühler, qualmenden Bremsen und geschmolzenen Gleitlagern sehen dürfen. Rings um das Unglück des Reisenden, der eine Panne hatte, auf der mißmutigen Suche nach irgend etwas, das Dentecane nicht immer bietet – Schneeketten im Winter, Wasser im Sommer, Abschleppseile, Ersatzteile oder gar eine Unterkunft für die Nacht –, entsteht eine Erwartungshaltung, die sich zwar niemals Wunder erhofft, sich aber in hundert Geschäftchen und Dienstleistungen äußert. Im Winter weht ein bläulicher Nordwind die Täler der Irpinia herab und trägt den Geruch nach verbrannten grünen Ästen mit sich, vermischt mit den Schatten einer ewigen, regnerischen Dämmerung; im Sommer bedeckt die Hitze wie milchfarbene Daunendecken das zwischen den Nuß- und Kastanienwäldern hügelige Land, so daß nur die höchsten Gipfel sichtbar sind.

Aber es war Winter, die Nacht brach schnell herein und die

Jugend von Dentecane schien in einem einzigen Raum versammelt zu sein, um nach dem Rhythmus eines alten Slow zu tanzen.

Weil er vielleicht Wasser oder Hilfe nötig hatte, vielleicht aber auch, weil er von der Musik angezogen worden war, betrat ein Fremder den Raum, in dem getanzt wurde, und blieb verblüfft stehen, um den Paaren zuzuschauen, die sich langsam aus dem dämmerigen Hintergrund des Zimmers lösten, sich nun im spärlichen Licht des Eingangs besser abzeichneten und sodann nach einer Tanzfigur wieder verschwanden.

Die tanzen schließlich auch. Vielleicht etwas besser. Aber wo steht das übrigens geschrieben? Als es wieder vom Halbdunkel verschluckt worden war, beendete das junge Mädchen seinen Monolog: Denk doch, was du willst, wenigstens wirst du niemals sagen können, daß wir Wilde sind, die von nichts eine Ahnung haben.

Ein langer, melancholischer Blick antwortete von der Höhe einer makellosen Uniform dem Blick des Mädchens, das jetzt, nachdem es, ohne dies aber zu bemerken, wieder vom Dunkel getilgt worden war, versuchte, mit den Hüften eine Tanzfigur nachzuahmen, die es als eine Illustration zu einer amerikanischen Kurzgeschichte gesehen hatte. So macht man das. Schade, daß Luigino nicht mitmacht, sonst würde ich es dem schon zeigen ... Nachdem sie an den Wänden entlanggetanzt waren, wandten sie sich nun wieder dem Eingang zu, und Luigino blieb mit einem Ruck stehen und schüttelte die in Form einer Birne zusammengelegten Finger vor der Nase des Fremden, um ihn zu fragen: »Was willst du?«

»Sei doch nicht so grob«, flüsterte sie ihm vorwurfsvoll ins Ohr, das nach Puder und Brillantine roch.

»Wein«, wünschte der Fremde unterwürfig. »Habt ihr Wein?«

»Wir nicht«, sagte sie und hob herausfordernd den Kopf, »das ist keine Wirtschaft.«

»Woher willst du das wissen«, sagte Luigino vorwurfsvoll.

Erst jetzt erinnerte sie sich, daß auf dem rechten Flügel der

Tür zu Luiginos Haus ein rissiges, entfärbtes Zinkschild angenagelt war:

WEIN – BIER – LIMONADE

In der Zwischenzeit hatte Luigino sie zwei Schritte von dem Fremden entfernt stehenlassen, um von einem Fenster aus, das man nicht sehen konnte, nach seiner Mutter zu rufen, die er im Garten vermutete. Man hörte lediglich seinen wiederholten, langgezogenen Ruf »Mammà« in einer schwarzen und konkaven Feuchtigkeit versinken, bevor er zu den beiden zurückkehrte, die sich weiterhin schweigend fixierten.

»Sie antwortet nicht«, sagte Luigino. »Sie wird in der Kirche sein. Kaum kriegt sie mit, daß wir zu tanzen anfangen, läuft sie in die Kirche, um zur Madonna zu beten wegen der Sünden, die wir begehen.« Er lachte tölpelhaft.

Als ob man so vor einem Fremden redete! Logisch, daß sie uns dann nicht respektieren und wie Hinterwäldler behandeln. »Mußtest du das sagen?« sagte sie aber nur zu Luigino, der vor der Tür des Küchenschranks niederkniete und so eine gipsweiße Färbung der Haut auf seinem leicht rotangelaufenen Nacken aufscheinen ließ. Sofort richteten sich die Augen des Mädchens auf den Fremden, der unbeholfen lächelte, als er Flasche und Glas aus den Händen Luiginos entgegennahm.

»Tut mir leid, so im Stehen«, und mit einer Geste zeigte er in das von den tanzenden Paaren gefüllte Zimmer und auf die an die Wand gelehnten Tische und Stühle. »Oder wollen Sie, daß ich es rausbringe, damit Sie draußen in Ruhe trinken können?«

Der Fremde schüttelte den Kopf und drehte sich um, um nach draußen zu sehen. Es war schon Nacht, sein Nacken jedoch hob sich vom Dunkel der Straße nicht ab; über diesen Nacken glitt wohl kaum je das Rasiermesser eines Friseurs. Ganz anders hingegen machten es die Friseure von Dentecane: tatsächlich zeigten alle anderen auf ihren gebräunten Stiernacken jene weiße Hauttönung. In diesem Augenblick blieb das Grammophon mit einem kratzenden Geräusch stehen.

»Hier sieht man nichts mehr«, sagte ein Tänzer. »Gibt's kein Licht?«

»Klar ist Licht da«, antwortete darauf das Mädchen und dachte: Also wie die einen vor einem Fremden blamieren! Was weiß denn der, er wird denken, daß wir wirklich Neger sind, ohne Licht und ohne Zivilisation.

Aber der Fremde schien mit den Umständen zufrieden: Er nahm das Schiffchen ab, steckte es in das Achselstück seiner Uniformjacke, setzte sich auf den nächsten Stuhl, nahm die Flasche zwischen die Beine und das volle Glas in die Hand.

»Mach langsam, Freundchen«, sagte Luigino, indem er sich zu ihm herabbeugte, und schickte sich an, das Mädchen wieder in die Arme zu nehmen, »der hat vierzehn Prozent und ist auch noch von einem guten Jahrgang. Und außerdem ist er schon fünf Jahre alt.«

Der Fremde lächelte, als verstünde er alles, aber sein Blick wirkte verstört wegen der vielen Stimmen, die noch immer darüber stritten, ob es besser sei, das Licht einzuschalten oder aber im Dunkeln zu bleiben.

»Warum sollen wir's denn anmachen? Bloß damit die andern um so besser glotzen können? Und du weißt, was man alles über uns sagt.«

»Was sollen sie denn sagen?« protestierte das Mädchen, das sich immer mehr wegen der Reden schämte, die sie in Anwesenheit des Fremden führten: konnten sie sich nicht ein einziges Mal zurückhalten? Sie warf demjenigen, der zuletzt geredet hatte, einen giftigen Blick zu.

»Was willst du dem denn vormachen?« sagte dieser und ließ das Mädchen, das sich für alles schämte, stehen, ohne weiter auf es einzugehen. »Wißt ihr, was wir tun? Wir machen das Licht an und schließen die Tür.«

»Noch besser«, höhnte eine andere, die Zöpfe trug. »Damit mein Vater kommt und mir ein paar Tritte verpaßt!«

»Dann hau doch gleich ab«, sagte das Mädchen, während die Tür tatsächlich geschlossen wurde und dem jähen Licht der Deckenlampe ein Dutzend an den Wänden hängende Heiligenfigürchen preisgegeben wurden, zwei Paprikaschoten in Form eines Horns, die gegen den bösen Blick helfen sollen, ein zerbrochenes Hufeisen als Glücksbringer und an die zehn ans Holz genagelte falsche Geldstücke. Man sah alles, klar und scharf, trotz des schwachen elektrischen Lichts, das die Wände nur eben matt aufschimmern ließ, als sei es müde geworden vom Auf und Ab der langen Reise durch die Täler und Berge der Irpinia. In dem spärlichen Licht verloren sich auch die Blicke in den tiefliegenden Augenhöhlen, so daß man nie genau sagen konnte, wohin sie gerichtet waren; dennoch hätte das schamhafte Mädchen geschworen, daß der Blick, den sie über den Rand des Glases hinweg auffing, das der Unbekannte ab und zu an die Lippen führte, auf ihr ruhte, vielmehr auf ihrer Brust; und jetzt glitt er die Hüften hinab, die Beine, sie fühlte, wie er an ihren Fesseln haften blieb, so daß sie sich nicht mehr bewegen konnte. Ganz klein und unansehnlich wurde ihr Körper, wie sie ihn jetzt von innen her sah, eine klägliche, aus dem Dunkel auftauchende Spiegelung seiner armseligen Welt. Sie wandte den Blick von dem Fremden ab, um ihm aber wenig später von neuem auf dem Rande des Glases wiederzubegegnen; während er den Wein trank, schien er sie zu trinken und dann stieg sein Blick zum Himmel auf, voller Gedanken, die keine Worte fanden.

Luigino hatte sie nochmals auf die Tanzfläche gezogen. Er müßte doch verstehen, daß ich anders bin, daß mich das alles überhaupt nichts angeht, keines dieser Dinge zu mir gehört. Eines Tages vielleicht, wenn niemand gekommen sein wird, mich zu retten. Aber warum stand der Fremde nicht auf, warum klopfte er Luigino nicht auf die Schulter, um ihm zu sagen, genug getanzt, so ein Mädchen verdienst du gar nicht. In vielen Filmen machen sie es so, und Luigino hatte immer gesagt: Ich würde nicht reagieren; es ist eben eine Frage der Gewohnheit, unter besseren Leuten kann man auch so etwas machen.

Mit stummer Ergebenheit ließ sie sich von Luigino zu einem Tanz führen, den sie gar nicht kannte, dessen langsamer Rhythmus es ihr aber gestattete, die zusammengewürfelte Einrichtung des Zimmers zu betrachten. Sie tat, als sähen ihre Augen alles zum erstenmal, genauso wie die des Fremden, und sie sagte sich, so muß ich alle Gegenstände betrachten, wenn ich wissen will, was er denkt, wenn er diese Habseligkeiten sieht. Es gehört nicht viel dazu, ein anständiges Haus zu haben. Aber das hier, man möchte vor Scham im Boden versinken. Das Büfett da, ohne Tür! Ist doch kein Aufwand, es wieder herrichten zu lassen. Aber die sind halt so, Mutter und Sohn, für sie gibt's nur die Kirche und fromme Ergebung, für ihn bloß Arbeit und Geld. Die wissen nicht zu leben. Findest du das gut, die Vitrine da mit ihren kaputten Scheiben, die teils matt, teils durchsichtig sind, ganz so, als sollten alle die Teller mit dem Sprung und die Essensreste sehen? Und reden wir erst gar nicht von der Konsole dort, mit dem an den Ecken abbröckelnden Marmor, und auch nicht von der Madonna von Montevergine unter der Glasglocke, die heute doch nicht mehr den Blicken dargeboten, sondern höchstens noch ganz oben auf der Kommode im Schlafzimmer aufgestellt wird. Und dann die zwei Wirtshaustische, die an der Tür zum Schlafzimmer aufeinandergestellt sind, in dem jetzt Luigino und seine Mutter schlafen, in dem ich aber schlafen werde, wenn eines Tages, leider, niemand gekommen sein sollte, um mich zu retten. Du, zum Beispiel, der du so fein bist, sagte sich das Mädchen mit schwacher und hoffnungsloser Stimme; da sich Luigino das Verdienst für ihre Erregung zuschrieb, flüsterte er ihr zu: »Geduld, es dauert nicht mehr lang.« Bis wann? Bis zur Hochzeit? Mit dieser stummen Frage durchbohrte sie mit den Augen die beiden Kissen, die auf dem Sofa mit den kaputten Sprungfedern unordentlich herumlagen; diese Kissen hatte sie an jenem Tag als Geschenk mitgebracht, als sie mit ihrer Mutter den Besuch Luiginos aus Anlaß des Eheversprechens erwiderte: auf das erste hatte sie einen weißen Pierrot gestickt, der eine mondgelbe Gitarre hielt, auf das zweite einen gelben Jagdhund mit weißen Ohren; die Deutschen waren noch da, als sie die beiden Stickereien gemacht hatte, denn damals konnte man ja nicht aus dem Haus gehen. Bei Luigino hielten sich die Deutschen häufig auf, um zu essen und zu trinken. Sie müssen auch die Schallplatte dagelassen haben, die kein Ende findet, und auch jene Schinken- oder

Fleischdosen, die jetzt auf der Fensterbank aufgereiht stehen, mit immergrünen Topfpflanzen darin. Mit den drei kleinen Vasen aus dunklem Glas ist es dasselbe; vielleicht sieht man gar nicht, daß es sich um halbierte amerikanische Bierflaschen handelt, die jetzt als Blumenvasen vor den Bildern des Vaters und der Schwester Luiginos stehen, die beide bei der Bombardierung Foggias umgekommen sind. Die Farbphotographie von Rita Hayworth im schwarzen Negligé, die aus einer amerikanischen Zeitschrift ausgeschnitten wurde, und daneben eine Ansichtskarte mit Blick auf Palmen und Meer, auf der nur mit Blumenkränzen bedeckte Frauen tanzen, retten den Raum ein wenig. Aber der ganze Rest! Was hat er nicht alles ausgeschnitten und an die Wände geklebt, dieser Luigino, nur um ja nichts wegschmeißen zu müssen! Damit der erstbeste, der eintritt, sofort weiß, wie viele Soldaten welcher Nationalität in Dentecane haltgemacht haben.

Wandte das Mädchen nun den Blick von dieser Bilderansammlung ab und auf die tanzenden Paare – so etwas hatte man noch nie zuvor in Dentecane gesehen! Zum Glück haben Kriege manchmal auch etwas Gutes – aber die Gefühle, die sie beim Anblick der anderen empfand, waren durchaus nicht tröstlicher: eine Uniformjacke in Tarnfarben aus deutschen Beständen über einer kanadischen Hose, die in jenes Grün umgefärbt worden war, das zunächst von den Soldaten des neuzusammengestellten italienischen Heeres getragen worden war; eine aus einer englischen Decke genähte kamelhaarfarbene Jacke; eine französische Hose zu typisch amerikanischen Stiefeletten mit hohem Schaft, ein koptisches Kreuz abessinischer Herkunft auf einer durchsichtigen Seidenbluse, die aus einem Fallschirm der Alliierten geschneidert war. – Es gab kein Kleidungsstück, das nicht seine Herkunft aus einem Militärmagazin verriet, nicht ein Objekt, das nicht einen geheimen Ursprung hatte, Frucht war von Überfällen oder sinnlosen Tauschgeschäften zwischen geschlagenen Heeren und Bewohnern, die nach allem hungerten.

Wenn ich nicht mit eigenen Augen gesehen hätte, wie der Wein gekeltert worden ist, würde ich sagen, daß auch der Wein, den er gerade trinkt, von uns gestohlen worden ist. Not kennt kein Gebot, heißt es. In Wirklichkeit hat es uns immer an Würde gefehlt ... Sie legte ihren Kopf an die Schulter Luiginos, um den Fremden besser betrachten zu können, und hob ihn nur, um sich anzusehen, als sie am Spiegel vorbeikamen; vielleicht würden sie mir lang besser stehen, so trägt man sie jetzt bei ihnen, lang bis auf die Schultern, so wie Rita Hayworth. Aber wie soll man das in einem Dorf anstellen, in dem es keine Friseuse gibt? Vielleicht genügte es, sie einfach wachsen zu lassen. Sie schloß die Augen wieder, um nicht mehr den alten defekten Hausrat sehen zu müssen. Welch eine Erleichterung, dieses Dunkel hinter den Augenlidern. Man sollte einfach nie das Licht einschalten, denn nur so bleibt die Armut geheim, du kannst sie aus deinen Erinnerungen verbannen. Und der Fremde wäre aus dieser Welt abgereist, ohne jemals ihre Risse und Ruinen gesehen zu haben. Eines Tages vielleicht, wenn er sich an sie erinnert hätte, wäre er zurückgekommen. Und dann? Eine gewaltige Anstrengung ist nötig, um dieses »dann« zu überspringen; man darf keine Angst haben vor dem, was sich dahinter verbirgt. Die Liebe vielleicht, die nicht nur Sexualität ist, wie Luigino glaubt, sondern wie eine Hand, die dich streichelt und dich aufwühlt, weil du dich ganz in diese Hand versenkst, die dich drückt, während auch du sie von außen drückst und die du besitzt, während sie dich besitzt.

Sie bemerkte daher gar nicht, daß es dem Fremden nach zwei Versuchen endlich gelungen war, sich zu erheben, und während er mit gerecktem Oberkörper hin und her schwankte, schrie er in einer hier unbekannten Sprache:

»He, ihr armen Schlucker, gibbed's nen Härrgodd oder net?«

Niemand antwortete, und er schrie mit noch erregterer Stimme: »God, god, god, my father! I've the cross inner Kippe ...«

Die leere Flasche schwenkte er zwischen den einzelnen Worten hin und her, einem Mischmasch aus Englisch und einem Lukaner Dialekt. Alle hörten zu tanzen auf und bildeten einen Kreis um ihn, unter ihnen Luigino und sein nachdenkliches Mädchen; da sie nicht wußten, ob und worüber sie lachen sollten, betrachteten sie ihn nur verblüfft, als der Fremde mit wildem Blick und in immer drohenderem Ton fortfuhr:

»My sire three times machte det Zeichen det Kreuzes bevor er open det store.« Indem er mit dem Glas das Kreuzeszeichen machte, wiederholte er dreimal die magisch-religiöse Formel:

»Gott vergelt's, Gott vergelt's, Gott vergelt's.«

Er mußte sich verzweifelt allein fühlen vor diesem Ozean ironischer Blicke, vor diesen schiefgezogenen Mündern, verzerrt von einem ironischen Lächeln, das zu explodieren befürchtet, und von neuem begann er, noch erregter:

»It's a long way zum Paladies, isch lang, lang de Schtraße, bis man dir die Krone on the head setzt... Well?«

Als die Tänzer verdutzt schwiegen, verlor er die Geduld und schleuderte sein Glas weg, das in einem Getöse von splitternden Scherben im Dunkeln landete; dann packte er den nächsten Tänzer am Kragen und schüttelte ihn mit entfesselter Kraft wie einen Hampelmann:

»No well? Come on, du Hurensohn! Come on!«

Beim Lärm des berstenden Glases öffnete das Mädchen endlich die Augen, sie fand aber ihr gedankenverlorenes Abbild nicht mehr in dem Wandspiegel, statt dessen nur schwarzes, wie verbranntes Holz. Vielleicht konnten sie sie mit einem zerbrochenen Spiegel im Haus nicht mehr zu der Hochzeit zwingen. Gedankenversunken sah sie nicht oder wollte auch nicht sehen, daß ihr nun gefälltes Idol, das wie ein Toter herausgeschleift wurde, auf seinem Weg einen Streifen von violettem Erbrochenen hinterließ.

»Fast«, bemerkte Luigino und zeigte auf den zerbrochenen Spiegel im Hintergrund, »hätte er dich erwischt.«

»Ja, fast hätte es mich erwischt«, gab sie mit einem Seufzer zu; vielleicht war sie noch immer nicht ganz wach.

Romano Bilenchi

Maria

Maria hatte bis zu ihrem siebten Lebensjahr kein einziges Wort gesprochen. Wenn die anderen sprachen, sah sie ratlos, mit plötzlich stumpf gewordenem Blick, auf die Lippen, die sich öffneten und schlossen; dann lief sie verzweifelt mit wackelndem Kopf weg.

Obwohl sie gleich nach ihrer Geburt wie die anderen Kinder gewimmert hatte, hielten sie ihre Angehörigen für stumm. Die Bewohner des Dorfes sagten, sie sei verhext und ihrerseits fähig, Böses zu tun. Sie lief allen Jungen nach, die an ihrem Haus vorbeigingen, und liebkoste sie auf eine heimtückische Weise.

Maria war häßlich von Angesicht, aber sie hatte, obwohl sie das Kind alter und kränklicher Eltern war, einen frühreifen Körper. Vater und Mutter und auch die anderen Verwandten verwünschten sie: Sie war stumm, und sie war häßlich, und sie betrachteten ihren rundlichen, robusten Körper mit Widerwillen. Auch auf der Straße mochte sie keiner leiden. Sie aber streifte bis zum Abend durch das Dorf, doch mußte sie überall, wo sie entdeckt wurde, fliehen.

Eines Abends, als sie das für sie neue Wort »Tod« hörte, das die Eltern, Verwandten und Nachbarn, die bei der sterbenden Großmutter Nachtwache hielten, aussprachen, hob Maria den Kopf, und sie betrachtete die Personen, die um das Bett herumstanden, auf eine ungewöhnlich aufmerksame Art. Sie wiederholte, wie um sich selber zuzuhören, wie um sich dieses Wort einzuverleiben, leise, ganz leise: »Tod, Tod« und dann kraftvoll, heftig: »Tod, Tod«.

Die Eltern, die Verwandten kümmerten sich nicht mehr um die röchelnde Alte, sie riefen: »Maria, Maria, sag es noch einmal.« Sie umarmten sie, sie küßten sie. »Sieben Jahre lang hast du uns böse mitgespielt«, sagten sie, »was haben wir bis heute erdulden müssen.« Jetzt waren sie gut und liebevoll, während sie früher gerufen hatten: »Geh zum Teufel! Oh, wenn du doch nur verrecken würdest!« Maria schüttelte den Kopf. Ohne an das traurige Wort zu denken, das sie eben gesagt hatte, forderten sie sie auf, zu sprechen. Mit einem Mal umwarben sie sie, versuchten ihre Augen zu erforschen, starrten auf ihren Mund. Schließlich warf sich ihre Mutter vor ihr auf die Knie und flehte sie an: »Sag deiner Mama noch einmal dieses schöne Wort.«

Maria aber war von neuem stumm und starrte verblüfft auf die sie umgebenden Personen, als wunderte sie sich über deren Aufregung. Sie preßten ihr die Lippen, die Zähne auseinander. Umsonst flehten und drohten sie. Dann schlugen sie sie auch. Maria blieb weiter stumm, mit ihren erloschenen Augen und dem häßlichen, geschwollenen Gesicht. Endlich ließ ihre Mutter sie in Ruhe, und Maria legte sich wie gewöhnlich in einem Winkel des Zimmers schlafen. Kurz zuvor hatte die Mutter noch vorgehabt, ihr das Kinderbett zu richten, in dem sie seit langem nicht mehr schlief.

Nachdem Maria eingeschlafen war, starb die Großmutter. Die älteste Frau, die im Dorf alle Toten anzog und die von Kind auf die Freundin der Großmutter gewesen war, blieb da, um beim Leichnam zu wachen. Gegen Morgengrauen wurde die Alte vom Schlaf übermannt und nickte ein. Im selben Augenblick durchlief Maria ein Zittern, sie setzte sich auf, rieb sich die Augen und sprang auf das Bett. Sie packte die Großmutter, die immer so böse zu ihr gewesen war, bei den Haaren und begann, schreiend an ihnen zu zerren: »Tod, Tod, Tod.« Es klang wie ein Racheschrei. Die Alte wachte auf und floh voller Angst. Als die Eltern und die anderen Familienangehörigen angelaufen kamen, hatte Maria die Großmutter auf den Boden geworfen und schrie noch einmal: »Tod, Tod, Tod.« Während der Leichnam wieder aufs Bett gelegt wurde, lief Maria fort. Einen Tag später tauchte sie wieder auf. Als der Leichenzug von der Kirche zurückkehrte und am Haus vorbeizog, schrie sie aus dem Fenster des Zimmers, das die Großmutter bewohnt hatte: »Tod, Tod, Tod!«

Die Dorfbewohner fingen nun wirklich an, Maria zu fürchten und zu hassen. Die Eltern verboten ihren Kindern den Umgang mit ihr. Doch Maria suchte ihre Nähe und lud sie mit stummen Gesten und gewagten Liebkosungen ein, mit ihr zu spielen. Dann wurde sie von den Erwachsenen beschimpft und geschlagen. Maria lief weg, in das Sterbezimmer der Großmutter, und kauerte sich in einen Winkel, bis man sie auch von dort wegjagte. Aber kaum lag jemand im Sterben, lief sie, den Leuten trotzend, vor das Haus des Sterbenden und rief: »Tod, Tod, Tod.«

Als Maria größer wurde, befreundete sich ein Junge mit ihr. Mit den Jahren war ihr Körper schlank und herausfordernd geworden. Ihre Brust war voll wie die einer Frau. Aber ihr Gesicht wurde immer häßlicher, und da der Gegensatz von Körper und Gesicht ins Auge stach und bei den Leuten ein unwiderstehliches Gefühl der Abneigung hervorrief, verabscheute man sie heftiger als zuvor. Der Junge war groß und stark, er schlug sich gern mit seinen Altersgenossen, wurde oft gewalttätig und griff sogar Erwachsene an. Er warf die Fenster von Leuten entzwei, die ihm nicht paßten. Doch er war schön, hatte grüne Mandelaugen, und wenn er die Straße entlangging, blieben Frauen und Männer stehen, um ihn anzuschauen. Die Eltern der von ihm verprügelten Kinder und auch die anderen Bewohner des Dorfes verziehen ihm wegen seiner Schönheit alles, außer daß er sich immer mit Maria herumtrieb. Der Junge mochte Maria, er war zärtlich zu ihr, nahm sie mit, rannte mit ihr über die Felder und beschützte sie.

Eines Tages wurde der Junge krank. Das ganze Dorf nahm an seinen Leiden und dem Kummer seiner Eltern teil. Alle Augenblicke kam jemand, um sich zu erkundigen, wie es ihm gehe.

»Diese Hexe von einem Mädchen hat ihn krank gemacht«, behaupteten sie. »Man muß ihm die Freundschaft mit ihr verbieten.«

Eines Abends erschien Maria unter dem Fenster des Kranken

und rief: »Tod, Tod, Tod.« In dieser Nacht starb der Junge. Auf der Straße bekam Maria Schläge. Auch ihre Eltern schlugen sie. Sie mußte fortlaufen. Weit weg.

Einige Jahre später kam Maria in eine große Stadt. Wo war sie die ganze Zeit gewesen? Was hatte sie getrieben? Verwundert über die Länge der Straßen, die Größe der Plätze und die Höhe der Häuser der Stadt, konnte sie sich selbst an nichts mehr erinnern. Im Umgang mit den Menschen, die sie nicht kannten, war sie plötzlich imstande, wie diese zu sprechen. Doch nach ein paar Tagen begannen auch die Bewohner der Stadt, sie schlecht zu behandeln. Sie bemerkten den Gegensatz zwischen ihrem begehrenswerten Körper und ihrem scheußlichen Gesicht. Wo man auf sie stieß, versuchte man sie mit brutalen Beschimpfungen und Drohungen zu verscheuchen.

Eines Tages ging Maria eine Allee entlang, die auf einen gepflasterten Platz, den größten der Stadt, mündete. Dieser Platz lag immer im Schatten und war immer leer. Maria ängstigte sich davor, diesen Platz zu erreichen, doch hatte man sie an diesem Tag an jeder Tür, vor der sie sich hinsetzen wollte, beschimpft, und daher wollte sie dorthin, um sich auszuruhen. Plötzlich hörte sie Lärm. Sie schreckte zusammen. Der Lärm wuchs an. Sie drehte sich um. Aus dem Hintergrund der Straße kam ihr eine Gruppe von Männern und Frauen entgegen, und dann wieder Männer und Frauen, zu Hunderten, zu Tausenden. Maria hatte noch niemals so viele Menschen zusammen gesehen wie in diesem Augenblick. Nicht einmal in ihrer Kindheit, wenn ihre Eltern und die Leute aus dem Dorf sich zusammentaten, um sie zu beschimpfen und sie zu quälen, und es ihr vorkam, als wollten die Beschimpfungen und Schläge gar nicht mehr aufhören. Die Menge drängte zum Platz vor. Als die ersten Personen näher kamen, sah Maria allen voran einen schönen Jungen; so schön wie jener, der in ihrem Dorf gestorben war und der sie liebgehabt hatte. Er hielt eine Fahne hoch und schrie: »Tod, Tod, Tod.« Mit einem Mal wandte sich der Junge Maria zu. Es war wirklich der Junge, der sie im Dorf beschützt hatte und mit ihr über die Felder gerannt war.

Der Junge lächelte sie an, und auch die anderen lächelten. Jetzt blickte niemand auf ihren Körper und ihr Gesicht. Als sie an ihr vorbeigingen, hörten sie zu rufen auf und sagten zu ihr: »Komm mit uns, du bist wie wir.« Alle waren da, unter denen sie so gelitten hatte. Maria lief zu dem Jungen hin und stellte sich mit ihm an die Spitze.

Vom Platz her kam ein zweiter Haufen von rasenden Leuten der Menge entgegen, die von Maria und dem Jungen angeführt wurde. Alle schrien: »Tod, Tod, Tod.« Das Blutbad war entsetzlich. Maria fühlte, daß sie sterben mußte. Plötzlich machte sie das glücklich. Gerne hätte sie noch den Männern und Frauen, die nah bei ihr standen, gedankt. Aber sie kannte weder ihre Namen, noch wußte sie, wie die Stadt hieß. Ein schöneres Ende hätten ihr diese Männer und Frauen gar nicht bereiten können, und Maria verzieh ihnen auch, was sie in ihrer Kindheit hatte leiden müssen.

Giuseppe Dessì

Meine Ururgroßmutter Letizia

Das Gittertor bestand aus zwei Sorten Holz, Birnbaum und Eukalyptus, und die Pfosten waren aus Steineiche. Es war in eine drei Meter hohe Mauer aus Stein und Kalk eingelassen.

Letizia öffnete eben einen der Flügel, als Angelo Uras, mein Ururgroßvater mütterlicherseits, sie sah.

Letizia sah ihn auch, und einen Augenblick blieb sie stehen, um ihn zu betrachten. Früher hätte ihr bei seinem Anblick das Herz bis zum Hals geschlagen, aber nun konnte sie ihn in aller Ruhe betrachten, ihr Herz zitterte seinetwegen nicht mehr. Dennoch sah sie ihn nur einen kurzen Augenblick an und wandte rasch den Blick ab wie damals, als sie noch ein junges Mädchen war und sein Anblick sie scheu machte: sie sah ihn einen Augenblick an, kehrte ihm ohne Trotz den Rücken und ging auf das Haus zu.

Wenn er etwas hatte, was ihm Sorge bereitete, suchte Angelo Uras Letizia auf und sprach mit ihr; er sprach mit ihr nicht über das, was ihn beschäftigte, sondern von ganz anderen Dingen, und das tat ihm wohl. Es war nicht seine Art, anderen seine Sorgen anzuvertrauen, und er hütete eifersüchtig seine Geheimnisse, solange sie solche bleiben mußten. Einige davon blieben auch für Letizia Geheimnisse, und Angelo hat sie mit ins Grab genommen. Nicht einmal ich kenne sie.

Angelo sah die Frau von hinten.

Sie kannten sich nun seit zwanzig Jahren, seit ihrem siebzehnten Lebensjahr. Sie waren ein Liebespaar gewesen und waren es noch, wenngleich sie sich nicht mehr so oft sahen wie früher, als sie einander begehrten. In diesen zwanzig Jahren hatte Angelo, mein Ururgroßvater, eine reiche Frau aus Ordena geheiratet und Letizia einen Halbpächter Angelos.

Doch diese Umstände hatten nichts an ihren Beziehungen geändert.

Die Frau war zweihundert Schritte entfernt, und Angelo sah, wie ihr Rock zu den langsamen Schritten schwang.

Dies geschah vor genau hundertdreiundzwanzig Jahren, im Monat März, in Norbio. Es war ein Frühling wie dieser.

Während er sie betrachtete, dachte Angelo: »Ich könnte mich umbringen.«

Es war nicht das erste Mal, daß ihm dieser Gedanke kam, wenn er sich in finanziellen Nöten befand.

Wenn er sich umgebracht hätte, wäre ich nie geboren worden, denn ich stamme direkt von seinem dritten Sohn, Pietro, ab, der an demselben Tag, zwölf Stunden später, empfangen wurde.

Aber dieses »Wenn« hat keinen Sinn. Es konnte kein »Wenn« geben. Unser Schicksal war besiegelt. Das seine und das meine und das all jener, die zwischen uns beiden kamen. Dennoch lag der Schatten dieses Gedankens drückend auf seinem ganzen Leben und auf dem seiner Nachkommen und auf meinem.

In diesem Augenblick war ich ein leuchtender Punkt, und ich bewegte mich mit ihm, anderthalb Spannen von seinem rechten Auge entfernt.

Wenn er etwas Gewagtes, Gefährliches unternahm, zog Angelo auch die Möglichkeit des Selbstmords als letzten Ausweg in Betracht. Deshalb war er ruhig. Und er fürchtete den Tod nicht. Er glaubte, diese Möglichkeit in Reichweite zu haben wie einer, der gewiß ist, mit einer Seidenschnur aus einem Gefängnis fliehen zu können.

Einmal nahm er sogar den Lauf des geladenen Gewehrs zwischen die Zähne, aber gerade in diesem Augenblick war er weiter denn je davon entfernt, die unselige Tat zu vollbringen. Es blieb ihm für immer die Erinnerung, ein Geschmack von Salpeter. Das Gewehr war ein Vorderlader, für den er selbst das Pulver herstellte und der nun in die Hände unseres Feldhüters übergegangen ist.

An jenem Morgen, als er die Hüften Letizias betrachtete, die sich unter dem langen Faltenrock rundeten, fühlte er plötzlich, wie ihn das Verlangen überkam.

Ich schwebte noch auf der Höhe seines rechten Auges neben

ihm her wie eine Pferdebremse, immer im gleichen Abstand. Angelo rieb sich mit der Kuppe des Ringfingers das Auge.

Er betrachtete das Gittertor, er sah die hohen Pinien um das Haus. Er sah den Weinstock der Laube. Und hinter dem Haus die Mandelbäume, die Feigenkaktus-Hecke. Er sah alle diese Dinge wie ein einziges; und es war ein Raum voller Stille, in dem er ausruhen konnte.

Diesen Ort nennen wir noch heute *La Vigna*, obwohl schon damals, abgesehen vom Wein über der Laube, nur noch wenige da und dort verstreute Weinstöcke übrig waren. Aber früher war es ein großer Weinberg gewesen. Zur Zeit meines Ururgroßvaters pfropfte man noch nicht auf amerikanische Wurzelstöcke auf. Die Weinstöcke gingen nach wenigen Jahren ein, und man konnte nicht gleich auf demselben Boden neue pflanzen. Aber der Wein war viel besser.

Angelo besaß viel Land und wenig Geld. In seinem Haus fehlte es an nichts, außer am Geld. Es war damals nicht leicht, die Erzeugnisse zu verkaufen. Wenige kauften, und man exportierte so gut wie nichts. Geld hätte er auch keines gebraucht ohne seine Leidenschaft, immer mehr Land zu besitzen. Er sagte, eines Tages werde Land der sicherste Reichtum sein, aber er glaubte nicht daran: er hatte einfach diese Leidenschaft. Er sagte, daß die Zeit, in der Land kostbarer sein werde als Gold, erst noch kommen müsse, daß sie aber nicht mehr fern sei; und er tat sich um und kaufte so viel Land, wie er konnte, manchmal sogar, indem er Schulden machte. Mit diesen Worten rechtfertigte er seine Leidenschaft durch Logik, als ob ihm an seinen künftigen Enkeln etwas gelegen wäre, und angenommen, es lag ihm wirklich etwas an ihnen: als hätte er die Gewißheit, daß das Land auch bis zu uns gelangen werde. Aber er glaubte nicht daran, es war reine Leidenschaft.

Als er das Haus betrat, funkelte ich auf seiner Uhrkette.

Er war ein rechtschaffener Mann nach den damaligen Begriffen von Rechtschaffenheit. Dennoch tat er ab und zu etwas, was zur Moral im Widerspruch stand, und er wartete stolz darauf, daß man es ihm sagte, ihm vorwarf. Aber niemand sagte je etwas in seiner Gegenwart.

Er trat ein und setzte sich an den Kamin. Auf dem Feuer stand eine Kaffeekanne aus Blech mit einem Stückchen gelben Papiers im Schnabel, das säuberlich zu einem Trichter gerollt war. Alles im Raum war an seinem Platz: Stühle, Truhen, Tische, Kessel, Pfannen, Körbe, Schnurrollen, Teller ...

Alles war seit langer Zeit da, dazu bestimmt, noch lange zu dauern. Man hatte den Eindruck, in der Mitte des Lebens zu sein.

Einen Augenblick funkelte ich auf dem Busen der Frau.

Sie hatte das Hemd über den Brüsten mit einem roten, zu einer Schleife geschlungenen Band geschlossen.

Aus dem Fenster, das auf die Rückseite des Hauses ging, sah man durch die geputzten Scheiben eine Sprossenleiter, die an der Mauer lehnte; man hörte das Klappern der Baumschere.

Als Angelo aufstand und sie um die Hüfte nahm, flüchtete ich mich in ihr Haar, hinter das Ohr.

Sie hob den Blick und deutete nach ihrem Mann, der den Weinstock stutzte.

Angelo drückte sie noch immer an sich, und sie stemmte die starken Hände gegen seine Brust, doch ohne ihn ganz zurückzustoßen.

Ich lief summend durch ihr Haar.

Die Augen auf das Fenster gerichtet (sie sah die Beine und die Stiefel ihres Mannes, der zwei Sprossen tiefer gestiegen war), überließ sie ihm ihren Mund, und ich schlüpfte ihr in den Busen wie ein Tropfen Milch.

Aber an diesem Tag kam es nur zu einem langen Kuß.

Am Abend, zwölf Stunden später, wandte sich Angelo im Bett seiner Frau zu.

Doch meine Ururgroßmutter ist Letizia. Wenn ich daran denke, bin ich erfüllt von Liebe zu ihr und zu den Orten, an denen sie lebte.

Vasco Pratolini

Ein Mädchen

Eine Geschichte, die zehn Jahre alt ist. Ich war ein junger Bursche, wie so viele andere. Ich hatte Bücher gern, ebenso schöne Krawatten und Fußball. Ich besaß ein leichtes, orangefarbenes Fahrrad mit Rücktrittbremse. Und wenn ich in der guten Jahreszeit aus der Fabrik kam, radelte ich an den Stadtrand hinaus oder auf die Hügel, statt nach Hause zu gehen und mich umzuziehen: Das Dämmerlicht und die ersten Abendschatten machten mich melancholisch, ich wußte keine Abhilfe als zu radeln, bis ich müde wurde. Ich hatte nur wenige Freunde, und meine Gewohnheit, auf die Hügel zu radeln und Bücher zu lesen, sprach in ihren Augen zu meinen Ungunsten. Tatsache ist, daß es Zeit für mich war, mich zu verlieben. Ich malte mir süße Traulichkeiten aus: ein Heim und Kinder. Jedes Mädchen, das ich auf der Straße ansah, stellte ich mir als meine Braut vor. Doch gelang es mir nicht, die Schüchternheit zu überwinden, sobald ich mich einer Frau näherte. Und stolz war ich, ich hütete mich, den Freunden mein Unbehagen anzuvertrauen, ich verzichtete darauf, sie in die Tanzsäle oder auf Ausflügen zu begleiten, ich lachte über ihre Albernheiten, aber ich beneidete sie schrecklich. Meine freien Tage verbrachte ich im Stadion und am Billardtisch.

Eines Morgens, es war im September, hatte ich einen Arbeitsunfall, nichts Schlimmes, kaum mehr als ein Kratzer an der rechten Hand; so brauchte ich ein paar Tage lang nicht in die Fabrik. Schon lange hatte ich an Werktagen nicht mehr frei gehabt. Am Vormittag schlenderte ich durch die Stadt. An Werktagen hat die Stadt eine ganz andere Farbe als an Sonntagen. Ich kam mir komisch vor, so untätig in den Straßen, mit verbundenem Daumen. Ich dachte nicht im Traum daran, in die Hügel hinauszufahren, so neu erschien mir das Bild der Plätze, der Geschäfte, des Verkehrs um die Mittagszeit im Zentrum der Stadt. Ich war neunzehn Jahre alt, vielleicht ist das eine Erklärung.

Im Haus, in dem ich mich schließlich befand, sah ich sie zum erstenmal. Zunächst war sie mir vorgekommen wie alle anderen Mädchen und doch wie eine, der gegenüber ich meine Schüchternheit wohl würde ablegen können. Allein mit ihr, wurde sie wunderbar. Es genügte, daß sie statt jedes andern Wortes einfach sagte: »Es muß schön sein draußen! Kannst du tanzen?« Sie holte ein Koffergrammophon unter einem Stuhl hervor und legte eine Platte auf. Als ich antwortete, daß ich nicht tanzen könne: »Macht nichts. Ich führe dich schon.« So tanzten wir, fest umschlungen, zwischen Bett und Kommode, zum Fenster hinüber, wo etwas mehr Platz war; durch die herangezogenen Fensterläden drangen Lichtstreifen, die Schallplatte spielte in einem fort ihre Melodie, ich glaube, es war ein Tango. Als ich sie ließ, dachte ich, daß ich sie nie wiedersehen würde.

Doch als ich Abschied nahm, äußerte sie den Wunsch nach einer neuen Schallplatte; ich übernahm es, sie ihr zu besorgen. Als ich wieder allein auf der Straße war und nachher in einem Geschäft, um die Platte zu kaufen, dachte ich intensiv an sie. Ich sagte mir, daß ich zum erstenmal etwas für eine Frau tat, daß zum erstenmal eine Frau mir Komplimente über mein Haar und meine Augen gemacht hatte, nicht zerstreut, wie ich es schon öfter erlebt hatte, sondern aus einem Gefühl der Zusammengehörigkeit heraus. Vor allem war es neu, daß ich Komplimente hingenommen hatte, ohne dadurch in Verwirrung zu geraten, und nicht, weil ich sie gerade von diesem Menschen erhalten, sondern wegen des inneren Glücks, das ich dabei empfunden hatte, auch ich aus dem Gefühl der Zusammengehörigkeit heraus. Jedenfalls schien es mir so. Nun war ich verliebt. Und in den darauffolgenden Tagen wurde ich es immer mehr. Von Natur aus bin ich unfähig, mir über meine Handlungen und Gefühle Rechenschaft abzulegen, und noch weniger, sie zu analysieren. Verliebt benahm ich mich in den Tagen danach, und zwar auf eine Art, die absurd erscheinen mag. Ich schickte ihr die Schallplatte, die ich ihr versprochen hatte. Im Augenblick lag mir nichts daran, sie wiederzusehen. Nunmehr gehörte sie mir, ich lebte in einem Erregungszustand, in dem mir alles, was mich umgab, willkommen war, mir alles leichtfiel, meine Bewegungen gelöst wurden. Ich malte mir die bedrückendsten Bilder aus, alles, was ich mir von meiner Verliebtheit erwartete. Ich dachte nicht darüber nach, wer sie sein, was sie über mich denken könnte oder was uns in den Augen der Welt trennte. Ebensowenig, daß andere Männer sie mißbrauchen könnten. Mir genügte, daß sie da war, in ihrem Zimmer zwischen Bett und Kommode, mit ihrem Grammophon.

Ich war wieder an meinen Arbeitsplatz zurückgekehrt. Meine Spazierfahrten mit dem Rad in die Hügel hinauf wurden häufiger, und ich sang beim Fahren. Erst nachts kam ich nach Hause, bärenhungrig und frohen Herzens. Ich glaubte, daß sie auf mich wartete: daß sie unter meiner Abwesenheit litt, nichts von mir wußte, mich suchte, daß ihr, sooft die Tür aufging, das Herz bis zum Halse hinauf schlug ... Auch dieses ihr Leiden genoß ich. Eines Morgens würde ich wiederkehren und sie leidenschaftlich auf meine Arme nehmen: und dann in raschem Lauf (ihr Körper mußte leicht sein, mir war, als trüge ich ihn schon seit Tagen auf meinen Armen) nach Hause zu mir. Und zu Hause angekommen, würde ich Vivat! rufen, Vivat!, und wir würden uns küssen.

Wenn ich mich auch heftig nach diesem Ereignis sehnte, zögerte ich es doch hinaus bis an die Grenze des Erträglichen. Eines Abends, als ich wieder mit dem Rad auf den Hügeln war, überwältigte mich die Leidenschaft: Über das Lenkrad gebeugt, raste ich die Abfahrten hinunter und durchquerte die Stadt bis zu ihrer Wohnung. Sie war verreist. Sie hatte Auftrag gegeben, mir Grüße auszurichten, »Grüße an den Herrn mit der Schallplatte«, und ihr Bedauern, daß ich mich nicht mehr hatte sehen lassen. Keinen Augenblick lang dachte ich, daß ich sie verloren haben könnte. Jene Frauen sagten mir, sie werde noch vor dem Winter zurückkommen, und blinzelten mir vertraulich zu. Ich fragte nach ihrer Adresse, sie wurde mir gegeben. Ich schrieb ihr ein paar Zeilen, daß ich an sie dächte und auf sie wartete.

So wurde mein Glück noch hinausgezogen, und ich freute mich darüber in der Gewißheit unserer Zusammengehörigkeit. Sie antwortete mit einer Ansichtskarte: »Grüße, Küsse und auf baldiges Wiedersehen.« Alles hatte seine Bedeutung für mich. Auch die Stadt am Meer, wo sie jetzt war, schien mir das Vorspiel zu sein für einen Aufbruch in eine neue Welt, die uns aufnehmen würde. Ich begann sie zu lieben um dessentwillen, was sie äußerlich war: ihre grünen Augen, ihr kurzgeschnittenes kastanienbraunes Haar, ihren weißen Hals, ihren Mund und ihre Brust, alles an ihr, wie ich es kannte. Aber vor lauter intensivem Denken an sie, bei dieser Liebe aus Erinnerungen packte mich der Zweifel, dann der Schrecken, daß ich sie mir nicht mehr so vorstellen könnte, wie sie wirklich war. Hatte sie wirklich grüne Augen? Und ihre Stimme, deren Klang ich in meinen Ohren nicht mehr hörte! Ich schrieb ihr von neuem, daß sie gleich kommen solle, daß ich sie brauche; sonst nichts, ich sagte ihr nicht, was in mir vorgefallen war und was sie nicht wußte; ich drückte mich aus wie ein Liebender, der wiedergeliebt wird, der liebevoll droht. Eines Abends traf ich sie vor meiner Haustür. In dieser Kleidung hätte ich sie nicht wiedererkannt: eine elegante, schöne Frau, mit einem kleinen Schleier halb über dem Gesicht, in grauem Mantel. Ich wollte gerade zerstreut durch die Haustür gehen, hatte das Fahrrad schon auf die Schulter geschoben. »Na?« sagte sie: »Guten Abend.« Es war ihre Stimme. Ich ließ das Fahrrad fallen, packte sie an den Armen, zog sie an mich, sah ihr durch das dünne Schleiergewebe in die Augen: Sie waren grün.

Was dann folgte bis zu einem gewissen Tag, ist unwichtig. Ich simulierte Krankheit und blieb der Arbeit fern, wir lebten Stunden der Liebe, ohne mehr voneinander zu wollen. Wenn ich ihr sagte, ich hätte sie lieb, »so lieb«, freute sie sich, umarmte mich noch fester und erwiderte: »Ja, ich dich auch, aber vielleicht nicht so, wie du es gern hättest ...« Später mußte ich wieder an meinen Arbeitsplatz zurück. In manchen Stunden waren wir voneinander gesättigt und unterhielten uns in Ruhe, als Freunde. Dann erschien sie mir als die Frau meiner Träume, die endlich lebendige Realität geworden war; an ihrer Seite wiegte ich mich in den süßesten Träumen: ein Heim und Kinder. Ich sagte es ihr. Zunächst gab sie mir keine Antwort, aber sie wurde ernst, und etwas ging vor in ihrem Gesicht, in ihrem Körper, der mir nahe war: Mir schien, als sammle sie ihre Kräfte, nachdem ein gefürchteter Augenblick gekommen, zu dessen Überwindung sie einer Versuchung Herr werden müsse. Dies gewahrte ich und wurde gleichzeitig von meiner alten Schwäche überwältigt, ich begriff, daß ich mich meinerseits auf einen Kampf vorbereiten müsse und daß ich unfähig sein würde, es zu tun.

»Ein Leben lang zusammen«, hatte ich gesagt, und ehe sie antworten konnte, kamen mir diese Worte absurd vor; als ob ich noch mehr zu verlieren hätte, wenn ich sie verlor! Sie kannte mich nicht in meiner Schwäche, und sie fürchtete, mich mit einer glatten Ablehnung in meinem Vorsatz nur noch zu bestärken. So war sie behutsam und voller Herzlichkeit. Sie sagte mir alles, was es zu sagen gab, um mich davon abzubringen, sie sprach über sich selbst: Sie betonte, wie unbeständig sie von Natur aus sei. Ich begann schon, um sie zu leiden wie um etwas Verlorenes, in meinem Herzen die Qual beschleunigend, die ich würde erdulden müssen. Sie kehrte wieder zurück in ihre Wohnung zwischen Bett und Kommode, zu ihrem Grammophon. Ab und zu verbrachten wir ganze Tage gemeinsam. Und jedesmal war sie die Frau meiner Träume, dieselben Augen, dieselbe Stimme, kein Mann konnte sie mißbrauchen. Ich merkte nicht, daß ich für sie zu nichts weiter geworden war als zu einer schlechten Gewohnheit.

Dann kam sie einmal nicht zum Stelldichein. Jene Frauen sagten mir, daß sie ohne Angabe einer Adresse verreist sei, und sie sprachen ärgerlich, mit vorwurfsvoller Stimme. Ein Jahr verging. Ich hatte mein Fahrrad verkauft, ich wollte die Hügel nicht mehr sehen, die mich an mein Glück erinnerten; ich war immer mehr allein, ich las und schlief lange in der Erwartung einer guten Nachricht beim Erwachen. Mein Lohnbuch war voller Strafpunkte wegen verbummelter Arbeitsstunden. Dann wurde ich einberufen, man schrieb das Jahr 1935, wenige Monate später war ich in Afrika. Dort erreichte mich dieser Brief:

»Freust Du Dich, einen Brief von mir zu bekommen? Die Adresse habe ich von Deiner Mutter. Weißt Du, daß sie Dir ähnlich sieht? Beim Sprechen hebt sie hie und da die Augenbrauen genau wie Du. Als ich zu ihr kam, war sie allein zu Haus; und nachdem sie die Tür geöffnet hatte, sagte sie gleich: ›Sieh mal, wer da kommt!‹, als ob sie mich kennen würde. Sie hat mir auch gesagt, daß sie mich kennt, weil Du immer mein Foto auf dem Nachttisch gehabt hast. Welches denn, das mit der Zigarette im Mund? Sie wollte mir Vorhaltungen machen, aber im Grunde war sie freundlich. Ich habe sie überredet, mir Deine Adresse zu geben, und ich habe ihr versprochen, daß ich damit die Verbindung nicht neu anknüpfen will. Ich will mit niemandem wieder Verbindungen anknüpfen, aber da es mir gesundheitlich nicht gut geht, muß ich Dir schreiben. Kannst Du Dich erinnern, daß ich häufig diese Atemnot hatte? Jetzt mehr denn je, besonders nachts, schon monatelang kann ich kaum ein Auge zutun, trotzdem sehe ich noch gut aus. Die Signora pflegt mich wie eine Schwester, nach Schluß leistet sie mir noch Gesellschaft bis spät. Ja, ich führe immer noch dasselbe Leben, wie könnte ich auch anders, und für die Injektionen braucht man ein Vermögen. Wie geht es Dir? Bist Du schon tüchtig braungebrannt? Deine Mama sorgt sich um Dich, aber ich bin ganz sicher, daß Dir nichts passieren wird. Dir kann nichts passieren. Mir schon, das weiß ich jetzt; Du aber, Du darfst nicht sterben, wer würde denn sonst an ihn denken? Du müßtest sehen, was für ein schönes Beet ich ihm habe anlegen lassen! Und das Kreuz ist gar kein Kreuz, sondern eine kleine Marmorsäule, in der Mitte durchgebrochen, wie es bei Kindern Brauch ist; der Steinmetz hat mir dazu geraten. Schade, daß Du ihn nicht gekannt hast; auch ich kann mich manchmal nicht mehr erinnern, wie er ausgesehen hat. Ich hatte seine Fotos im Koffer, den man mir am Bahnhof gestohlen hat, dreitausend Lire habe ich ausgegeben für die Suchanzeigen in den Zeitungen, ich habe auch Anschlagzettel in den Straßen kleben lassen, aber man hat sie mir nicht wiedergebracht. Sobald ich ihn auf den Arm nahm, fing er an zu weinen. Das letzte Mal nicht, das letzte Mal hat er mich sogar gestreichelt. Ich habe ihm viele Spielsachen gekauft, die waren im großen Koffer und sind gerettet, siehst Du die kleine Ente dort auf der Kommode? Wenn man sie über den Boden zieht, sperrt sie den Schnabel auf und quakt. Übers ganze Zimmer sind sie verteilt: der Bär muß repariert werden, weil ein Kunde sich draufgesetzt und die Feder entzweigemacht hat. Er war blond, weißt Du, genau wie Du! Jetzt muß ich mir erst eine Injektion machen. Nun schreibe ich weiter, es ist vier Uhr früh, es geht mir besser. Gestern war Sonntag, ich habe mich vor Anstrengung halb umgebracht, so Gott will, fehlen nur noch ein paar Tage bis zum Monatsende, ich werde mir ein bißchen Ruhe gönnen, aber wenn ich ins Hotel gehe, verbrauche ich alles, was ich mir erspart habe. Du würdest finden, daß ich gealtert bin, jetzt sind es schon zwei Jahre her, seit Du mich nicht mehr gesehen hast. Wie siehst Du aus, hast Du zugenommen? Heute wäre er ein Jahr, zwei Monate und sieben Tage alt, er wurde voriges Jahr am 12. Februar geboren. Ich fürchtete, daß Du ihn als Dein Kind anerkennen könntest aus Großmut, weil Du mich geliebt hast und weil Du gut bist, aber ein Zweifel wäre Dir doch geblieben; und schließlich hätte ich Dir mit meinem Charakter das Leben vergällt, dazu kenne ich mich zu gut. Deshalb habe ich Dich nie etwas wissen lassen. Ich war nicht die einzige; in allen Häusern, in denen ich gewesen bin, hatten fast alle Mädchen ein Kind, ein Kind zu haben bedeutete, seinem Leben ein Ziel zu geben. Jetzt ist mein Leben wieder gleich Null. Allein die Tatsache, daß ich nicht mehr rauchen kann, würde genügen, das Schlimmste auf sich zu nehmen: wenn ich eine Zigarette zur Hälfte geraucht habe, schlägt mir das Herz bis zum Halse. Aber ich habe niemanden auf der Welt, niemand, niemand, niemand, niemand. Wer würde ihn besuchen? Verstehst Du, sein Grab könnte aussehen wie so viele andere verlassene Gräber, über die man achtlos hinwegläuft. Über die Signora mache ich mir keine Illusionen, sie ist reizend zu mir, solange ich ihr etwas einbringe. Er war Dein Kind, warum sollte ich Dich belügen, jetzt, wo er nicht mehr lebt! Du mußt mir versprechen, daß Du ihn jede Woche besuchen wirst. Er ist an Magen-Darm-Entzündung gestorben, wer weiß, was sie ihm dort zu essen gegeben haben! Glaube nicht, daß ich nicht bezahlt hätte, wenn sie sechs von mir verlangten, gab ich zehn, damit sie ihn gut behandelten. Er war Dein Kind, die Pflege kostet nur wenige Lire im Monat, ich lege Dir die Adresse der Frau bei, die sich darum kümmert. Deine Mama hat mir erzählt, daß Du Dein Fahrrad verkauft hast, als ich mich nicht mehr sehen ließ, ich werde dafür sorgen, daß Du Geld bekommst, um Dir ein neues zu kaufen, so kannst Du mit dem Rad zu ihm fahren, Steigungen machen Dir ja nichts aus...«

Als ich ihren Brief erhielt, war sie schon gestorben.

Giuseppe Berto

Reifeprüfung

Am ersten Tag, beim Schriftlichen in Italienisch, wurde Goffredo durch die Gegenwart von Daria, einem Mädchen, das drei Bankreihen vor ihm saß, abgelenkt. Goffredo kam aus der hintersten Provinz und hatte ein privates Internat besucht, daher war er die Anwesenheit von Mädchen in der Klasse nicht gewöhnt. Das war jedoch nur eine allgemeine Erklärung und letzten Endes alles andere als exakt: Es gab eine ganze Reihe Mädchen, die an den Prüfungen teilnahmen, mindestens ein Dutzend, aber Daria war die einzige, die ihn ablenkte. Sie hatte einen anmaßend unmodischen blonden Pferdeschwanz, den sie sicherlich trug, um ihren Hals länger erscheinen zu lassen, der schon in Wirklichkeit sehr lang war, so wie ihn, wenn die Maler nicht übertrieben haben, die Prinzessinnen des Hauses Este gehabt haben mußten. Was das Gesicht anlangte, so war es so sanft und nachdenklich, daß Goffredo es ohne Schwierigkeit mit den Gesichtern der Madonnen von Filippo Lippi in Verbindung bringen konnte, wenn auch der Mund zu breit und üppig mit Lippenstift bedacht war, wodurch er noch breiter wirkte.

Ein Mädchen voller Widersprüche mußte das sein.

Natürlich wußte Goffredo am ersten Tag noch nicht, daß sie Daria hieß. Er erfuhr es am nächsten Tag bei der Übersetzung aus dem Lateinischen, da er bei der Verlesung der Namen aufpaßte: Daria Marini. Wahrscheinlich war sie nicht sehr gut in Latein. Sie drehte sich ständig hin und her, um die Kameraden zum Einsagen zu bewegen, bis ihr einer ziemlich laut erklärte: »Hör auf, du störst!«

Und sie darauf, mit noch lauterer Stimme: »Arschloch!«

Goffredo war sehr bestürzt über dieses Wort. Im Internat galt es als häßliches und vulgäres Wort, das fast keiner gebrauchte, er ganz bestimmt nicht, und es jetzt aus dem Munde eines Mädchens zu hören, das ein Gesicht hatte wie die Madonnen von Filippo Lippi, war enttäuschend, ja schmerzlich. Vielleicht hatte er diesem Mädchen Eigenschaften zugeschrieben, die es gar nicht besaß. Aber dann hörte er sie zwei- oder dreimal schniefen und sah auch, wie sie sich die Augen wischte, und da war er bereit, ihr zu verzeihen, ja er dachte mit noch größerer Überzeugung als zuvor, daß sie ein wunderbares Mädchen sei, auch wenn sie wenig Latein konnte. Er dagegen war gut in Latein wie auch in allen übrigen Fächern. Er schrieb die Übersetzung, die er bereits fertig hatte, auf einen Zettel, und der Zettel wanderte heimlich von Hand zu Hand, bis er Daria erreichte.

Nach nicht einmal einer halben Stunde stand sie auf, gab ihre Aufgabe ab und ging hinaus. Goffredo dagegen mühte sich, die Übersetzung da und dort zu modifizieren, damit die Prüfer nicht merkten, daß zwischen seiner und der von Daria große Ähnlichkeit bestand. Es war fast zwei Uhr, als er hinausging, und als er sah, daß sie draußen stand und auf ihn wartete, geriet er in große Verlegenheit. Sie war groß und mager und trug ein Kleid, das ihr sehr gut stand, was er im Schulzimmer nicht hatte feststellen können, da sie wie alle anderen den schwarzen Kittel anhatte. Vermutlich war sie ein reiches Mädchen. Wenn es möglich gewesen wäre, hätte sich Goffredo entfernt und so getan, als ob er sie nicht erkenne. Aber sie kam auf ihn zu und fragte: »Warst du das, der mir die Übersetzung geschickt hat?«

»Ja.«

»Warum hast du das gemacht?«

Goffredo fühlte, wie er erbärmlich rot wurde, und war nicht fähig, eine Antwort zu finden. Warum er es gemacht hatte, wußte er selbst nicht. Er wußte jedoch, daß er es für kein anderes Mädchen gemacht hätte als für sie.

Sie fing an zu lachen, als sie seine Verlegenheit sah. »Ich hab' sie wortwörtlich abgeschrieben«, sagte sie. »Wenn ich deinetwegen durchfalle, werde ich dich bis an mein Lebensende hassen.«

»Meinetwegen wirst du nicht durchfallen. Im Internat war ich der Klassenbeste.«

»Du warst im Internat? Ist es denn nicht langweilig im Internat?«

Am nächsten Tag schickte Goffredo Daria die zweite Lateinübersetzung, und von der Pension in der Via Cavour, in der er sich bei seiner Ankunft in Rom eingemietet hatte, zog er in eine Pension in der Via del Corso, bei der Piazza del Popolo, weil Daria dort in der Nähe, am Lungotevere Arnaldo da Brescia, wohnte. Sie hatte ihm vorgeschlagen, sich gemeinsam aufs Mündliche vorzubereiten.

Am vierten Tag schickte er ihr auch die Griechischübersetzung, und gleich am Nachmittag sollte die Vorbereitung aufs Mündliche beginnen, aber Daria hatte keine Lust zum Lernen. Sie forderte ihn auf, mit ihr ins Kino zu gehen, und nach dem Kino wollte sie auf den Pincio hinauf, um dort ein Eis zu essen, das es so gut nur auf dem Pincio gebe. Der Ort war wunderschön, eine Terrasse, unter der sich die Stadt in lauer Abenddämmerung erstreckte, mit einer Unzahl von Schwalben, die hin und her flogen, und Daria aß drei Eis hintereinander. Sie sagte, sie könne soviel Eis essen, wie sie wolle, sie werde nicht dick. Goffredo fühlte sich verwirrt, aber auch glücklich, oder besser gesagt, gerade weil er übermäßig glücklich war, befand er sich so außerhalb des Gewohnten, daß er sich verwirrt fühlte. Als Abendessen tauchte er sich drei Brötchen in ein Glas Milch, da das Eis, das es auf dem Pincio gab, unglaublich teuer war und er nicht viel Geld auszugeben hatte.

Am nächsten Tag also sollten sie mit der Vorbereitung aufs Mündliche beginnen, aber als er um elf Uhr anrief, wie Daria es ihm gesagt hatte, teilte man ihm mit, sie sei ans Meer gefahren. Goffredo fühlte sich zutiefst getroffen. Unter anderem hatte er den Verdacht, man habe ihn angelogen, aber selbst wenn es stimmte, daß sie ans Meer gefahren war, änderte das nicht viel. Er blieb den ganzen Tag im Zimmer, die Bücher vor sich, aber das Lernen wollte ihm nicht gelingen, da er wegen Darias seltsamem Verhalten sehr litt. Er war sich selbst bewußt, daß er wegen einer solchen Sache zu sehr litt, aber er konnte nichts dagegen machen. Er dachte auch, daß er in seinem Stolz verletzt worden sei, und er war sehr stolz. Am Abend ging er mindestens zwei Stunden lang den Lungotevere Arnaldo da Brescia auf und ab vor dem Haus, wo sie wohnte. Das Gebäude hatte viele erleuchtete Fenster, aber er wußte nicht, welche die ihrer Wohnung waren.

So verbrachte er drei sehr traurige und unnütze Tage. Am vierten Tag nachmittags rief ihn Daria an. Während der Stunden größten Leidens, in denen er sie niemals wiedersehen wollte, hatte er sich eine Menge Antworten ausgedacht, lauter schöne und sehr würdevolle, für den Fall, daß sie sich meldete; aber als er nun am Apparat ihre Stimme hörte, freundlich und vielleicht auch voller Melancholie, erstickte er fast vor Herzklopfen und antwortete ihr, daß er sofort käme.

Darias Familie hatte eine sehr schöne, große Wohnung mit alten Möbeln und Bildern. Ein Diener in weißer Jacke mit Schulterstücken aus Goldschnur führte Goffredo in einen halbdunklen Salon, in dem ein leise gesungenes englisches Chanson von allen Seiten zu erklingen schien. Daria lag auf einem Diwan, den dritten Band Geschichte geschlossen im Schoß. Sie trug ein weißes Kleid, und Gesicht, Beine und Arme wirkten wie dunkle Flecken. Goffredo bemerkte mit Schrecken und Schmerz, daß ihre Beine sehr unbedeckt waren, bis weit über das Knie hinauf, und daß es ihr gar nicht einfiel, sie zu bedekken. »Findest du, daß ich braun geworden bin?« fragte sie ihn.

Goffredo bejahte, wenn man es auch bei der Dunkelheit schlecht sehen könne. Daria schien mit seiner Antwort jedoch sehr zufrieden und ließ ihn auf dem Diwan neben sich Platz nehmen. Sie sagte, daß es für sie sehr wichtig sei, bei der Reifeprüfung durchzukommen, denn wenn sie nicht durchfalle, würde ihr Vater sie zu einem zweijährigen Englischkurs nach London schicken, aber natürlich sei der Englischkurs nur ein Vorwand, sie wolle nach London, weil sie annehme, daß sie sich dort amüsieren werde. Dann fragte sie ihn: »Hast du in diesen Tagen gelitten?«

Goffredo hatte schlagartig das Gefühl, sie habe ihn ausgezogen, er empfand Seele und Leib schutzlos vor ihr ausgebreitet.

Dennoch gelang es ihm, zwischen Stolz und Scham hin- und hergerissen, zu antworten: »Nein. Warum hätte ich leiden sollen?«

Sie nahm seine Hand. »Du gefällst mir, weil du anders bist als die anderen. Die anderen verlieben sich gleich und werden unerträglich. Versprich mir, daß du dich nicht in mich verliebst!«

»Ich verspreche es dir.«

»Gut«, sagte sie. Sie ließ seine Hand los und drückte auf einen Knopf, mit dem sie eine Lampe auf einem nebenstehenden Tischchen einschaltete. »Jetzt geh mit mir die Französische Revolution durch.«

Sie studierten die Französische Revolution, dann die leitenden Metalle, dann drei Horaz-Oden. Daria war sicher, daß man sie gerade die wenigen Sachen, die sie lernte, fragen würde, und sie machte sich noch nicht einmal die Mühe, sie gut zu lernen. Andererseits gelang es selbst Goffredo nicht, sich zu konzentrieren, ein wenig weil Daria da war mit ihrem Pferdeschwanz und dem großen Mund und den Beinen, die zu bedecken ihr nicht einfiel, und ein wenig auch wegen dieser englischen Chansons, von denen eins aufs andere folgte, immer von derselben Stimme gesungen. Sobald eine Platte zu Ende war, hörte man irgendwo das leise Geräusch, mit dem eine neue Platte automatisch herunterfiel, und nach ein paar Sekunden fing die Musik wieder an. Daria mußte daran gewöhnt sein.

Als es fünf Uhr war, sagte sie, daß sie es satt habe, hier drinnen zu lernen, und sie schlug vor, auf dem Pincio weiterzulernen, auch weil sie wieder Lust auf so ein Eis bekommen habe. Sie nahmen einen hübschen Packen Bücher mit, aber auf dem Pincio gab es zu viele Ablenkungen, und sie lernten überhaupt nicht. Zum Ausgleich dafür hatte Daria Zeit, vier Eis hinunterzuschlingen. Goffredo zahlte sie, und am Abend aß er dann nur Brot und Milch, ebenso am nächsten Mittag.

Am Ende der Vorbereitungswoche aufs Mündliche war Goffredo sehr schwach, sei es, weil er sich ungenügend ernährte, sei es, weil er schlecht schlief und von verwirrenden Träumen geplagt wurde. Er träumte gleichzeitig von Daria und von Eßbarem, und in den Träumen wurde er immer sehr reich und ging zu ihrem Vater, um ihm zu sagen: »Signore, ich bin der reichste Mann der Welt: Geben Sie mir die Hand Ihrer Tochter?« Es waren in gewisser Hinsicht sündhafte Träume, denn sie spiegelten einen maßlosen Stolz, aber in den Träumen bekam er immer Darias Hand, und sie war darüber sehr glücklich, denn sie liebte ihn.

Am Tag vor den letzten Prüfungen hatten sie sich zwar vorgenommen, die ganze Consecutio temporum noch einmal durchzugehen, aber sie konnten es nicht, da Daria von einem Verzweiflungsanfall geschüttelt wurde. Sie sagte, ihr Vater verstehe sie nicht, außerdem sei er ein Schwein, er habe eine Zwanzigjährige als Geliebte, der er ein Auto und einen Pelzmantel gekauft habe. Und dann ihre Mutter: Da die Ehe annulliert worden sei, habe sie einen sizilianischen Baron geheiratet, der auch Abgeordneter sei, und jetzt beschäftige sie sich nur noch mit Politik, und sie sehe sie höchstens zweimal im Jahr. Aber das sei nicht der Grund ihrer Verzweiflung, Eltern, das wisse man ja, seien eben Egoisten, aber auch die ganze übrige Welt sei egoistisch, und wenn einer echte Zuneigung brauche, dann wisse er nicht, wo er sie suchen solle. Goffredo hätte ihr sagen wollen, daß es sein größtes Verlangen sei, für sie zu sterben, schon um ihr zu beweisen, daß er keineswegs egoistisch war, aber sie ließ ihm dazu keine Zeit: Sie hatte sich weinend auf den Diwan geworfen und jammerte schluchzend wie ein Kind, wobei sie immer wieder hervorstieß: »Ich bin so unglücklich, so unglücklich!« Goffredo betrachtete sie und hatte das Gefühl, als müsse er zerfließen. Wenn er sich hätte zerreißen können, um sie etwas weniger unglücklich zu machen, er hätte sich auf der Stelle zerrissen. »Kann ich etwas für dich tun?« fragte er kläglich, sich völlig bewußt, daß die Frage den Umständen ganz und gar unangemessen war.

»Niemand, niemand kann mir helfen«, schluchzte denn auch Daria. Trotzdem mußte ihr selbst dieses bescheidene Hilfsangebot ein Minimum an Trost geben, denn kurz darauf erhob sie ihre wunderbaren, tränenüberströmten Augen zu Goffredo und sagte ihm, daß er so lieb sei, und sie sagte ihm auch, er solle sich neben sie auf den Diwan legen und sie in die Arme nehmen, so fest er könne. Und er tat es, obwohl er halb gelähmt war vor Schüchternheit und noch mehr vor Angst, daß jeden Moment ihr Vater hereinkommen könnte oder auch nur der Diener mit der weißen Jacke. Daria aber hatte überhaupt keine Angst, sie sagte ihm, er solle sie noch fester an sich drücken, und plötzlich wurde sie von Schauern erfaßt und fing ihrerseits an, ihn an sich zu drücken und heftig zu küssen, in einer Weise, wie er sich nie vorgestellt hatte, daß man sich küssen könne.

Nach einer Weile beruhigte sie sich beinahe schlagartig, wurde verschlossen und sagte ihm, daß er nun gehen müsse, denn sie wolle allein sein.

Diese Nacht verbrachte er fast ganz damit, wie ein Schwärmer auf dem Lungotevere Arnaldo da Brescia auf und ab zu gehen. Er schaute zu dem Fenster hinauf, hinter dem Daria schlief, und er war nicht glücklich, natürlich nicht, im Gegenteil, er war voll beunruhigender Vorahnungen und Ratlosigkeit, denn zu vieles von dem, was vorgefallen war, hatte er nicht begriffen, jedoch dachte er, daß er sehr reich werden und sie heiraten würde. Ein einziges schien ihm ziemlich klar, nämlich daß man Daria nicht von dem Gedanken an Reichtum trennen könne.

Als die Noten herauskamen, sah Goffredo, daß er durchgefallen war. Er hatte es erwartet, in gewisser Hinsicht wußte er sogar, daß er es verdient hatte, aber er wurde bitter, als er sah, daß Daria bestanden hatte. Er hatte sie nicht mehr gesehen seit der letzten Prüfung, oder besser, seit dem Tag, vor dem sie sich geküßt hatten. Jetzt fuhr sie ans Meer.

Nachdem er gesehen hatte, daß er durchgefallen war, gab es für Goffredo keinen Grund mehr, in der Stadt zu bleiben, um so mehr, als er trotz größter Sparsamkeit bei den Mahlzeiten nunmehr mit seinem Geld am Ende war: Nachdem er das Zimmer bezahlt hatte, blieb ihm gerade noch genug für die Fahrkarte. Es gab einen Zug um fünf Uhr nachmittags; da es ihm jedoch absolut notwendig schien, Daria noch einmal zu sehen, beschloß er, mit dem nächsten Zug, um Mitternacht, zu fahren, und ging, um sie vor ihrem Haus am Lungotevere Arnaldo da Brescia zu erwarten.

Er wartete drei Stunden lang auf sie, und es war bereits dunkel, als sie in einem großen offenen Wagen voller Jungen und Mädchen ankam. Die anderen setzten sie vor dem Haus ab. Sie war sehr schön mit der sonnengebräunten Haut und dem Pferdeschwanz, blonder als zuvor. »Ah, ciao«, sagte sie, als sie ihn unterm Haustor stehen sah.

Ihm genügte es, den Ton ihrer Stimme zu hören, um zu begreifen, daß er einen Fehler gemacht hatte. Er hätte alles darum gegeben, sich nur nicht hier und in dieser Situation zu befinden, aber das war nun nicht mehr zu vermeiden. »Du bist durchgekommen«, sagte er.

Sie hob die Schultern, als ob die Sache für sie nicht besonders wichtig sei, wippte von einem Fuß auf den anderen, die große Badetasche in der Hand, und hatte es offenbar eilig, wegzugehen.

»Ich fahre heut abend«, sagte er noch. Er fing an, sich lächerlich und überflüssig vorzukommen und so, als sei er in gewissem Sinn verpflichtet, sich als Romanfigur zu benehmen und nicht als er selbst.

»Ich dachte, du seist schon gefahren«, sagte sie. »Willst du noch etwas?«

Noch ehe er sich überlegte, was er tat, packte er sie am Arm und drückte ihn, bis er ihr weh tat. Und sie war sofort voll Wut und Haß.

»Laß mich los, was fällt dir denn ein!«

»Warum bist du so? Letzte Woche warst du nicht so. Ich könnte dich ohrfeigen.«

Sie fing an zu lachen. »Was bildest du dir denn ein – daß du Rechte auf mich hast, bloß weil ich mich hab' küssen lassen? Weißt du, wie viele dann zu dieser Stunde Rechte auf mich haben müßten?«

Er verlor sofort Lust und Kraft, ließ ihren Arm los und schaute ihr nach, wie sie, ähnlich einer jungen erzürnten und gekränkten Göttin, zum Aufzug ging. Sie war immer noch schön, aber nunmehr fern, an einem Ort, wo es nicht möglich war, daß sie ihm noch mehr weh tat, als sie es schon getan hatte. Er rührte sich erst, als sie verschwunden war, ging zur Pension, um den Koffer zu holen. Trotz seiner Schwäche wollte er zu Fuß zum Bahnhof gehen, denn sollten ihm ein paar Lire übrigbleiben, nachdem er die Fahrkarte bezahlt hatte, würde er sich gern ein Brötchen kaufen. Sie war ein bißchen komisch, diese Situation, er selbst bemerkte, wie seltsam sie war, obwohl er einem vom Orkan getroffenen Baum glich, mit zu vielen geknickten Ästen. Natürlich hatte diese seltsame Situation nicht nur mit dem Hunger zu tun, sondern auch mit der mißglückten Prüfung und dem übrigen. Vor allem mit dem übrigen. Ach du lieber Himmel, fragte er sich im Gehen, sollte das also die Liebe sein?

Giorgio Bassani

Hinter der Notwendigkeit versteckt sich Gott

I

In meiner Jugend – es mag an die fünfunddreißig Jahre her sein – lebte in Ferrara ein jüdisches Fräulein; es war nicht häßlich und auch nicht arm, weder dumm, noch stand es bereits in reiferem Alter; und wenn es vielleicht nicht besonders begehrenswert war, so doch gewiß auch nicht zu verachten. Und doch, so seltsam das scheinen mag, war es der Familie noch nicht gelungen, für die junge Dame einen Mann zu finden. Seltsam? Ja, doch, durchaus. Im Bereich unserer Gemeinde war ein solcher Fall damals etwas ganz Ungewöhnliches. Da ließ man im allgemeinen die Verbindungen von Sippe und Verwandtschaft spielen; aber auch die Versammlungen vom Verband jüdischer Frauen Italiens konnten hilfreich sein, ebenso wie die Bälle, die zur Zeit des Purim-Festes in den Nebenräumen des Tempels in der Via Mazzini oder im Empfangssaal des israelitischen Kindergartens in der Via Vignatagliata stattfanden: Veranstaltungen, bei denen die Matronen in dichten Reihen als Mauerblümchen an der Wand saßen und miteinander flüsterten; war es ein schwieriger Fall, bat man den Rabbiner, Dr. Castelfranco, sich brieflich an seine Kollegen in den Nachbarstädten in der Emilia, der Romagna oder in Venetien zu wenden. Jedenfalls, so oder so, im passenden Augenblick kam das Thema regelmäßig zur Sprache. Man brauchte nie den Mut zu verlieren. Wenn schon auf dem heimischen Markt kein Mann aufzutreiben war, bitte, dann kam aus der Ferne Lohengrin: zu sehen und sich zu zeigen. Und fast immer brachte er das Geschäft zum Abschluß.

1934 war Egle Levi-Minzi dreiunddreißig Jahre alt. Warum sie unverheiratet geblieben war, vermag ich nicht mit Sicherheit zu sagen. Sie war die einzige Tochter schon bejahrter, ziemlich wohlhabender Eltern, mit denen sie zusammenlebte. Zusammen sah man sie auch regelmäßig zu bestimmten Stunden des Morgens und des Nachmittags auf den Straßen der Innenstadt; sie bildeten ein Trio, das nahezu unzertrennlich war; es war in der ganzen Stadt so bekannt, daß es fast sprichwörtlich geworden war. Was ich weiß, ist nur soviel, daß, als ihre Eltern anfingen, sich nach einem möglichen Schwiegersohn umzusehen, der größte Widerstand immer von ihr, der Hauptinteressierten, gekommen war. Zu ihrer ablehnenden Haltung trugen wahrscheinlich auch etwas ihre jungfräulich-töchterlichen Gefühle bei, das heißt, ihre etwas übertriebene Anhänglichkeit an ihre alten Eltern. Aber vielleicht wirkte dabei auch ein geheimer Einfluß mit, der auf Bilder oder Ereignisse ihrer frühesten Jugend zurückging – man bedenke, es war die Zeit des berüchtigten *squadrismo*, der ersten faschistischen Kampfbünde, eine Zeit, die in so mancher Hinsicht der unsrigen ähnelt –, irgendein Bild also, daß sie noch in späteren Jahren daran hindern sollte, sich einem anderen Typ von Männlichkeit zuzuwenden ... Wie dem auch sei, soviel ist sicher: sobald Egle Levi-Minzi sich vor eine Entscheidung gestellt sah, hieß es bei dem einen – unmöglich, bei dem andern – ausgeschlossen, bei diesem – um Himmelswillen! und bei jenem – nun bitt' ich euch aber! Sie verzog den großen melancholischen Mund mit den ein wenig herabgezogenen Winkeln, senkte mit gelangweilter Miene leicht die Lider mit den spärlichen Wimpern über ihre traurigen feuchten Augen von sephardischem Schnitt – und wieder verlängerte ein neuer Name die immer stattlicher werdende Liste der abgewiesenen Bewerber.

2

Ganz anders war die Aufnahme, die sie etwa Mitte 1935 – ich glaube, es war der Juni – einem Bewerber bereitete, der von sehr viel weiter herkam als nur aus Bologna, Ravenna, Mantua, Rovigo, Padua oder Venedig. Er war Russe, Ukrainer, genau gesagt. Auch er einziges Kind nicht mehr junger Eltern und siebenundzwanzig Jahre alt. Er hieß Juri – Juri Rotstein.

Die kleine Familie war im Sommer des vorangegangenen Jahres aus Odessa nach Ferrara gekommen. Sie waren in Ferrara aus dem Zug gestiegen und hatten sich, so gut es ging, in einem kleinen Hotel gegenüber dem Bahnhof einquartiert. Aber noch vor Kippur, das heißt, bevor der Oktober zu Ende ging, hatten sie (natürlich gratis) eine Wohnung in der Via Vittoria, die seit altersher der israelitischen Gemeinde gehörte. Sie hatten um Asyl gebeten, und man hatte es ihnen gewährt. Der Vater hatte zudem, auf Grund seiner Vertrautheit mit dem Kult und seiner vollkommenen Beherrschung des Hebräischen in Wort und Schrift, gewisse kultische Obliegenheiten übernommen. Er wirkte als Assistent und gelegentlich auch als Stellvertreter bei den Zeremonien vom Sabbat-Beginn, bei den Bestattungsriten und bei der rituellen Schächtung von Tieren. Kurz, im Laufe weniger Monate hatten sie sich bereits eingelebt. Ihr Italienisch kam ihnen langsam von den Lippen, und es hatte zuweilen einen merkwürdig tiefen, fremdartigen Klang; ihre Wortwahl hatte, zugegeben, etwas Approximatives, war aber nichtsdestoweniger von überraschender Ausdruckskraft. Wollten sie weiterreisen? Als sie sich das erste Mal bei der Gemeinde gemeldet hatten, da hatte der Vater, der auch für die beiden andern sprach, *erez*, das gelobte Land, und Amerika erwähnt ...

Vater und Sohn ähnelten sich. Beide waren groß, entschieden größer als die Besucher der »deutschen Schule«, der Synagoge des deutschen Ritus, es im Durchschnitt waren; sie hatten Gesichter vom gleichen Typus: lang, hager, mit vorstehenden Backenknochen und die gleichen kleinen blauen Augen, schräggestellte Muschikaugen. Die Mutter dagegen war klein, dick und rundlich – eine Art Magd oder Bäuerin, mit einem gewaltigen weißen Kopftuch, das unter dem Kinn geknüpft war.

Aber was auf die Besucher der Synagoge den stärksten Eindruck machte – und zwar sowohl in dem den Männern vorbehaltenen Saal unten als auch oben, im Matroneum –, das war die unleugbare Würde der drei, war die rührende Unbefangenheit, mit der sie sich, bei einigen Gegendiensten ihrerseits, als Gast verstanden. Es war nicht so, als ob sie sagen wollten: Im Grunde sind wir alle gleich, Glaubensgenossen und Söhne eines Volkes; also ist dieses Haus auch unser Haus. Keineswegs! Allein ihr Verhalten im Tempel – schweigsam alle drei, gesetzt und ohne mit besonders zur Schau gestellten aschkenasischen Eigentümlichkeiten Anstoß zu erregen (zwar hielt der Vater fest am Kaftan und trug nach wie vor sein schütteres blondes Bärtchen ebenso wie die frommen Löckchen, die unter dem runden Hut um die Ohren herum hervorschauten, und die Mutter blieb bei ihrem bäuerlichen Kopftuch, doch der Sohn, im grauen Anzug, trug sich korrekt nach westlichem Vorbild) –, allein ihr Verhalten im Tempel schien einzig von der Sorge bestimmt zu sein, die Versammlung davon zu überzeugen, daß es ihre feste Absicht sei, sobald wie möglich weiterzureisen. Sie baten nur darum, ein kleines Weilchen bleiben zu dürfen, gerade nur die Zeit, um Atem zu schöpfen. Da mochten wir ganz ruhig sein: Nachdem sie sich ausgeruht hatten, wollten sie sofort die Reise in die weite Welt wieder aufnehmen.

3

Die Reise in die weite Welt, sie traten sie nicht mehr an. Und so kann man auch ihre Namen auf der großen Gedenktafel lesen, die an der Mauer des israelitischen Tempels in der Via Mazzini angebracht ist und die die Namen von einhundertdreiundachtzig Juden aus Ferrara enthält, die gegen Ende 1943 nach Deutschland deportiert worden waren.

Und doch war, wenn man alles in Betracht zog, ihre Wanderung vom Osten in den Westen nicht vergeblich gewesen. Egle Levi-Minzi hatte ein Kind bekommen, einen Sohn, dessen stummen Ruf sie, wenn man so sagen kann, an einem fernen Samstagabend, als sie neben einer alten ukrainischen Bäuerin saß und durch das Gitter des Matroneums nach unten schaute, in den großen langen Saal, in dem dicht gedrängt die Männer saßen, plötzlich vernommen hatte.

Es war die Sache eines Augenblicks, eine Entscheidung von wenigen Sekunden.

Alle Männer sahen geradeaus und blickten auf den Oberrabbiner Dr. Castelfranco; sie warteten darauf, ihn das feierliche Schlußgebet, das *beracha*, anstimmen zu hören. Nur einer von ihnen, der junge, erst vor kurzem ins Land gekommene Ukrainer, hatte sich umgedreht. Er sah nach oben, zum Matroneum hinauf und zwinkerte mit seinen wilden, lachenden, herrlichen blauen Augen. Warum nicht ein Kind von ihm, mußte Egle Levi-Minzi plötzlich denken, und ihr war, als erwache sie jäh aus einer langen Betäubung. Natürlich war ihr klar, daß der junge Mann nicht zu ihr hinaufgegrüßt hatte, sondern zu seiner Mutter, der alten Frau, die neben ihr saß. Aber warum konnte sie nicht einmal so tun, als habe sie sich getäuscht, und auf sein Lächeln, seinen grüßenden Blick, mit etwas Ähnlichem antworten? Gewiß, er war arm und ein Ausländer. Jung, um etliche Jahre jünger als sie, fast noch ein Junge. Aber arm. Ohne eigenes Haus. Heimatlos. Die Eltern könnten wohl bleiben, wo sie waren, in der Wohnung in der Via Vittoria, wo die Gemeinde sie untergebracht hatte. Der Junge dagegen … Es war der Mühe wert, einen Versuch zu machen. Der Mühe wert, ihn zu versuchen.

Sie hatte gelächelt. Hatte mit einer Handbewegung gegrüßt.

Nach einem Augenblick des Zögerns legte der junge Mann zwei Finger an die Hutkrempe und deutete eine Verbeugung an.

Doch, am Ende hatte es die Mühe gelohnt. Das Kind, das Egle Levi-Minzi geboren hatte, war ein Prachtkerl, lebhaft, intelligent, voller Übermut. Es erschien uns, den wenigen von uns, die die Lager und alles übrige überlebt und sich 1945 in der »deutschen Schule« wieder eingefunden hatten – nun nicht mehr Frauen und Männer getrennt –, als die wahre Personifizierung des Lebens mit seinem ewigen Wechsel von Ende und Neubeginn.

Er heißt Juri, Juri Rotstein. Er ist groß, mager, muskulös, mit schräggestellten blitzenden blauen Augen über vorstehenden Backenknochen, und er lebt noch heute bei seiner Mutter, allein mit ihr, und für immer, in ihrem großen Haus in Ferrara.

Natalia Ginzburg

Winter in den Abruzzen

Deus nobis haec otia fecit.

In den Abruzzen gibt es nur zwei Jahreszeiten: Sommer und Winter. Der Frühling ist schneereich und windig wie der Winter, und der Herbst ist warm und klar wie der Sommer. Der Sommer beginnt im Juni und endet im November. Die langen Sonnentage auf den niedrigen und ausgedörrten Hügeln, der gelbe Staub der Straßen und die Ruhr der Kinder nehmen ein Ende, und es beginnt der Winter. Dann ist es aus mit dem Leben auf der Straße. Die barfüßigen Kinder verschwinden von der Kirchentreppe. Im Dorf, von dem hier die Rede ist, verschwanden nach den letzten Ernten auch die meisten Männer. Sie suchten Arbeit in Terni, Sulmona und Rom. Es war ein Dorf von Maurern. Viele Häuser mit Terrassen und kleinen Säulen zeigten sich anmutig wie Villen. Man war überrascht, in große, dunkle Küchen mit aufgehängten Schinken zu kommen, in weite, düstere und leere Zimmer. Überall in den Küchen brannte das Feuer, und es gab verschiedene Arten: prächtige Feuer aus brennenden Eichenklötzen, Feuer aus Laub und Reisig, aus Zweigen, die man unterwegs da und dort aufgelesen hatte. Es war leicht, die Armen und die Reichen nach ihren Feuern zu unterscheiden, leichter, als wenn man sie nach ihren Häusern hätte beurteilen müssen, nach ihren Kleidern oder Schuhen, die sich mehr oder weniger glichen.

Als ich in das Dorf kam, von dem ich spreche, schienen in der ersten Zeit alle Gesichter gleich für mich. Alle Frauen sahen sich ähnlich, die reichen und die armen, die jungen und die alten. Fast alle hatten einen zahnlosen Mund. Die Frauen dieser Gegend verlieren ihre Zähne schon mit dreißig Jahren durch die harte Arbeit, die ungesunde Nahrung, die Strapaze der Geburten und des Stillens, die sich unaufhörlich folgen. Nach und nach jedoch begann ich Vincenzina von Secondina, Annunziata von Addolorata zu unterscheiden und fing an, in jedem Hause ein und aus zu gehen und mich an den verschiedenen Feuern zu wärmen.

Als der erste Schnee fiel, überkam uns eine tiefe Traurigkeit. Wir waren im Exil. Fern war unsere Stadt, und fern waren die Bücher, die Freunde und die wechselvollen Geschehnisse eines wahren Daseins. Wir heizten unsern grünen Ofen mit seinem langen Rohr, das die Decke durchbrach, und in diesem Zimmer mit dem Ofen versammelten wir uns alle. Hier wurde gekocht und gegessen, und hier, an dem großen, ovalen Tisch, schrieb mein Mann. Auf dem Boden lagen die Spielsachen der Kinder herum, an der Decke prangte ein gemalter Adler. Ich betrachtete ihn und dachte: Das ist das Exil. Ja, das Exil war der Adler, der grüne, summende Ofen, die unendliche Stille der Landschaft und der starre Schnee. Um fünf Uhr läuteten die Glocken der Kirche Santa Maria, und die Frauen mit roten Gesichtern und schwarzen Umhangtüchern begaben sich zum Abendsegen. Jeden Abend machten mein Mann und ich einen Spaziergang, jeden Abend wanderten wir Arm in Arm durch den tiefen Schnee. Die Häuser zu beiden Seiten der Straße waren von befreundeten und bekannten Menschen bewohnt. Alle traten unter die Türe und wünschten uns gute Gesundheit. Zuweilen fragte der eine oder andere: »Wann werdet ihr eigentlich nach Hause zurückkehren?« Und mein Mann antwortete: »Wenn der Krieg aus ist.« »Und wann ist dieser Krieg endlich aus? Du weißt doch alles und bist ein Professor, wann wird er aus sein?« Sie nannten meinen Mann »den Professor«, da sie seinen Namen nicht aussprechen konnten, und kamen von weither, um ihn über alles mögliche zu befragen: In welcher Jahreszeit die Zähne gezogen werden sollten, über die Unterstützungen, die man von der Gemeindeverwaltung beziehen konnte, über Taxen und Steuern.

Im Winter starb zuweilen ein alter Mann an einer Lungenentzündung, die Glocken von Santa Maria läuteten zum Begräbnis, und der Schreiner Orecchia verfertigte den Sarg ... Eine Frau wurde wahnsinnig; man brachte sie ins Irrenhaus von Collemaggio, und das ganze Dorf schwatzte noch eine Weile darüber. Es war eine junge, saubere Frau, die sauberste im ganzen Dorfe. Man sagte, ihr übertriebenes Reinemachen sei daran schuld gewesen ... Die Frau von Gigetto di Calcedonio schenkte ihrem Mann Zwillinge, Mädchen, und dabei hatten sie bereits ein männliches Zwillingspaar zu Hause. Der Mann vollführte im Gemeindehaus ein großes Geschrei, weil man ihm keine Unterstützung geben wollte, da er manches Stück Land besaß und einen Gemüsegarten, so groß wie sieben Städte. Rosa, der Schulwartsfrau, spuckte eine Nachbarin ins Auge. Nun ging sie mit verbundenem Auge herum, damit sie eine Entschädigung beziehen konnte. »Das Auge ist empfindlich und die Spucke gesalzen«, erklärte sie. Auch darüber wurde eine Weile geklatscht, bis nichts mehr zu sagen war.

Mit jedem Tage wuchs unser Heimweh. Oft war es sogar angenehm, wie eine zärtliche und leicht berauschende Begleitung. Briefe kamen aus unserer Stadt mit Nachrichten von Hochzeiten und Todesfällen, von denen wir ausgeschlossen blieben. Zuweilen aber war das Heimweh stechend und bitter, es wurde zum Haß. Wir haßten dann Domenico Orecchia, Gigetto di Calcedonio, Annunziatina, die Glocken von Santa Maria. Den Haß aber verbargen wir, da wir ihn für ungerecht hielten. Unser Haus war immer voller Leute, die irgendeinen Liebesdienst verlangten oder uns einen erweisen wollten. Manchmal kam die kleine Schneiderin ins Haus, um uns Klöße zu kochen. Sie band sich ein zerschlissenes Tuch um die Hüften, schlug die Eier schaumig und schickte Crocetta ins Dorf, um ausfindig zu machen, wer uns einen großen Kochtopf leihen könnte. Ihr rotes Gesicht hatte einen versonnenen Ausdruck, und aus ihren Augen strahlte ein gebieterischer Wille. Sie hätte das Haus in Brand gesteckt, damit ihre *sagnoccole* gut gerieten. Ihr Kleid und ihre Haare waren von Mehl bestäubt, und auf dem ovalen Tisch, an dem mein Mann schrieb, wurden die Klöße angerichtet.

Crocetta war unsere Zugehfrau. Eigentlich war sie noch gar keine Frau, denn sie war erst vierzehn Jahre alt; die kleine Schneiderin hatte sie für uns gefunden. Diese Schneiderin teilte die Welt in zwei Gruppen; in jene, die sich kämmen, und in jene, die sich nicht kämmen. Vor denen mußte man sich hüten, denn natürlich hatten sie Läuse. Crocetta kämmte sich, und darum war sie auch bei uns im Dienst und erzählte den Kindern lange Geschichten von Toten und von Friedhöfen. Es war einmal ein kleiner Knabe. Seine Mutter starb, und der Vater nahm eine andere Frau. Doch die Stiefmutter liebte das Kind nicht. Eines Tages, als der Vater auf dem Felde war, tötete sie es und kochte eine Suppe davon. Der Vater kehrte heim und aß. Als er gegessen hatte, begannen die Knochen im Teller zu singen:

»Meine böse Stiefmutter
hat im Topf mich gekocht;
verzehrt hat mich Vater
als leckere Kost ...«

Da griff der Vater zur Sichel und tötete die Frau. Draußen am Türpfosten hing er sie an einem Nagel auf. Zuweilen ertappe ich mich, daß ich diese Worte vor mich hin murmle. Dann ersteht vor meinen Augen wieder das ganze Dorf mit dem besonderen Geruch seiner Jahreszeiten, mit dem eisigen Hauch des Windes, dem Klang der Glocken.

Jeden Vormittag ging ich mit den Kindern aus. Die Leute wunderten sich und mißbilligten, daß ich sie der Kälte und dem Schnee aussetzte. »Was haben denn diese armen Geschöpfchen verbrochen?« fragten sie. »Das ist doch kein Wetter zum Spazierengehen. Geh nach Hause!« Wir machten lange Wanderungen durch die weiße, einsame Landschaft, und die wenigen Menschen, denen wir begegneten, betrachteten die Kinder voller Mitleid. »Was haben sie denn verbrochen?« klagten auch sie. Wenn dort unten ein Kind im Winter geboren wird, kommt es bis zum Sommer nicht an die frische Luft. Um die Mittagszeit kam mein Mann jeweils mit der Post nach. Dann kehrten wir alle zusammen nach Hause zurück.

Ich erzählte den Kindern von unserer Stadt. Sie waren noch sehr klein, als wir sie verlassen hatten, und vermochten sich an nichts zu erinnern. Ich schilderte ihnen die Häuser mit den zahlreichen Stockwerken, die vielen Straßen und all die schönen Läden. »Und wir? Haben wir hier nicht den Girò?« sagten die Kinder.

Der Laden von Girò befand sich gerade vor unserem Haus. Girò stand unter der Tür wie eine alte Eule und starrte mit runden, gleichgültigen Augen auf die Straße. Fast alles konnte man bei ihm kaufen: Lebensmittel, Kerzen, Karten, Schuhe und Orangen. Wenn die Ware eintraf und Girò die Kisten leerte, eilten die Kinder herbei, um die faulen Orangen zu essen, die er wegwarf. Zu Weihnachten gab es auch Torrone, Likör und Karamellen. Aber um keinen Soldo billiger gab Girò seine Waren. »Wie schlecht bist du, Girò, wie schlecht!« klagten die Frauen, und Girò antwortete: »Wer gut ist, den fressen die Hunde.« Zu Weihnachten kehrten die Männer von Terni, von Sulmona und von Rom zurück, um sofort wieder abzureisen, sobald sie die Schweine geschlachtet hatten. Für einige Tage wurde dann nur Gesalzenes und scharfe Würste gegessen und viel dazu getrunken. Und etwas später erfüllte das Quietschen der Ferkel die Straße.

Der Februar machte die Luft feucht und weich. Graue, schwere Wolken zogen am Himmel hin. Es gab ein Jahr, in dem während des Tauwetters die Dachtraufen brachen. So regnete es in die Häuser, und die Zimmer wurden überschwemmt. Im ganzen Dorf blieb kein Haus verschont. Die Frauen leerten die Eimer zu den Fenstern hinaus und fegten mit dem Besen das Wasser aus der Haustür. Es gab Leute, die sich mit offenem Regenschirm zu Bett legten. Domenico Orecchia behauptete, das sei die Strafe für irgendeine Sünde. Und dieses Unwetter hielt länger als eine Woche an. Dann schmolz endlich auch das letzte Restchen Schnee von den Dächern, und Aristide flickte die Dachtraufen.

Als der Winter zu Ende ging, regte sich in uns eine leise Unruhe. Vielleicht würde uns irgendwer besuchen. Vielleicht war doch endlich irgend etwas geschehen. Einmal mußte unsere Verbannung doch ein Ende haben ... Die Straßen, die uns von der Welt trennten, erschienen uns jetzt kürzer; die Post kam häufiger. Langsam heilten auch unsere Frostbeulen.

Es gibt etwas eintönig Gleiches in den Schicksalen der Menschen. Unser Leben entwickelt sich nach alten, unverrückbaren Gesetzen, nach einem gleichmäßigen alten Rhythmus. Träume verwirklichen sich nie, und kaum haben sie sich verflüchtigt, erkennen wir jäh, daß wir die größten Freuden unseres Lebens außerhalb der Wirklichkeit zu suchen haben. Kaum haben die Träume sich verflüchtigt, verzehren wir uns vor Sehnsucht nach der Zeit, da sie uns durchglühten. Und in diesem Wechsel von Hoffnung und Sehnsucht verläuft unser Schicksal.

Einige Monate, nachdem wir das Dorf verlassen hatten, starb mein Mann im Gefängnis von Regina Coeli. Beim Gedanken an diesen grauenvollen, einsamen Tod, an die Ängste, die ihm vorangingen, frage ich mich, ob dies wirklich uns passiert ist, uns, die wir die Orangen bei Girò kauften und im Schnee spazierengingen. Damals glaubte ich an eine glückliche und frohe Zukunft, reich an erfüllten Wünschen, an gemeinsamen Versuchen und Unternehmungen. Und doch war jene Zeit die beste meines Lebens, und erst jetzt, da sie mir für immer entschwunden ist, erst jetzt weiß ich es.

Carlo Cassola

Die Armen

An der Treppe angelangt, blieb sie einen Augenblick stehen, wie um Kraft zu sammeln für den schwierigen Besuch, den sie vorhatte. Unter ihr lag ein Wald von kleinen roten Dächern, aus denen Mansardenfenster und Kamine aufragten. Auf der rechten Seite begrenzte die Stadtmauer das Viertel, links eine hohe Halde von weißem Alabastergeröll, über die ein schmaler Pfad schräg heraufführte.

Vor ihrer Tätigkeit als Fürsorgerin hatte die Signorina nie ihren Fuß hierher gesetzt. Jetzt aber konnte man sagen, daß kein Tag verging, an dem sie sich nicht in dieses Labyrinth von Gassen und Treppen wagte. Dort, wo sie jetzt stand, war sie im vorigen Winter gestürzt und hatte sich dabei die Schulter verrenkt. Die meisten Häuser waren unverputzt. Sie hatten kleine, quadratische Fenster, und auf den Fensterbrettern standen Kochtöpfe und alte Konservendosen mit Geranien.

»Guten Abend, Signorina«, rief ihr eine Frau zu. Sie saß auf der Stufe vor ihrer Haustür und hielt ein kleines Mädchen von fünf oder sechs Jahren auf den Knien.

Die Signorina fühlte sich verpflichtet, stehenzubleiben.

»Wie geht es Ihrem Mann?« fragte sie.

»Wie soll es ihm gehen?« fragte die Frau zurück. Sie war brünett, eine noch junge Frau von üppigen Formen. Sie wäre schön gewesen, hätte sie nicht das Gesicht voller Pockennarben gehabt. »Seit sechs Monaten hat er keine Arbeit. Wie kann es ihm da schon gehen?«

»Aber gesundheitlich?«

»Gesundheitlich ginge es ihm soweit ganz gut. Nur leidet er nachts manchmal an Atemnot.«

»Das braucht Sie nicht weiter zu beunruhigen«, sagte die Signorina. »Ich habe festgestellt, daß mehr oder weniger alle Alabasterarbeiter ein bißchen asthmatisch sind. Die Hauptsache ist, daß er keine Herzanfälle mehr hat. Er hat doch keine mehr gehabt, nicht wahr?«

»Nein, das nicht.«

»Das freut mich«, sagte die Signorina. »Die Gesundheit ist doch das Wichtigste. Für alles andere ... laßt nur den lieben Gott sorgen.«

»Die Gesundheit ist das Wichtigste, aber die Arbeit auch.« Mit einer brüsken Bewegung stellte die Frau das kleine Mädchen auf die Beine und erhob sich.

»Seit sechs Monaten, verstehen Sie, seit sechs Monaten sind wir allein auf die Arbeitslosenunterstützung angewiesen.«

»Ich verstehe«, beeilte sich die Signorina zu versichern.

»Bei zehn Stellen hat er sich beworben, aber überall hat er dieselbe Antwort bekommen. Dabei ist mein Mann – Sie kennen ihn doch? – alles andere als anspruchsvoll. Er würde praktisch jede Arbeit annehmen, nur um unseren Lebensunterhalt zu verdienen.«

»Hat man ihm nicht wenigstens bei der Holzfällergenossenschaft Hoffnungen gemacht?« fragte die Signorina. »Ich habe selbst mit Signor Puccianti gesprochen, und er versprach mir –«

»O ja, schöne Hoffnungen haben sie ihm bei der Genossenschaft gemacht. Zunächst einmal: Jetzt ist die schlechte Jahreszeit; kein Gedanke daran, jetzt jemanden einzustellen. Erst muß der Sommer vorbei sein, dann im Herbst werden wir einmal sehen. Das haben sie ihm gesagt. Schön. Aber was essen wir im Sommer? Ist das die Art, mit einem Familienvater zu sprechen?« Sie hatte die Stimme erhoben. »Wie soll es denn weitergehen, unter diesen Umständen? Sagen Sie selbst, Signorina, wie soll es weitergehen? Was sollen wir denn tun? Sollen wir stehlen, um ein Stück Brot nach Hause zu bringen?«

Die Signorina war ein wenig vor der Frau zurückgewichen. Die verstörten Augen, das narbige Gesicht und der schroffe Ton bereiteten ihr Unbehagen, ja flößten ihr beinahe Furcht ein. In der Tür des Nebenhauses war eine Frau erschienen, die die Szene beobachtete.

»Es tut mir leid, aber jetzt muß ich gehen«, sagte schließlich die Signorina. »Wir wollen hoffen, daß Ihr Mann bald Arbeit findet.«

»Ich weiß, was unsere einzige Hoffnung ist«, entgegnete die Frau mit düsterer Miene. »Wir können nur auf eine Epidemie hoffen, auf eine Seuche, die uns dahinrafft, mich, den Pechvogel von meinem Mann und das arme kleine Geschöpf hier.«

Die Signorina konnte eine Geste der Erleichterung nicht unterdrücken. Sie hatte schon irgendwelche revolutionären Äußerungen befürchtet. Es wäre nicht das erste Mal gewesen, daß sie dergleichen zu hören bekam, in diesem Viertel, in dem die Häuserwände immer wieder einmal mit politischen Parolen beschmiert wurden.

»So dürfen Sie nicht sprechen«, sagte sie. »Wir müssen immer auf die Hilfe des Herrn hoffen.«

Dann fragte sie, wieder mit ihrem gewohnten herrischen Ton: »Sagen Sie mir jetzt lieber: Wo wohnt dieser Chiorboli? Der Maurer mit der kranken Frau?«

»Hier unten«, erwiderte die Frau, die wieder in ihre alte Gleichgültigkeit verfiel. »Es ist das letzte Haus in der Gasse. Tatjana, geh und begleite die Signorina.«

»Danke, es ist nicht nötig«, wehrte die Signorina ab. Aber das kleine Mädchen war schon an ihrer Seite. Sie gingen rechts eine kleine Treppe hinunter und bogen in eine Sackgasse ein. Das Mädchen begleitete sie bis zur Haustür.

»Sie wohnen im zweiten Stock«, sagte sie und lief rasch wieder zurück.

»Danke, mein Kind«, sagte die Signorina.

Sie stieg die dunkle Treppe hinauf. Im ersten Stock stand die Tür offen. Man sah eine unordentliche Küche und einen kleinen Jungen von fünf oder sechs Jahren, der nackt auf einem Stuhl neben dem Ausguß stand. Seine Mutter wusch ihn, und er heulte dabei. »Sie könnten wenigstens die Tür schließen«, dachte die Signorina. Was sie bei den Armen am meisten ärgerte, war ihr Mangel an Schamgefühl. Sie stieg die zweite Treppe hinauf und stand nun vor der Tür. Sie suchte im Dunkeln nach dem Klingelknopf oder einem Türklopfer, fand aber nichts. Schon wollte sie sich durch Rufen bemerkbar machen, als sie sah, daß die Tür nur angelehnt war. Sie stieß sie auf und trat in die Küche, die ebenfalls im Dunkel lag.

»Ist es erlaubt?« fragte sie, und eine Stimme oder besser ein Klagelaut antwortete ihr.

»Ich bin Signorina Verdi. Ich komme von der Fürsorge.«

»Kommen Sie herein, Signorina«, ließ sich die Stimme klagend vernehmen.

Tastend und tappend durchquerte die Signorina das Zimmer und stieß eine Tür auf. Ein scharfer Geruch von Schweiß und Urin schlug ihr entgegen. Sie ging ans Fenster und riß es auf. »Ah!« Erleichtert sog sie die Luft ein. »Ein bißchen frische Luft tut immer gut«, erklärte sie, zur Kranken gewandt.

Es war eine dicke Frau, mit rotem, schweißglänzendem Gesicht. Sie saß aufgerichtet im Bett, mit dem Rücken an zwei unbezogene Kissen gelehnt.

Die Signorina warf einen Blick auf das ziemlich schmutzige Laken, bevor sie sich der Frau zuwandte.

»Seit wann sind Sie krank?« fragte sie.

»Seit einem Jahr, aber bettlägerig erst einen Monat.«

»Und wie fühlen Sie sich jetzt? Ein bißchen besser?«

»Aber was glauben Sie, Signorina! Jeden Tag nehmen meine Kräfte weiter ab. Meine Beine sind geschwollen, Sie müßten sie einmal sehen ... Wenn ich nicht jemanden habe, der mir hilft, kann ich nicht einmal aufstehen, um Wasser zu lassen.«

»Natürlich, es schwächt den Körper, wenn man immer im Bett liegt. Was für einen Arzt haben Sie, Dr. Carboni?« Die Kranke nickte bejahend.

»Was meint er, wie lange es dauern wird, bis Sie wieder gesund sind?«

»Wissen Sie, zunächst einmal kommt er überhaupt nicht. Und wenn er einmal kommt, hilft er mir auch nicht.«

Die Signorina stellte noch ein paar weitere Fragen (mit ihren doppelten Erfahrungen als Krankenschwester und als Fürsorgerin verstand sie soviel wie ein Arzt) und griff dann nach der auf dem Nachttisch stehenden Schachtel mit den Ampullen. Sie musterte sie einen Augenblick.

»Was hat er gesagt, wieviel Sie davon bekommen sollen? Eine pro Tag?«

»Eine jeden zweiten Tag. Eine Frau kommt und macht mir die Spritze.«

»Wer kümmert sich um Ihre Pflege? Ihr Mann, nehme ich an, wird wohl, seiner Arbeit wegen, ständig außer Hause sein, aber haben Sie niemanden sonst, vielleicht eine Schwester oder Schwägerin?«

»Ich habe eine Schwägerin, die Frau meines Bruders; aber sie lebt auf dem Lande, müssen Sie bedenken, und hat vier Kinder zu versorgen. Da hat sie natürlich keine Zeit, mich zu pflegen. Wenn ich etwas nötig habe, rufe ich die Familie, die unter mir wohnt. Aber sonst bin ich die ganze Zeit allein, müssen Sie wissen. Ich liege hier oben allein und warte auf den Tod.« Sie begann, leise vor sich hin zu weinen.

»Aber nein! Verlieren Sie nur nicht den Mut«, sagte die Signorina. »Ihr Zustand ist nicht so ernst; was Sie brauchen, ist nur ein bißchen Gesellschaft, die Sie aufmuntert. Jetzt muß ich leider wieder gehen, aber ich verspreche Ihnen, Sie bald wieder zu besuchen.«

Als die Signorina die hundertdreißig Stufen erklommen hatte, stieß sie einen Seufzer der Erleichterung aus. Es war nicht allein die physische Erleichterung, den Aufstieg geschafft zu haben; es war auch die moralische Erleichterung, den Anblick all dieses Elends hinter sich gelassen zu haben.

Sobald sie die Kirche betrat, blickte sie zu der vordersten Bank auf der linken Seite hin, wo die Marchesa Lastrucci zu sitzen pflegte. Tatsächlich fand sie sie dort, mit Hut und Schleier, aber sie erkannte auch die Nobildonna Ormanni, und so setzte sie sich auf die erste freie Bank, neben eine Frau mit geröteten Augen, die murmelnd ihren Rosenkranz herunterleierte. Bald darauf trat der Priester ein, und der Gottesdienst begann.

Kniend, das Gesicht in den Händen verborgen, betete die Signorina nacheinander alle Gebete, aber mit ihren Gedanken war sie anderswo. Sie dachte an ihre Armen, und zwar nicht mit ausgesprochenem Wohlwollen. Die Frau zum Beispiel, deren Mann arbeitslos war, nun, sie war mit Schmuck behangen. »Es sind nun einmal Zigeuner. Wenn der Mann Arbeit hat und Geld verdient, wird alles bis zum letzten Centesimo ausgegeben. Da denkt keiner daran, etwas auf die Seite zu legen.« Was die Kranke betraf, so fand sie an ihr nichts auszusetzen. Aber war es denkbar, daß man sie so im Stich ließ? Wahrscheinlich ging der Mann nach der Arbeit lieber in die Wirtschaft statt nach Hause. Und die Schwägerin, die sich bei ihr während der ganzen Zeit nicht einmal gemeldet hatte?

Draußen vor der Kirche traf sie die Marchesa, die sich von der Ormanni freigemacht hatte. Die Marchesa war erstaunt, sie zu sehen.

»Ich dachte, du wärest nicht gekommen, du hättest dich verspätet, weißt du ...«

»Nein, ich war pünktlich hier. Aber ich sah dich mit der da zusammen –«

»Was gibt es Neues?« unterbrach die Lastrucci sie.

»Nichts Neues, liebe Maria«, versicherte die Signorina nachdrücklich. »Nur immer dasselbe, Not und Krankheit, Beispiele materieller und moralischer Zerrüttung ...«

So unterhielten sie sich noch ein paar Minuten, und die Signorina fand noch Gelegenheit zu weiteren salbungsvollen Bemerkungen. Bei alledem verlor sie nicht die Milchfrau aus den Augen, die in der Tür ihres Ladens stand. Sie erriet, daß sie mit ihr sprechen wollte, und sie wußte, daß es sich um eine Empfehlung zugunsten ihres Schwagers handelte. Aber sie war heute abend zu müde, um der Frau zuzuhören. Deshalb verabschiedete sie sich, als sie die Milchfrau mit einem Kunden beschäftigt sah, rasch von ihrer Freundin. Sie umarmten und küßten sich wie allabendlich, worauf die Marchesa, sich schwer auf ihren Stock stützend, den Weg zur Piazza einschlug. Die Signorina dagegen verschwand rasch im Hausflur.

Zu Hause zog sie sich zunächst einmal um und ging dann in das Zimmer, das ihr zugleich als Büro, Arbeits- und Speisezimmer diente. Es war ein kleiner Raum und keineswegs freundlicher als die übrigen, denn er ging auf einen engen Hof, der wie ein Schacht war, in den nie die Sonne schien. Außerdem war es das kälteste Zimmer der Wohnung. Aber das hinderte sie nicht, eben hier ihre Tage zu verbringen. Die Einrichtung bestand aus einem Schreibtisch, einem Korbsessel, einem Stuhl, einer Kredenz und zwei Regalen, auf denen die wenigen Bücher, die sie besaß, standen: die Lebensbeschreibungen von Heiligen und andere Bücher religiösen Inhalts, ferner sämtliche Publikationen des Touring Clubs, in dem sie seit vielen Jahren Mitglied war. Eine große Leserin war sie nie gewesen. Aber Reisen, ja, das hätte ihr gefallen, aber da sie allein lebte, hatte sie sich diesen Wunsch nie erfüllen können. Um ein wenig von der Welt zu sehen, hatte sie sich an Pilgerfahrten beteiligt, und während des Krieges war sie als Krankenschwester in Saloniki gewesen.

Vor dem Abendessen fand sie noch Zeit, einen Brief zu schreiben. Nachdem sie gegessen hatte, zog sie den *Osservatore Romano*, der ihr mit der Abendpost zugestellt wurde, aus dem Streifband. Sie las gerade von den Religionsverfolgungen in Mexiko, als die Türglocke läutete. »Vittoria!« rief die Signorina, aber Vittoria spülte das Geschirr, und da sie außerdem schwerhörig war, hörte sie sie nicht. Mit einem leidenden Ausdruck erhob sich die Signorina, um selbst die Tür zu öffnen. Es war die Milchfrau, und der leidende Ausdruck im Gesicht der Signorina vertiefte sich noch.

Die Milchfrau entschuldigte sich, so spät gekommen zu sein, aber am Tage sei sie ja in ihrem Geschäft unabkömmlich. »Nur auf einen Augenblick, Signorina ...« Die Signorina führte sie in das Zimmer, doch ohne sie dort zum Sitzen aufzufordern. »Ich komme wegen meines Schwagers«, fuhr die Frau fort, »Sie wissen ja, der, der als Pfleger im Krankenhaus arbeitet ...« Die Signorina versicherte, sich sehr wohl zu erinnern. Schließlich war es ihrer Fürsprache zu danken, daß man ihn dort angenommen hatte.

Nun, es handelte sich um folgendes. Der oberste der Krankenpfleger hatte die Altersgrenze erreicht, und damit wurde eine

Planstelle frei. Hier war also die günstige Gelegenheit, ihrem Schwager zu einer festen Anstellung zu verhelfen. Es gab nun noch einen Bewerber, der zwar weniger Dienstjahre hatte und außerdem unverheiratet war. Doch wie ihrem Schwager zu Ohren gekommen war, besaß er die Unterstützung der Faschistischen Partei …

»Sie verstehen, Signorina, wenn mein Schwager eine feste Anstellung hätte, wäre es etwas ganz anderes. Dann bekäme er fast den doppelten Lohn, und außerdem wäre seine Zukunft gesichert. Denn eine bloße Aushilfskraft kann ja von heute auf morgen entlassen werden, da braucht nur ein neuer Chefarzt zu kommen.« Ihr Schwager habe einen Anspruch auf die Stellung nicht nur als Dienstälterer und Familienvater, sondern auch, weil er ein tüchtiger Arbeiter war, der sich im Krankenhaus das Wohlwollen von Patienten wie Schwestern erworben hatte … »Wir bitten nicht um eine besondere Gunst, Signorina. Wir wollen nur, was recht und billig ist. Fragen Sie doch einmal die Schwestern, ob sie mit ihm zufrieden sind.«

»Stimmt es, daß er seine Frau mißhandelt?« fragte die Signorina unvermittelt. »Ich habe gehört, daß er sie sogar verprügelt.«

Für einen Augenblick war die Milchfrau aus dem Konzept gebracht. Aber sie faßte sich gleich wieder.

»Soviel ist richtig, daß in der Familie nicht eitel Harmonie herrscht. Aber was wollen Sie, schuld daran ist doch die Not. Wenn ein Mann alle vierzehn Tage nur hundertfünfundzwanzig Lire nach Hause bringt und davon Miete, Licht und Kohlen bezahlen, aber auch noch vier hungrige Mäuler stopfen soll, dann, das werden Sie begreifen, kann das Geld nicht reichen. Natürlich ist er dann schlecht gelaunt, seine Frau ist es auch, und ein Anlaß zum Streiten ist schnell gefunden.«

»Aber Sie helfen ihnen doch auch ein bißchen?«

»Wir geben ihnen ein bißchen, selbstverständlich. Es handelt sich schließlich um meine Schwester und die Kinder meiner Schwester … Und mein Mann ist der erste, der sagt: Wir müssen ihnen helfen. Als wären es seine eigenen Verwandten …«

Die Signorina versprach, ein gutes Wort für den Schwager einzulegen. »Die Tür finden Sie wohl allein«, sagte sie, die Dankesworte der Milchfrau unterbrechend.

Sie sah in die Küche, um dem Mädchen etwas zu sagen, und zog sich dann in ihr Schlafzimmer zurück.

Es war ein kleines, weiß gekalktes Zimmer, und im Gegensatz zu den übrigen Räumen war es schlicht, ja kahl eingerichtet. In ihrem Schlafzimmer hatte sie ganz dem Ideal franziskanischer Armut folgen wollen. Sie nannte es »meine Zelle«. Am eisernen Geländer des Bettes war ein Ölzweig befestigt; über der Kommode hing ein Farbdruck, der den heiligen Franziskus darstellte, als er die Wundmale empfängt.

Die Signorina kleidete sich aus. Sie legte das kleine Skapulier der Tertiarier ab und schlüpfte in ihr Nachthemd. Vor dem Spiegel über der Kommode löste sie ihr langes, nun schon graues Haar. Dann ging sie zu Bett und löschte das Licht.

Während ihre Lippen die Vaterunser, Avemarias, Glorias, Requiems und dann das vom Papst eigens für die Schwestern vom Dritten Orden verfaßte Gebet murmelten, weilte sie mit ihren Gedanken ganz woanders. Von der Gasse her drangen Stimmen und Gelächter herauf. Denn gerade da unten befand sich eine Kneipe. Noch einmal Stimmen und Gelächter und dann ein saftiger Fluch.

»Wie die Tiere«, dachte die Signorina. Sie drehte sich auf die Seite. Als sie schon nahe daran war einzuschlafen, erinnerte sie sich, auch diesmal wieder von der Ormanni schlecht gedacht und schlecht geredet zu haben. Sie nahm sich vor, es sich für die Beichte zu merken.

Elsa Morante

Der Dieb der Totenlichter

Obwohl die Zahl der Jahre, die ich gelebt habe, noch nicht genügt, um mich zu überzeugen, bin ich doch beinahe sicher, daß ich jenes kleine Mädchen gewesen bin. Ganz deutlich sehe ich die enge, schmutzige Straße, wo die Risse in dem alten Verputz Figuren und Flecken zeichneten. Das fünfstöckige Haus, in dem meine Familie das oberste Stockwerk bewohnte, war das höchste der Straße, an deren Ende die Synagoge lag.

Ich war nicht älter als sechs Jahre. Von den Fenstern aus sah ich die bleichen Menschen vorübergehen, die dunkelhaarigen Frauen, die fast immer einen vulgären und finsteren Ausdruck hatten, die halbnackten Kinder, die grau waren vom Staub. Gegenüber sah ich ein gelbliches Haus mit Strohmatten vor den Fenstern und an der Seite einen geräumigen Hof, in dem kein Gras wuchs.

Oft wartete in diesem Hof eine Schar von Männern, meistens Soldaten. Einer nach dem andern traten sie für wenige Minuten in das Haus ein und entfernten sich dann wieder, indem sie sich Scherzworte zuriefen oder schwatzten. An den Fenstern im ersten Stock zeigten sich immer geheimnisvolle lachende Frauen mit pfauenhaften Gesichtern, rußschwarz gemalten Augen und mit entschlossenen Stimmen. Besonders in der Nacht hörte ich die leisen Rufe ihrer Stimmen. Wenn mein Vater aus dem Café kam, forderten sie ihn auf, obwohl er nur ein buckliger Alter war: »Willst du nicht heraufkommen, schöner Schwarzer? Komm doch!«

Meine Mutter, noch jung und schlank, hatte ein anmutiges, aber vom Kummer zerstörtes Gesicht. Bei jeder Gelegenheit schlug sie sich wütend mit den Fäusten gegen die Stirn, und wenn ich etwas falsch machte, pflegte sie mich in einem feierlichen Hebräisch zu verfluchen, wobei sie ihr zerfallenes Gesicht zur Synagoge hinwandte. Dann war ich bestürzt, weil ich wußte, daß die Verfluchungen der Väter und Mütter, als Echo widerhallend, immer zu Gott gelangen.

Sobald es dunkelte und mein Vater sich zu seinem Café auf den Weg machte, ging sie auf dem Stadtwall spazieren, zusammen mit meiner älteren Schwester, die schön und hochmütig war. Ich blieb zu Hause, um die Großmutter nicht allein zu lassen, denn sie war alt und taub und wie aus Holz. Eine Folge von unzähligen Jahren hatte sie langsam ausgesogen, bis sie nur noch ein kleines hölzernes Skelett war, das vielleicht nicht einmal mehr sterben konnte. Ihr Kopf war beinahe kahl, und die dunklen Augenlider waren immer gesenkt. Die Hände mit den dunkelblau unterlaufenen Nägeln ließ sie reglos an den Seiten herabhängen. Zu meinem Erstaunen hatte ich entdeckt, daß sie sich die Brust und die Hüften umwickelte, wie man es bei kleinen Kindern macht, und über all diese Wickelbinden zog sie weite graue Lumpen. Man sagte, daß sie reich sei.

Sobald die andern ausgegangen waren, befahl sie mir mit gestammelten Worten, die sie mühsam zwischen ihrem Zahnfleisch hindurchpreßte, das Licht auszulöschen; es sei unnütz, für uns beide allein Petroleum zu verschwenden. Dann wurde sie stumm und unbeweglich. Ich gehorchte, obwohl ich zitterte; denn wirklich, kaum hatte ich das Schräubchen an der Lampe herabgedreht, richtete sich das Gespenst der Finsternis und der Angst hinter meinem Rücken auf und zeigte an der Stelle der Augen zwei schwarze Löcher. Ich kauerte mich ganz nah ans Fenster, um ein bißchen Helligkeit zu haben.

Es sind mehr als fünfzig Jahre her, daß dies geschah: Vom Fenster aus konnte ich die Synagoge sehen, ihre wuchtige Kuppel, die Stufen und die langen Fenster mit den bunten Scheiben; durch das Glas erspähte ich den trüben rötlichen Schimmer der Totenlampen. Diese schmiedeeisernen Ampeln hingen im Innern der Synagoge, und wer einem Toten ein solches Licht stiften wollte, mußte dem Wächter Jusvin etwas bezahlen, damit er die Lampe mit Öl versorgte und aufpaßte, daß sie weder am Tag noch in der Nacht erlosch. Die Toten waren in ihrer Finsternis sehr viel ruhiger, wenn sie eine Lampe besaßen.

Nur von meinen Fenstern aus konnte man das Innere der Synagoge mit den roten Lichtern wahrnehmen. Ich sah den Wächter Jusvin jeden Abend die Stufen hinaufsteigen, um das Öl einzufüllen und die Synagoge abzuschließen. Er war ein dunkelhäutiger Mann, der schön und feierlich aussah, mit schwarzen Augen und lockigem Haar und Bart. So dunkel, wie er war, erschien er im Dämmerlicht wie ein Prophet oder ein Engel, wenn er mit seinem schwankenden Schritt zur Synagoge hinaufstieg und die schweren Schlüssel trug. Eines Abends jedoch, bald nachdem er eingetreten war, sah ich, wie die Lampen eine nach der andern erloschen; dann kam er behutsam mit seinem Löschhütchen heraus, ein ungeheures Dunkel hinter sich lassend.

»Großmutter!« schrie ich, »Jusvin hat alle Totenlichter ausgelöscht!«

»Nein«, brummelte die Schwerhörige, »es wird kein Petroleum verschwendet, die Lampe wird nicht angezündet.«

»Verstehst du nicht?« schrie ich, am ganzen Leibe zitternd, »Jusvin hat die Lichter ausgelöscht, die Lichter!«

»Ja, ja, Marianna wird bald zurückkommen«, erwiderte sie.

Da verzichtete ich darauf, ihr jenes Geheimnis mitzuteilen. Rings um mich her sah ich die Gestalten der Finsternis, und ich zitterte davor, daß sie ihre Münder öffnen und zu mir sprechen könnten. Mir graute vor dem, was sie mir vielleicht sagen würden, und vor dem, was Gott der Herr sagen würde.

Von diesem Tage an sah ich, wie Jusvin jeden Abend das Portal der Synagoge hinter sich abschloß und die Lichter löschte. Er tat es, um das Öl zu sparen und an den Beträgen, die er für die Versorgung der Lampen erhielt, zu verdienen. So erklärte es mir meine Mutter; sie sagte mir auch, ich solle schweigen, denn der Mann habe sechs kleine Kinder, und durch eine Anzeige würde er seine Stellung verlieren. Also Stillschweigen. Gott sah ihn, und er würde daran denken, den zu bestrafen, der den Toten das Licht stahl. Gott würde Gerechtigkeit üben.

»Dieb! Dieb!« schrien all meine Sinne, wenn ich jenen Schatten langsam die Treppe hinaufsteigen sah. Ich wartete ängstlich darauf, daß seine Hände abfielen wie zwei Fetzen. Am liebsten wäre ich zur Synagoge gerannt und hätte laut gerufen: »Ich sehe dich, wenn du den Toten das Licht stiehlst! Hast du keine Angst ... vor Gott?« Doch ich blieb reglos und wie gelähmt an der Fensteröffnung stehen. Ich dachte an die Toten unter der Erde, die jetzt ganz ohne Licht waren. Und um nichts sehen zu müssen, bedeckte ich mein Gesicht, bis ich von neuem angezogen war von dem Schatten, der jetzt mit seinem Löschhütchen herabkam und in den Gassen verschwand.

Eines Abends kam er nicht, und die roten Flämmchen leuchteten ruhig hinter den Fensterscheiben. Als er nach mehreren Tagen wieder erschien, konnte er nicht mehr sprechen. Mühsam brachte er aus seiner Kehle heisere Laute und ein Gestammel hervor und riß dabei die Augen auf mit den Gebärden eines Hampelmanns, wie die Stummen sie an sich haben. Und eines Tages hallten die Gassen wider von einem tierischen Brüllen und Röcheln. Es war der sterbende Jusvin. »Das ist die Gerechtigkeit des Herrn«, sagten die Leute. Der Finger Gottes hatte seine Zunge berührt, und Jusvins verfluchte Zunge wurde nun zu einer furchtbaren Wunde. Es war ein Leiden, das die Leute nur mit Angst zu nennen wagten (sein phantastischer Name ließ mich an die Welt der grausamen Meerestiere und an einen Wendekreis in Afrika denken), und jene Schreie liefen durch alle Straßen, und es war ihnen anzuhören, daß der Leib des Sünders sich wand und krümmte. Und sie gaben keinen Augenblick Ruhe, bis sie verstummten. »Er wird niemals Frieden finden«, sagten die Leute und schüttelten den Kopf, »er nicht und auch seine Kinder nicht.«

Oftmals, wenn ich zur Schule ging, begegnete ich seinen Kindern, am häufigsten Angiolo und Esther. Sie sahen sehr schön aus, obwohl sie schmutzig und halbnackt waren. Angiolos große Augen glichen zwei Feuern, und wenn er lachte, hatte er Grübchen in den Wangen. Esther hatte wundervolle Locken, schlanke Beine, und ihr rundes Gesicht glich einer Frucht. Ich beobachtete sie voller Angst; denn ich glaubte, der Finger Gottes würde auch ihre Zunge berühren, wie er die des Vaters berührt hatte, dem dann das seltsame afrikanische Tier die Zunge zerfraß, und sie würden später nicht mehr sprechen, nur noch traurige Laute von sich geben können. Stumm, mit einer Wunde im Mund, würden Jusvins Kinder und Kindeskinder eines nach dem andern vor Gott dem Herrn vorübergehen müssen.

Dieses Schauspiel quälte mich in meiner kindlichen Einsamkeit und erschien immer wieder in meinen Träumen. Aber an einem Sommerabend in der Nähe der Synagoge kam mir etwas Deutlicheres zum Bewußtsein. Mir war etwas Schlimmes widerfahren: mein Vater hatte mir ein Geldstück gegeben und mir aufgetragen, drei Nummern im Lotto zu spielen. In Phantastereien versunken, hatte ich bei der Rückkehr vom Lottobüro den gekauften Zettel mit den Nummern verloren. Fieberhaft war ich durch alle Straßen geirrt, hatte leise schluchzend den Staub durchwühlt. Nichts. Dann hielt ich inne, kauerte mich im nächtlichen Schatten der Synagoge neben die hohe Mauer. Ich überlegte mir, daß ich nicht mehr nach Hause zurückkehren, aus dem Getto fortgehen, die Stadt verlassen und sterben würde. In dieser Stunde und bei diesem Gedanken rief ich meinen Vater mit dem Spitznamen, den die Leute ihm gegeben hatten: »Krummbukkel«. Wie oft war ich gefragt worden: »Bist du die Tochter vom Krummbuckel?« Und jetzt in meiner Angst gingen mir neue Gedanken wie frevelhafte Blitze durch den Sinn: Der Krummbukkel wird mich schlagen. Warum darf er mich eigentlich schlagen? Ich bin klein, aber hübsch, ich habe zwei lange Zöpfe und kann lesen. Er ist bucklig. Ich will nicht von ihm geschlagen werden. Aber ich habe den Lottozettel, der vielleicht gewonnen hätte, verloren. Ich habe etwas Schlimmes angestellt; der Zettel gehörte ihm, und deshalb wird er mich schlagen. Und meine Mutter wird mich zur Strafe verfluchen. Ich bin umhergeschlendert und habe die Häuser, die Fenster und Gesichter angeschaut, ohne an den Zettel zu denken; ich habe gesündigt. Auch Jusvin hat gesündigt, und Gott hat ihn bestraft. Ich sehe Jusvin im Angesicht des Herrn. Der Herr hat weder Leib noch Gesicht; er ist wie eine Gewitterwolke, wie der Schatten eines Berges: »Erbarmen, Herr, ich habe es für meine Kinder getan! Wasser für meine Zunge, Schlaf für meine Augen, Mitleid mit meinem ruhlosen Wandern, das mich die friedvollen Toten beneiden läßt.« Dies sind die Worte, die sich niemals auf seinen Lippen formen und die er in seiner Kehle begräbt. Sein Mund verzerrt sich, stößt gurgelnde Laute aus; Jusvin gestikuliert und windet sich. Aber Gott, der Gestaltlose, antwortet nicht. Sein Schweigen bedeutet: Du bist ein Dieb.

Unterdessen sind viele andere gekommen, sind schweigsam aus den Mauern der Synagoge hervorgegangen. Ihre Leiber sind eine dunkle Masse, ihre Gesichter Masken mit leeren Augenhöhlen, und doch scheint es mir, als erkenne ich manche. Dies ist die alte Mitilda, die Kürbissamen kochte und die dann – so erzählte man mir – in den Himmel gekommen ist. Aber doch ist sie hier, mit zerrissenen Schuhen und einem Tuch um ihr augenloses Gesicht. Und dies ist Lazzarino und sein Sohn Mandolino, beide ganz lang und hager, mit langen Armen, Zylinderhüten über den skeletthaften Gesichtern. Ja, sie sind es, und andere kenne ich nicht, aber alle gleichen sie einander und schleppen ihre schweren Füße an den düsteren Mauern entlang. Einige tragen sonderbare Gewänder, aus Lumpen gemacht, in bunten und verblichenen Farben, oder sie haben Fetzen aus Stoff um den Oberkörper gewickelt und Hüte von allen möglichen Formen auf dem Kopf, wie man sie im Theater sieht. Manche Frauen tragen weite Kleider, die lautlos über den Boden streifen, und sie haben Rußschwarz und Lippenrot auf der Haut. Andere wieder sind halbnackt und bleich.

Sie sind die Toten, sie tappen unsicher umher und öffnen die Lippen, wie um zu trinken, und verlangen nach dem Licht ihrer Lampe. Keiner von ihnen hat Flügel; sie sind wie Maulwürfe, die aus der Erde hervorgekrochen sind. Gewiß glaubten sie unter der Erde, in jenem Licht noch den Tag zu sehen, und jetzt suchen sie tastend nach ihm. Nur die Lebenden können das Licht anzünden und auslöschen; so will es Gott, der Schweigsame, der die Lebendigen züchtigt und die Toten einschließt in der Erde.

So war mein Gott beschaffen; und jenes kleine Mädchen war ich oder vielleicht meine Mutter oder vielleicht auch die Mutter meiner Mutter. Ich bin gestorben und wiedergeboren, und bei jeder Geburt nimmt ein neuer, ungewisser Verlauf seinen Anfang. Und jenes kleine Mädchen ist immer dort in seiner unbegreiflichen Welt, inmitten der Stummen, und stellt ängstliche Fragen unter dem Schatten des richtenden Gottes.

Michele Prisco

Die Puppe

Erst im letzten Augenblick und nach kurzem Zögern fand Schwester Maria Cecilia den Mut zu rufen: »Nein, packen Sie sie nicht ein: wir nehmen sie so mit.« Sie lächelte, wie um das Erröten zu mildern, und im Tonfall einer Rechtfertigung fügte sie für die andere Nonne, die sie begleitete und die sie betroffen und verwundert angestarrt hatte, hinzu: »Wir nehmen sie auf dem Arm mit. Sie wird schon nicht schmutzig werden.«

So waren sie mit der großen Puppe, die beinahe wie ein wirkliches kleines Mädchen aussah, aus dem Laden getreten, und mehr als einer der Vorübergehenden drehte sich nach ihnen um. Die Puppe hatte helle Augen, und die weichen Zöpfe wirkten wie echtes Haar: sie hatte weiße Schuhe und Söckchen und die Füße eines zweijährigen Kindes: nur ein wenig steif war sie natürlich.

Während sie, auf der Alleebank sitzend, auf den Bus warteten, sagte die andere Nonne, die alt war und streng wirkte, seufzend: »Aber, was für eine Idee! Alle sehen uns an: wer denkt denn, daß es eine Puppe ist? Sie sieht wie ein richtiges kleines Mädchen aus.«

Schwester Maria Cecilia lächelte, sie zupfte sorgsam eine Falbel des rosa Kleides zurecht: nun errötete sie weniger, und vielleicht zum erstenmal bereute sie diese recht alberne Laune, die sie plötzlich, sie wußte nicht einmal, wie, angekommen war: gewiß wäre die Puppe in der Schachtel besser aufgehoben gewesen, und niemand würde ihnen nachgeschaut haben. Sogar Männer hatten sich umgedreht, erstaunt, eine Nonne mit einem Kind im Arm zu sehen. Denn sie sah wirklich nicht wie eine Puppe aus. Das dachte auch die alte Nonne, die nach einer weiteren Pause hinzufügte: »Und wenn uns die Mädchen bei der Ankunft erwarten? Dann ist es aus mit der Überraschung.«

»Das ist wahr«, sagte Schwester Maria Cecilia zerknirscht. »Daran hatte ich nicht gedacht.«

In diesem Augenblick kam der Bus an: mehrere Leute warteten auf ihn: sie hatten Körbe, große Koffer aus Karton oder Vulkanfiber, Pakete und Bündel, die der Fahrer und der Schaffner auf dem Wagendach verstauten und mit einer langen Schnur am Gitter des Gepäckträgers festzurrten. Von der Leiter herab wandte sich der Schaffner lachend an die beiden Nonnen: »Legen wir auch Ihre Kleine da hinauf, Mutter?«

Jemand lachte, die ältere Nonne schnaubte durch die Nase und sah streng ihre Begleiterin an, die selbst lächelte, als beteiligte sie sich am Spiel; und ihr Blick wurde härter, als Schwester Maria Cecilia sich nicht scheute zu sagen: »Sie kommt mit uns: muß sie auch eine Fahrkarte lösen?«

»Schwester Maria Cecilia!« rief die Nonne entrüstet, stieg rasch ein und setzte sich, ohne zu warten, bis sie der Fahrer nach der Numerierung der Sitze aufgerufen hatte. Sie gerieten in die Nachbarschaft eines Mannes mit einer Lederjacke, einem stellenweise schmierigen Hut und einem roten, geschwollenen Gesicht, in dem sich das Blut zu stauen schien, aber sein Lächeln war freundlich und gutmütig. Er interessierte sich sofort für sie. »Was für eine schöne Puppe«, sagte er. Und Schwester Maria Cecilia erklärte einfältig ängstlich: »Wir bringen sie ins Kloster, sie wird am Sonntag bei der Lotterie verlost. Wer weiß, welches von den Mädchen den Preis gewinnen wird. Das Los kostet nur dreißig Lire.«

»Das Mädchen, das eine so schöne Puppe für nur dreißig Lire gewinnt, hat aber wirklich Glück!« bemerkte der Mann.

Nun schien auch die andere Nonne ein wenig besänftigt zu sein, und obwohl sie die Lippen zusammenpreßte, konnte man erraten, daß bald ein Lächeln den scharfen Spalt erweichen würde.

Der Bus ließ die Stadt hinter sich und fuhr durch breite, noch im Bau befindliche Alleen mit kümmerlichen Oleanderbäumen und großen rosafarbenen Häusern, die quadratisch wie Würfel waren. Dann erschienen Fabriken, und die Luft um sie herum war grau. Bei einigen Stößen des Wagens sahen die beiden Nonnen und der Mann rasch, beinahe ängstlich, nach der Puppe, um sich zu vergewissern, daß ihr nichts geschehen war, und dann lächelte einer von ihnen ein wenig verschwörerisch und sah die anderen an, und so ergab sich eine Art von allerdings schamhaftem und manchmal sogar widerwilligem Einverständnis.

Der Mann stieg bei der ersten Haltestelle aus, im ersten Dorf, das der Bus erreichte, nachdem er über eine lange Asphaltstraße mitten durch die Felder gefahren war: und der Platz vor den beiden Nonnen blieb frei: da zögerte Schwester Maria Cecilia einen Augenblick, dann wandte sie sich an ihre Begleiterin und sagte: »Ja?« Und ohne eine Antwort abzuwarten, setzte sie die Puppe auf den Sitz aus rotem Leder, der noch ein wenig von dem Gewicht des Mannes eingedrückt war: sitzend, die steifen Schultern gegen die Rückenlehne gestützt, ähnelte die Puppe wieder einem kleinen Mädchen; und Schwester Cecilia nahm ihre Hände und hielt sie fest, um zu verhindern, daß sie in einer Kurve hinunterfiel. Und als sie die blauen Augen betrachtete, die so dichte Wimpern hatten, daß sie wie schwarz wirkten, ertappte sie sich dabei, daß sie wider Willen das Mädchen beneidete, das am Sonntag als Glückspreis ein so schönes und prächtiges Geschenk erhalten sollte.

Bei der zweiten Haltestelle dauerte der Aufenthalt länger, weil der Schaffner mit der Leiter auf das Wagendach steigen mußte, um einige Koffer herunterzuholen. Soldaten stiegen zu, sie redeten laut, und es schienen ziemlich viele zu sein: Schwester Maria Cecilia beeilte sich, den Platz frei zu machen, indem sie die Puppe wieder auf den Schoß nahm, aber die Soldaten drängten alle nach vorn zum Fahrer, sie standen lieber, um beisammenbleiben zu können. Es waren fröhliche Burschen, braungebrannt von der Sonne der Märsche, sie lachten über nichts und wieder nichts, und dem Akzent nach mußten sie aus dem Norden stammen. Unwillkürlich drückte Schwester Maria Cecilia die Puppe fester an sich, beinahe mit einer Art unbewußter Angst, und ab und zu senkte sie den Blick, um ihr zuzulächeln, so als wollte sie ihr versichern, daß sie sie gegen jede mögliche Herausforderung verteidigen werde: aber die Puppe blickte starr und unerschrocken zurück und hielt den Mund immer mit jenem selbstsicheren Lächeln geöffnet, das die spitzen weißen Zähnchen und sogar das Rosa des Schlundes sehen ließ.

Auch die Soldaten stiegen zum Glück bald aus: und als der Bus wieder anfuhr, drehten sich die beiden Nonnen um und sahen ihnen durch das Fenster nach, wie sie in einen Feldweg einbogen, an dessen Ende man die kleinen Kasernen erkannte. Dann blickten sie einander an, und Schwester Maria Cecilia begriff, daß sogar Schwester Giuseppina unwillkürlich Angst gehabt hatte angesichts dieser überschwenglichen und ein wenig ungestümen Jugend.

Einige Haltestellen noch, dann waren auch sie am Ziel: sie hatten keine anderen Pakete oder Koffer bei sich: nur die Puppe. Und Schwester Giuseppina sagte in Gedanken vertieft: »Hoffen wir, daß wir niemanden treffen, der uns bei der Ankunft erwartet.«

Aber Schwester Maria Cecilia fühlte sich in dieser Hinsicht sicher: schließlich würden sie bei Sonnenuntergang ankommen, und um diese Zeit waren die Mädchen alle in der Kapelle des Klosters zur Maiandacht versammelt: niemand würde die Puppe vor dem Sonntag sehen. Und Schwester Maria Cecilia wiegte sie und sprach zu ihr mit kindlicher und ein wenig übermütiger Zärtlichkeit.

Der kleine Dorfplatz war zum Glück bei ihrer Ankunft so gut wie leer: einige Jungen spielten Ball, aber sie achteten nicht auf den Bus und die Aussteigenden. Die beiden Nonnen warteten, bis er weiterfuhr, und gleichsam im Schutz der Staubwolke, die die Reifen aufwirbelten, machten sie sich langsam auf den Weg. Sie gingen nun mit kleinen, engen Schritten. Die Straße zum Kloster war leer: vielleicht würden sie beim Bahnübergang auf jemanden treffen, Karren, die warteten, wenn die Schranken geschlossen waren, oder ein Auto oder Leute, die sich abends die Zeit vertrieben, indem sie auf den im Kreis aufgestellten Stühlen mit der Familie des Bahnwärters plauderten, auf dem mit großen

Sonnenblumen bepflanzten Vorplatz. Aber noch war es ein halber Kilometer bis zur Bahnlinie.

Plötzlich hielt Schwester Giuseppina mit einem Arm ihre jüngere Begleiterin zurück, blieb selbst stehen, sah schärfer hin und rief: »Ist das da vorn nicht Rosa Tufano?«

»Ja«, sagte leise und wie mit plötzlicher Bestürzung Schwester Maria Cecilia. »Es ist Rosa: trägt sie auch eine Puppe?«

Zum erstenmal lachte Schwester Giuseppina. »Aber nein«, sagte sie, »du wirst sehen, das ist ihre Tochter.« Und ein wenig lauter rief sie: »Rosa! Rosa! Warten Sie auf uns!«

Die Frau blieb stehen und wartete auf die Nonnen, ohne sich umzudrehen: sie hatte einen Schal über den Kopf gelegt, und ein zweiter Schal bedeckte das Töchterchen, das sie trug und das zu schlafen schien. Es dämmerte. Die beiden Nonnen gingen rascher und holten die Frau ein, und sie schienen erregt zu sein, weil die kurzen schwarzen Umhänge auf ihren Schultern flatterten. Als sie näher gekommen waren, sagte Schwester Giuseppina: »Wohin gehen Sie mit Ihrem Mädchen?« Und dann, als sie ihren matten, verschleierten Blick sah, sagte sie: »Aber Rosa, was ist geschehen?«

Die Frau deutete mit einer leichten Kopfbewegung auf den kleinen Körper des Mädchens und sagte mit fester Stimme: »Sie ist heute gestorben. Wußten Sie nicht, daß sie krank war? Sie hatte Würmer.«

»Nein«, sagte Schwester Giuseppina erschrocken, während Schwester Maria Cecilia angstvoll die Puppe an ihre Brust drückte.

Die Frau lächelte. »Jetzt bringe ich sie zu meiner Schwester, die auf der anderen Seite des Bahnübergangs wohnt. Wir werden dort die Totenwache halten. So brauche ich morgen bei der Beerdigung die Gebühr für die Beförderung über den Bahnübergang in die andere Gemeinde nicht zu zahlen. Wir werden sagen, sie sei im Haus meiner Schwester gestorben.«

Die beiden Nonnen erschauerten: dann fragte Schwester Giuseppina: »Und sie hatte Würmer?«

Die Frau deutete durch ein Kopfnicken schweigend ein Ja an.

Schwester Giuseppina hob behutsam den Schal und betrachtete das Mädchen. Es war weiß, sehr klein, schon ein wenig steif, wie erstarrt. Man hatte ihm weiße Strümpfe und ein Paar neuer Schuhe angezogen: es sah wie eine Puppe aus. Die Nonne deckte den kleinen Körper langsam wieder mit dem Schal bis zum Gesicht zu: als sie das feine Haar streifte, zuckte sie zusammen.

Die Frau ging mit ihrem Bündel weiter. Die beiden Nonnen blieben ein wenig hinter ihr zurück, und Schwester Giuseppina begann halblaut ein Gebet zu murmeln. Aber die Frau sagte: »Nein, beten Sie nicht, sonst merken sie am Bahnübergang, daß ich mein totes Mädchen trage. Ich habe gehört, daß die Frau des Bahnwärters für den Bürgermeister spioniert, sie sagt es ihm, wenn einer versucht, seine Toten heimlich durch die Schranken zu bringen, um die Gebühr nicht zahlen zu müssen. Aber mit Kindern kann man sie leicht täuschen: man nimmt sie auf den Arm, und sie scheinen zu leben.«

Sie lächelte fast froh: aber auch sie war sehr bleich, und das Haar unter dem Schal war glanzlos. Und nun drückte Schwester Maria Cecilia die Puppe ohne Freude an ihre Brust und folgte der Frau und ihrer Gefährtin in einem kleinen Abstand und wie betäubt: nach einer Weile begann sie sogar zu weinen, aber ganz still und leise. Und dann wurde es immer dunkler, und es war nicht leicht, es zu bemerken. So gingen sie unbehelligt über den Bahnübergang und betraten die andere Gemeinde. Die Bahnwärterin war übrigens gar nicht da. Nur einige Männer in Hemdsärmeln schöpften frische Luft, und ein leichter Wind ließ die Sonnenblumen rascheln, deren Blätter er sanft schüttelte.

Domenico Rea

Der Fleck

Am Abend des 16. Oktober rief mich Perigone an und begann mir zu erklären, es sei ihm schrecklich peinlich, mich zu belästigen und mir die Zeit zu stehlen, aber er brauche meine Hilfe, ja allein mein persönliches Einschreiten könne die Lage seiner Tochter retten.

Ich kannte Perigone, einen für meinen Geschmack allzu geselligen Menschen, seit dem vergangenen Sommer. Wir waren einander in einem Hotel, in der Sommerfrische, begegnet und hatten unsere gemeinsame Leidenschaft für das Tischtennis entdeckt. Es war eine Bekanntschaft, wohlgemerkt, aus der nie Freundschaft wurde. Nach der Rückkehr in die Stadt hatten unsere Frauen miteinander telefoniert, oder vielmehr Frau Perigone hatte meine Frau angerufen, die mich auf ihr Bitten und Drängen hin dazu überredete, ihre Einladung anzunehmen: ein kaltes Abendessen, wie es heute Mode ist, in einer kleinen Wohnung, die ein durch die mittelständischen gesellschaftlichen Ambitionen bewegtes Leben erkennen ließ. Das Zusammensein hatte uns einander nicht nähergebracht, sondern uns eher dazu bewogen, im Bereich einer unbestimmten Bekanntschaft zu verbleiben, die freilich infolge der nachgiebigen Passivität meiner Frau und meiner selbst in den Augen der überschwenglichen Perigone als Freundschaft gelten konnte. Tatsächlich wußte ich nur, daß Perigone Bankbeamter, ein Freund von Festen, ein Einfaltspinsel und Vater zweier Söhne und einer Tochter namens Gilda war, die den Doktor an der philosophischen Fakultät gemacht hatte.

Am Telefon sprach nun Perigone von ebendiesem Mädchen. Seit zwei Jahren Doktor mit glänzend bestandenem Examen, war sie noch nicht dazu gekommen, ihren Beruf auszuüben.

»Schau«, sagte er, »es geht nicht um das Geld. Gott sei Dank fehlt es, wie du weißt (gar nichts wußte ich), in meinem Haus an nichts. Aber das Mädchen ist ganz verzagt. Sie dachte, das Leben sei ein mit Rosen bestreuter Weg, und nun sieht das arme, leichtgläubige Kind allmählich ein, daß sogar die Arbeit ein Preis, eine Gnade ist. Du wirst verstanden haben, worum es sich handelt.«

Ich sagte nein; darauf kam er zur Sache.

»Gilda hat schon im Juni beim Schulamt ein Gesuch mit allen nötigen Unterlagen eingereicht, und morgen werden die wenigen freien Lehrerposten besetzt. Wir haben die Unterstützung des Direktors einer Schule, an der ein Posten frei ist. Es ist das Albricci-Gymnasium gleich hier in der Nähe, weißt du. Das wäre ein Glück. Aber der Direktor – ich habe ihm geholfen; er hatte Schulden, und ich habe ihm eine kleine Anleihe zukommen lassen: er ist ein Mensch, der einmal bei dem bloßen Wort Wechsel schon zitterte, und jetzt hat er ständig neue in der Tasche und hält sich für einen Geschäftsmann, und ich lass' ihn in seinem Glauben –, der Direktor also hat mir zu verstehen gegeben, daß nichts zu machen ist, wenn das Schulamt nicht will, wenn es seine Zustimmung nicht gibt.«

»Gut«, sagte ich, um irgend etwas zu sagen. »Was kann ich dabei tun?«

»Ach, wenn du wolltest … du könntest viel tun, du könntest alles tun.«

»Ich?!« sagte ich im Ton eines Mannes, der sich unschuldig angeklagt fühlt.

»Ja, du! Du bist doch ein intimer Freund des Doktor Califfi.«

»Des Doktor Califfi? …« Ich suchte eine Weile in meinem Gedächtnis und konnte aufrichtig antworten: »Hör mal, du irrst dich, ich habe nie einen Doktor Califfi gekannt.«

Die Stimme Perigones zögerte einen Augenblick. Dann ließ sie sich wieder vernehmen:

»Ich habe dich für einen Freund, einen lieben Freund gehalten.«

Die Behauptung klang lästig und aufdringlich in meinen Ohren. Schon dieses betonte, anmaßende »Du« hatte meine Fähigkeit, mich zu wehren, um die Hälfte verringert, denn nie hatten Perigone und ich uns geduzt.

»Aber ich habe dich doch vorgestern mit ihm zusammen in der Luna-Bar gesehen. Und ihr habt euch angeregt unterhalten, herzlich, würde ich sagen, freundschaftlich. Ein Herr von mittlerer Statur, mit kastanienbraunen Augen, in einem grauen Anzug...«

»Ich habe so viele Freunde, deren Namen ich nicht weiß, und mein Beruf zwingt mich, jeden Tag neue kennenzulernen. Gib mir einen Augenblick Zeit, laß mich nachdenken ... Vorgestern also, vorgestern, das war Dienstag.«

»Ja, Dienstag«, bestätigte Perigone, »der letzte schöne Tag des Jahres 1960, du mußt dich zwangsläufig an ihn erinnern.«

»... am Vormittag? ...«

»Um genau zu sein: es war sieben Minuten nach elf«, betonte Perigone, und seine Stimme war mir ebenso lästig wie eine um meine Nase summende Fliege.

»... in der Luna-Bar? Aus was für einem Grund sollte ich mich in San Ferdinando aufhalten?« Und als ich die Ursache meiner Anwesenheit an diesem Ort entdeckt hatte (ich war hineingegangen, um einen Kaffee zu trinken, da ich auf einen Kollegen warten mußte), begann ich mich zu erinnern, daß mir in dem Gedränge in der Bar ein Herr, der von einem anderen Herrn mit dem Ellbogen gestoßen worden war, einen Teil seines Kaffees auf meinen Anzug geschüttet hatte. Das war der Anlaß für einige Entschuldigungen seitens des Unbekannten, für eine darauffolgende gegenseitige Vorstellung und den Beginn eines Gesprächs über das Problem des Umstoßens von Kaffeetassen und Likörgläsern in öffentlichen Lokalen und den unterschiedlichen Ausgang, den derartige Vorfälle haben können: einen Streit oder eine liebenswürdige Vorstellung. Das war meine ganze Freundschaft mit dem Herrn Califfi, ein Name, der mir im Augenblick des Kennenlernens auch schon wieder entfallen war und den ich jetzt aus dem Mund Perigones erfuhr.

Meine Schilderung war so lebhaft und flüssig und in so einfache und aufrichtige Worte gekleidet, daß es Perigone die Sprache verschlug. Aber nicht lange! Hinter ihm mußten seine Frau oder seine Tochter oder beide zusammen stehen, denn Bruchstücke von ärgerlich anfeuernden Worten trieben Perigone dazu anzuzweifeln, was ich gesagt hatte. Tatsächlich begann er mit einem schrecklichen ...

»... schon gut, ich habe verstanden, du willst uns nicht helfen.«

Ich wußte nicht, ob ich mich über den Satz ärgern sollte, der eine Vertraulichkeit der Beziehungen andeutete, wie sie nie bestanden hatte, oder über die rhetorische Zweideutigkeit dieses »Du willst uns nicht helfen«, in dem seine ganze Familie symbolisiert und mir der randvolle Becher der Gemütsbewegung ans Herz gehoben wurde.

»Du willst uns nicht helfen«, wiederholte er wie einer, der die letzte Hoffnung seines Lebens verloren hat.

»Es tut mir leid, daß du es so auffaßt«, antwortete ich. »Ich möchte dir gern gefällig sein und deiner gescheiten Tochter helfen, aber ich weiß nicht, was dieser Herr Califfi damit zu tun hat.«

»Was er damit zu tun hat? Weißt du denn nicht, wer er ist?«

»Nein.«

»Er ist der stellvertretende Schulrat. Ihm unterstehen mindestens zehntausend Lehrer. Alle wären glücklich, mit ihm einen Gruß zu wechseln. Und du, der du das Vergnügen hattest, mit ihm Kaffee zu trinken, einen Fleck abzubekommen, und was für einen Fleck, einen unauslöschlichen, der einen Anzug ruiniert! – du bist nicht stolz, du nützt die Gelegenheit nicht aus?«

Ich hätte ihm gern gesagt, daß ich für die untröstliche Trauer, keine Kinder zu haben, zu einem kleinen Teil dadurch entschädigt wurde, daß ich zur Zeit der Prüfungen nicht vor den Professoren zu kriechen brauchte, um die Versetzung eines möglicherweise strohdummen Sohnes zu erreichen, aber ich sagte es nicht, und im übrigen hätte mir Perigone auch gar keine Zeit dazu gelassen. Als echter verschrobener, spitzfindiger Neapolitaner hatte er durch bloßes Reden, durch die spontane Hinzufügung von Wörtern, einen offenbar kräftigen Rückhalt gewonnen, und auf diesen stützte er sich nun mit aller Macht.

»Ja, stolz! ... Califfi hätte sich schriftlich bei dir entschuldigen müssen.«

»Was sagst du da?« sagte ich lächelnd.

»Aber ja! Wenn wir vernünftig reden wollen, müssen wir doch zugeben, daß er dir einen Anzug ruiniert hat; und du trägst gute Anzüge, sie stammen vom ersten Schneider von Neapel; Anzüge zu, seien wir doch ehrlich, achtzig-, neunzigtausend Lire. Ist das etwa nichts? ... Ich sage ja nicht, daß du ihn auf Schadenersatz verklagen sollst (wenn er dir die Wagentür zerkratzt hätte, würdest du es allerdings getan haben), aber du hast mehr als einen Grund, um mit Anstand bei ihm vorsprechen zu können.«

»Wozu?«

»Nur so, um die Bande eurer entstehenden Freundschaft zu festigen. Denk doch einmal nach! Es könnte sich so viel daraus ergeben. Ein stellvertretender Schulrat, bist du bei Sinnen? Wir könnten ihn einladen, zu mir natürlich, ich möchte nicht, daß du auch noch Ausgaben hast, und meine Kleine wäre aller Sorgen ledig.«

Ich war geschlagen, geschlagen durch die Fähigkeit gewisser Leute, das Leben, die menschlichen Beziehungen zu improvisieren, ein riesiges Netz auszuspannen, um darin die kostbarsten Fische zu fangen. Perigone hatte sich einen perfekten, psychologisch wirksamen Plan ausgedacht, und was er vorschlug, ließ sich nur allzu leicht ausführen. Obwohl ich von seinem Plan fasziniert war, hatte ich noch die Kraft zu sagen:

»Lieber Perigone, ich bin fünfundvierzig Jahre alt und habe so etwas noch nie gemacht; verzeih mir, aber ich –«

Ein Schrei, ein tränenerstickter Schrei gellte in mein armes Ohr. Es war die Tochter, Gilda, die mich anflehte:

»Doktor, nein, sagen Sie das nicht, helfen Sie mir, tun Sie es um Ihrer Mutter, um Ihrer Toten willen, aber lassen Sie mich nicht im Stich.«

Und dann ein kindliches Weinen, maßlos, theatralisch und zugleich zart und sinnlich. Perigone sprach wieder mit mir, ihn löste seine Frau ab, diese wiederum Gilda, und ... zusammen mit ihnen ließ ich mich am nächsten Tag wie ein Kalb, das sich sträubt, den unheilvollen Umkreis des Schlachthofs zu betreten, bei Doktor Califfi anmelden.

Allerdings bekam das Mädchen wirklich den Lehrerposten im Albricci-Gymnasium.

Mario Rigoni Stern

Begegnung in Polen

Es war im Winter 1942. Im Januar. Jenem sehr kalten Januar des Jahres 1942. Wir fuhren in einem langen Eisenbahnzug dem Krieg entgegen, der damals im Osten wütete. In Verona hatten wir einen schönen Vorrat an Wein eingekauft, der in Wien schon zu Ende ging. Es war kalt, und die vom Singen heiseren Kehlen mußten häufig befeuchtet werden. Wir sangen: »Sul ponte di Bassano, bandiera nera«, oder: »Da Aosta siam partiti con la tristezza in cor ...«

Nach Wien blieb der Zug in einem kleinen verlassenen Bahnhof eine Nacht lang stehen und fror ein. Wir wurden in eine alte Fabrik einquartiert, wo man in Friedenszeiten irgend etwas und jetzt nichts mehr herstellte. Während des Tages liefen wir zusammen mit den Burschen des Dorfes Ski auf den Hängen. Der Schnee war leicht und trocken. Als der Zug aufgetaut war, fuhren wir weiter und hielten später, in Schlesien, von neuem an. Wir wurden in der Nähe einer kleinen Stadt in Holzbaracken verteilt: Nachts achteten die Soldaten der Luftwaffe darauf, daß die Kohleöfen brannten, und am Morgen brachten sie uns ein teeähnliches Getränk.

Schon war ein Monat vergangen seit unserer Abreise. Der Osten war noch weit weg, und wir dachten nicht an den Krieg wie damals, als wir Italien verließen, oder wie später, als wir mitten drin waren. Man spielte Karten oder Morra, ging Skilaufen oder schäkerte mit den Mädchen des Ortes.

Anfang Februar verließen wir auch Schlesien. Der Maschinist ging den Zug entlang und schlug mit einem langen Hammer auf die Räder. Der Zug quietschte, weil es so kalt war, stieß Dampfwolken aus, kam ins Gleiten und bewegte sich endlich vorwärts. Er ratterte in den Winter hinein, und auf den Scheiben der Fenster bildete sich eine dicke Eisschicht. Mit unserem Atem machten wir das Eis in einem Kreis von wenigen Zentimetern flüssig und beobachteten durch dieses Loch die Landschaft.

Tannen, Birken, Dörfer, Städte, Birken, Dörfer, gefrorene Wasserläufe, Jungen auf Schlittschuhen, in der Ebene ein Schlitten, eine Hütte, Tannen. Erheiternd war der Anblick eines dikken Hasen, der verängstigt aus der Schneeschutzhecke schlüpfte, die sich der Bahnlinie entlangzog. Poesie und Staunen kam von den Rehen, die in kleinen Gruppen vom Waldrand aus unserem ganz mit Eiszapfen behängten Zug nachschauten. Es war schwer zu glauben, daß in der Welt Krieg war und wir Waffen trugen.

Ziemlich weit hinter Warschau hielt der Zug auf offenem Feld an. Wir waren nahe bei Pripet. Die Partisanen hatten eine Brücke gesprengt, und wir mußten warten, bis die Deutschen sie wieder instand gesetzt hatten. Es war das erste Mal, daß wir das Wort »Partisanen« hörten; wir wußten nicht, was es bedeutete. So saßen wir in unserem Wagen und spielten Karten in der Nähe des Ofens, der vor Hitze glühte dank der Kohle, die wir den Deutschen gestohlen hatten. Ich verlor wie immer, und mein Partner, der Sanitätskorporal, ärgerte sich. Da hörten wir plötzlich, draußen gerufen, abgerissene Sätze, die ich im Flug erfaßte: »Ich Italien. Ich Krieg Italien. Ich Asiago.«

Nun müßt ihr wissen, daß ich von Asiago bin, und als ich dieses Wort so von einem Fremden gerufen hörte, warf ich die Karten hin und lehnte mich zur Wagentüre hinaus. Neben dem Geleise stand ein älterer Mann in einem abgetragenen Soldatenmantel und Filzstiefeln; er war grau, sein Schnurrbart gelblich, und weil er lachte, sah man seine spärlichen schwarzen Zähne.

Nur er konnte gerufen haben.

»Landsmann«, rief ich ihm zu, »du Italien? Du Asiago?«

»Ja«, sagte er, »ich Krieg Italien; ich Asiago.«

Mit einem Sprung war ich auf dem Boden und rief, ich sei auch von Asiago; denn wenn du mit einem sprichst, der deine Sprache nicht gut versteht, schreist du, als ob er schwerhörig sei. Es war wirklich, wie wenn sich Leute vom selben Ort in der Fremde begegnen: während er mir mit der Hand auf die Schulter klopfte, umarmte ich ihn.

Ich verstand alles, was er mir erzählen wollte. Er sagte, daß er 1915 in meinen Bergen gekämpft habe, daß er am Ende des Krieges noch dort gewesen und gefangengenommen worden sei. Als Gefangener half er den Arbeitern, die Trümmer des Dorfes wegräumen und die Toten begraben. Er sprach vom Hunger, den sie hatten, und wie die Frauen meines Dorfes ihm Brotschnitten zusteckten.

Meine Freunde waren unterdessen an die Wagentüre getreten und folgten unserem lebhaften Gespräch. Sie sagten zueinander: »Rigoni hat in Polen einen Landsmann gefunden.«

Unterdessen zählte er mir Namen von Ortschaften und Bergen auf, so daß ich ihm wohl oder übel glauben mußte. Ich gab ihm zu rauchen, und als ich bemerkte, daß er den Rauch gierig einsog, schenkte ich ihm das ganze Paket. Er gab mir zu verstehen, ich solle auf ihn warten, und entfernte sich, wie eine Dohle im Schnee hüpfend, in Richtung einer Häusergruppe.

Es war kalt, und um mich zu wärmen, schlug ich die Hände gegen meinen Körper. Die Häuser dort unten, zu denen mein Pole gegangen war, standen rund um einen Ziehbrunnen, dessen lange Balancierstange in den grauen Himmel stach. Sie waren breit und niedrig, mit olivgrünen Strohdächern, die sich vom schimmernden Weiß des Schnees und vom grauen Himmel scharf abhoben. Aus den Kaminen stieg gemächlich der Rauch, und mir kam der Rückzug Napoleons in den Sinn, wie er in *Krieg und Frieden* geschildert wird. Ich dachte auch an die Schnepfen, die aus dieser Gegend zu uns kommen, und an viele andere Dinge, mehr von der Empfindung als von Gedanken geleitet: Kinderspiele im Schnee, die alte Tante des Großvaters, die für uns strickte, Stallwärme, ferne und nahe Bilder und Gerüche. Fast erwartete ich zu sehen, daß mein kleiner Bruder oder meine Braut aus jenen Häusern traten und daß auf den Straßen Schlitten fuhren, mit Holz beladen und von dampfenden Pferden gezogen.

All diese Erinnerungen und die Begegnung mit dem polnischen Landsmann und die Bewegungen, die ich im Schnee machte, um nicht zu frieren, erfüllten mich mit einer sanften und fröhlichen Harmonie.

Da kehrte mein Freund zurück, einen Kessel Bier tragend. Viel Bier habe ich schon getrunken auf Reisen durch die ganze Welt, aber ähnliches noch nie, und leider werde ich nie wieder ähnliches trinken. Richtig in der Temperatur, schmackhaft, durchsichtig, schaumig, ließ es im Mund Wohlgeruch zurück und die Sehnsucht, noch mehr zu trinken.

Solang der Zug hielt, blieb auch er. Ich trank sein Bier, indem ich den Kessel an den Mund hob und den Kopf rückwärts beugte, und er rauchte meine Zigaretten. Er erzählte mir von Polen, von den Deutschen, von seiner Familie und wie es ihm gelinge, Bier herzustellen, von der Teuerung und vom Hunger und daß es Juden gebe, die unter der Peitsche arbeiteten.

Ich fragte ihn dann auch, was »Partisanen« seien; da wich er aus und begann wieder vom Tabak zu sprechen.

Der Maschinist ging den Zug entlang und schlug mit dem langen Hammer auf die Räder; der Offizier kam, um nachzusehen, ob wir alle da seien, und ich goß das restliche Bier in die Eßgeschirre meiner Kameraden. Den leeren Kessel füllten wir mit Zwieback.

Die Lokomotive pfiff, der Trompeter blies das »Avanti«, und der Zug, dieser lange Zug, der mit so vielen Alpini beladen gegen Osten fuhr, setzte sich ratternd wieder in Bewegung, dem Krieg entgegen.

Der Pole, mein polnischer Landsmann, stand dort, die Füße im Schnee, bis er nur noch ein kleiner schwarzer Punkt in der Ferne war; aber immer noch sehe ich seinen Arm, der zum Abschied den Hut schwenkte.

Als es Abend wurde, zündeten wir die Öllampen an, und der Zug drang in die Nacht ein, durch Wälder von Tannen, die sich unter der Schneelast beugten, durch die Heide, über die der Wind fegte, vorbei an verschlafenen Dörfern, und trug in seinem Innern junge fremde Männer dem Krieg entgegen.

Sie lagen, einer neben dem andern, im Stroh, schliefen und träumten von Bergen und Mädchen. Nur einer schlief in jener Nacht nicht. In einer Ecke des Wagens, begleitet vom Rhythmus der Räder auf dem Geleise, dachte er zum erstenmal in seinem

Leben an das Schicksal der armen Leute, an den Krieg, der von den armen Leuten verlangt, daß sie sich gegenseitig töten, und er fragte sich: Wer wird zurückkehren von allen, die in diesem Zuge sind? Wie viele Landsleute werden wir töten? Und warum?

Wir sind ja alle Landsleute auf der Erde.

Leonardo Sciascia

Giufà

Giufà lebt in Sizilien seit den Zeiten der Araber. So wie er sich damals schrieb, glich sein Name einem kleinen Vogel mit Schopf, aufgestelltem Schwanz und einer Beere im Schnabel. Seitdem sind tausend Jahre vergangen, und noch immer schlenkert Giufà, undefinierbaren Alters wie alle Einfaltspinsel, durch die Straßen und heckt Streiche aus, einer schlimmer als der andere. Und die Leute ärgern sich entweder darüber, oder sie lachen und haben Nachsicht mit ihm; sie scharen sich wohl auch faulenzend auf den Stufen der Kirche um ihn, wie dereinst auf den Stufen der Moschee, um ihm dummes Zeug beizubringen und ihm die haarsträubendsten Dinge weiszumachen. Die Mutter, die arme Witwe eines Mannes, der nicht minder einfältig gewesen ist als der Sohn, aber wenigstens wie ein Pferd geschuftet hat, verläßt hin und wieder das Haus, um Giufà zu suchen. Dann zerrt sie ihn an der Hand hinter sich her, zerrt ihn mit den geringen ihr verbliebenen Kräften. Von Stubenhocken will Giufà nämlich nichts wissen, aber wenn ihn die Mutter draußen weiß, dann glaubt sie vor lauter Angst eine Grille im Kopf zu haben, die Giufà, Giufà, Giufà zirpt.

Was er ihr, der armen Alten, in einem tausend Jahre währenden Leben schon alles angetan hat! Dinge, bei denen jede andere Mutter auf der Stelle tot umgefallen wäre; Schrecken, deren entsprechende Zahlen man bei jeder Lottoannahmestelle hätte setzen können; Unheil, über das man ein ganzes Jahrhundert lang hätte weinen mögen. Und immer die Polizei im Haus, alle Arten von Polizei: die des Caïd und die des Vizekönigs, die Waffengefährten des Königs Ferdinand und die Carabinieri des Königs Vittorio. Wie das eine Mal, da Giufà einen Kardinal umgebracht hatte, jedoch frei ausging, entweder weil er zu dumm oder weil er zu schlau war, denn Dummheit und Schläue stimmen immer zusammen, und ebenso dumm, wie Giufà ist, so gerissen kann er auch sein. Oder wie das andere Mal, da er eine Fliege totschlagen wollte, die sich auf das Gesicht eines Richters gesetzt hatte, einer hohen Persönlichkeit, und Giufà ihm eine solche Ohrfeige gab, daß sich der Richter dreimal um sich selbst drehte und dann betäubt niederstürzte. Als er zu sich kam, wollte er Giufà pfählen lassen, doch dieser zog sich wie stets aus der Klemme.

Von Giufà kann man viele Geschichten erzählen; die schönste aber ist die mit dem Kardinal, bei der Giufà mitsamt seiner Mutter – dabei hatte die Alte überhaupt keine Schuld – tatsächlich beinahe am Galgen geendet hätte. Doch auch Giufà hatte, einfältig, wie er war, wahrlich keine Schuld; die Tagediebe, denen es Spaß machte, ihm närrische und auch gefährliche Flausen in den Kopf zu setzen, hatten ihm nämlich geraten, mit der alten Büchse, einem Andenken an einen seiner Vorfahren oder einen seiner Nachkommen – das weiß man nicht so genau, denn mit den Jahren und Jahrhunderten, mit Vorher und Nachher kannte sich Giufà nicht aus –, auf die Jagd zu gehen. Mit der Büchse, die über dem Kopfende seines Bettes an der Wand hing samt Pulverhorn und Schrotbeutel, Feuerstein und Wergpfropfen. Giufà hielt das für eine gute Idee und erkundigte sich, wie man die Waffe laden und wie man jagen müsse, welche Tiere zu erlegen und welche am schmackhaftesten seien. Sie erklärten ihm alles auf ihre und auf Giufàs Art; zum Essen seien am besten die mit den roten Köpfen, das heißt die Vögel, die die Bauern Rotköpfchen nennen, die indes von den Jägern nicht geschossen werden, weil sie klein und mager, nur eine Handvoll Knöchelchen sind.

Gesagt, getan. Giufà nutzte die Gelegenheit, daß seine Mutter zur Messe gegangen war, zur Frühmesse beim ersten Tageslicht. Er nahm die Büchse von der Wand, lud sie mit all dem Pulver, dem ganzen Werg und dem Schrotvorrat, den er vorfand. Dann legte er sich nicht weit außerhalb des Dorfes in einem Feld auf die Lauer. Es war ein schönes Feld mit grünen Hecken und Blumen überall, mit Brunnen, in denen sich Palmen spiegelten, durch deren Wipfel der Zephir säuselte. Giufà sah große schneeweiße Vögel mit langem Hals über das Wasser gleiten, andere mit farbenprächtigen, schillernden Federn bedächtig über den Kies der Wege stolzieren und ihre mit Augen übersäten Schwänze zu Rädern öffnen. Doch Giufà wartete auf die mit dem roten Kopf; dabei wußte er nicht einmal, ob es Vögel waren oder Tiere wie Hasen oder Esel oder gar Menschen. Es mußte einen roten Kopf haben: ein Lebewesen mit einem roten Kopf. Und er wartete mit der Waffe im Anschlag, bis ihm die Arme erlahmten, so schwer war sie.

Und da, da bewegte sich über einen grünen Hecke langsam etwas Rotes, ein schönes leuchtendes Rot, ein seidig schimmerndes Fell. Es sah aus wie die Kuppel einer Moschee. Doch es konnte nichts anderes sein als ein Kopf, denn es bewegte sich. Und das Tier mußte so groß sein, daß es für eine ganze Gesellschaft reichen würde. Giufà war indessen nicht so dumm, von seinem Essen etwas abzugeben, und so nahm er sich vor, die Kaldaunen sofort zu verspeisen, wie seine Mutter sie zubereitete, mit Kräutern und Gewürzen, aus dem Kopf eine Brühe zu kochen und die Viertel einzupökeln. Er zündete das Pulver auf der Pfanne an und richtete das Visier unverzüglich auf die kleine rote Kuppe. Es gab einen Knall, der den der Kanone von Castellammare weit in den Schatten stellte, und infolge des Rückstoßes fand sich Giufà in einem Bächlein sitzend wieder. Er sprang auf und rannte dorthin, wo die kleine rote Kuppe hinter der Hecke verschwunden war. Er erblickte einen völlig zerfetzten roten Körper, der einem Menschen zu gehören schien – zwei plumpe weiße Hände, zwei Füße in schwarzen Schuhen mit Silberschnallen –, aber das konnte man nach dem Donnerschlag, der ihn getroffen hatte, nicht mehr genau sagen. Jedenfalls hatten sie für einen Monat zu essen. Giufà lud ihn sich auf die Schulter und hastete nach Hause, wo er ihn auf den Küchentisch legte. Seine Mutter war noch nicht aus der Messe zurück. Eine große Überraschung, dachte Giufà, Mutter wird sich freuen und nicht mehr sagen, ich sei ein Taugenichts. Das kann sie einfach nicht mehr sagen nach dieser Gottesgabe, die ich ihr ins Haus gebracht habe.

Und er war überrascht, daß seine Mutter beinahe den Verstand verlor. Sie lief weinend durch das Haus, raufte sich das

Haar und schlug den Kopf gegen die Wand. »Du hast den Kardinal umgebracht, du hast den Kardinal umgebracht!« Giufà wußte nicht, was ein Kardinal ist, sah mit runden Augen drein und wunderte sich über diese Angst, hatte er doch einen Festschmaus erwartet. Er wußte nicht, was er tun sollte. Dann lud er sich unvermittelt, denn auch er hatte seine Anfälle von Wut, den Kardinal auf die Schulter, ging hinaus auf den Hof und warf ihn in den Brunnen.

Die Mutter barmte weiter vor Aufregung. Und Giufà, noch immer wütend, wir wissen jedoch nicht, ob aus Zorn oder Berechnung, ob aus Dummheit oder Schläue, packte den Hammel, den seine Mutter hielt und der gerade in diesem Augenblick zwischen den Hälmchen auf dem Hof weidete, hob ihn hoch und schleuderte ihn ebenfalls in den Brunnen. Das Jammern seiner Mutter wurde noch lauter, und sie stürzte an den Brunnen. Doch der Hammel war schon versunken und ertrunken. Um das Gezeter nicht anhören zu müssen, verließ Giufà das Haus.

Wegen des verschwundenen Kardinals erhob sich großes Geschrei in der Stadt und in ganz Sizilien. Die Gendarmen suchten überall nach ihm, stocherten mit ihren Piken in den Strohschobern, auf den Kornspeichern, in den Stein- und Misthaufen. Sogar in den Matratzen der armen Leute, wenn sie nicht so arm waren, daß sie Matratzen hatten. Ein Preis wurde ausgesetzt – hundert Unzen, ein schönes Häufchen Silber – für den, der zweckdienliche Hinweise geben könnte, um den Kardinal tot oder lebend wiederzufinden. Und zehnmal soviel, nämlich tausend Unzen, für den, der den Schuldigen an dessen Verschwinden namhaft machen könnte. Deshalb gingen die Denunzianten und die Geizhälse wie Weberschiffchen in den Straßen des Ortes hin und her. Und vor lauter Anstrengung, das leiseste geflüsterte Wort bei den Gesprächen und hinter den Haustüren aufzuschnappen, schienen ihre Ohren groß geworden zu sein wie Posaunentrichter. So erfuhr der Polizeihauptmann, der Oberste der Gendarmen, daß aus dem Brunnen auf Giufàs Hof Verwesungsgeruch stieg, und er begab sich mit einem gewaltigen Polizeiapparat dorthin. Aber nicht etwa, weil er Giufà verdächtigte.

Einer nach dem anderen, der Hauptmann als erster, beugten sich die Häscher über den Brunnenrand, zogen sich jedoch angewidert zurück. Sosehr sie den Kardinal auch verehrten, keiner brachte es fertig, sich hinunterzulassen, um den Leichnam heraufzuholen, der sich zweifellos im Wasser zersetzte. Sie traten heran, warfen einen Blick in die Tiefe, wo sich ihre Gesichter, ihre glitzernden Helme im Wasser spiegelten, wichen aber gleich zurück, um die frische Morgenluft tief einzuatmen. Als nun der Hauptmann Giufà gewahrte, der seelenruhig unweit des Brunnens, als röche er gar nichts, ganz vertieft in das Schauspiel der vielen, vielen Menschen in den blanken Kürassen und mit den Hellebarden war, die sich auf dem Hof bewegten, kam er auf den Gedanken, Giufà hinunterzulassen. Er versprach ihm eine Unze. Für eine Unze hätte sich Giufà kopfüber in den Brunnen gestürzt.

Kein Mensch – denn die Erzähler dieser Geschichte erwähnen nichts davon – weiß, ob sich Giufà dessen entsann, was er getan hatte. Erst wenige Tage waren vergangen, seit er den Kardinal und den Hammel in den Brunnen geworfen hatte. Doch bekanntlich haben Einfaltspinsel gar kein Gedächtnis oder nur verschwommene Erinnerungen; tatsächliche Vorkommnisse sind ihnen nur nebelhaft gegenwärtig, wie Träume. Immerhin war er frohen Mutes, als ihm Stricke um die Hüften und unter den Armen hindurchgewunden wurden und als man ihn dann hinunterließ. Sobald er den Grund berührte, reichte ihm das Wasser bis an die Brust. Er bückte sich, und da ging es ihm fast bis an den Mund; er tauchte die Hände ein und tastete unter Wasser umher. Und gleich darauf rief er aus: »Ich habe ihn gefunden.«

»Seine Eminenz?« fragte der Hauptmann und hielt sich mit zwei Fingern die Nase zu.

»Was für eine Eminenz?« fragte Giufà.

»Ich meine den Kardinal«, drückte sich der Hauptmann genauer aus.

»Ich habe noch nie einen Kardinal gesehen«, sagte Giufà, »und noch weniger berührt. Hier habe ich etwas berührt, was ebensogut ein Kardinal wie ein Hund sein kann.«

»Unverschämter Kerl!« schrie der Hauptmann. »Ich werde dir mit dem Ochsenziemer den Unterschied zwischen einem Kardinal und einem Hund beibringen.«

»Wenn mir mit dem Ochsenziemer gedroht wird«, erklärte Giufà, »dann mache ich keinen Finger mehr krumm. Dann könnt Ihr selbst hinuntersteigen und nachschauen, ob es ein Kardinal ist oder ein Hund.«

»War ja nur Spaß«, lenkte der Hauptmann ein.

»Na schön«, sagte Giufà. Unterdessen tastete er weiter unter Wasser umher und sah ratlos wie ein Blinder nach oben.

»Beeil dich«, befahl der Hauptmann.

»Ich hab's, ich bin auf etwas Haariges, etwas Wolliges gestoßen. Hatte der Kardinal Wolle an sich?«

»Ich weiß nicht«, antwortete der Hauptmann.

»Das wißt Ihr nicht? Und wie viele Füße hatte der Kardinal, wißt Ihr das?«

Ein Wespenschwarm schien den Hauptmann angefallen zu haben; er drehte und wendete sich und fuchtelte mit den Armen in der Luft. »Wie viele Füße Seine Eminenz hatte? Du wagst zu fragen, wie viele Füße unser über alles geliebter Kardinalerzbischof hatte? Zieht ihn hoch!« befahl er den Gendarmen. »Ich werde ihm so viele Hiebe mit dem Ochsenziemer versetzen, daß er sein Leben lang auf allen vieren kriecht.«

Aber die Gendarmen zogen ihn nicht hoch, weil sonst einer von ihnen an Giufàs Stelle hätte hinuntersteigen müssen. Und auch dem Hauptmann, der sich, vor Wut schnaubend, nicht mehr die Nase mit den Fingern zuhielt, schien es wegen des Gestanks, den er nun wieder roch, geraten, einen anderen Ton anzuschlagen. »Los«, sagte er deshalb, »lassen wir die Possen.«

»Wer treibt denn Possen?« entgegnete Giufà. »Ich weiß nicht, wie ein Kardinal beschaffen ist. Ich will wissen, ob der, den wir suchen, zwei oder vier Füße hatte.«

»Vier«, fauchte der Hauptmann, ganz durcheinander vor Zorn.

»Zwei, Herr Hauptmann«, riefen die Gendarmen im Chor.

»Habe ich vielleicht vier gesagt?« fuhr der Hauptmann auf,

nun wütend auf seine Leute. »Wollt ihr mich verrückt machen? Ich habe zwei gesagt; und der Teufelsbraten, der das zu bezweifeln wagt, bekommt es mit mir zu tun, verlaßt euch drauf.«

»Ihr habt tatsächlich vier gesagt.« Giufà lächelte, hob scherzhaft drohend einen Finger gegen den Hauptmann und fügte hinzu: »Was ist nun, zwei oder vier?«

»Zwei«, antwortete der Hauptmann, vor Wut kochend.

»Der hier hat aber vier, also ist es nicht der Kardinal«, verkündete Giufà.

»Ob zwei oder vier« – der Hauptmann winkte ab –, »binde ihn an, damit wir ihn hochziehen können.«

»Warum sich unnütz quälen?« meinte Giufà. »Wenn es doch nicht der Kardinal ist, warum ihn dann hinaufziehen?«

»Tu, was ich dir gesagt habe«, befahl der Hauptmann, »und du wirst es nicht zu bereuen haben.«

Giufà tastete wieder im Wasser umher, als hätte er nicht gehört. »Einen Moment«, rief er dann triumphierend aus, »hatte der Kardinal Hörner?«

»Hörner? Seine Eminenz? Sagtest du Hörner?« schrie der Hauptmann. Dann stürmte er, »Lästerung! Lästerung!« brüllend, um den Brunnen, fletschte die Zähne und trommelte sich verzweifelt auf den Küraß.

»Ist das so ausgeschlossen?« fragte Giufà seelenruhig.

»Ich lasse dich rösten wie ein Spanferkel«, schnauzte der Hauptmann und beugte sich über den Brunnenrand.

»Darf man nicht mal fragen?« sagte Giufà. »Erklärt mir, wie ein Kardinal beschaffen ist, und ich frage nichts mehr.«

»Wie ein Kardinal beschaffen ist?« schrie der Hauptmann. »So wie ich und du, Trottel!«

»Hat er nichts anderes, nichts Besonderes?« beharrte Giufà.

»Nichts«, schnaubte der Hauptmann.

»Und warum sucht Ihr ihn dann mit so vielen Gendarmen?«

»Weil er ein bedeutender Mann ist, weil er so etwas wie ein Fürst ist.«

»Ist er reich?«

»Steinreich.«

»Und was trägt er auf dem Kopf?«

»Einen Filzhut, einen roten Filzhut.«

»Und Hörner hat er nicht ... Seid Ihr ganz sicher, daß er keine hat?«

»Ganz sicher«, antwortete der Hauptmann bebend.

»Einen Moment mal ... Nur so, gesprächshalber.« Giufà fühlte sich im Pfuhl des Brunnens so frisch wie unter einer Pergola. »Ihr behauptet, er hätte keine Hörner gehabt, und ich glaube Euch. Doch Ihr habt ihn gekannt, als er noch lebte. Wer sagt Euch, daß ihm nach dem Tode keine gewachsen sind? Ich weiß, wer im Leben schwere Sünden begangen hat, der bekommt nach dem Tode Hörner. Hat der Kardinal schwere Sünden begangen?«

Die Wut des Hauptmanns machte sich von neuem in Verwünschungen und Drohungen Luft. Als er sich wieder beruhigt hatte, drang aus der Tiefe des Brunnens seelenruhig Giufàs Stimme: »Nicht mal so eine kleine Sünde?« Dabei zeigte er auf einen Fingernagel.

»Nicht mal eine so kleine«, bestätigte der Hauptmann.

»Und was für ein Handwerk hat er ausgeübt?« fragte Giufà.

»Handwerk?« wiederholte der Hauptmann. »Was für ein Handwerk, Idiot? Er war Kardinal, das war er. Er kommandierte die Geistlichen, alle Geistlichen Siziliens.«

»Auch Don Vincenzo?« fragte Giufà. Don Vincenzo war der Geistliche seiner Pfarre.

»Auch Don Vincenzo«, antwortete der Hauptmann geduldig.

»Dann muß meiner Ansicht nach Euer Kardinal doch Hörner haben«, erklärte Giufà. »Ich schicke ihn Euch hoch, dann könnt Ihr selber sehen.«

Er band den Körper, den er unter Wasser ertastet hatte, mit den Stricken und schrie, man solle ihn hochziehen. Und so tauchte der halbverweste Hammel auf und danach Giufà. Der Hauptmann und die Gendarmen waren fassungslos, stumm.

»Ist das nun der Kardinal, oder ist er es nicht?« fragte Giufà.

Der Hauptmann versetzte ihm einen Tritt. Das war die ganze Unbill, die Giufà widerfuhr, denn niemand kam auf den Gedanken, nochmals in dem Brunnen nachzusuchen.

Elio Bartolini

Mein Onkel in Mailand

Man hatte mir gleich gesagt, daß ich im Zentrum wohnen müßte. Mailand, behaupteten meine Freunde selbstgefällig, sei ein altes Dorf, groß, aber trotzdem ein Dorf, mit seiner Kirche und seiner Piazza, und alles Wichtige beginne und ende da.

Ich hätte lieber an der Peripherie gewohnt: Peripherie, ein Wort – wie mir schien – voller Echos und Anklänge, intensiv, doch nicht bedrängend; unbestimmt kreisförmig geschlossen und zugleich zum Land hin offen, das unmittelbar hinter den letzten Häuserwänden des sozialen Wohnungsbaus beginnt, sauberes Ackerland. Ich erinnerte mich gerade an eine bestimmte Stelle der Peripherie, nach Lambrate zu: mit den Fabrikgebäuden von Innocenti, mit den Kindern, die in den Ablaufrinnen planschten, und den Zügen, die mit einem mahnenden, langgezogenen Pfeifen vorbeifuhren; dort, wo die Osterien Posterien hießen, in denen man so gut wie alles kaufen konnte, vom Wein bis zu den Schnürsenkeln, wie auf dem Lande, und wo am Abend die Männer auf ihren Motorrädern, mit eingeschalteten Scheinwerfern, heimkamen und Anmaßung und Herrschsucht nach Hause brachten.

Aber meine Freunde wollten davon nichts hören. Wenn ich nach Mailand gekommen war, um mich hier zu begraben, dann hätte ich auch zu Hause bleiben können. Sie sagten es so bestimmt (außerdem war ich in diesen ersten Tagen viel zu verwirrt, um nicht auf jeden Ratschlag zu hören), daß ich mich überreden ließ und, hin- und hergerissen zwischen dem Wunsch, ihnen zu gehorchen, und der Notwendigkeit, eine erschwingliche Miete zu zahlen, mich für ein Zimmer in der Nähe des Piazzale Loreto entschied, da, wo alle Straßen nach Komponisten heißen.

Ich hätte es nicht schlechter treffen können. Die Via Porpora, weder Zentrum noch Peripherie, war von allen Punkten, die mich interessierten, gleich weit entfernt, als hätte ich sie als geometrischen Punkt gewählt. Das Resultat war, daß ich den ganzen Tag in der Trambahn verbrachte, am Haltegriff hängend, immer außer Atem, immer verspätet; und an mehr als einem Abend zog ich es vor, um nicht noch einmal ausgehen zu müssen (und falls ich einmal bis zur Galleria kam, sah ich unfehlbar zwei Carabinieri in Paradeuniform, die an zwei städtischen Polizisten, auch sie in großer Uniform mit schwarzem Mantel mit violetten Aufschlägen, vorüberspazierten und es fertigbrachten, sie einfach zu übersehen), zog ich es also vor, in meinem Zimmer eine Banane nach der anderen zu essen und wenigstens die trokkene Wärme der Zentralheizung zu genießen, die freilich betäubender als jedes Schlafmittel war.

Gewiß, die Zentralheizung war ein Extra, eines der vielen, die den ursprünglich so mäßigen Preis für das Zimmer, vom Einfallsreichtum der Vermieterin angespornt, bald in die Höhe trieben.

Sie war klein, zart, sehr grazil, und sie lebte eingesperrt zwischen ihrer Küche und einem dunklen Loch von einer Kammer, dem man sich nicht nähern durfte. Vielleicht füllte sie ihre Tage damit aus, Vorwände für Extras zu erfinden. Ein Extra war die Zentralheizung, ein Extra das Licht nach zehn Uhr, ein Extra die Benutzung des Telefons. Als sie mir auch die Benutzung des Bades extra berechnete, rebellierte ich und beschloß, statt dessen eine öffentliche Badeanstalt aufzusuchen. Gerade an der Ecke des Piazzale Loreto und des Viale Abruzzi befand sich ein Albergo diurno, ein Tageshotel.

Hinter der Kasse des Diurno saß ein Mann und löste Kreuzworträtsel. Ohne auch nur den Kopf zu heben, händigte er mir ein grünes und ein gelbes Billett aus, die er von einer Art Tastatur abtrennte, die in all dem unerbittlichen Weiß wie ein buntes Mosaik wirkte. Er kassierte mein Geld und gab mir den Rest heraus. Erst in diesem Augenblick konnte ich ihm ins Gesicht sehen; und in diesem fetten, blassen Gesicht des Großstädters, in diesem der Auflösung schon nahen Verfall, rührte mich irgend etwas an, wie es uns bei gewissen Namen geht, die längst jede Bedeutung verloren haben und bei denen dennoch plötzlich unser Gedächtnis zu arbeiten beginnt. Es handelte sich übrigens nur um einen Moment, denn der Mann beugte sich sogleich wieder über sein Kreuzworträtsel, während ich in das Souterrain hinabstieg, das von dem für Badeanstalten und Volksküchen charakteristischen warmen, unappetitlichen Dunst erfüllt war. Ich konnte gerade noch einen Schuhputzer auf seinem hohen Schemel erkennen, auch eine Gruppe von weiblichen Angestellten, die sich an einem Haufen von Bettüchern zu schaffen machten, und schon war ich allein – mit einem Badetuch, mit meinem Körper und meiner großen Verzweiflung.

Vielleicht weil mir das Herz so schwer war, fiel es mir erst nach einer Weile auf, daß hier alle auf ihre Badezellen Verteilten, ohne sonst etwas gemein zu haben als das physische Behagen am Bad, daß sie alle sangen.

Der Spaß mußte wohl ansteckend und ununterdrückbar sein. Denn nachdem man bei jedem Neuen zunächst die Frage hörte: »Brause oder Wannenbad, Signore?«, worauf die kategorisch gegebene Antwort, entweder »Brause« oder »Wannenbad«, wie durch einen Verstärker durch das Labyrinth des Souterrains hallte, erscholl nach dem Türenschlagen und Schemelrücken alsbald unter dem ersten prasselnden Rauschen des warmen Wassers eben dieser Gesang.

Der Akzent und gewisse Variationen und Verzögerungen verrieten sogleich, daß es Süditaliener waren; Leute wie ich, allein und entwurzelt, die die namenlosen Stellen in den großen Städten ausfüllen. Sie sangen, aber ich sah, als ob es da irgendeinen Zusammenhang gäbe, wieder das Gesicht des Mannes an der Kasse vor mir. Wieder stutzte ich vor diesem Gesicht wie beim Klang eines lange nicht mehr gehörten Namens. Aber erst, als ich ihn beim Hinausgehen noch einmal für die Dauer eines Augenblicks genau ansah, stellte sich für mich die gesuchte Ähnlichkeit heraus. Dieser Mund, dieses Profil, diese Stirn: alles war wie meiner Mutter aus dem Gesicht geschnitten. Mit dieser Erkenntnis belohnte mich die mühsame Arbeit des Gedächtnisses.

Allmählich gewöhnte ich mich auch an Mailand. Und das nicht nur wegen der Freundschaften, die sich in einer fast voraussehbaren Automatik anknüpfen ließen, sondern auch weil ich nicht mehr in der Sorge der ersten Tage lebte, wenn ich abends erschöpft nach Hause kam, ohne etwas erreicht zu haben. Statt dessen gewöhnte ich mich nun daran, meine Zeit einzuteilen und meinem Tun eine gewisse Rangordnung aufzuerlegen, wodurch es mir gelang, sogar noch etwas Spielraum für meine Streifzüge durch die Stadt zu behalten. Damals (ich hatte die toten Stunden der Stadt entdeckt, so um zehn, halb elf Uhr vormittags) ging ich mit einem Gefühl von Freiheit und Einsamkeit durch die Straßen. Ich blickte in die Läden der Fischhändler, die wie mit feinem Blütenstaub mit Schuppen bestreut waren, oder auf die Obst- und Gemüsestände, vor denen die Frauen sich sammelten wie das Wasser um einen Felsen, um in Plastiktüten Orangen und Möhren zu kaufen, ich fühlte mich von den Tankstellen mit ihren kräftigen und entschiedenen Farben und ihrer rastlosen Bewegung angezogen und von den Zeitungskiosken, wo die Nachmittagsausgaben schon einen Vorgeschmack vom Abend gaben. Vor allem hatte ich den Samstag gern, wenn sich in den Annahmestellen des Fußballtotos die Typen drängten, die sich über dem Totozettel den Kopf zerbrachen, während die Fabrikmädchen entzückt vor den Schaufenstern standen.

Auch ich stieg nun jeden Samstag ins Diurno vom Viale Abruzzi hinab, wo sich an der Kasse jedesmal der gleiche Ritus abspielte und ich, wenn ich das bleiche Gesicht des Chefs an der Kasse musterte, stets zu dem gleichen Ergebnis kam: wie ähnlich dieser Mann doch meiner Mutter sah.

Eines Samstags aber kam ich gerade dazu, als man im Kassenraum über Fußball diskutierte. Am nächsten Tag sollte die Mannschaft von Udine im Stadion San Siro spielen, eine Mannschaft, die seit einiger Zeit alle Fußballfreunde verblüffte (nie habe ich in meinem Leben so viel von Udine und vom Friaul reden hören wie damals), und die Leute, die hier diskutierten, suchten hinter das Geheimnis so vieler Siege zu kommen.

Für die einen war es nur ein »Strohfeuer«, das völlig bedeutungslos bei einem so langen und mühseligen Ausscheidungskampf war. Für andere war es die »ausgezeichnete Kondition«, wobei außerdem die »Öffentlichkeitsarbeit«, mit der die »Mannschaft lanciert« wurde, ihre Rolle spielte. Wieder andere erklärten: »Sie siegen, weil sie mit dem Herzen spielen und nicht wie die Unsrigen bloß wegen der Millionen.« Diese These fand sogleich die größte Zustimmung, obwohl es ja ziemlich komisch war, daß eine ganz von der Idee des Erwerbs beherrschte Stadt bei einigen wenigen das so bitter kritisierte, was sie bei den meisten so bewunderte. Aber wenn man für diesen Moralismus das arme Friaul zum Beispiel wählte, das, stolz auf seine Armut, fähig war, »mit dem Herzen« und »aus echter Leidenschaft« zu spielen und damit seine Armut auszugleichen, dann hörte ich das gern und nahm es wie ein persönliches Kompliment auf, vielmehr für eins, das man »uns Friaulern« machte, zu denen zu gehören ich schließlich – es ging nicht anders – laut bekannte.

»Hier haben Sie meine Hand!« Der Mann hinter der Kasse ergriff meine Hand und entzog mich der Gesellschaft der anderen.

Nach manchen Erklärungen während eines immer detaillierter werdenden Verhörs, in dessen Verlauf der Ortsname Codroipo sowie der Name meiner Mutter und anderer Angehöriger gefallen waren, entdeckte ich, daß ich einen Onkel in Mailand hatte.

Tatsächlich war zu Hause oft von ihm gesprochen worden, der als einziger von sieben Geschwistern, das Gebot meiner Großmutter mißachtend, sich in der Welt hatte umsehen wollen. Im Wohnzimmer hing noch immer seine Photographie. Und wenn meine Großmutter einmal ein Beispiel für eine verkrachte Existenz brauchte, die auch mein Schicksal sein würde, wenn ich ihr nicht folgte, dann nannte sie mir keinen andern Namen als den Onkel Alessios: »Du wirst genauso wie er als Vagabund enden«, verkündete sie, überzeugt, mir damit Angst zu machen, ohne zu ahnen, daß sie mir im Gegenteil damit schmeichelte. Denn wenn ich die Photographie betrachtete – den hochgewachsenen Mann mit den aufgerissenen Augen, die Hand auf die

Rückenlehne eines Korbsessels gestützt, und unten, in einem großen Schnörkel in Purpurfarbe der Name des Photographen –, dann schwor ich mir, daß auch ich nur ein Photo von mir in Codroipo zurücklassen würde.

Und da war nun dieser Onkel Alessio, der junge Rebell, der Umgetriebene, der geringschätzig auf die einheimischen Mädchen herabgesehen hatte; da fand ich ihn, alt und dick geworden, als den Besitzer einer öffentlichen Badeanstalt wieder.

Ohne irgend etwas von mir zu wissen, hatte er doch ein paar sehr genaue Vorstellungen von mir, zum Beispiel, daß ich nach Mailand gekommen war, um »Geld zu machen«, und daß ich das nur machen könnte, wenn ich auf seine »Erfahrung« vertrauen würde. Außerdem sollte ich mich vor den Frauen in acht nehmen.

»Vor allem, heirate nie eine Lombardin!« schärfte er mir ein, so als ob sich in den Frauen der Lombardei die ganze Bosheit konzentrierte, deren Frauen fähig waren.

Als Lohn für die Geduld, mit der ich ihm zuhörte, hätte ich gern etwas über ihn erfahren, ihn, der dick und verheiratet war und der »Geld gemacht« hatte. Aber ich erhielt nur ausweichende und rhetorische Auskünfte wie: Arbeit, die Bereitschaft, Entbehrungen auf sich zu nehmen, und Ausdauer – nicht wie diese Nichtsnutze von Codroipo, die Geld machen wollten, indem sie den ganzen Tag im Wirtshaus saßen und Karten spielten wie zum Beispiel dieser Corazza.

»Wetten, daß der immer noch Obst und Gemüse verkauft? Und immer noch in demselben Loch von einem Laden?«

»Der Corazza hat sich vergrößert, Onkel. Er hat sich auch einen Lastwagen gekauft.«

»Ph, Lastwagen! Was für einen Lastwagen wird der sich schon gekauft haben, einer aus Codroipo!«

Er schien sich über den Erfolg der daheimgebliebenen Freunde zu ärgern, und er suchte ihn mit billiger Ironie zu verkleinern, um sich nicht seine Enttäuschung oder gar seinen Neid einzugestehen.

Auf gewisse Fragen mußte dann ich ihm die Antwort schuldig bleiben. Was wußte ich von seinem Freund Prospero oder von Aristide, der in Abessinien gefallen war, oder den Brüdern Macor und ihren Besäufnissen? Allenfalls erinnerte ich mich an den Sohn Aristides, der aus dem Internat für Kriegswaisen davongelaufen war, oder an die Töchter Prosperos, die bereits verheiratet waren – und dessen schon wieder überdrüssig.

»Prospero hat schon verheiratete Töchter?«

»Drei, Onkel, und alle drei verheiratet.«

Jetzt gab er sich, zur Kontrolle seines Gedächtnisses, komplizierten Berechnungen von Jahreszahlen hin, die er jedoch bald wieder aufgab (»man wird alt, die Zeit vergeht«), mit abgedroschenen Weisheitssprüchen, ohne sich jedoch im Hauptpunkt geschlagen zu geben und anzuerkennen, daß Codroipo ein Ort sein könnte, wo Menschen wie überall sonst leben und ihr Glück machen oder zum Teufel gehen konnten. Wenn er die Erfolge seines Lebens aufzählte – das Diurno, das Geld, sein schönes Heim –, wurde klar, was er damit eigentlich sagen wollte. Und von mir, gleichsam als einem Komplicen (schließlich war ja auch ich aus Codroipo ausgerissen), wollte er gern die Bestätigung hören, wie gut seine Entscheidung gewesen war, die für ihn, dank einer rührenden Gefühlsverwirrung, der Schlüssel seines Erfolges war.

Gewiß, mein Onkel hatte Geld genug, so viel, daß er in Codroipo ein reicher Mann gewesen wäre. Aber was bedeutete sein Geld in Mailand, und was erlaubte es ihm Großes außer der Befriedigung der harmlosesten Gelüste?

Für Frauen hatte er allerdings etwas übrig, mein Onkel, genauer gesagt, für diese selbständigen, vorurteilslosen jungen Mädchen, unter denen er, mit den guten Gelegenheiten, die ihm sein Diurno bot, ohne besondere Verpflichtungen wie in einem Harem wählen konnte. Er aß auch gern gut, und zwar mit einem Sinn fürs Raffinierte, der die Fülle nicht ausschloß, und dafür hatte er seine Frau: rundlicher als er, noch eßlustiger, auf eine sichtbarere Weise, vielleicht weil ihr jede Alternative zu ihrem ständigen Umgang mit Töpfen und Kasserollen fehlte. Sie waren aber beide nicht einfach nur verfressen, vielmehr wollten sie sich über das, was sie aßen, Rechenschaft ablegen, wollten schmeckend genießen und diskutieren. Sie sprachen über Rezepte und kulinarische Spezialitäten mit einer Subtilität, die wie alles Bemühen um Perfektion etwas Manisches hatte. Und all diese Wissenschaft schien konzentrierte Form in dem sonntäglichen Mittagessen anzunehmen, wenn mein Onkel mich anrief:

»Heute wird nicht gearbeitet. Heute wird gegessen.«

Mich, der ich nach einer Woche Essen in der Kantine der Post-, Telegraphen- und Telephonbeamten von Kräften gekommen war, versetzten diese Mahlzeiten – der gelbe Risotto, die Beilagen, die Soßen, das Suppenfleisch, die fetten, bibbernden Scheiben Schweinssülze, die Braten, die Kalbshaxe – in einen Zustand schläfrig-satter Betäubung und verschämten Behagens. Dabei erwarteten mich noch die Süßspeise, das erlesene Obst aus dem Treibhaus oder aus fernen Ländern und außerdem die Überraschung. Denn kein Sonntag verging ohne den Ritus der Überraschung, die meine Tante uns als das Zeichen einer wortlos-zärtlichen Fürsorge, als das Werk einer ganzen Woche, bescherte.

Ich trat in den Nebel hinaus, wie zugedeckt mit Speise und Wein und wohlversehen mit Empfehlungen und Ermahnungen: Ich sollte anrufen und sie öfter besuchen. Sie hätten es gern gesehen, wenn ich bei ihnen wohnte.

»Was fangen wir mit dem vielen Raum an?« fragten sie, wie erschrocken vor der Flucht leerer Zimmer in ihrer Wohnung.

Ich hatte Mitleid mit ihnen, wenn ich sie in ihrer großen Wohnung wieder allein ließ, allein vor dem schmutzigen Geschirr, den Soßenresten und den halbgeleerten Flaschen, vor diesem ganzen fettigen Trümmerhaufen. Ich dachte sogar, als ich fortging, über eine Möglichkeit nach, wie ich den beiden helfen könnte, meiner Tante, die sich vor Rührung über den Blumenstrauß, mit dem ich erschienen war, nicht genugtun konnte, und meinem Onkel mit seinen wenigen, bescheidenen Lastern, die an den Rebellen von einst erinnern sollten. Aber ich konnte ihnen nicht helfen und meine Jugend in ihr leeres Haus bringen, konnte ihnen keine Zuneigung vortäuschen für diesen der Auflösung nahen Verfall, der mir im Gegenteil mit seiner Mahnung voll boshafter Ironie nur peinlich war.

Luciano Bianciardi

Meine einzige Liebe

Ich schwöre es, ich habe mich in meinem Leben nur ein einziges Mal verliebt, und gleich für immer. Im Alter von vierzehn Jahren. Ich war, wie man so sagt, ein schwieriger Junge. Im Laufe von sechs Monaten schoß ich plötzlich vierzig Zentimeter in die Höhe und wurde ein Mann. Aber dessen war ich mir damals nicht bewußt. Und ich verliebte mich in meine Englischlehrerin. Zu dieser Zeit besuchte ich das Targioni-Tozzetti-Gymnasium in meiner Heimatstadt. Ich war ein recht guter Schüler, meine Aufsätze konnten sich sehen lassen, auch in Algebra war ich nicht schlecht, nur mein Latein- und Italienischlehrer hatte etwas gegen mich und nannte mich bei jeder Gelegenheit einen Heuchler. Aufgrund einer besonderen Erlaubnis der Kurie hatten wir bei diesem gelehrten Haus auch Religion, und jeden Morgen ließ er uns, soweit ich mich erinnere, drei Ave Maria, drei Vaterunser und drei Gloria beten. Und mich nannte er einen Heuchler, ich weiß immer noch nicht so recht warum.

Ich saß in meiner Bank im Targioni-Tozzetti-Gymnasium und blätterte in meinem Wörterbuch, dem Campanini-Carboni. Wie Witwen und Bibliothekarinnen haben die meisten Schulen Doppelnamen. Auf das Blatt, das der Lehrer dann korrigierte, schrieb ich: »Leve fit quod bene fertur onus«, oder: »Sat prata biberunt«, oder auch: »Superior stabat lupus, longeque inferior agnus«. Daraus bestand damals der Lateinunterricht. Ich weiß nicht, was heute dort getrieben wird. Die Schulbänke waren früher so wie heute die Bänke in öffentlichen Anlagen: Wenn man eine halbe Stunde darauf gesessen hatte, tat einem der Hintern weh, aber es war nicht erlaubt aufzustehen, ein wenig herumzulaufen, etwas Gymnastik zu machen, um sich Erleichterung zu verschaffen. Man hatte sitzenzubleiben und damit basta. Wer sich rührte, mußte auf dem Podest des Katheders niederknien.

Das war schon ein Fortschritt im Vergleich zu der Zeit, wo man sich einen kleinen mit Maiskörnern gefüllten Sack unter die Knie schieben mußte, damit es stärker schmerzte.

Zu meinem Unglück mußte ich das Joch dieses Lateinlehrers ertragen, der mich aufgrund der erzbischöflichen Dispens auch in Religion unterrichtete und nach Belieben einen Heuchler schimpfte. Ich deklinierte, konjugierte, übersetzte ins Lateinische, was ich auch in jüngster Zeit immer noch tue; so gebe ich zum Beispiel einen Scotch mit »spiritus frumenti« wieder und mit »et ego ineam« den Liedanfang »Ich komme auch« meines Freundes Enzo Jannacci.

Der Mathematiklehrer, dem wir den Spitznamen »Wanst« gegeben hatten, weil er zu einem Bauch neigte, erklärte uns die Gleichungen zweiten Grades auf seine Art, und er machte es so gut, daß ich diese Gleichungen für immer vergessen habe. Wenn mich mein Sohn heute danach fragt, mache ich eine denkbar schlechte Figur. Aber auch bei vielen anderen Gelegenheiten stehe ich, unter uns gesagt, als Dummkopf da. Aber kommen wir auf meine einzige Liebe, die Englischlehrerin, zurück. Nur durch sie habe ich diese Sprache lieben gelernt und kann sie heute in meinem Beruf nutzen. Aber das tut wirklich nichts zur Sache. Was zählt, ist der Tatbestand, daß ich, ein Gymnasiast von einer Statur von six feet, was soviel heißt wie ein Meter und ungefähr achtzig Zentimeter, statt ein Auge auf meine Klassenkameradinnen zu werfen (die Koedukation war damals noch die Ausnahme, und wenn ich jetzt zurückdenke, waren sie gar nicht so übel, diese Brummer mit ihren schwarzen Strümpfen), mich in die Gymnasialprofessorin Ponticelli verliebte. Sie war sehr schön.

Stattlich war sie, kurvenreich, mit einem Ammenbusen, und wenn die weiblichen Lehrkräfte damals auch etwas zu weite Röcke trugen, so hatte ich doch genügend Phantasie, um mir vorzustellen, was sich darunter befand, und jedesmal, wenn ich sie sah, geriet ich in Erregung. Genauer gesagt, als ich sie zum ersten Mal ansah, entdeckte ich, was vorsätzliche Sünden sind, von denen uns der Latein- und Italienischlehrer, der uns auch im Katechismus unterwies, immer erzählte (ohne selbst viel davon zu verstehen).

Ich betrachtete sie verzückt, lauschte gebannt ihren Worten, auch wenn sie ziemlich albern waren, was aber an der Lehrmethode lag, die am Targioni-Tozzetti üblich war. Heute, wo ich in englischer Beredsamkeit ziemlich erfahren bin, ist mir das bewußt. So sagte sie zum Beispiel:

»Where have you been yesterday?«

Darauf mußte man antworten:

»I have been in the country.«

Die nächste Frage lautete:

»With whom?«

Die Antwort:

»With my father and my mother.«

»Don't you have any brothers?«

»No, Madam. I have only one sister.«

»What is her name?«

»Her name is Laura.«

»Do you love her?«

»Yes. I do.«

In Wirklichkeit hatte ich meine Schwester lediglich gern, ich glaube nicht, daß ich sie liebte, zumal ich in die Gymnasialprofessorin Ponticelli verliebt war und sie heiraten wollte. Und jeden Tag, wenn wir Englisch hatten, zitterte ich bei dem Gedanken, daß ich sie sehen würde, und wenn sie dann vor mir stand, verschlang ich sie mit den Augen. Im übrigen war ich eifersüchtig auf meine Klassenkameraden, diese gemeinen Kerle, denen weder ihre Reize noch meine Aufmerksamkeit für sie entgangen waren. Sie aber fuhr unbeirrt mit der Lektion fort. Bisweilen rief sie auch mich auf.

Aber es waren, ich muß es gestehen, ziemlich dümmliche Fragen. Zum Beispiel:

»Where is the bird?«

»The bird is on the tree.«

»And what is he doing?«

Die obligatorische Antwort lautete:
»He is singing.«

Trotzdem liebte ich die Professoressa Ponticelli, meine Englischlehrerin. Ich hätte es ihr gern gesagt, aber das war unmöglich, weil der Altersunterschied zwischen uns acht Jahre betrug, und den Vorsprung hatte sie. Ich hätte mich sehr beeilen müssen, um sie einzuholen, und konnte nicht hoffen, daß sie auf mich wartete. Denn es gab nicht wenige Konkurrenten.

Zum einen diesen verfluchten Italienischlehrer, bei dem wir auch Religion hatten und der obendrein ein ziemlicher Faschist war. Wenn der Direktor in die Klasse kam, wollte er, daß der Klassensprecher aufsprang und uns strammstehen ließ, und wenn wir alle standen, hob er den Arm zum römischen Gruß und präsentierte uns: »Klasse angetreten, Heil dem Duce.« Der Direktor nickte zustimmend, auch wenn er von diesem Theater im Grunde genommen wenig überzeugt war. Der Lehrer fuhr aus mir unerfindlichen Gründen fort, mich einen Heuchler zu nennen.

Ich begann ihn zu hassen, besonders weil ich bemerkt hatte, daß er zwischen einem Faschistengruß und einem Ave Maria meiner Englischlehrerin nachstellte. Ich erinnere mich, daß ich ihn mit ihr einmal im Lehrerzimmer überraschte, als er sie mit glänzenden Augen und gefalteten Händen etwas ganz Bestimmtes fragte, etwas, wovon ich seit Monaten – und vermutlich völlig aussichtslos – träumte.

Sie hingegen schien mir hochmütig und verächtlich. Später erfuhr ich, daß sie weder für Faschisten noch für Sakristane etwas übrig hatte und daß der Heuchler in dieser Geschichte nicht ich war, sondern der Italienisch- und Religionslehrer. Außerdem liebte die Ponticelli einen anderen Mann, einen richtigen Helden.

Man muß wissen, daß damals in Europa Krieg war, ein Krieg, der als der Zweite Weltkrieg in die Geschichtsbücher eingegangen ist, und daß viele Männer mit Waffen (minderwertigen übrigens) in den Kampf zogen. Die Professoressa Ponticelli liebte also einen schönen, stattlichen, blonden, tapferen jungen Leutnant, und sie war ihm auch noch zugetan, als die sogenannten Feindseligkeiten eingestellt worden waren. Ich bewunderte diesen jungen Leutnant, der in der Nähe meines Elternhauses wohnte, sehr. Er hatte eine kräftige Stimme und war nicht nur tapfer, sondern auch fröhlich, und als die beiden heirateten, wünschte ich ihnen von Herzen jedes erdenkliche Glück, auch wenn ich sehr unter Eifersucht litt. Sie waren ein schönes Paar, wenn sie Arm in Arm den Corso unseres Städtchens herunterkamen. Und ich malte mir aus, was sie abends allein und nackt in den kühlen Bettlaken trieben.

Ich versuchte über meine Enttäuschung hinwegzukommen, indem ich mich in eine Klassenkameradin verliebte, aber es half nichts. Der beherrschende Gedanke war sie, die Ponticelli mit ihrem üppigen Busen. Ich wußte sie in den Händen eines tapferen Mannes, der bereit war, sich zu schlagen und sogar für das Vaterland zu sterben, aber das war nur ein schwacher Trost.

Für das Vaterland fiel er dann auch, als er in den Bergen des Epirus als Führer einer Bersaglieri-Einheit kämpfte. Die Nachricht wurde sogar im Radio durchgegeben, und obendrein bekam er noch eine goldene Medaille. Die Witwe Ponticelli legte Trauerkleidung an und lief verweint und deprimiert in der Stadt herum. Es tat allen leid, eine so schöne Witwe zu sehen, auch wenn sie die Witwe eines Helden war, der auf den Höhen des Epirus gefallen war, wo er für die Größe des Vaterlandes gekämpft hatte. (Bei mir dachte ich: Was für ein Vaterland denn, der Epirus gehört uns doch gar nicht! Wer hat ihn nur dorthin geschickt, um zu kämpfen?) Das versuchte ich auch meinem Italienisch- und Katechismuslehrer zu sagen, aber er brachte mich sofort zum Schweigen, indem er mich einen Heuchler nannte. Immer die alte Leier.

Schließlich legte die Professoressa Ponticelli die Trauer ab und nahm den Unterricht wieder auf. Aber ich besuchte inzwischen die Oberstufe, und dort lernt man bekanntlich keine lebenden Fremdsprachen mehr. Im altsprachlichen Zweig, meine ich. Im naturwissenschaftlichen Zweig ja, da lasen sie sogar Hawthorne. Im altsprachlichen Zweig standen dagegen Menander, Xenophon, Pascoli und d'Annunzio auf dem Lehrplan. Arbasino damals noch nicht.

Ich war zwar nicht mehr ihr Schüler, aber ich sah die Professoressa Ponticelli trotzdem täglich. Zitternd bangte ich unter dem Schild des Targioni-Tozzetti-Gymnasiums ihrem Eintreffen entgegen und verschlang sie mit den Augen, wenn sie erschien. Ich trieb es sogar so weit, daß ich den Italienisch- und Katechismuslehrer bat, austreten zu dürfen (wo ich doch so ein Heuchler war), und statt dessen ging ich und lauschte an der Tür der fünften Gymnasialklasse, um ihre Stimme zu hören:

»How many sides are there in a football?«

Ich hatte niemals ein so schönes Wortspiel in englischer Sprache gehört. Die Schüler schwiegen, sie wußten die Antwort nicht. Da ertönte vergnügt die jugendliche Stimme der Kriegerwitwe:

»There are two sides in a football.«

»Why«? fragten die Schüler.

Ich stellte mir das Lächeln der Ponticelli vor und hörte sie sagen:

»There is inside and outside.«

An diesem Punkt brach die ganze Schülerschar in Gelächter aus, und auch ich mußte lachen, während ich in meine Klasse zu dem reaktionären Italienischlehrer zurückkehrte.

Danach wurde ich erwachsen, schloß meine Ausbildung ab, machte den Doktor, worin, weiß ich immer noch nicht recht, da er mir nichts nützt, fand eine Arbeit und dachte daran, die Tochter eines Limonadefabrikanten, eine vielversprechende Rothaarige, zu heiraten, aber eines schönen Abends begegnete ich auf der Straße der Professoressa Ponticelli, die sich an mich erinnerte und sich erkundigte, was aus mir geworden war.

»Signora«, sagte ich zu ihr, »ich habe mein Studium abgeschlossen und arbeite jetzt auf dem Katasteramt.«

»Gefällt es dir dort?«

»Es geht«, antwortete ich.

Sie duzte mich, wie es für eine Lehrerin üblich ist, ich sprach sie mit »Sie« an, wie es sich für einen Schüler gehört. Aber jetzt waren wir beide erwachsen, ich fünfundzwanzig, sie um die Dreißig (eigentlich mehr darüber, um bei der Wahrheit zu bleiben). Die Leute sahen uns an, vielleicht waren wir ein schönes Paar.

»Bist du verheiratet?« fragte sie.

»Nein, Signora.«

»Nicht einmal verlobt?«

Ich wurde verlegen:

»Sie wollten mir die rothaarige Tochter des Limonadefabrikanten zur Frau geben, aber sie gefällt mir nicht.«

»Hast du nichts im Sinn?«

»In welcher Hinsicht?«

»Dich zu verheiraten.«

Ich überwand mich und sagte leichthin:

»Doch, etwas habe ich immer im Sinn gehabt.«

Daraufhin sagte sie zu mir:

»Ich weiß, was du schon immer im Sinn hattest.«

Ich wurde rot.

»Komm, komm, wir sind doch erwachsene Menschen. Ich habe es an der Art bemerkt, wie du mich ansahst, weißt du?«

»Sie wußten es?«

»Schluß, mein Liebster, sag endlich du zu mir, und wenn du willst, heiraten wir.«

So bin ich nun der zweite Mann der Witwe Ponticelli, der einzigen Liebe meines Lebens. Der in Epirus gefallene Held hat keine Kinder hinterlassen. Wir haben zwei. Jeden Sonntag legen wir Blumen am Kenotaph (so nennt man das) des für das Vaterland Gefallenen nieder. Er war ein großer, schöner Mann. Unserem Erstgeborenen haben wir seinen Namen gegeben. Wenn er uns vom Himmel aus zusieht, der arme Kerl, wird er zufrieden sein. Meine Frau ist älter als ich, sie ist ein wenig wie eine Mutter für mich. Aber wenn wir miteinander schlafen, verlangt sie, daß wir englisch reden:

»Do you like it, honey?«

»Yes, I love it.« Dann schlafen wir ein.

Beppe Fenoglio

Die Internatsschülerin

Als Marziano an diesem Tag von Rustichello heimkam, sah er auf der Tenne von Nano ein Mädchen, das er nie zuvor gesehen hatte. Es war wie eine fremde Dame gekleidet, und als es ihn bemerkte, starrte es ihn so an, daß Marziano den Boden unter seinen Füßen betrachtete und mit raschen Schritten heimwärtsging, überzeugt, es handle sich um die Tochter des Grundherrn von Nano, die aus der Stadt heraufgekommen war.

»Erzähl mir, was sie angehabt hat«, fragte ihn zu Hause seine Mutter.

Marziano hatte ein dunkelblaues Kleid und weiße Strümpfe an ihr gesehen. Darauf sagte die Pachtbäuerin, daß es sich nicht um die Tochter des Grundherrn von Nano handle, sondern nur um die Nichte des Pachtbauern, die in Turin bei den Schwestern sei, wo der Patron sie in seinem Mitleid untergebracht habe, nachdem ihre Eltern unter dem umgestürzten Karren zu Tode gekommen seien. Sie heiße Argentina und müsse nach Nano in die Ferien gekommen sein.

In Pavaglione redete man nicht mehr darüber, aber von den Jungen stieg einer nach dem anderen den kleinen Abhang hinauf, der Nano überragte, und von dort oben schauten sie lange auf die Tenne hinunter.

Eines Abends ging Agostino allein den Weg am Rand des Kastanienwalds entlang, als ihm plötzlich diese Argentina in die Quere kam, genauso angezogen, wie Marziano erzählt hatte. Sie war in den Wind getreten und hob den Arm, um sich die Haare wieder in den Nacken zu streifen. Agostino wollte gerade noch in den Wald springen und sich dort verstecken, aber sie drehte sich einen Augenblick vorher um und schaute ihn mit schwarzen Augen unter dem gebeugten Arm hervor an, und er blieb wie an Händen und Füßen gefesselt stehen.

Ohne sich zu bewegen, fragte sie ihn: »Wer bist denn du?«

Agostino – kein Wort.

»Wohnst du hier in der Nähe?«

Agostino senkte den Blick, aber auch so sah er noch die Spitze eines schwarzen Stadtschühchens, und er senkte ihn noch tiefer.

»Du Ärmster, bist du stumm?«

»Nein!« schrie er.

Sie lachte und kam einen Schritt zu ihm herunter. »Also, wer bist du?«

»Ich bin der Knecht von Pavaglione.«

»Dann wohnst du also bei Matteo. Dafür, daß du nur ein Knecht bist, bist du aber ganz schön stolz.«

»Bist du was Besseres als ich?«

»Weißt du, wer ich bin?«

»Du bist die Nichte von denen in Nano.«

»Woher weißt du das?«

»Von meiner Bäuerin.«

Sie kam noch einen Schritt näher. »Wohin wolltest du gehen?«

»Wohin es mir paßt.«

»Wohin es dir paßt? Ein Knecht, der am hellichten Tag geht, wohin es ihm paßt? Bist du von Pavaglione weggelaufen? Sag mir's!«

»Ich bin nicht weggelaufen. Aber für heute bin ich fertig und geh', wohin es mir paßt.«

Argentina blickte verstohlen auf den Kastanienwald. »Gehst du in den Wald?«

»Wenn ich Lust habe.«

»Geh in den Wald. Ich komm' hinterher.«

»Ich geh', wohin es mir paßt.«

»Warum willst du nicht mit mir kommen?«

Agostino schaute ins Weite, aber sie suchte seine Augen, bis sie sie hatte und festhielt. »Würde es dir nicht Spaß machen, mit mir im Wald herumzulaufen?«

»Warum willst du mit mir in den Wald?«

»Weil er voller Nester ist. Du suchst sie, und ich sammle die neugeborenen Vögel.«

»Was machst du damit?«

»Ich suche mir ein Stöckchen und spieße sie auf, einen nach dem anderen, so wie du sie findest und mir gibst.«

»Von wem hast du das gelernt?«

»Das hab' ich mir ganz allein beigebracht, als Kind. Und ich hab' immer Jungen gefunden, die mir die Nester gesucht haben.«

»Mich findest du nicht«, sagte Agostino laut und kehrte ihr den Rücken.

Sie rief ihm nach: »Es wird dir gefallen, mit mir im Wald.«

Ohne sich umzudrehen, schüttelte er den Kopf, und schon rannte er, auch weil der Weg so steil abwärts ging.

»Dummkopf!« schrie Argentina hinter ihm drein. »Dummkopf, dann machen es mir eben die Söhne von Matteo!«

Ja, sie machten es ihr, angefangen mit Genio. Und Agostino fühlte in der Nacht, in der er Genio vergeblich überall im Haus suchte, einen unerklärlichen Schmerz. Er trat auf die Tenne hinaus, füllte sich die Augen mit Dunkelheit und die Ohren mit starkem und sanftem Meerwind, und er war sicher, daß irgendwo in diesem Dunkel Argentina mit Genio beisammen war, ohne ihr dunkelblaues Kleid und die weißen Strümpfe. Er ging in den Stall, um sich hinzulegen, aber er schlief nicht, er wachte, den Kopf auf die Brust gesenkt, als wolle er auf das erste Sprudeln einer neuen Quelle horchen.

Und dann kam die Reihe an Marziano. Die Jungen redeten, und man erfuhr, daß andere Nachbarn ausrückten, um in der Nacht mit Argentina zu gehen.

Am Tag nach der Nacht von Marziano fiel Agostino die Arbeit schwer wie nie zuvor. Er konnte es nicht erwarten, daß es Abend wurde, und immer, wenn er die Augen von der Erde hob, stand die Sonne wie festgenagelt am selben Punkt des Himmels. Sein Körper spannte sich, bis es schmerzte, und dann befiel ihn eine Schwäche, daß ihm beinahe die Knie nachgaben. Jetzt wußte er, wozu dieser Körper ihm noch dienen konnte, dienen mußte. Nicht, daß er es nicht schon vorher gewußt hätte, aber er hatte dabei immer an die Körper anderer Männer gedacht. Den Rücken zu Matteo gewandt, betrachtete er seinen Körper und berührte ihn, und er beschloß, daß er noch an diesem Abend für Argentina sein werde, was der Spaten für die Erde war.

Die Sonne sank, und nach dem Abendessen schlich Agostino um das Haus herum und setzte sich auf den Baumstamm dicht an der Mauer, die aufs Feld hinaussah. Dort wartete er, bis die ganze Welt nur noch ein dunkler Wind war, dann stand er auf und bewegte sich gerade so weit, wie es nötig war, um ein erhelltes Fenster von Nano sehen zu können. Aber er kehrte gleich darauf wieder um, aus Angst, aus Verzweiflung.

Er setzte sich wieder auf den Baumstumpf, bis er aus den Augenwinkeln heraus eine Bewegung wahrnahm, die irgendein Schatten sein konnte, in Wirklichkeit aber Argentina war.

Sie gingen schweigend in den Wald, er hielt sie fest am Arm, als ob sie ihm jeden Augenblick in die Dunkelheit entkommen und ihn aus der Dunkelheit auslachen könnte.

Er nahm sie auf dem sanft abfallenden Boden, unter dem Wind, der ihnen das Stöhnen vom Mund riß und wegtrug.

Danach sagte sie zu ihm: »Du hättest der erste sein können, wenn du nicht so dumm und stolz gewesen wärst.«

»Ich bin's auch so zufrieden, Argentina.«

»Ich weiß nicht einmal, wie du heißt.«

»Agostino.«

»Wie heißt du?«

»Agostino.«

Aber das Gerede griff um sich und wurde immer lauter, und die Jungen, auch die von weit her, bis von der Wegscheide bei Pilone, und selbst so kleine wie Tomalino aus Serra, stiegen jeden Abend auf den Hang oberhalb von Nano und riefen von dort vereint nach dem Mädchen, und als es sich nicht zeigte, fingen sie an zu johlen und laut zu lachen, bis der Onkel mit dem Gewehr herauskam und in die Luft schoß.

In Pavaglione sagte Matteo: »Unseren Jungen hat das gutgetan.«

»Aber jetzt sind sie auf den Geschmack gekommen«, entgegnete die Pachtbäuerin, »und wie soll's nun weitergehen?«

»Einmal mußten sie anfangen.« Und zur Tochter Domenica, die ganz aufgeregt herumlief, sagte er: »Du halt dein Blut ruhig, bald werden wir dich verheiraten, und dann bekommst auch du, was dir zusteht. Aber auf anständige Weise!«

Die Bäuerin fragte sich: »Das können sie ihr doch nicht bei den Schwestern beigebracht haben? Wie ist dieses Teufelsmädchen nur darauf gekommen?«

Sie erfuhr es von der Pachtbäuerin in Nano. Nachdem sie ihre Nichte an den Tisch gebunden und mit dem Riemen verdroschen hatte, hatte sie sie gefragt, was sie sich eigentlich dabei gedacht habe. Und Argentina hatte weinend geantwortet, sie habe geglaubt, daß die Mädchen, die nicht im Internat seien, das alle und immer machen würden.

Am nächsten Morgen lud sie ihr Onkel auf den Wagen und brachte sie nach Alba, um sie dort in den Zug nach Turin zu setzen. Über Kopf und Schultern hatten sie ihr ein schwarzes Kleid der Tante geworfen, um sie zu verstecken. Aber wo immer der Wagen vorbeifuhr, hoben die Männer auf dem Feld den Rücken.

Pier Paolo Pasolini

Gas

Im Regina-Coeli-Gefängnis erwartete Virgili mit erklärlicher Ungeduld das Anbrechen der Mitternacht. Das »Ungeheuer« hatte zwar wohl teilweise das Gefühl seiner Identität (man erinnere sich hierbei an den Aufsatz »Ein Mensch, den man nicht vergißt« des Doktor O'Hara über den zu lebenslänglich verurteilten Duncan, in *Das Beste aus Reader's Digest* vom März 1950), nicht aber den Selbsterhaltungstrieb verloren. Wenn er auch noch nicht, wie Duncan, auf die Idee verfallen war, als Versuchstier zu neuen Ehren zu gelangen – jedenfalls wies noch kein äußerliches Anzeichen darauf hin –, so war nicht zu übersehen, daß er zum mindesten von der Dunga befallen war, jenem »knochenbrecherischen Tropenfieber, das im Pazifik mehr Opfer hingerafft hatte als alle Kampfhandlungen zusammengenommen«. Höchstens mit Hilfe eines Skalpells hätte man ihm die Zähne auseinanderspreizen können, die er im Erwartungskrampf aufeinandergebissen hatte; und hätte er den Mund von selbst aufgemacht, dann ganz überraschend und auch nur, um einen einzigen Satz herauszulassen, etwa wie jenen, den er beim Nachhausekommen ganz aufgekratzt seinem Hausmeister zugerufen hatte: »Jetzt weißt du, daß du einen Verbrecher im Haus hast!«

Die eigene Identität als schiere Abfolge von Ziffern: eine entsprach zunächst drei Jahren, eine fünf, eine acht, eine elf und eine zwölf; wenn man sich an die Berichte in *Tempo* hält; aber wir dürfen berechtigterweise noch hinzufügen: Auch eine Vier war dabei, zweimal die Sechs, die Neun, eine Zwei usw. Er begriff also nach und nach, daß er ein »Verbrecher« war: sieh einer an! Allein ... was von Macht und Ohnmacht der Substantive auch immer zu halten sein mochte, sich einen Verbrecher nennen hieß eben, das Urteil als solches konkret werden zu lassen ... und die Straftaten ins Reich des Abstrakten zu verweisen ... so besehen wurde das Urteil ja nachgerade angenehm. Jetzt aber, verdammt noch mal, ging es nicht mehr um den Hausmeister oder darum, ein Verbrecher zu sein oder nicht zu sein und so weiter. Ab einem gewissen Augenblick macht ein Gelynchter einfach vor Schreck in die Hose, kriegt er die Dunga, das besagte »knochenbrecherische Übel«. Denn es gab da draußen, zwar Lichtjahre weit von Regina Coeli entfernt, an den keuschesten, keimfreiesten, amtlichsten, asexuellsten, ehrbarsten und unbescholtensten Örtlichkeiten Italiens, einen Abgeordneten, der soeben einen Entwurf für ein Verfassungsgesetz eingebracht hatte, der einen schon vor Angst und Schrecken krepieren ließ, wenn man bloß daran dachte ... »WIR FORDERN«, so stand in den Zeitungen zu lesen, »DIE TODESSTRAFE BEI SITTLICHKEITSVERBRECHEN GEGEN KINDER«, und gleich darunter hieß es: »Die Wiedereinführung der Todesstrafe in unsere Gesetzgebung ... ist Gegenstand eines Vorschlags für das Grundgesetz, der dem Kammergerichtsvorsitzenden vom christdemokratischen Abgeordneten Florestano di Fausto unterbreitet worden ist. Im Begleitbericht des Gesetzesvorschlags hebt der Abgeordnete di Fausto unter anderem hervor, daß die freie Ausübung des Verbrechens, angesichts des offensichtlichen Ungenügens der normalen Rechtsprechung zu Zeiten des Notstands, längst zu Maßnahmen hätte greifen lassen müssen, wie sie mittlerweile ohnehin zu den unabdingbaren Forderungen der öffentlichen Meinung gehören.« Virgili war also sozusagen dabei, den sympathischen »Gegenstand eines Vorschlags für das Grundgesetz«, die TODESSTRAFE, hinunterzuschlukken, vermengt mit Brocken wie »freie Ausübung«, »offensichtliches Ungenügen« und »unabdingbare Forderungen (der öffentlichen Meinung)«, die allesamt nur so von Blut troffen. Indessen rückte die Nacht auf Rom zu: In der heißen Luft roch es nach den Tiberpromenaden, auch ein paar Takte Boogie-Woogie schwangen abgerissen mit. Von Primavalle her roch es nach dem Fett der hackfleischgefüllten Reiskroketten; die rechte Ringstraßenbahn rumpelte hohl hallend in der Nähe der Mazzinibrücke vorüber.

Virgili war gerade noch so lebendig, wie man sein muß, um atmen zu können: bei freiliegendem Hirn. Das Zettelchen von Villon mit dem Fluchtplan darauf bewirkte nichts anderes, als seinen körperlichen Tod noch dumpfer zu machen: der Verdacht wäre ihm wohl nie aufgestoßen, daß es ihm innerhalb einer halben Stunde, um Mitternacht also, passieren könnte, wieder frei zu sein – frei, nun ja, vielleicht die 23/36er zu nehmen und nach San Paolo zu fahren –, frei auch, geruhsam mit dem Gedanken vertraut zu werden: ich bin ein Verbrecher, ohne daß ihm deswegen gleich jemand an den Karren fahren würde – frei, erneut zu sündigen, wonach es letztlich alle Menschen am meisten gelüstet, denn alle haben zwar Angst vor dem Gefängnis, aber zur Hölle fahren wollen sie doch.

Zwei volle Stunden galt es totzuschlagen, von zehn bis Mitternacht, allein in Rom. Villon stieg auf den kapitolinischen Hügel, damit die Zeit verstriche: er wußte zwar, daß für ihn dort oben kein guter Wind wehte – daß ein Lasterhafter seinen Fuß nicht ungestraft auf jenes Pflaster setzen durfte –, daß er, zumal er ja von Bekehrung und dergleichen nichts wissen wollte, unverzüglich hätte abhauen müssen. Nichtsdestoweniger verdienen diese von François dort oben verbrachten zehn Minuten eine eingehende Untersuchung: er war betroffen 1. von einer konkaven, oder konvexen, Einsamkeit, oder jedenfalls von etwas, das mit Geometrie und Filmarchitektur zu tun hatte; 2. von einer lautlos tosenden Klangfülle, vergleichbar etwa einem in einen Schrein eingeschlossenen Wasserstrudel; 3. von nur allzu augenfällig hervorragendem Material: einem Kind, einem Naiven, einem Akademiker und Bach, die alle zusammen diesen appetitanregenden Dekor zu stellen hatten; jawohl, Bach, die Musik: ein wehendes Säuseln von Stradivarius und Harmonium; eine mit Sambamotiven und neurotischen Symptomen vollgepackte Langeweile; bilderstürmerische, sadistische und gotteslästerliche Anwandlungen (zum Beispiel einen verächtlichen Maulfurz an die Adresse des ehrenwerten Herrn Michelangelo). Dabei war es wichtiger denn je, daß Villon sich verteidigte: Setzte er nicht, Herrgott noch mal, sein ganzes Leben, das vergangene wie das zukünftige, das so verschlungene und betrauerte, aufs Spiel? Das Kapitol war in der Tat prachtvoll.

Diese Kopfwäsche zwang Villon, der das ja schon vorausgesehen hatte, alles im Stich zu lassen und die lange Freitreppe, die er mit so viel Dreistigkeit erklommen hatte, wieder hinunterzusteigen. Doch während dieses Rückzugs hatte er immerhin Gelegenheit, mit einem letzten giftigen Blick auf diese göttliche Schöpfung das zu seinen Füßen liegende Rom zu beäugen. Eine ungeheuerliche Sequenz. Starr wie der Blick zweier Liebender in einem klassisch gewordenen Film. Das Forum kochte im Glast der Scheinwerfer, die es doch kaum zu streifen vermochten, Scheinwerfer von grüner Färbung, granatapfelrot, rauchgelb, mausgrau: Geifer und Sprudel aus Licht (die Horizonte entlang, unter dem in luxuriösem Faltenwurf zerknitterten Gewölk, das aussah wie auf einer Zeichnung aus dem beginnenden 19. Jahrhundert, vielleicht noch mit einer Lasur aus Schmutz über den von der Zeichenfeder gerissenen Kratzern und Wunden) schoben ein Element meteorologischer, romantischer Unordnung zwischen die ironischen Blicke von François und die republikanische Steinwüste, die, ehedem feierlich aufgeschichtet, nunmehr in sich zusammengefallen war. Die phantomatische Herde des Aventin als Beute der starren Zuckung SEINER Nacht – die sich schon zu wandeln begann, viel glücklicher wurde, ach um wie vieles glücklicher, viel erfüllter von leuchtenden Emulsionen, Aufwallungen, geheimnisvollen Gärsubstanzen – stieg hinab zwischen den mittelalterlichen Mauergeländern, die mit Blut und Harnstoff vollgesoffen waren: und noch weiter hinten zwischen den Fensteraugenhöhlen irgendeines Kolosseums oder eines anderen heiligen Gebäudes dieser Art schmorten, wie zum Willkomm beim Besuch eines Neuen Hitler, rote Phosphorlampen – von jenem wundersamen Rot des Seidenpapiers, in das die Bonbons aus der Kinderzeit eingewickelt waren –, Gespenster aus uraltem bengalischen Feuer, versteinert und vom Nachtwind zerfressen, Stäubchen aus wütendem Orangerot, die in der farblosen Dämmerluft der städtischen Horizonte schwebend verhielten … Hinter Michelangelos Rom verbrannten die

Huren von Bonichi in Freudenfeuern ihre päpstlichen Schleier.

Sollte das Heilige Jahr, ohne es zu wollen, auf den Sex hereingefallen sein? (Auf diese Schlange, die wie ein Bandwurm im Bauch eines Richters herumkriecht, durch die anständigsten Straßen der Stadt, sich nicht scherend um Ampeln und Verkehr, sülzig und fahrig wie ein Duft – wie der unflätige Geruch von sonnenberührtem Asphalt, von Aborten, von Stukkatur, von Maiglöckchen und Palmolive –, diese Schlange, die ganz plötzlich mit ihrem kleinen nervösen Kopf in die Hose eines Knaben schlüpft oder zwischen die Brüste einer schönen Fremden.)

Der Ausbruch gelang. Villon und seine Komplizen holten, als Geistliche verkleidet, den armen, von di Fausto buchstäblich ausgeweideten Virgili aus Regina Coeli heraus: seine Kleider waren über und über bekleckert von Erbrochenem. Mehr tot als lebendig verfrachteten sie ihn in den Prälatenwagen, und der angetrunkene Villon versuchte mit ihm während der Fahrt ein Gespräch anzuknüpfen, jedoch mit geringem Erfolg. Ohne auf dem Alter von Virgili herumreiten zu wollen, der praktisch nicht älter als fünf oder sechs Jahre war: der Gesetzesvorschlag hatte ihn noch anonymer gemacht als einen Affen. Er hatte ein wunderschönes mageres, leicht verwahrlostes, doch zartes Gesicht, wie ein Kaminfegerjunge, und eine schlanke und ausdrucksstarke römische Aussprache, mit einem Tonfall kindlicher Frische. In der Nähe des Bahnhofs Trastevere gab Ronald Colman Befehl, den Wagen anzuhalten, und sagte zu Virgili: »Wir sind da ... von jetzt an bist du frei. Mach's gut.« Und ohne daß der Unglückselige Zeit gehabt hätte zum Danken oder Grüßen, setzte sich der Wagen wieder in Bewegung und verschwand: Villon hatte es ziemlich eilig, wieder zum Anschaffen auf den Strich zu kommen. Virgili sah sich um und machte sich dann auf in Richtung Via Portuense. Er hatte kein Ziel. Dort in der Gegend war jedenfalls jemand, irgendwelche Stimmen ... Betrunkene, die grölend in einem Pissoir ihr Wasser abschlugen ... ein Eisenbahner, der pfeifend vorüberging ... Als er aber immer weiter in die Straße vordrang, zerstreuten sich die Stimmen und verloren sich schließlich ganz. Es lag nur ein lebendiges ETWAS in der Luft –

in der schwarzen Luft, wo sich der Dreck in Form längsgeschichteter und durch die Finsternis getarnter Schlacken abgelagert hatte, die aber so leicht wie trockene Knorpel waren, so daß sie beim Vorübergehen unter den Schritten aufwirbelten und sich in Gestank von Lastwagen und Scheiße, von Kohle und erhitzten Lumpen auffaserten. Virgili indes ging so langsam, daß er nicht im geringsten diesen ruhenden Dreck, diesen Rückstand verflüchtigter Cholera in Aufruhr brachte. Er ging still zwischen den elenden Holzhütten und den unfertigen Mauern und den Trümmern dahin, die den Asphalt der Via Portuense (die wie frisch zerbombt aussah) vom Tiberstrom abtrennten ... Lichter waren rar und so unbeweglich, daß sie in der Stille der Peripherie wie tote leuchtende Leiber aussahen ... in dieser wüsten geteerten Zone waren einzig die Tritte Virgilis lebendig, und dieses stinkende Etwas. Keine Menschenseele im Umkreis von vielen hundert Metern: zwischen den Trümmern, den Mauern und den Bretterbuden war nur ein Hund zu hören, der bald jaulte, bald wütend bellte; und fett und giftig wälzte sich das Gas über alles, bläulich wie eine Wasserleiche, drückte es lau gegen die kalt schweißenden Schläfen. Plötzlich blieb Virgili stehen, er hatte Schritte auf sich zukommen gehört – vielleicht die Sittenpolizei? Lucia? Eine Prozession von Ku-Kluxern? Sein Hausmeister? Noch wenige Meter, dann sah er ihn: es war irgendein Passant, der anonym und gesammelt seines Weges ging. Als er aber ganz nahe bei ihm war, riß sich der Unbekannte den hochgeschlagenen Rockkragen herunter und zeigte sein Gesicht: es war ein Werwolf. Virgili konnte nicht einmal mehr einen Schrei ausstoßen, so schnell hatte der Wolf die Reißzähne in seiner Kehle vergraben.

Unterdessen lief Villon wütend an der Ecke Via del Mare auf und ab: *sie*, das dumme Aas, war nicht am verabredeten Treffpunkt erschienen.

Wenn er es sich recht überlegte, paßte ihm das Miststück an diesem Abend ohnehin nicht in den Kram. Zuviel der Gnade. Hatte er doch eine geschlagene Stunde auf sie gewartet, fluchend; jedoch behutsam verhandelnd mit diesem Schwein von ihrem Zuhälter. Der Kategorie Virgilis anzugehören, vorausgesetzt, die eigene Identität ließe so etwas überhaupt zu, würde also Verpflichtungen nach sich ziehen, die naturgemäß nicht immer vereinbar waren mit dem frommen Wunsch nach Höherer Sympathie gegenüber seinesgleichen und Konsorten: Virgili sein oder *nicht* sein, das war hier die Frage ... und indessen prägt sich ein Reklameschild mit der Leuchtschrift »Antisklerosekur« in die Netzhaut ein, ein Reklameschild, an dem die göttliche Hure nie vorbeigehen wird. Frau Justitia nämlich hatte ihr eine Möglichkeit verschafft, anderweitig zu ihrem Fick zu kommen, durch jemand, der auf seine bescheidene Art ganz Virgili entsprach. Wie würde sich's mit einem Fuß aus dem ganzen Schlamassel heraus leben lassen? Der Protest, ein durchaus edles Unternehmen, das Engagement schlossen nunmehr die Verdammnis aus, dadurch war Gerechtigkeit geübt worden. Und die Nacht war nackt. Doch nun schien bereits ein anderes Licht auf das Reklameschild mit der Antisklerosekur, ein schwer zerebrales: der Morgen graute. Mit glattgehobeltem Hirn, das nun von diesem Licht versengt wurde, löste sich Villon von der Ecke Via del Mare und ging den Tiber entlang, hinunter in die Nähe von San Paolo, in die düstersten Viertel, wo man vor Erschöpfung und Verzweiflung stirbt. In der widerlich hellen Morgenröte, die gleißend auf die Straßen sabberte, geriet er schließlich vor das Teatro Borgia, dessen Türen noch weit offenstanden und deren rote und weiße Neonröhren ein Licht wie aus einem Friedhof des Jahres Zweitausend in das Halbdunkel des Morgens absonderten. Was ging da vor sich? An den mit dem Schlaf kämpfenden Platzanweisern vorüber schlüpfte der unverbesserliche François hinein ins Theater. In der großen Versammlung saßen Stadträte, einige Abgeordnete und diverse bekannte Persönlichkeiten aus der Stadt, darüber hinaus, versteht sich, ein schönes, im Rauch der Philip Morris erstickendes Publikum: von neun Uhr des vorhergehenden Abends an hatte man diskutiert, hatte man Standpunkte verfochten und mit den Fäusten auf den Tisch gehauen, alles zum Problem der »borgate«, der Außenbezirke; und soeben war man wieder bei den »unabdingbaren Forderungen«

angelangt: die öffentliche Meinung (aber wer in aller Welt wußte denn schon, daß Virgilis Leiche, zu Brei zerstampft, keine zwei Schritt entfernt auf der anderen Flußseite lag?) in Gestalt einer beredten fetten Frauensperson (fett jedenfalls für François, der eine traurige Leidenschaft für Fettes hatte) – dick und so dunkel, daß, wäre sie nicht eine so hochgestellte Persönlichkeit gewesen, man sie so recht eigentlich an Chaplins Seite hätte stellen können; diese Frauensperson also machte sich glühend für die Einführung der Todesstrafe stark. Villon lächelte in leisem Triumph. Er wurde wieder zu Ronald Colman, bat ums Wort, erhielt es, und am Mikrophon durchaus eine beiläufige Erscheinung bietend, schlug er vor, einen Lehrkörper auf freiwilliger und unbezahlter Basis zu erstellen, um die Magliana und andere Außenbezirke der Zivilisation zuzuführen. Er setzte auch als erster seinen Namen auf die Liste dieser heiligen Laienbrüder, dieser Pioniere des Bildungswesens: und es wurde ihm, zusammen mit einem stürmischen Abschlußapplaus, das überzeugte und wortreiche Zugeständnis eines namhaften Bürgers zuteil, jener Vorschlag »sei der einzige *konkrete* auf der ganzen Versammlung gewesen«, noch an Ort und Stelle boten zahlreiche Studienräte und Lehrer ihre Mitarbeit an.

Als Villon das Theater verließ, wurde drinnen noch heftig diskutiert: die verpaßte Gelegenheit fraß ihn auf, diese Hure, gerade weil sie eine von Tausenden war, gab ihm mit ihrem blöden Verrat das Gefühl einer gänzlich verratenen Existenz. (Schlafwandler zu sein, beispielsweise, wäre eine Schande: wenn Chaplins Partnerin davon Wind bekommen hätte ... mein Gott, wieviel belastendes Material gegen den heldenhaften François ... hinreichend geeignet, um bezüglich »dringender Amtsmitteilungen« vor irgendein Polizeipräsidium geladen, vielleicht gar observiert zu werden ...) Noch war der Morgen nicht gekommen: im Gegenteil, die Nacht war beinahe noch dunkler als zu dem Zeitpunkt, da er das Teatro Borgia betreten hatte. Er überquerte die Afrikabrücke und gelangte in die Via Portuense. In der Morgenhelle jaulte der Hund immer noch, mit plötzlichen Bellanfällen zwischendurch ... nicht eine der unzähligen schauerlichen Dreckknorpelschuppen hatte sich bei dem zu erwartenden, dann aber doch nicht eintreffenden Morgenwind gelöst – der Gasgestank, dieses einzige lebendige Etwas, dieser enorme violette Furz aber lastete auf allen Dingen; auf den Blechdächern, den Ziegeln, dem Alteisen, das unter seinem schmierigen Belag weiter vor sich hin rostete.

Nur daß sich nun über alles kümmerlich und fahl das Weiß der Sonne breitete.

Am Fuße der zerbröckelten Mauer fielen ihm die ersten menschlichen Überreste ins Auge; der Ort war nun gut sichtbar, man konnte alles unterscheiden: den Asphaltboden, den Gehsteig, das Randmäuerchen ... die Leiche lag dort in Fetzen, wie ein Haufen Kehricht, als sei sie die Leblosigkeit selbst. Villon tippte sie etwas mit dem Fuß an, doch erkannte er sie nicht sofort, weil nur der Rumpf dalag: die Teile des Gesichts lagen weiter vorne zerstreut. Er berührte einige davon mit der Fußspitze, doch besudelt von Blut, wie sie waren, blieben sie unkenntlich: aber da weiter drüben lag etwas Schwarzes ... wie ein schwarzer Knopf ...: das Auge. Villon erkannte darin sofort Virgilis Blick wieder – diesen braunen Blick eines blonden Mannes, diesen jungenhaften Blick eines Erwachsenen, der schon seit jeher immer so scharf aus den Photographien des Ungeheuers hervorgestochen war: zum Beispiel auf der Titelseite des *Europeo*. Nun fixierte dieses Auge Villon mit der gleichen Ausdruckslosigkeit oder, besser gesagt, mit dem Ausdruck von einem, der WEISS, nichts anderes als WEISS, daß er ... ein Verbrecher ist. Die Sonne war indessen beinahe lau geworden. Weinend, sich in die Finger beißend, überquerte François erneut die Afrikabrücke und passierte im Laufschritt das Teatro Borgia, wo man in Rauchwolken gehüllt noch immer unter den Scheinwerfern diskutierte. Draußen jedoch legte sich das natürliche Licht mit seinem kalkigen Weiß auf die Straßen, auf denen die ersten Lieferwagen auf ihrem Weg zu den Markthallen vorüberfuhren; von den Schlachthöfen her hörte man das festliche Gebrüll der Ochsen; Trompeten klangen im Falsett von den fernen Kasernen, und die erste Straßenbahn traf schläfrig rasselnd mit dem ersten kleinen

Jungen zusammen, vor einem Pissoir, das weiß war wie das Gewand einer Braut. Vor dem Quirinal lösten die Wachtposten einander ab, des Augenblicks harrend, da der Präsident sich erheben würde, um seinen morgendlichen Milchkaffee zu nehmen. Am Fuße des Kapitols schossen ein paar Frühaufsteher unter den Touristen die ersten Photos: und das Forum erstrahlte weißlich in der Sonne, die es kaum lau machte, einer Morgensonne, der noch etwas Kohlgeruch anhaftete, einer Sonne, äußerst zerbrechlich, glühend, dampfend. Von Rauchiggrau zu Rötlichgelb: ganz hell war sie, die Luft war von ihren Strahlen durchfurcht, wie in einem Kleinstadtwohnzimmer, ganz früh am Morgen, wenn die Zimmermädchen noch saubermachen, wie ein grünrosa Schleier hob sie sich von den Sepia- und Grautönen der Steine ab; die grandiose Kamerafahrt vollführt mit Panoramaaufnahmen aus der Luft ihre Runde um die Flanken des Kapitols, das vollgesogen ist von Sonne, ja Sonne aussprüht, ganz hart ist vor lauter Sonne; Gogol, Goethe, Stendhal, Seneca, Gide: welch eine Blüte! Die Wimpern etwas ausgedorrt vom Licht, der Magen leicht säuernd und die Fingerkuppen prallgedunsen: doch die Hirnhaut wie ein frisches Negativ von der Göttlichen Architektur belichtet ...

Ermattet, trockene Tränen in den Augen, wie ein Schlafwandler, stieg Villon die lange Freitreppe hoch.

Italo Calvino

Zuletzt kommt der Rabe

Der Fluß war ein Geflecht durchsichtiger Wirbel, mit der Strömung in der Mitte. Ab und zu sah man etwas wie einen Schlag silberner Flügel an der Oberfläche: das Aufleuchten einer Forelle, die sogleich wieder im Zickzack auf den Grund zurückkehrte.

»Da gibt's viele Forellen«, sagte einer der Männer.

»Wenn wir eine Handgranate reinschmeißen, kommen sie alle mit dem Bauch nach oben an die Oberfläche«, sagte der andere, nahm eine Handgranate vom Koppel und machte sie zum Abzug fertig.

Da trat der Junge näher, der ihnen zugeschaut hatte, ein kleiner Kerl vom Gebirge, mit einem Apfelgesicht.

»Gib's mir!« sagte er und ergriff ein Gewehr.

»Was will denn der hier?« rief der Mann, dem das Gewehr gehörte, und wollte es dem Jungen wieder wegnehmen. Der zielte mit der Waffe ins Wasser.

»Wenn du da hineinschießt, erschreckst du nur die Fische, sonst gar nichts«, wollte der Mann erklären, aber er kam nicht mehr dazu. Mit einem Spritzer war eine Forelle an die Oberfläche geschnellt, und der Junge hatte sie mit der Kugel getroffen, als hätte er sie genau an der Stelle erwartet. Nun lag die Forelle auf dem Rücken und zeigte ihren weißen Bauch.

»Verdammt und zugenäht!« riefen die Männer.

Der Junge lud die Waffe von neuem und drehte sie hin und her. Die Luft war klar und gespannt: Man konnte die Nadeln der Kiefern am anderen Ufer und die Wirbel des Stromes erkennen. Wieder schäumte das Wasser auf: eine andere Forelle. Er schoß, und sie schwamm tot an der Oberfläche. Die Männer sahen auf die tote Forelle, auf den Jungen.

»Der hat's aber raus«, sagten sie.

Der Junge hob wieder den Lauf des Gewehrs in die Luft. Es

war doch merkwürdig, dachte er, wie man überall von Luft umgeben war, und Meter von Luft trennten einen von den anderen Dingen. Doch wenn man ein Ziel anvisierte, war die Luft nur noch eine einzige unsichtbare gerade Linie, die sich von der Mündung des Gewehrs zu dem Ding hin spannte, zu dem Falken etwa, der, scheinbar mit regungslosen Flügeln, im Himmel schwebte. Ein kleiner Zug mit dem Finger, und die Luft blieb leer und durchsichtig wie zuvor, aber da oben, wo die Linie aufhörte, schloß der Falke seine Flügel und fiel wie ein Stein zur Erde herab. Ein guter Geruch von verbranntem Pulver stieg auf.

Er ließ sich noch mehr Munition geben. Viele Männer standen jetzt hinter ihm am Flußufer und sahen ihm zu. Die Kiefernzapfen auf der anderen Seite, oben in den Bäumen, warum konnte man sie sehen, aber nicht berühren? Wozu dieser leere Raum zwischen ihm und den Dingen? Warum waren die Zapfen, die doch in seinen Augen mit ihm eins waren, so weit weg? Aber wenn er den Lauf des Gewehrs darauf richtete, ergab es sich gleich, daß dieser leere Raum eine Täuschung war: Er berührte den Hahn, und im selben Augenblick fiel der Kiefernzapfen herab, sauber am Stengel abgeschnitten. Es war da ein Gefühl der Leere, wie eine Liebkosung – die Leere im Gewehrlauf setzte sich fort, verlängerte sich in der Luft und füllte sich im Schuß aber plötzlich bis dorthin, bis zum Zapfen, zum Eichhörnchen, zum weißen Stein, zur roten Mohnblume.

»Der trifft nie daneben«, sagten die Männer, und keiner wagte zu lachen.

»Du kommst mit uns«, erklärte der Führer.

»Und ihr gebt mir das Gewehr«, erwiderte der Junge.

»Das versteht sich.«

Er ging mit ihnen. Er machte sich auf mit einem Brotbeutel, in dem Äpfel und zwei Stück Käse steckten. Das Dorf war ein Flecken aus Schiefer, Stroh und Kuhmist unten im Tal. Es machte Spaß, so davonzugehen; bei jeder Wendung des Weges sah man neue Dinge, Bäume mit Zapfen, Vögel, die von den Zweigen aufflogen, Moose auf den Steinen – lauter Dinge im

Radius der scheinbaren Entfernung, die man mit einem einzigen Schuß verschlang.

Doch jetzt durfte er nicht schießen, sie erklärten es ihm: Es gab Gegenden, die mußte man lautlos durchstreifen, und die Munition brauchte man im Krieg. Aber einmal überquerte ein aufgeschreckter Hase, von den Schritten und Stimmen verstört, ihren Weg. Er wollte schon im Gebüsch auf der anderen Seite verschwinden, als ein Geschoß des Jungen ihn niederstreckte.

»Ein guter Schuß«, mußte selbst der Führer zugeben. »Doch wir sind hier nicht auf der Jagd. Sogar wenn du einen Fasan siehst, darfst du nicht schießen.«

Noch war keine weitere Stunde vergangen, als in der Reihe der Männer aufs neue Schüsse laut wurden.

»Schon wieder der Bengel!« rief der Hauptmann wütend und lief zu ihm. Der Junge lachte strahlend mit seinem rotweißen Apfelgesicht. »Rebhühner«, sagte er und zeigte darauf. Ein Schwarm hatte sich von einer Hecke erhoben.

»Und wenn's Grashüpfer wären! Ich habe es dir gesagt. Gib das Gewehr her! Und wenn du mich noch einmal ärgerst, kannst du in dein Dorf zurücklaufen.«

Der Junge schmollte. Es war ihm langweilig, ohne Waffe zu marschieren, doch da er nun einmal mit ihnen unterwegs war, blieb immer noch die Hoffnung, daß er das Gewehr zurückbekam.

Sie übernachteten in einer Unterkunft der Hirten. Der Junge erwachte, als eben der Morgen dämmerte; die anderen schliefen noch. Er nahm das schönste Gewehr, füllte seinen Brotbeutel mit Patronen und ging hinaus. Die Luft war zart und sauber, morgenfrisch. Nicht weit von der Hütte stand ein Maulbeerbaum. Zu dieser Stunde kamen die Eichelhäher. Da war schon einer: Der Junge schoß, rannte hin, ergriff den Vogel und stopfte ihn in den Beutel. Ohne sich von der Stelle zu rühren, an der er seine Beute aufgelesen hatte, suchte er nach einem neuen Ziel. Ein Siebenschläfer! Vom Schuß erschreckt, flitzte er den Stamm einer Kastanie empor. Tot, war er eine dicke Maus mit grauem Schwanz, die bei jeder Berührung ganze Büschel von Haaren verlor. Unter dem Kastanienbaum stehend, sah der Junge auf einer Wiese, etwas weiter unten, einen roten Pilz mit weißen Punkten, sicherlich war er giftig. Er zerriß ihn mit einem Schuß, dann lief er hin, um zu sehen, ob er ihn richtig abgetrennt hatte. Das war ein hübsches Spiel, so von einem Ziel zum anderen weiterzugehen, vielleicht kam man auf diese Weise um die ganze Welt. Er sah eine fette Schnecke auf einem Stein, zielte auf das Schneckenhaus, und als er dann anlangte, fand er nur noch den zersplitterten Stein vor und etwas tröpfelnden Schleim. So entfernte er sich von der Behausung der Hirten, abwärts über Wiesen, die er nicht kannte.

Vom Stein aus erblickte er eine Eidechse auf einem Mäuerchen, von der Mauer einen Tümpel mit einem Frosch, vom Tümpel ein Plakat auf der Straße: ein leichtes Ziel. Vom Plakat aus sah man die Straße in Schleifen abwärts führen, und unten – unten waren Männer in Uniform, die mit dem Gewehr im Arm vorwärtsdrangen. Als der Junge, über das ganze weißrote Apfelgesicht lächelnd, vor ihnen auftauchte, riefen sie etwas und richteten ihre Waffen auf ihn. Doch der Junge hatte schon goldene Knöpfe auf der Brust von einem der Männer erspäht und, auf einen Knopf zielend, Feuer gegeben.

Er hörte den Schrei des Mannes und über seinen Kopf die Schüsse, in Salven oder vereinzelt, hinwegpfeifen, und schon lag er am Boden, hinter einem Haufen Schottersteine am Straßenrand, im toten Winkel. Er konnte sich sogar bewegen, denn der Haufen war lang; konnte unerwartet auf einer Seite hervorlugen, das Mündungsfeuer der Waffen, das Graue und Glänzende an den Uniformen der Soldaten beobachten, ihre goldenen Rang- und Waffenabzeichen beschießen. Dann rasch zu Boden und zur anderen Seite hinüber und dort gefeuert! Nach einer Weile hörte er hinter seinem Rücken eine Salve, aber die Geschosse flogen über ihn hinweg und trafen die Soldaten; es waren die Gefährten, sie kamen ihm mit Maschinenpistolen zu Hilfe.

»Wenn der Bursche uns mit seinen Schüssen nicht geweckt hätte ...«, sagten sie.

Unter dem Feuerschutz seiner Gefährten konnte der Junge besser zielen. Doch plötzlich streifte ein Geschoß seine Wange. Er wandte sich um: Ein Soldat hatte die Straße oberhalb seiner eigenen Position erreicht. Er nahm Deckung in einem Graben, hatte aber zugleich auch schon abgedrückt, und zwar nicht den Soldaten, doch das Gewehr mit einem Streifschuß an der Kammer getroffen. Er hörte, wie der Soldat sich vergeblich bemühte, die Waffe wieder schußfertig zu machen, und sie dann wegwarf. Da kroch der Junge aus seinem Versteck hervor und schoß auf den Soldaten; der machte, daß er wegkam, und der Junge schoß ihm eine Epaulette von der Schulter.

Er folgte ihm. Einmal verschwand der Soldat im Wald, dann tauchte er wieder auf und geriet ins Schußfeld. Der Junge brannte ihm die Helmspitze ab, dann eine Gürtelschlaufe. So gelangten sie, einer hinter dem anderen her, in ein unbekanntes Tal, wo man die Geräusche des Kampfes nicht mehr hörte. Es kam der Punkt, wo der Soldat keine Bäume mehr vor sich fand, sondern nur eine Lichtung, die von einem dichten Kranz von Gebüschen umgeben war. Der Junge trat gerade aus dem Wald hervor. Mitten auf der Lichtung gab es einen großen Stein; der Soldat konnte eben noch dahingelangen und sich dahinter zusammenkauern, den Kopf zwischen die Knie gedrückt.

Dort fühlte er sich für den Augenblick sicher. Er trug Handgranaten bei sich, und der Junge konnte nicht näher herankommen, nur von weitem mit seinem Gewehr Wache stehen und aufpassen, daß der andere nicht entwischte. Gewiß, wenn er mit einem Satz in die Büsche gelangte, war er in Sicherheit und würde den Hang hinunterrutschen. Doch dieses nackte Stück Lichtung mußte überquert werden; wie lange würde der Junge da bleiben? Und wollte er denn nie den Lauf seiner Waffe zu Boden senken? Der Soldat beschloß, eine Probe zu machen: er steckte den Helm auf die Spitze des Bajonetts und ließ ihn über den Rand des Steins emporragen. Ein Schuß, und der Helm rollte durchlöchert zu Boden.

Der Soldat gab die Hoffnung nicht auf; natürlich war es leicht, auf den ruhigen Stein zu zielen, doch wenn er sich ganz schnell bewegte, konnte ihn der Junge wohl kaum treffen. In diesem Augenblick durchflog ein Vogel den Himmel, rasch, vielleicht ein Märzhähnchen. Ein Schuß, und er fiel. Der Soldat wischte sich den Schweiß vom Hals. Wieder flog etwas vorüber, ein Krammetsvogel; auch er fiel herab. Der Soldat schluckte. Hier mußte eine Vogelstraße sein; immer neue Vögel flogen am Himmel hin, immer wieder andere, und der Junge schoß, und sie fielen herab. Dem Soldaten kam ein Gedanke: Wenn er auf die Vögel aufpaßt, läßt er mich aus den Augen. Sowie er schießt, springe ich. Doch auch hier war es besser, es erst einmal zu probieren. Er befestigte den Helm wieder auf dem Bajonett und hielt ihn bereit. Zwei Vögel flogen gemeinsam über den Himmel, diesmal waren es junge Schnepfen. Der Soldat bedauerte es, eine so gute Gelegenheit nur für die Probe zu verschwenden, doch er riskierte es noch nicht, selber zu springen. Der Junge schoß eine Schnepfe herunter, da streckte der Soldat den Helm hervor, hörte den Schuß und sah den Helm in die Luft fliegen. Er fühlte einen Geschmack wie Blei im Mund; kaum nahm er wahr, daß auch der zweite Vogel zu Boden stürzte.

Es kam darauf an, keine überstürzte Bewegung zu machen; hinter dem Felsbrocken, mit den Handgranaten, war er sicher. Warum versuchte er nicht, aus dem Versteck heraus den Jungen mit einer Handgranate zu treffen? Er streckte sich, den Rücken fast am Boden, legte den Arm nach hinten, wobei er sorgfältig darauf achtete, in Deckung zu bleiben, nahm alle Kraft zusammen, zog ab und warf. Ein guter Wurf; das Geschoß wäre weit genug geflogen, doch mitten auf seiner Flugbahn traf es ein Schuß und brachte es zur Explosion. Der Soldat warf sich mit dem Gesicht zu Boden, um nicht von den Splittern getroffen zu werden.

Als er den Kopf wieder hob, war der Rabe da. Über ihm im Himmel kreiste langsam ein Vogel; vermutlich ein Rabe. Jetzt, gleich, mußte der Junge ihn abschießen. Doch der Schuß ließ auf sich warten. Ob der Rabe zu hoch stand? Dabei waren andere noch höher und schneller gewesen und doch getroffen worden. Endlich ein Schuß; jetzt würde der Rabe stürzen, nein, doch nicht, er fuhr fort, gelassen in Kreisen niederzuschweben. Ein Kiefernzapfen fiel von einem nahen Baum. Fing der Junge jetzt an, auf Bäume zu schießen? Einen Kiefernzapfen nach dem anderen holte er herunter; sie schlugen mit dumpfem Geräusch auf den Boden.

Bei jedem Schuß blickte der Soldat auf den Raben: Fiel er? Nein, immer tiefere Kreise zog der schwarze Vogel über ihm. Ob der Junge ihn vielleicht nicht gesehen hatte? Vielleicht gab es den Raben gar nicht, vielleicht war er nur ein Blendwerk der Einbildung? Möglicherweise sieht jemand, der sterben muß, alle Vögel vorüberziehen; und wenn der Rabe kommt, heißt das: Es ist Zeit. Auf jeden Fall aber mußte man den Jungen, der immer noch auf Kiefernzapfen schoß, aufmerksam machen. Also erhob sich der Soldat und zeigte mit dem Finger auf den schwarzen Vogel.

»Da ist der Rabe!« schrie er, in seiner Sprache. Das Geschoß traf ihn genau in der Mitte des Adlers, der mit ausgebreiteten Flügeln auf seinen Waffenrock genäht war.

Langsam kreisend schwebte der Rabe herab.

Danilo Dolci

Vincenzo C.

Vor drei Nächten träumte ich von Schweinen. Auch von Kühen und Grasflecken. Ich träume jede Nacht von Kühen, Bergen, Ziegen, Schafen, Lämmern. Ich trieb und hütete immer diese Tiere und denke immer an sie. Heute nacht träumte ich, ich sei auf meinem Grundstück und einer kam zu mir, mir war, als wäre es mein Vater. Mein Vater brachte ein Schaf mit zwei Lämmern, die Kuh nährte ein Lamm, das Schaf das andere. Dann kam ein alter Mann und schlug mir das Lamm tot, und dann war ein Huhn im Nest, das Eier legte, und der Mann zerschlug die Eier und trank sie aus oder warf sie auf die Erde. Und dann lief er davon und ich hinterdrein, bis zu einem gewissen Punkt, um ihn mit dem Knüppel zu erschlagen. Dann kam meine Mutter und sagte: Wer hat diese Eier zerbrochen? Und wer hat das Lamm umgebracht?, denn der Alte hatte es umgebracht. Dieser Alte war böse. Dann sagte mein Vater: Wir wollen es braten und essen. Und ich sagte, wir wollten es unter einen Ölbaum werfen, weil es klein war. Und er hat es unter den Ölbaum geworfen, und da ist es geblieben.

Und ich träumte, daß sie auf einem Karren Schweine transportierten, um sie auf den Märkten zu verkaufen. Diese Schweine trugen lederne Halsbänder. Heute nacht träumte ich von einigen dreihundert Tieren, Kühen in den Bergen, die ich zur Tränke führte. Und in den Bergen waren andere Tiere. Und in den Bergen gab es kein Wasser, und ich ging, welches zu suchen. Und seit ich in den häßlichen Mauern dieses Gefängnisses bin, träume ich immer von diesen Tieren und diesen Sachen.

Ich träume immer von den Tieren draußen in Freiheit, weil ich immer die Tiere gehütet habe, seit ich fünf Jahre alt war. Ich bin unter den Tieren geboren.

Als ich geboren wurde, war ich allein. Dann kamen Brüder

und Schwestern nach. Dann fing ich an, die Tiere zu hüten, nicht unsere Tiere; mein Vater war auf ein Jahr oder ein halbes angestellt, sie gaben uns viertausend oder fünftausend Lire im Monat. Ich weiß nicht, wie viele Monate das Jahr hat. Ich weiß nicht, ob ich siebzehn oder neunzehn bin. Wir können nach Hause schreiben lassen, damit sie im Geburtsschein nachsehen. Ich kann bis fünfzig zählen, aber die Münzen kenne ich nicht, weil ich immer auf dem Lande war und nie ins Dorf kam und nie einen Menschen sah. Manchmal kam mein Vater. Auch meine Mutter kennt die Münzen nicht und kann nicht zählen. Ich kochte mir Kräuter und wilden Kohl und aß sie. Ich kenne nur das Fünfziglirestück, aber ich kann es nicht zu anderen Münzen zählen.

Wenn es keine Arbeit gibt, lebt man von Kräutern. Der Hunger bringt alles fertig. Man kann nicht mehr aus den Augen sehen. Man tötet, man tut alles. Wer arbeitet, hat alles. Wer gerecht bezahlt wird, arbeitet ordentlich, weiß mit den Leuten zu plaudern, streitet nicht. Ganz klar: es wird auf beiden Seiten gemordet. Aber wenn einer sich bei einem Herrn günstig vorstellen kann, nimmt ihn der und schenkt ihm Vertrauen. Aber wer hat Vertrauen zu einem wie ich? Ich bin immer mit allen zerfallen und weiß nicht, was ich tue. Wenn wir beide zum Beispiel einem Brot oder Geld wegnehmen, was tun wir, damit er den Mund hält? Wir bringen ihn um.

Einmal brach ich mir einen Arm, ich fiel vom Pferd, das ich für meinen Herrn zur Tränke führte. Ich brach mir den Arm, und keiner hat es bezahlt.

Manchmal sind wir auch sechs Jungen gewesen, die nicht zählen konnten. In der Regel war ich allein. Und die reichen Hahnreie spazieren inzwischen mit hohen Stiefeln im Dorf umher.

Auf dem Friedhof enden wir alle, und so unabänderlich ist auch das Gesetz, das unter uns herrscht. Wir streiten, oder wir schlagen einander tot, der eine endigt im Zuchthaus, der andere auf dem Friedhof. Und wenn einer herauskommt, ist er so wild wie vorher; andere werden dort noch jähzorniger. So sagt einer etwa: Du hast mir mein Blut vergiftet, ich bringe dich um – und er ermordet ihn. Wenn kein Spitzel dabei ist, wird keiner von uns gefaßt. Wir sind unser drei hier, und davon ist einer, der einem von uns ein Unrecht angetan hat, und wir bringen ihn um. Wenn keiner von uns spricht, bleiben wir unentdeckt. Immer sind es die Spitzel, die uns verraten. Hätten die Behörden keine Spitzel, könnten sie Blut weinen.

Ich kam sechs Monate, auch ein Jahr, niemals ins Dorf, und wenn ich mich dort zeigte, bewarfen mich die Jungen mit Strünken und Steinen; ich war wild, und sie kannten mich nicht. Einem, der mich mit einer Karnevalpritsche aus Papier schlug, habe ich den Finger abgebissen.

Ich habe auch einen Bruder von dreizehn Jahren und einen von zwölf, sie können nicht zählen und kennen das Geld nicht. Dann habe ich einen kleinen Bruder von fünf Jahren und eine Schwester von sechs. Die andern beiden sind tot. Und ich habe nur eine Schwester hinter mir, aber wer weiß, wie alt sie ist? Vielleicht zwölf oder sechzehn, ich weiß es nicht. Sie hat sich verheiratet, während ich im Gefängnis saß. Als ich klein war, brachten uns die Polizisten alle in die Kaserne, wir weinten alle. Sie brachten unsere Mutter und uns Kleine dorthin: Meinen Vater haben sie erst später gegriffen, er war ihnen vom Wagen gesprungen und entwischt. Meine Mutter, die den Kleinsten nährte, hielten sie fest, uns schickten sie weg. Meine Mutter hielten sie sechs Monate im Gefängnis; als sie meinen Vater hatten, ließen sie meine Mutter laufen.

Dann immer auf dem Land mit den Tieren. Ich schlief im Stroh, in Kleidern, ohne Decke, oft ohne Strümpfe und manchmal ohne gegessen zu haben. Läuse habe ich in Massen gehabt. Der Herr wollte nicht, daß ich Milch von den Kühen nahm, er schlug mich mit dem Stock. Morgens aß ich Brot und Quark, abends Brot und Zwiebeln oder Brot und Oliven, wenn welche da waren. Ich war auch bei Regen draußen. Der Herr kam manchmal. Hin und wieder rückte ich aus und näherte mich einem Haus. Die Hunde bellten; ich ging auf sie zu und sagte ihnen, daß ich ja nur ein Stück Brot möchte; der eine gab mir, der andere nicht. Hatte ich einmal reichlich Brot, so brachte ich es ihnen zurück, und manchmal nahmen sie es. Einmal war ich in der Nähe des Dorfes, Hand in Hand mit meinem Vater, der vom Lande kam, und mein Vater sprang plötzlich davon, weil er die Polizisten gesehen hatte, und ließ mich allein. Und die Polizisten schossen hinter ihm her, und er warf sich in den Fluß: Es waren Polizisten zu Pferde und zu Fuß, mit so hohen Flinten, 91, und sie verwundeten ihn im Rücken. Hätten sie höher oder tiefer gezielt, so wäre mein Vater getötet worden. Einer von den Polizisten sagte: »Hier ist er, hier ist er, im Gestrüpp.« Sie gingen zehnmal vorbei und sahen ihn nicht. Dann entdeckten sie ihn, ein Spitzel hatte ihn verraten, und sie zogen ihn heraus, an einem Fuß, wie ein Schaf oder wie ein Lamm. Einer fragte: »Lebend oder tot?« »Tot«, sagte einer, und mein Vater antwortete: »Ihr gehörnte Polizisten, verreckt ihr, nicht ich!« und spuckte ihnen ins Gesicht.

Drei Jahre und einen Monat und fünfzehn Tage mußte mein Vater abbrummen. Dann wurde er unter Überwachung gestellt, durfte weder das Haus verlassen noch Brot verdienen: Drei Jahre lang mußte ich arbeiten, aber ich war klein und arbeitete nicht gut, und wir hatten Hunger. Ich arbeitete mit den Kühen, die einer mir gegeben hatte, eine auf Halbpart, die andere auf Abzahlung.

Gebadet habe ich im Sommer, wenn ich mit den Tieren ans Meer ging, um Schafe und Kühe zu waschen, im Winter nicht. Ich stand am Strande und konnte nicht schwimmen. Dann brachte ich die Kühe auf die Weide dessen, der meinen Vater verpfiffen hatte, und er wollte mich verprügeln, und ich lief weg. Einmal hatte er eine Baumaxt genommen und wollte mir den Kopf abhauen, und ich rückte aus. Meine Onkel trafen mich und wollten wissen, wo ich die Tiere gelassen hätte. Er brachte die Tiere schon nach dem Dorf, und meine Onkel nahmen sie. Ein anderes Mal rauften sie sich.

In die Schule bin ich niemals gegangen, auch nicht einen einzigen Tag. In meiner Familie ist niemals jemand in die Schule gegangen, keiner kann lesen und schreiben.

Heute nacht träumte ich von meinen Onkeln, die ein weißes Fell von einem Schaf zerrissen. Und von Kühen, die Gras fraßen.

Was sind die Sterne am Himmel? Was weiß ich? Der Mond

ersetzt die Sonne. Ich verstehe die Sterne bei Nacht: Sie kommen heraus, und ich sehe so viele Sterne; es muß einen Rauch geben, aller Rauch, den es gibt, steigt in den Himmel. Und bei Nacht sieht man sie manchmal und manchmal nicht. Der Mond ist aus Himmel gemacht, der Himmel besteht aus Rauch, der von der Erde aufsteigt. Manchmal sieht man am Morgen auch den Mond, wenn die Sonne aufgeht. Die Sterne wandern in der Nacht, wandern immer. Wenn es tagt, gehen sie immer weg; wie die Kühe in ihren Stall, so gehen die Sterne in ihren Stall. Wie die Sterne sind, so sind wir alle. Menschen und Tiere.

Ich habe auch von Feuer geträumt. Was bedeutet das? Und ein schneller Fluß voll schmutzigen Wassers. Was bedeutet das? Und Feuer, daß ich Angst bekam und weglief. Aber im Traum. Hätte ich mich je vor Feuer gefürchtet? Dann träumte ich, daß sie mich ertränkten, und ich schrie, während sie mich ertränkten und mit dem Stock prügelten.

Die Erde ist eine Insel, denn rundherum ist das Meer. Ich weiß es, weil ich zuerst in Trapani, in der Colombaia, im Gefängnis gesessen habe. Und ich habe mir eingebildet, daß die Erde Erde ist und daß wir mitten auf einer Insel sitzen. Und als ich sah, sagte ich bei mir: »Wenn auch hier das Meer ist, rundherum, wie bei Castellammare, dann ist die Erde eine Insel.« Ich sah die Colombaia, die eine Insel ist, als sie mich mit Handschellen dahin brachten, da habe ich begriffen, was Insel heißt.

Was ist Italien? Italien gibt's auch. Italien gibt es. Auch hier im Gefängnis Ucciardone ist Italien. Ein Gefängnis, und dennoch Italien. Hier ist aber auch Sizilien. Was für ein Unterschied ist zwischen Sizilien und Italien? Wenn man sagt: »Giornale di Sicilia«, so heißt das: Zeitung von überall.

In der Welt sind Dörfer, Häuser, eine verwickelte Geschichte. Seit ich im Gefängnis sitze, habe ich neue Dinge bekommen: ein Bett mit Laken, Decken, Matratzen, Kissen, wann habe ich das je gehabt? Ich weiß, daß ich auf dem Lande geboren bin, weil sie mir das gesagt haben, auch mein Vater sagte es mir. Die Häuser sah ich von fern, aber was hatte ich da drinnen zu tun? War ich ein Herr? Als die Polizisten mich abholten, fanden sie mich zwischen den Kühen, und als ich sie sah, wollte ich grade fortlaufen.

Schießen kann ich. Wenn ich auf einen Menschen ziele, treffe ich ihn. Ich habe es gelernt, als ich bei einem die Flinte sah und ihm sagte: »Schenkst du mir dies Rohr?« Er antwortete: »Das ist eine Flinte.« Da sagte ich zu ihm: »Läßt du mich mal?« Denn ich hatte ihn schießen und treffen gesehen. Und er gab sie mir, und ich zielte auf zwei Kakteen und traf sie. Er hat es mir beigebracht, er hielt die Flinte, und ich zog den Hahn ab.

Aber die Kaninchen kann ich mit den Händen fangen, im Sommer, wenn sie sich unter den Steinen verstecken. Ich schlug sie tot, weidete sie aus, zog das Fell ab und brachte sie aufs Feuer. Nur so, ohne Salz oder Öl. Wer sollte mir Öl geben? Ich schlug zwei Steine aneinander und entfachte mit den Funken ein Feuer, Feuerstein nennt man das. Wenn ich sah, daß das Kaninchen sich ein wenig auf der einen Seite bräunte, ließ ich es an der anderen Seite rösten, und dann fing ich an zu essen. Manchmal aß ich sie auch roh, auch rohe Schnecken, selbst mit dem Gehäuse, wilden Spargel. Frösche, wo es Wasser gibt. Ich zog ihnen die Haut ab und röstete sie. Für die Füchse machte ich vor ihren Höhlen Schlingen. Es gab kleine und große. Einmal fing ich einen großen, der mich in die Schulter biß: Ich hob einen Stein auf und zertrümmerte ihm den Kopf. Ich aß auch wilde Hunde, wenn ich sie kriegte. Ich warf sie von den Felsen hinunter oder schlug auf sie los, bis sie tot waren. Raben erschlug ich mit Steinen, wenn sie fraßen. Ich trank die kleinen Eier der Rotkehlchen und der Stieglitze aus. Ich breitete Stroh aus vor den Lagern der Stachelschweine, so daß sie darauf ausglitten. Dann erschlug ich sie mit einem Stock, sie sind gut zu essen. Auch das Kaninchenfleisch ist gut. Mit meinen Händen riß ich das Fell ab, was ich abreißen konnte, riß ich ab und warf es aufs Feuer. Ich aß alles nachts, Brot hatte ich keines.

Im Gefängnis, in der Colombaia, haben sie mich ein bißchen etwas lernen lassen. Sie zeigten mir ein Ei und lehrten mich das »o«. Dann ein »o« mit einem Beinchen, das heißt »a«, dann das »u« mit dem »Muh« der Kuh. Dann das »e« und das »i«. Und damit Schluß.

Wie wünschte ich mir mein Leben? Viehtreiben. Rechnen können. Das Geld kennen. Zeug kaufen und verkaufen und verdienen. Schuhe für hundert Lire kaufen, zum Beispiel, und für zweihundert verkaufen. Wieviel kostet ein Paar Schuhe? Seit meiner Geburt habe ich vier Paar Schuhe besessen. Als mein Vater aus dem Gefängnis kam, hat er mir das erste Paar geholt, dann zerrissen sie, und er hat mir ein anderes Paar geholt. Jetzt hat mir ein Vetter diese aus Gummi gebracht, als der Prozeß war. Und ich hatte ein Paar genagelte Schuhe und rutschte auf dem Zementfußboden und auf den Treppen immer aus, und da schickte ich sie nach Hause und ging barfuß. Alle Augenblicke fiel ich hin, die Wächter schauten mich verwundert an.

Ist das die Art, gut zu leben? Es gibt eine Art, gut zu leben. Weißt du wie? Wenn sie alle Gefängnisse abrissen, wäre es besser. Man sagt, dann würden wir uns alle gegenseitig ermorden. Jawohl, aber mit Verstand: Wir würden den umbringen, der es verdient.

Es wird sicher einer da sein, der in Italien kommandiert. Wer? Mir scheint, Mussolini. Alle diese Advokaten essen auf unsere Kosten, die Behörden treiben auf unsere Kosten Handel. Wer etwas Schlechtes tut, den soll man umbringen und verbrennen, daß man nicht einmal die Asche findet.

Welch ein Unterschied ist zwischen meinen Bergen und diesem Leben in der Stadt! Ich bin verwildert, und wenn ich in die Stadt komme, schaut mich niemand an. Wir sind grundverschieden. Der Mensch in der Stadt kann lesen und schreiben, er kann sich durchschlagen, er weiß mit den Leuten umzugehen. Der in der Stadt sieht Menschen, in den Bergen sehe ich niemand. Mit den Menschen leben ist schön, aber nur für den, der reden kann; wer nicht reden kann, wer sich nicht zu betragen weiß, den jagen sie weg, den bringen sie um. Sie lassen ihn verhaften, ihn ins Gefängnis bringen. Den Armen sieht niemand an, und den Reichen, Mächtigen sehen alle an. Die sollte man umbringen, nicht uns Arme.

Wenn ich machen könnte, was ich möchte, dann würde ich studieren und schreiben. Aber ich möchte immer unter den Tieren leben. Sie sind stumm, sie kennen keine Worte. Statt mit Worten zu rufen, machen sie »Muh«. Sobald ich sie rufe, hören sie auf, Unfug zu treiben. Wenn sie es beim ersten Mal nicht hören, nimmt der Hirte eine Rute oder wirft einen Stein, und dann hören sie auf. Ich sehe, wann sie Durst haben. Zum Beispiel im Mai und im ganzen Sommer haben sie immer Durst, weil das Gras anfängt, dürr zu werden. Sie können nichts sagen, aber wenn der Hütejunge nicht aufpaßt, werden sie schwach. Ich verstehe mich viel besser mit den Kühen, Schafen, Ziegen als mit den Menschen. Wenn ich die Kuh pflege, nützt sie mir, sie gibt Milch: Ich achte sie, und sie achtet mich. Aber die Menschen beuten mich nur aus. Diese Tiere, Kühe, Schafe, Ziegen, verstehe ich zu leiten, aber die Menschen nicht. Zu mir sind die Tiere besser gewesen als die Menschen. Manche Tiere kamen immer zu mir. Eine Ziege und ein Lamm folgten mir überallhin. Ich gab ihnen auch Brot, wenn ich welches hatte. Und auch Pasta mit Sauce, um sie so zutraulich zu machen. Ich liebte sie, und so kamen sie zu mir. Wenn ich hineinging, kamen sie auch. Wenn ich bis zum Meer ging, kamen sie bis zum Meer. Ich rief sie, und sie antworteten mir in ihrer Sprache und kamen zu mir und tanzten um mich herum. Ich liebe es, in Gesellschaft zu sein, aber nicht in einer Gesellschaft, wo es Haß auf beiden Seiten gibt. Haß gibt es auch manchmal unter den Tieren. Ein Stier und auch einige Kühe haben mich gehaßt. Eine schlug immer aus, eine fraß Feigen und wollte nicht auf mich hören, und eine andere Kuh, die dann ein großes Kalb warf, brannte immer durch, um sich vollzufressen.

Aber auch wenn die Tiere hassen, sind sie besser als die Menschen. Die Kühe lassen sich ziemlich leicht zähmen, und wenn nicht, werden sie verkauft und geschlachtet. Aber mit den Menschen ist es gefährlicher, denn wenn man entdeckt wird – gesetzt, ich töte dich, oder du tötest mich –, dann muß man büßen. Die Kühe sind nicht fähig, sich zu verabreden, mir Böses zu tun; dagegen die Menschen können sich alle verabreden, Böses zu tun, mich hungern zu lassen, mich nicht in Freiheit leben zu lassen.

Freunde wie dieses Zicklein oder dieses Lamm habe ich nie mehr gehabt. Mein Vater war Soldat oder im Gefängnis oder hatte Zwangsaufenthalt, und ich habe ihn wenig gesehen. Meine Mutter und meine Brüder lieben mich, aber so wie dieses Zicklein und dieses Lamm liebt mich nicht einmal Gott. Die beiden habe ich gesehen, wie sie geboren wurden, ich habe sie gefüttert, sie haben sich mir ins Herz geprägt. Ich zog sie mit Kuhmilch auf, und sie liefen mir nach. Wie die Hündchen liefen sie mir nach.

Ich weiß nicht, warum, aber in der Liebe zu diesem Zicklein und zu diesem Lamm ist etwas Schreckliches.

Das Zicklein war immer um mich, wenn meine Brüder spielten. Wie das Zicklein hatte ich niemanden um mich.

Ich habe das Zicklein verkauft, um mir Brot zu kaufen. Einen Monat habe ich darüber nachgedacht, denn ich wollte beides, das Zicklein und das Geld. Ich dachte: Soll ich es verkaufen oder nicht? Ich wollte beides. Sie war weiß, mit einem rotgefleckten Kopf. Sie hatte Augen wie ein Mensch. Wie du. Ihr Schwanz war klein und haarig. Als sie heranwuchs, fingen die Hörner an, sich zu krümmen. Ich liebte dieses Zicklein. Wenn ich es verkaufe, habe ich es nicht mehr. Und dann habe ich es doch verkauft. Ich kaufte ein Kilo Brot, ein Kilo Fische, und ich aß. Und beim Essen dachte ich immer an das Zicklein. Dann habe ich zwei Tage gefastet und immer unter Tränen an es gedacht. Dann arbeitete ich, aber ich dachte immer an es, und noch jetzt denke ich an es.

Auch meine Mutter liebte mich. Als ich in die Berge zog, sagte sie mir, ich solle nicht fallen, ich solle anständig arbeiten, niemals mit denen umgehen, die Böses mit mir im Sinne hätten. Sie küßte mich, als ich für sechs Monate so weit wegging. Wenn sie Brot hatte, gab sie mir welches, wenn sie keins hatte, gab sie mir keins.

Weihnachten und Ostern habe ich zweimal im Gefängnis verbracht; manchmal war ich vorher in den Bergen und manchmal zu Hause. Kino habe ich zum erstenmal im Gefängnis gesehen, vorher hatte ich ein bißchen davon gesehen, und ich verstand gar nichts: laufende Pferde, Haudegen auf beiden Seiten. Dann sah ich auch einen Pferdezirkus, mit einem Fräulein, das auf einem großen Ball balancierte, und einem Pferd, das auf einem Stück Brett ging. Im Zug bin ich zum erstenmal mit elf Jahren gefahren, um meinen Vater im Gefängnis, in der Colombaia, zu besuchen: aber es war eine große Sturmflut, und wir konnten nicht hinüber auf die Insel und mußten umkehren. Das zweite Mal, als ich vom Pferde stürzte und einen Arm brach. Das dritte Mal, um selbst ins Gefängnis zu gehen.

Parteien? Drei oder vier. Sozialisten, die Priesterdemokratie, Monarchisten und Kommunisten. Der Demokratie müßte man alle Köpfe abschneiden und damit Ball spielen. Die Monarchie, das sind die Reichen, die Besitzenden, sie hocken dem Volk auf dem Hals und saugen es aus. Ich liebe keine Partei, weil ich als Vorbestrafter in keiner Partei bin. Ich möchte sie alle an die Wand stellen. Das sind alles Hurensöhne. Ein Advokat und ein gehörnter Richter sprechen niemals die Wahrheit. Ich weiß es, denn ich hörte die Leute Wahlreden halten und schnappte einige Worte auf.

In Amerika und Rußland ist dieselbe Regierung wie hier. Wie ist Rußland? – Eine kleine Insel. China – was ist das? Eine »racina«, eine Weintraube, nie gehört.

Ich sitze wegen ein wenig Gras im Gefängnis. Ich war auf einem Feld, und ein Junge sah zu; kaum pfiff er, so flog ein Stein gegen einen, der dazukam. Ich rückte mit der Kuh aus, die weiterlief. Dann kamen die Polizisten zum erstenmal. Ich war im Stall und hörte den Lärm der Pferdehufe, während ich den Dünger zusammenkratzte. Sie wollten mich aufs Kommissariat bringen, wollten mich fesseln, aber ich wollte nicht mit ihnen gehen.

Ein anderes Mal kamen sie, während ich molk; sie nahmen mich zwischen die Pferde und brachten mich zum Kommissariat. Dort bedrohten sie mich mit dem Messer, gaben mir Hiebe auf den Rücken, gaben mir Fußtritte und schrieben ohne Feder, wer weiß, was das für eine Schweinerei war. Ich mußte ein Kreuz drunter machen und konnte gehen.

Nach vier Monaten holten sie mich und brachten mich ins Gefängnis, in die Colombaia. Dann machten sie mir den Prozeß und brummten mir vier Jahre und zwanzig Tage auf. Sechs Jahre hatten sie verlangt. Sie fragten mich, ob ich Berufung einlege; ich weinte und konnte nicht aus den Augen sehen. Und ich bin hier im Ucciardone und warte auf die Berufung, aber der Kläger läßt sich niemals blicken.

Giovanni Arpino

Eine Reisebekanntschaft

Sie hatte sich majestätisch niedergelassen, nachdem sie die Armlehnen der Bank nach oben geklappt hatte. Die drei Männer im Abteil hatten sofort ihre Augen wieder abgewandt, denn es war eine Frau von gewaltigem Umfang, und ihre breiten, schlaffen Lippen ließen wenige, ungleichmäßige Zähne sehen. Sie hatte mit energischem Schwung drei unförmige, verschnürte Bündel ins Gepäcknetz geworfen, und schon jetzt beobachtete sie sie mit strengen, gierigen Blicken durch die Maschen des Gepäcknetzes.

»Der Zug fährt doch nach Neapel?« fragte sie, ohne sich an jemanden im besonderen zu richten.

»Ja«, antwortete lustlos eine Stimme, und die Frau stieß einen tiefen Seufzer der Befriedigung aus.

»Neapel, und dann morgen früh Sizilien ...«, fuhr sie nach tiefem Atemholen fort.

Sie trug einen riesigen bunten Pullover, der nicht zu ihren grauen Haaren paßte, und der Rock ließ gerade eine Handbreit ihrer mächtigen, in wollenen Strümpfen steckenden Beine sehen. An einem ihrer Finger trug sie zwei goldene Ringe. Wie ein riesenhaftes Tier, das sich zur Ruhe legt, indem es nach und nach die Muskulatur entspannt, die Sehnen lockert, die Pranken aufsetzt, für Hals und Kopf eine Stütze findet, um sich, ganz von sich selbst erfüllt, auf dem vertrauten Lager breit niederzulassen, so kam die Frau langsam in Berührung mit der kunstledernen Bank des Abteils, fand Platz für ihre Ellbogen, rollte die Schultern, faltete die Hände und bot am Ende ein Bild reiner Erwartung. Noch einmal stieß sie einen Seufzer aus, ohne eine Ahnung davon zu haben, wie lästig sie den drei Mitreisenden im Abteil war, die ihrerseits offensichtlich erfahrene Eisenbahnreisende waren und genau wußten, wie man sich im Abteil eine provisorische Höhle schafft, sich durch die Zeitung und die heruntergeklappten Armlehnen, die den Raum unterteilen, abschirmt und die Beine übereinanderschlägt, so daß die Knie förmlich einen Knoten bilden.

Mit ihren wässerigen Augen musterte sie die drei nacheinander, um sie gleich darauf wieder nicht mehr zu beachten. Aber auch für den Bahnhof mit seinen eisernen Arkaden, unter denen sich die Dunkelheit sammelte, zeigte sie nicht das geringste Interesse, sowenig wie für die aus Lautsprechern schallenden Stimmen, die sich hinter den trüben Fensterscheiben an diesem grauen Wintermorgen in Zahlen und Anweisungen verloren.

Später, als draußen, in der Moderluft der Ebene, zu beiden Seiten des Zuges die Eisenkonstruktion der Pobrücke vor Piacenza heftig vibrierte, zeigte die Frau kaum ein Zucken ihrer schweren Augenlider; nichts konnte sie in ihrer bequem hingelagerten Fülle erschüttern.

Die drei Mitreisenden zündeten sich jeder eine Zigarette an, nicht ohne flinke Blicke zu wechseln, wie es zwischen Fremden an so einem kalten, trüben Reisemorgen geschieht. Und immer wieder, beim knisternden Umblättern der Zeitung, oder wenn sie sich niederbeugten und mit dem Absatz das Zigarettenende austraten, warfen sie auch einen wachsamen Blick auf die reglos dasitzende Frau und verbargen dabei nicht voreinander ein komplizenhaftes Gefühl der Belästigung.

»Die Fahrkarten, bitte!« Der Kontrolleur hatte die Tür zum Abteil geöffnet.

Die drei Männer hatten sie schon griffbereit, ob in der Brusttasche des Jacketts oder im Ärmelaufschlag des Mantels. Die Frau dagegen wühlte lange mit der Hand in der sich bauschenden Tasche ihres bunten Pullovers, als wolle sie, sich mit geschlossenen Augen erinnernd, das Versteck wiederfinden, und nach einem Taschentuch, einem Rosenkranz und einem Kamm zog sie endlich das rechteckige Stückchen Pappe hervor. Sie behielt es in der Hand, ohne es dem Schaffner hinzustrecken, so daß dieser sich mit bösem Blick vorbeugte, um ihr die Fahrkarte abzunehmen.

»Der Schnellzug-Zuschlag fehlt«, erklärte er sofort und machte sich an seiner Tasche zu schaffen.

Die Frau hob die Augenlider, um ihn anzusehen, sagte aber kein Wort.

»Der Schnellzug-Zuschlag«, wiederholte er mit einem Achselzucken, als handele es sich um etwas ganz Selbstverständliches.

Die drei Mitreisenden hatten ihre Zeitungen sinken lassen und damit auf die Abschirmung verzichtet. Mit kaum verhohlener Aufmerksamkeit beobachteten sie die Szene, um den Mund ein angedeutetes Lächeln, das für den ganz von der Situation in Anspruch genommenen Kontrolleur bestimmt war.

»Das hier ist ein Schnellzug. Dafür braucht man ein zusätzliches Billett. Einen Zuschlag«, erklärte der Mann ruhig und sprach jedes Wort langsam und deutlich aus.

»Aber das Billett haben meine Kinder für mich gelöst! Was ist daran falsch?« erregte sich plötzlich die Frau.

»Das Billett ist in Ordnung«, versicherte der Schaffner mit verständnisvoll resignierendem Lächeln. »Aber es genügt nicht. Sie fahren hier in einem Schnellzug, und dafür brauchen Sie ein zweites, eben den Zuschlag für Schnellzüge.«

»Aber der Zug fährt doch nach Neapel?« fragte die Frau.

»Selbstverständlich, nach Neapel! Es ist der Schnellzug Mailand–Neapel!« skandierte der Kontrolleur. »Ich stelle Ihnen jetzt den zweiten Fahrschein aus.«

Und um zu einem Ende zu kommen, zog er aus seiner Tasche einen in einer schwarzen Lederhülle steckenden Fahrkartenblock.

»Was machen Sie denn da? Was schreiben Sie?« protestierte die Frau.

Die Stimme, argwöhnisch und rauh, schien nicht zu diesem Körper zu gehören, der sich immer noch sanft der Ruhe überließ. Wieder erschien sie den drei beobachtenden Mitreisenden wie ein großes, träges Tier, das sich jetzt zu einer ersten, noch oberflächlichen Reaktion gegenüber der Gefahr gezwungen sah.

»Ich sage Ihnen jetzt, wieviel es macht. Also Mailand–Neapel«, erklärte er und fuhr mit dem Fingernagel die Zahlenreihen auf seiner gelben Tabelle entlang.

»Ich kann es nicht besser wissen. Meine Kinder haben die Karte für mich gelöst. Ich fahre nach Sizilien und nicht nach Neapel. Sie haben selbst gesagt, daß das Billett in Ordnung ist. Ich kenne mich da nicht aus«, leierte die Frau klagend, während sie, kaum die auf der Brust gefalteten Hände bewegend, aufmerksam den Mann ansah.

»Wie soll ich es Ihnen denn erklären, Signora?« Der Kontrolleur schwenkte die Tabelle in seiner Hand. »Sie brauchen den Zuschlag für Schnellzüge. Dieser Zug ist ein Schnellzug und keiner von denen, die an jeder Station halten.«

Seine Rede erstarb ihm auf den Lippen. Verständnis heischend wandte er sein Fuchsgesicht den übrigen Fahrgästen im Abteil zu, die den Kopf schüttelten, die Beine wieder übereinanderschlugen und nun gänzlich von ihrer Zeitungslektüre abgelenkt waren.

»Also, der Zuschlag ...«, begann er von neuem und drückte den Finger energisch auf seine Tabelle.

»In Neapel steige ich um. So viel weiß ich«, schnitt sie ihm das Wort ab.

»Selbstverständlich müssen Sie in Neapel umsteigen. Dieser Schnellzug fährt nicht weiter als bis Neapel«, erklärte der Kontrolleur mit einem Lächeln und drückte bereits auf den Knopf seines Druckbleistifts.

»Jetzt schreiben Sie also doch etwas!« Die Frau war jetzt ganz gespannte Aufmerksamkeit.

»Selbstverständlich schreibe ich! Ich bitte Sie, Signora, Sie müssen doch verstehen ... Aber was ist denn daran so schwer zu verstehen ...« Der Kontrolleur verlor die Geduld. »Wenn ich einen der Herren bitten dürfte, mir für einen Augenblick seine beiden Fahrkarten zu zeigen ...«

Einer der drei zog prompt die beiden Karten aus der Tasche und reichte sie dem Kontrolleur, der ihm die Hand schon entgegenstreckte.

»Sehen Sie diese beiden Karten, Signora?« versuchte es der Mann zum letztenmal. »Jeder Fahrgast in diesem Zug hat zwei Karten. Eine normale, wie Sie sie haben, und eine zweite, den Zuschlag für Schnellzüge. Sehen Sie sich an, Signora!«

Sie wandte den Kopf ab. Kauernd bewegte sie die Kiefer zwischen den dicken Lippen und schien wieder in tiefe Lethargie zu versinken, bis endlich die beiden ihr unter die Augen gehaltenen Billetts zurückgezogen wurden.

»Wenn Sie unbedingt schreiben müssen, schreiben Sie halt!« Sie sprach langsam und schwer atmend. »Wenn Sie es sagen. Sie müssen ja wissen, was Sie tun. Ich fahre nach Sizilien. Tun Sie, was Sie tun müssen.«

Der Mann lehnte sich an den Rand der Tür und begann, das Formular auszufüllen. Das Interesse der drei Mitreisenden schien inzwischen nachgelassen zu haben; die Zeitungen waren wieder, als sei nichts geschehen, bis zur Höhe ihrer Gesichter heraufgerückt. Die Frau saß still da und blickte starr vor sich hin, nur alle paar Augenblicke spähte sie rasch nach den Bündeln im Gepäcknetz.

Mit geübter Geste zog der Kontrolleur die beiden Blatt Kohlepapier aus dem Block, riß das tintenbekleckste Formular ab und faltete es.

»So, es macht tausendund ...« Er sprach die Zahl mit äußerster Deutlichkeit aus.

Die Frau löste nicht die gefalteten Hände, nickte nur mit dem Kopf und hatte nicht einen Blick für das Blättchen Papier, das ihr vor den Augen tanzte.

»Tausendund ...«, wiederholte der Mann und hielt ihr das Papier entgegen.

»Das hätte ich also zu zahlen?« fragte die Frau.

»Aber ja. Ihr Fahrschein«, sagte der Mann. »Der Schnellzug-Zuschlag bis Neapel. Jetzt ist alles in Ordnung. Tausendund ...«

»Tausendund ...«, wiederholte ungerührt die Frau, während die Kiefer mächtig mahlten.

Über den oberen Zeitungsrand hinweg begannen die drei Mitreisenden wieder die Szene zu beobachten. Die Frau, den Fahrschein wenige Zentimeter vor den Augen, betrachtete nur die Wand gegenüber, während sich ihre Lippen in einem stummen Nachrechnen bewegten.

»Wenn ich bitten darf«, flehte sie der Kontrolleur an. »Wenn es alle so machten wie Sie, dann brauchte ich sechs Stunden, um alle Fahrkarten zu kontrollieren. Bitte, Signora, nehmen Sie Ihren Fahrschein. Es macht tausendund ...«

»Ich habe schon verstanden; das soll ich zahlen«, sagte sie und würdigte ihn keines Blickes.

Dann griff sie mit einer schwerfälligen, zögernden Bewegung in die Tasche und zog ein Taschentuch heraus. Obwohl zerknittert, war es blütenrein, und indem die Frau es gemächlich entfaltete, wurde ein Knoten sichtbar, den sie nun mit ihren dicken Fingern löste. Auf dem weißen Grund erschien eine Fünfhundertliremünze.

»Da. Machen Sie sich bezahlt«, sagte sie und hielt dem Schaffner das geöffnete Taschentuch hin.

In dem Fuchsgesicht des Mannes zuckte es. Der Fahrschein verschwand mit der plötzlich schlaff herabbaumelnden Hand des Kontrolleurs.

»Signora«, sagte er. »Es macht tausendundsoundsoviel Lire. Und Sie geben mir fünfhundert Lire.«

»Es war Ihre Idee, mir den Fahrschein auszustellen. Und das hier ist mein ganzes Geld. Also machen Sie sich damit bezahlt«, forderte sie und hielt ihm das baumwollene Taschentuch entgegen. Die große Hand, die sie erhoben hatte, war so fest und ruhig wie der Wipfel eines entlaubten Baumes.

»Was soll das heißen, machen Sie sich bezahlt? Herrgott ...«, klagte der Mann, verzweifelt um sich blickend. Er verfiel plötzlich in einen langen Augenblick des Schweigens, während er verstört in die Landschaft hinausblickte, die hinter den Scheiben flach, gestaltlos und ein wenig unheimlich zwischen nebligen Lichthöfen dahinglitt.

»Das und nicht mehr haben mir meine Kinder mitgegeben. Nehmen Sie es und bezahlen Sie damit das Billett«, begann sie von neuem und zog die Hand nicht zurück.

»Wie soll ich es Ihnen denn sagen? Soll ich singen? Ich habe genug davon! Das ist doch zum Verrücktwerden! Und dann heißt es immer ...« Er zog die Schultern hoch und steckte wütend den in schwarzes Leder gehüllten Fahrkartenblock wieder in seine Tasche.

Die Zeitungen lagen nun wieder zusammengefaltet auf der Bank; die drei Mitreisenden beobachteten von neuem die Szene. Schließlich wandte sich einer von ihnen, der mehr als die andern davon angewidert war, ab und sah, als wollte er damit seinen Unwillen besonders unterstreichen, zum Fenster hinaus, auf die Leitungsdrähte, die sich abwechselnd senkten und hoben.

»Einen Augenblick mal, ich bin gleich wieder da«, brummte der Kontrolleur verwirrt, faltete den Zuschlagsfahrschein zusammen und stürzte auf den Gang hinaus. Die Frau dagegen schloß, mit der gewohnten Langsamkeit, die Hand um die Münze und verschränkte, mit geballten Fäusten, die Arme über der Brust.

Die beiden andern im Abteil, die sie beobachteten, wechselten Blicke ironischer Verzweiflung. Als ob sie plötzlich ihre Fähigkeit, bequem und ruhig dazusitzen, für immer verloren hätten, rutschten sie ein wenig hin und her und teilten sich mit kleinen Gesten, blitzschnellen Blicken und einem andeutenden Mienenspiel, das der Worte entraten konnte, all die verschiedenen Empfindungen mit, die diese Szene in ihren Herzen aufgerührt und mit denen sie den Alltag aus ihren Gedanken verdrängt hatte.

Der Mund der Frau kaute und kaute, wozu ein ständiges Einsaugen und Aufblasen der Wangen kam. Aber die gerunzelte Stirn unter der Kappe der weißen Haare, die verschränkten Arme und die starre Haltung des Oberkörpers verrieten, nicht anders als die Knie, die den Rock so straff spannten, daß er wie ein hölzernes Dach wirkte, ihre ganze Kraft zum Widerstand, die sich in ihr sammelte, um für einen neuen, Gott weiß was für einen Zusammenstoß gewappnet zu sein. Ihre Blicke jedoch, das Lebendigste an ihr, wanderten wieder nach oben, zu den Bündeln im Gepäcknetz, kontrollierten und betasteten sie gleichsam, jeden Knoten der Schnüre entlanggehend, wie zu einem letzten Appell vor der Schlacht.

»Zwölf Kinder habe ich zur Welt gebracht!« kam es plötzlich zwischen den mahlenden Kiefern hervor. »Zwölf. Sechs leben in Mailand und sechs in Sizilien. Jawohl. Und jetzt müssen die da mir so ein Billett schreiben. Als ob sie mir zu verstehen geben wollten: Deine Kinder sind nicht imstande, sich um dich zu kümmern; sie wissen nicht, was du für eine Reise brauchst!«

Sie hatte bei ihren Worten niemanden im besonderen angesehen, und der von ihr laut geäußerte Verdacht stand wie ein ungewisser Schatten auf den Gesichtern der beiden Reisegefährten, die sich noch immer gegenseitig beobachten. Einer der drei deutete jetzt ein Lächeln an, das vielleicht zu einem Trostwort, zu einem kleinen Gespräch überleiten sollte, aber plötzlich gefror auch dieses Lächeln, da es auf den anderen Gesichtern keine Erwiderung fand.

»So, da bin ich wieder«, seufzte der Schaffner, als er sich im Türrahmen zeigte. Er stand an den Pfosten gelehnt, in einer Haltung, als erwartete er voller Resignation Gott weiß was für eine neue Prüfung.

»Einmal habe ich gesehen, zum Beispiel bei einem Soldaten ...«, begann einer der beiden Beobachter der Szene, »dem hat der Kontrolleur das Billett, das nicht in Ordnung war, abgenommen und hat es bis zum Ende der Fahrt sozusagen unerledigt gelassen. Er hat es dem Soldaten erst wiedergegeben, als er aussteigen mußte.«

Der Mann, der an der Tür lehnte, nickte müde, den blanken Mützenschirm aus der blassen Stirn geschoben.

»Aber ja, das weiß ich auch«, gab er brummend zu verstehen. »Aber das ist ein Schnellzug. Ich steige in Pisa aus, und wer sagt mir, ob mein Kollege, der mich in Pisa ablöst, ebenso nachsichtig ist ... Wenn sich nur einmal jemand in meine Lage versetzen wollte! Gar nicht zu reden von der Möglichkeit, daß ein Inspektor zusteigt. Das passiert in diesen Zügen immerzu ...«

Seine Stimme wurde heiser, und aus der Tasche kam wieder, mit einem Schwung, der bekannte Zuschlagsfahrschein hervor, drang auf die Frau ein und zog sich zurück, da er nicht vermocht hatte, ihre Aufmerksamkeit zu erwecken.

»Signora!« hauchte der Schaffner.

»Schluß damit!« rief aufgebracht der dritte, der die ganze Zeit über ungehalten am Fenster gestanden hatte, und griff schon wuterfüllt in seine Tasche. »Den Zuschlag bezahle ich, ist das klar? Damit die Geschichte ein Ende hat!«

Brüsk streckte er dem Schaffner die tausend Lire entgegen, die dieser erst nach einem Augenblick des Zögerns annahm. Die Hand der Frau öffnete sich, löste sich von der Brust und ließ noch einmal die Münze auf dem entfalteten Taschentuch sehen.

»Was soll ich Ihnen sagen? Ich danke Ihnen«, stammelte der Schaffner. »Und was das Kleingeld angeht, so könnte ich das auch selbst übernehmen. Natürlich, es ist ja kein Betrag!«

Aber da hatte schon der eine der beiden anderen, dem dritten zuvorkommend, sein Portemonnaie gezogen und zählte nun die noch fehlenden Hunderter her.

Darauf zog die Frau die Hand zurück und knotete ruhig, ohne einmal die Augenlider zu heben, das Taschentuch wieder zu, um es alsdann in ihrer Tasche verschwinden zu lassen.

»Sehen Sie, Signora, wie sich alles arrangiert hat?« sagte der Schaffner vergnügt, indem er ihr den Fahrschein reichte. »Man soll nie die Hoffnung aufgeben ...«

Einen Augenblick wippte er mit den Füßen, bevor er zwei Finger an den Schirm legte und auf dem Gang verschwand.

Die Frau hatte sich, den gefalteten Fahrschein in der Hand, nicht gerührt. Sie nickte mit einer kaum wahrnehmbaren, geheimnisvollen Neigung des Kopfes, und ihre Lippen quälten sich ein wiederholtes Zähnefletschen ab.

»Jetzt müßte ich wohl danke sagen«, meinte sie und sah starr geradeaus.

Unter dem weißen Haar hatte sich ihre Stirn in krause Falten gezogen; sie konnte sich nicht mehr glätten. Nur langsam setzte sich ihr Körper wieder in Bewegung, und ganz allmählich gewann sie die Fähigkeit zurück, ihre Glieder zu gebrauchen. Jetzt stand sie auf ihren Füßen und hob mit ihren großen Händen die Bündel aus dem Gepäcknetz. Sie hielt sie alle drei wie in einer Umarmung zusammen.

»Also: danke!« sagte sie, die Stimme erhebend, ohne sich noch einmal umzudrehen, schon auf dem Wege, sich einen anderen Platz zu suchen, und schwerfällig schob sie sich über die Schwelle des Abteils.

Luigi Malerba

Die Erde

Tschao Mong-jen war berühmt als Astrologe und mächtiger Zauberer, denn es war ihm gelungen, den Brand der Kornkammern der Hauptstadt mit einem einzigen Ausspucken zu löschen und, bei einer anderen Gelegenheit, mitten im Winter ein Hirsefeld zum Reifen zu bringen. Deswegen rief ihn der Kaiser Tsche Huang-ti an seinen Hof, wo er, der aus der fernen Region von Tsche-li kam, mit allen Ehren empfangen wurde. Man quartierte ihn im Haus der Zeit ein, einem quadratischen Bau (genau wie das Haus der Erde), und gab ihm den Auftrag, die Einteilung der Monate und Jahre zu untersuchen und den Kaiserlichen Kalender zu reformieren.

»Unser Kaiser ist«, erklärte ihm der Erste Sekretär bei einer geheimen Unterredung, »mit dem gegenwärtigen Kalender nicht zufrieden. Er meint, das Instrument zur Messung der Zeit müsse vollkommen sein, das heißt gleichmäßig und symmetrisch.«

»Aber hier am Hofe gibt es Dutzende von bedeutenden Mathematikern und Astronomen«, bemerkte, argwöhnisch geworden, Tschao Mong-jen.

Dies konnte der Erste Sekretär nicht gut leugnen, aber, so fügte er hinzu, der Kaiser vertraue gerade auf seine, des Gastes, magischen Künste und erwarte, schließlich und endlich, von ihm etwas mehr als nur die Revision des Kalenders. Nach vielen mit schmeichelhaften Umschreibungen verbrämten Worten eröffnete ihm der Erste Sekretär, in Wahrheit erwarte der Kaiser von ihm, Tschao Mong-jen, zwischen den Falten der Zeit den Spalt zu finden, durch den man erfaßt, was man weder sehen noch berühren kann – mit anderen Worten, die Unsterblichkeit seiner Geheiligten Person.

Der Magier versuchte es mit Ausflüchten, aber dem Ersten Sekretär schien es mit seinem Ansinnen sehr ernst zu sein. Glückverheißende Zeichen hatten das Herz des Kaisers mit Hoffnung erfüllt. Er habe zum Beispiel am Himmel einen Stern von der Größe eines Kürbisses gesehen; und ein andermal, beim Durchqueren eines Flusses, sei das Wasser zur Quelle zurückgeflossen. Wieder bei anderer Gelegenheit habe er am Strand einen bellenden Seehund angetroffen, während doch bekannt ist, daß Seehunde nicht bellen, ja, daß man gelegentlich die Meinung hören kann, es gäbe sie überhaupt nicht.

»All diese Wunder sind ein untrügliches Zeichen«, behauptete nun der Erste Sekretär, »daß unser Kaiser bestimmt ist, in die Unsterblichkeit einzugehen.«

Schüchtern versuchte der Magier, einige Zweifel an der Bedeutung dieser Wunder zu äußern, aber der Erste Sekretär machte ihm seine Skepsis zum Vorwurf.

»Hast du vielleicht schon einmal einen Stern von der Größe eines Kürbisses gesehen?« fragte er den Magier. »Oder das Wasser eines Flusses zur Quelle hinauffließen? Oder einen bellenden Seehund am Strand?«

Tschao Mong-jen mußte gestehen, daß er dergleichen in der Tat nie gesehen habe. Und so zog er sich wieder ins Haus der Zeit zurück, um über die Einteilung der Monate und Jahre nachzudenken und dem schwierigen Geheimnis der kaiserlichen Unsterblichkeit nachzusinnen. Das ihm zugewiesene Zimmer glich zu sehr einem Gefängnis, als daß er sich lange bei seinem ersten Gedanken, nämlich an Flucht, hätte aufhalten können. Nach zwei oder drei weiteren Unterredungen, die der Erste Sekretär benutzte, um sich in ultimativer Form nach den Ergebnissen der Arbeit Tschao Mong-jens zu erkundigen, sah sich dieser zur Aufstellung einer ebenso plumpen wie – unter diesen Umständen – ingeniösen Theorie veranlaßt. Nach dieser Theorie waren die Tage, die Monate und die Jahreszeiten nach denselben Grundsätzen der geometrischen Symmetrie zu ordnen, mit deren Hilfe man auch den Raum maß, keineswegs aber war dem Rhythmus des Umlaufs von Sonne und Mond zu folgen.

»Wir finden«, erklärte der Magier also, »in der Geometrie so vollkommene Formen wie den Kreis, in dem jeder Punkt allen anderen Punkten gleich ist und in dem alle Punkte zusammen eine unendliche Linie bilden. So kehrt denn jeder Augenblick, der ja nach dem neuen Zeitmeßplan mit dem vorangegangenen ebenso wie mit dem ihm folgenden identisch ist, auf ewig in sich selbst zurück. Wenn nun der Kaiser«, fuhr der Magier fort, »die Flucht der Zeit anhalten will, muß er einige Vorsichtsmaßregeln beachten. Sie bestehen vor allem in der Einhaltung strikter Bewegungslosigkeit in einem dunklen, lautlosen Raum.«

Einigermaßen verblüfft hörte sich der Erste Sekretär den Vorschlag des Magiers an.

»Und wer soll sich um das Reich kümmern?«

»Du«, sagte Tschao Mong-jen.

»Vielleicht hast du recht«, sagte der Erste Sekretär, durch den Vorschlag des Magiers geschmeichelt. »Seit vielen Jahren verfolge ich aus nächster Nähe die Tätigkeit unseres Kaisers. Ich berate ihn in schwierigen Situationen und helfe ihm bei dem Entwurf seiner Pläne, der für den Frieden wie der für den Krieg.«

Der Erste Sekretär begab sich zum Kaiser, der inzwischen auf eigene Faust versucht hatte, sich von der obersten Terrasse der Kaiserlichen Paläste aus mit den Himmelsgöttern in Verbindung zu setzen. Er unterbreitete ihm also den Plan Tschao Mong-jens und verfehlte nicht, ihn als ingeniös zu preisen. Nun paßte die Vorstellung des kreisförmigen Zeitablaufs vorzüglich zu den Formen der Natur – ob Sonne, ob Sterne, die Früchte an den Bäumen oder Melonen und Kürbisse: sie alle strebten die Vollkommenheit der Kugel an.

Während vieler langer Nächte träumte der Kaiser von konzentrischen Kreisen, einer vollkommenen Geometrie ineinander verflochtener Kreise, nach allen Richtungen des Universums im Unendlichen angeordnet, und von transparenten, konzentrischen Kugeln. Er glaubte, sobald es ihm gelänge, die Zeit in das Schema einer Kreisbewegung überzuführen, dergestalt, daß die Zukunft, über die bewegungslose Gegenwart hinwegschreitend, wieder zur Vergangenheit zurückkehrte, daß also dann die Formel der Unsterblichkeit fast mit Händen zu greifen wäre.

Noch bevor ihm die Gelehrten seines Hofstaats die Richtigkeit der neuen Theorie bestätigen konnten, ließ der Kaiser bereits sämtliche Geschichtsbücher vernichten und auf allen Gedenksteinen die Daten löschen. Darauf verkündete er den Beginn der Neuen Ära der Ewigen Gegenwart. Im übrigen beauftragte er eine Kommission von Mathematikern, nun auch in den Zahlen den Beweis für die bereits erwiesene Kreisbewegung der Zeit zu suchen, während er den Astrologen seiner Regierung auftrug, gemeinsam mit Tschao Mong-jen den neuen, der Kreisbewegung folgenden Kalender aufzustellen, in dem der letzte Tag des Jahres mit dem ersten des folgenden Jahres zusammenfallen mußte. An diesem Tage sollte alles noch einmal von vorn beginnen, und somit wäre das neue Jahr dann das bereits abgelaufene gewesen. Ohne Bedenken zu erheben, übernahmen die Magier und Mathematiker den Auftrag (übrigens waren Bedenken bei kaiserlichen Anordnungen auch gar nicht zulässig).

Eine ernste Überlegung freilich stellte sich störend der Theorie von der kreisenden Zeit entgegen. War es denn denkbar, daß die Erde quadratisch war? Warum sollte in einem Universum, in dem sich alles mit der gekrümmten Linie zeichnen ließ, ausgerechnet die Heimat des Menschen flach und viereckig sein? Während mancher Nacht zwang sich der Kaiser zu der Vorstellung einer Erde in Kugelform, aber gegen eine so absurde Idee wehrte sich sogar seine träumende Phantasie. Doch schließlich fand er, daß dies eine Aufgabe für die Scharen von Astronomen sei, die, aus der kaiserlichen Kasse großzügig unterhalten, am Hofe lebten.

Ebendiese Aufgabe stellte denn auch der Kaiser den im Thronsaal versammelten Astronomen, nämlich den Beweis zu erbringen, daß die Erde rund sei oder doch zumindest irgendwie innerhalb von Kreissegmenten einzubeschreiben. Wenn nicht ganz rund wie eine Kugel, meinte er, so doch wenigstens rundlich wie ein Kürbis oder oval wie ein Ei. Während der feierlichen Konferenz beobachtete der Kaiser die rundlichen Schädel der Astronomen, wie sie, von Zweifeln erfüllt, hin und her schwankten und sich zu stoßen schienen, so als sei plötzlich ein Windstoß aufgekommen und schüttele die Versammlung kräftig durcheinander.

In geheimer Sitzung fanden die Hofastronomen Worte herber Kritik für ihren Herrscher. Wie konnten sie wohl die Wissenschaft, wie die Studien und Experimente von Jahrhunderten, so wie sie in Akademien und Bibliotheken überliefert wurden, den Launen eines verrückten Kaisers opfern? Die Zeit war ein abstrakter Begriff, und die Idee der Kreisförmigkeit ließ sich wohl auf Abstraktionen anwenden. Doch die Erde war ein konkretes Ding, sie ließ sich mit Händen fassen und mit Augen sehen. Ein Berg war konvex, und der Meeresboden war konkav, aber die irdische Welt als Ganzes war flach und quadratisch, daran war nicht zu zweifeln. Der menschliche Geist weigerte sich, sie sich anders vorzustellen.

Eine einzige Stimme machte den schüchternen Versuch, die Hypothese des Kaisers als vielleicht doch erwägenswert hinzustellen. Es war die Stimme des Jüngsten unter ihnen, des siebzigjährigen Li Mao. Die Sonne, der Mond und andere Himmelskörper seien rund, sagte er, warum sollte da nicht auch die Erde rund sein?

»Weil sie flach und quadratisch ist«, erwiderte der Dekan der Astronomen, brüsk die kaum begonnenen Ausführungen Li Maos unterbrechend. »Wenn wir den Kopf aus der Schlinge ziehen wollen«, fügte der Dekan hinzu, »müssen wir die Wissenschaft mit Füßen treten, aber was mich angeht, trete ich lieber die Unwissenheit des Kaisers mit Füßen.«

Sämtliche Astronomen des Kaiserlichen Hofes stimmten mit dem Dekan überein, und noch einmal sah man im Dämmer des Kellergeschosses, in dem man sich heimlich versammelt hatte, die Köpfe, die nunmehr bestimmt waren, in den Staub zu fallen, hin und her schwanken. Am Ende schloß sich auch Li Mao, besiegt, dem einstimmigen Urteil an.

»Mein Kaiser, die Erde ist eine quadratische Scheibe«, erklärte feierlich im Namen all seiner Kollegen der Dekan, als er zur Berichterstattung zum Kaiser gerufen wurde.

Gelassen nahm der Kaiser den Spruch der Astronomen auf;

insgeheim verwirrte er ihn sehr. Er ließ den Ersten Sekretär kommen. Wie um alles in der Welt, fragte er ihn, sollte ein Kreissystem, wie es der Magier Tschao Mong-jen dargelegt hatte, nicht auch die Erde, auf der wir leben, mit einschließen?

»Weil die Menschen sterblich sind«, war die prompte Antwort des Ersten Sekretärs. Die Unsterblichkeit, erklärte er, stehe ihrem Wesen nach zwangsläufig im Widerspruch zu dem normalen Zustand der von der Herrschaft des Todes gezeichneten Dinge. Wäre sie nicht eine Ausnahme und ein Widerspruch im System, müßte auch der Mensch von Natur wegen unsterblich sein.

Nachdenklich schwieg der Kaiser, in der Erwartung, daß der Erste Sekretär eine neue Idee äußerte.

»Man muß die Natur zwingen«, fuhr der Erste Sekretär fort, die Meinung Tschao Mong-jens wiederzugeben, »und während die Menschen sich bewegen, sich erregen und lärmen und so die Begleitmusik zu ihrer Verdammnis machen, verharrt Ihr bewegungslos und stumm.«

Neunundneunzigmal ging die Sonne auf und unter, ohne daß der Kaiser sein dunkles Zimmer verließ, während der Erste Sekretär damit beschäftigt war, den Neuen Kalender im gesamten Gebiet des Reiches zu verbreiten.

Der Schlaf des Kaisers wirkte sich überaus wohltätig aus. In dieser kurzen Periode wurde überall die Überwachung gelokkert. Auf dem Lande zeigten die Steuereinnehmer Nachsicht, und die Bauern beschleunigten freiwillig ihren Arbeitsrhythmus um das Doppelte. Die beim Bau zweier gigantischer Deiche am Kjen Jang beschäftigten Arbeiter erhielten die Erlaubnis, bei ihrer Arbeit zu pfeifen, und das Resultat war eine Verdoppelung des Arbeitstempos, das die Ingenieure des Kaisers berechnet hatten. Auch die Händler, die plötzlich von Zollabgaben befreit waren, knüpften Beziehungen zu neuen Regionen an; sie begannen sogar, auf eigene Kosten, mit dem Bau einiger wichtiger Fernstraßen und Paßstraßen. Das ganze Kaiserreich schien, während Tsche Huang-ti sich in seinen ehrgeizigen Schlaf versenkte, unversehens zu neuer Aktivität zu erwachen.

In den Grenzgebieten, wo die ständigen Provokationen der Generäle die Barbaren in Alarmbereitschaft gehalten und sie zu wiederholten blutigen Einfällen gereizt hatten, lebten jetzt wieder friedliche Tätigkeiten auf wie die Seidenraupenzucht oder der Anbau von Hanf, Mohn und Sonnenblumen. Einige Chronisten berichten, daß in dieser so kurzen glücklichen Periode die Hühner mehr Eier legten und die Obstbäume bei weitem mehr Früchte trugen.

Bei Hofe, wo Beamte und Minister wegen der im Auftrag des Kaisers in allen Amtsstuben sitzenden Spione in einer Atmosphäre ständigen Mißtrauens gelebt hatten, ging nun jeder seinen Obliegenheiten nach, ohne sich um boshaftes Gerede und Gerüchte zu kümmern. Und wer sich etwa das Wohlwollen seiner Oberen durch besonderen Eifer verdienen wollte, wurde ungestraft ausgelacht, da ja die Höchste Stufe aller Hierarchien in tiefen Schlaf versunken war. Das Verdienst an dem neuen Stand der Dinge erkannte man Tschao Mong-jen zu, und zum Lohn dafür wurde er rasch bis zu den höchsten Rängen der Beamtenhierarchie erhoben.

Als der Kaiser des zermürbenden Wartens im Vorzimmer der Unsterblichkeit müde geworden war und sich aus seiner gewollten Lethargie wieder aufraffte, mußte er die überraschenden Resultate seiner zeitweiligen Entfernung von der Regierung des Landes erkennen. Während der ganzen ersten Woche nach seinem Erwachen wollte er zum Zeichen der Reue und Läuterung nur Salzwasser zu sich nehmen. Aber die Diener, die in diesen Tagen seine Gemächer betraten, fanden, daß er die Bettdecken und die seidenen Vorhänge mit seinen Fingernägeln und seinen Zähnen zerfetzt hatte. Der Erste Kammerherr erzählte später, er habe ihn eines Nachts Türen schlagend von einem Zimmer ins andere rennen sehen, als sei er auf der Flucht vor einem unsichtbaren Verfolger.

Die Nachricht von seinem Wiedererwachen genügte, um den unheilvollen Eifer seines Hofstaats neu anzufachen und jede staatsbürgerliche Initiative zu ersticken. Mit einer perversen Entschlossenheit nahmen die Beamten überall ihr schikanöses

Regiment wieder auf, während bei Hofe wilde Streitigkeiten ausbrachen (die freilich zum Glück auch die Masse der Beamten dezimierten). Zu den Opfern dieser Verschwörungen gesellten sich die der Justiz, die mit äußerster Strenge ihre Urteile fällte.

Um selbst die Erinnerung an diese glückliche Periode, in der das Amt des Kaisers einmal unbesetzt geblieben war, auszulöschen, führte Tsche Huang-ti auf der Stelle den Alten Kalender wieder ein. Den Magier Tschao Mong-jen, der inzwischen zum Marschall der Weisen Vollkommenheit ernannt worden war, schleppte man auf den Hügel der Zeit, wo er, vor einer weinenden Menge, angeklagt wurde, die Ordnung des Kaiserlichen Kalenders gestört zu haben. Es wird berichtet, daß sein unter dem Richtbeil gefallener Kopf den Hügel hinunterrollte, von den sich wütend auf ihn stürzenden Hunden verfolgt.

Goffredo Parise

Zärtlichkeit

An einem Winterabend des Jahres 1937, in einer kalten und dürftig erleuchteten italienischen Stadt mit vielen Arkaden und gut verriegelten Kirchen, stieg ein hochgewachsener Mann in langem Mantel und mit einem Hut aus langhaarigem Filz mit breiter Krempe, die seinem Schatten etwas Verqueres gab, die Treppen eines feuchten Hauses hinauf, trat im Dunklen vor eine Tür und läutete an einer Klingel, die schüchtern bimmelte.

In diesem Haus wohnte ein noch junges Fräulein mit einem siebenjährigen Sohn und zwei betagten Verwandten, die das Kind »Großvater« und »Großmutter« nannte. Gewöhnlich ging nur das Fräulein an die Tür (der Mann erschien um Punkt acht Uhr), und auf ausdrücklichen Wunsch des Besuchers war es schon zum Ausgehen bereit, oder sie gingen in eine Art kleinen Salon mit Korbmöbeln und blieben dort und unterhielten sich.

Der kleine Junge hatte den Mann nur zweimal gesehen, und beide Male hatte der Mann ihm zehn Lire für seine Sparbüchse gegeben. Er erinnerte sich an fast nichts von ihm, aber seine Anwesenheit »dort drüben« ließ ihm jeden Abend bange ums Herz werden. »Das ist er«, sagte einer der Verwandten, die Türen schlossen sich, und die Zeit verstrich zwischen den beiden Alten und dem Kind, als erwarteten sie irgend etwas. Während dieser bangen Augenblicke sprachen die Alten häufig in dem Glauben oder auf eine Art, daß das Kind sie nicht verstand, fast verehrungsvoll von dem Besucher (der immer nur »er« genannt wurde), und vor allem die Frau zerbrach sich den Kopf darüber, wie die Familie sich ihm gegenüber gebührend zu verhalten habe. Ob man ihn begrüßen oder nicht begrüßen solle, ob man sich sehen lassen und etwas fragen solle oder nicht. Mit der Zeit erfüllte die Gestalt des unsichtbaren Besuchers, der mit der Mutter ausging oder von den anderen abgeschieden mit ihr plauderte, während das Haus in Schweigen lag und die beiden Alten verstohlen miteinander redeten, die nächtlichen Gedanken des kleinen Jungen, und er begann sich zu fürchten. Auch an diesem Abend betrat der Mann den kleinen Salon mit den Korbmöbeln, nach ihm gingen aber die Alten ebenfalls hinein, und der kleine Junge begriff, daß sein Leben sich ändern würde. Er begriff es, weil er durch die bunten Scheiben der Küchentür sah, wie der »Großvater« weinte und die Hand des Mannes streichelte und die »Großmutter« sich von ihren hohen Absätzen auf die Zehenspitzen erhob und ihn übertrieben herzlich umarmte. Danach wurde auch er in den kleinen Salon gerufen (man hatte ihm seine »guten Sachen« angezogen und ihn bis zum letzten Augenblick gekämmt), und er empfand sein Erscheinen zwischen den hohen und engen Wänden des Zimmers neben der Küche als einen Mißklang, der ihm als etwas Endgültiges erschien.

Da er weder etwas sagte noch auf die anderen zuging, forderte ihn die Verwandte auf: »Begrüße den Herrn«, und der Junge sagte und lächelte sogar dabei: »Guten Abend.« Der Besucher erwiderte den Gruß und sprach das Kind bei seinem Namen an, aber es war noch zu klein und zu unerfahren, um dem Mann ins Herz zu schauen, es sah nur dichtes schwarzes, stark glänzendes Haar auf einem sehr langen Kopf.

Eine Pause entstand, während der das Licht in den Glühbirnen zuckte, alle, außer dem Kind, hoben ihre Blicke, und die »Großmutter« sagte: »Auch gestern ist das Licht ausgegangen.« Sie öffnete die kleine Vitrine einer Kredenz (ein schwacher Lichtreflex entstand, der vor den Augen des Kindes vorüberwanderte und sich schließlich in einer Ecke der Zimmerdecke verlor), holte eine Flasche heraus und schenkte einen dunklen Likör in vier kleine Gläschen ein, die das Kind erst in diesem Augenblick schon auf einem Deckchen in der Mitte des Tisches bereitstehen sah. Die Frau teilte die Gläschen aus, alle nippten schweigend an dem Likör, dann sagte die Frau mit einer Stimme, die streng klang, zu dem Kind:

»Bedank dich bei dem Herrn, du weißt nicht, was er für dich tut.«

Das Kind sagte nichts, rührte sich nicht und stand in einer seltsamen Haltung stramm, die Hände an den Seitennähten seines Samthöschens.

»Sagen Sie das doch nicht«, unterbrach sie der Mann, »ich möchte von niemandem Dank ...« Und in diesem Augenblick begann die Mutter des Kindes leise zu weinen.

»Du hast sie zum Weinen gebracht«, wandte sich der »Großvater« an seine Frau und schüttelte dabei mißbilligend den Kopf.

»Aber die Dankbarkeit ...«, wandte die Frau ein, verstummte aber auf einen Blick des Besuchers hin. Wieder entstand eine lange Pause, während der der Mann zwei- oder dreimal die Hand des weinenden Fräuleins tätschelte; von einem der vielen Treppenabsätze der Mietskaserne hörte man eine röchelnde Männerstimme zwei- oder dreimal »Tilde ...« rufen, und das Glöckchen eines nahegelegenen Internats von Canossianernonnen begann zu läuten.

Die Erwachsenen fingen wieder an zu reden, von einem neuen Haus, in dem der Besucher, das Fräulein und das Kind wohnen sollten, mit einem Garten, in dem es einen Feigenbaum gab, von der Wohnungsmiete und von einer Reise (»Venedig genügt, Venedig ist wirklich genug«, sagte der alte Verwandte), die Frau schenkte noch ein Gläschen randvoll mit Nußlikör ein, das der Mann mit einem kurzen Lachen in Empfang nahm.

Der kleine Junge stand immer noch stramm, das Fräulein trat auf ihn zu, nahm ihn bei der Hand, führte ihn zu dem Besucher und fragte:

»Sagst du denn gar nichts zu ihm?«

Das Kind überlegte, was es sagen solle, und da es sich an die beiden früheren Begegnungen und die zehn Lire erinnerte, äußerte es tief beschämt:

»Die zehn Lire.«

Die Alten verstanden das nicht, aber die Mutter errötete und sagte:

»Er erinnert sich an die zehn Lire, die du ihm letztes Jahr für seine Sparbüchse gegeben hast«, und sie lächelte, aber der Mann lächelte nicht, sondern musterte das Kind aus der Höhe seines langen glänzenden Kopfes. Er stand auf, zog eine Zehnliremünze aus der Tasche und reichte sie dem Kind, das seine Hand ausgestreckt hatte. Dann ging das Kind hinüber, machte das Licht in einem Zimmer mit zwei sehr alten Nußbaumbetten an, reckte sich auf den Fußspitzen bis zu der Marmorplatte der Kommode, wo es eine eiserne Sparbüchse und einen winzigen gelben Filzhund des Signor Bonaventura zu fassen bekam. Es betrachtete den Hund, steckte die Münze in die Sparbüchse (die es dicht an seinem Ohr schüttelte) und kehrte in den kleinen Salon zurück.

»Er ist gegangen, um sie in die Sparbüchse zu stecken«, erklärte die Verwandte, doch der Besucher war schon aufgestanden, hielt den großen Hut aus langhaarigem Filz in der Hand und schickte sich an, mit dem Fräulein fortzugehen. Er verabschiedete sich von allen, dann blieb er vor dem kleinen Jungen stehen und sagte:

»Denk immer daran, Kleiner, daß man nie um etwas bitten darf.«

Angsterfüllt tat das Kind einen kleinen Schritt zurück, stand wieder stramm, der Mann näherte sich ihm, beugte sich über das Kind, streichelte mit einer glänzenden grauen Hand über seine Wange und sagte:

»Von jetzt an wirst du mich Onkel nennen.«

Carlo Castellaneta

Kreuz und quer durch die Stadt

Das Telefon befand sich so nah am Tresen, daß meine Stimme vom Aufklatschen des Pizzateigs übertönt wurde.

»Ich kann dich nicht verstehen«, sagte er mehrmals.

»Ich muß dich sehen!« schrie ich verzweifelt, warf dem Pizzabäcker einen flehentlichen Blick zu, er möge damit aufhören, in dieser Weise auf den Teig zu klatschen, gewiß, es ist die Hauptgeschäftszeit, aber ich bin extra in der Mittagspause hierhergekommen, damit die Kolleginnen im Büro nicht alles mithören.

»Kannst du mir vielleicht sagen, was los ist?«

Da war mir klar, daß er nicht kommen würde, wenn ich ihm nicht die Wahrheit sagte; hinter mir klapperte ein Mädchen ungeduldig mit den Telefonmünzen, um mich herum ertönten laute Rufe: zwei Pizza Margherita, drei Margherita, eine Napoletana; ich holte Atem und sagte ihm: »Ich bin schwanger.«

Es folgte eine Pause, als sei das Gespräch unterbrochen.

»Bist du verrückt?« fragte er dann plötzlich, als mache ich Witze oder wolle ihm eine unangenehme Überraschung bereiten; in diesem Augenblick sah ich sein halb ungläubiges, halb erschrockenes Gesicht deutlich vor mir, während er stotterte, er käme, einverstanden, wir müßten darüber reden, in aller Ruhe, heute abend ...

»Nicht heute abend, jetzt! Setz dich in den Wagen und komm her!«

Er suchte Ausflüchte, er erwarte einen Kunden, der sich ein Bild ansehen wolle.

»Aber ich erwarte ein Kind von dir, begreifst du das?« Ich legte wütend auf, das Mädchen mit den Telefonmünzen stürzte an meinen Platz, nicht ohne mich vorher zu mustern, aber ich empfand keinerlei Scham, eher Stolz, den Stolz einer zukünftigen ledigen Mutter, die beschlossen hat, allein zurechtzukommen. Doch als ich ihm auf der Viale Palmanova entgegenging, sah ich ein, daß ich es nicht schaffen würde, denn in solchen Fällen kann man nur schwer sagen, was man tun wird, aber es ist sofort sonnenklar, was man nicht kann, und ich wußte, daß ich bei mir zu Hause nicht die Wahrheit sagen konnte, das war das eigentliche Problem, bei dem Infarkt, den mein Vater letztes Jahr gehabt hatte, und den religiösen Prinzipien meiner Mutter; eine Reihe schlammbedeckter Lastzüge fuhr vorbei und dann der blaue Fiat 500, der am Bürgersteig hielt.

»Bist du denn sicher?« war das erste, was er nach einem flüchtigen Kuß zu sagen wußte, dabei mußte er es meinem Gesicht ansehen, denn ich habe bei dem Gedanken daran zwei Nächte kein Auge zugetan, seit ich die Urinprobe gemacht habe; ich war nämlich zehn Tage zu spät dran, und die Brüste begannen zu schwellen und mir wehzutun, wenn ich sie anfaßte; nun sah ich völlig übernächtigt aus, und da fragte er noch und übertrieb dabei geradezu seine Bestürzung.

»Sicher, absolut sicher, verdammt noch mal!«

Auch er fluchte, er wollte wissen, wie es möglich war, wo er doch immer aufgepaßt hatte; es sei meine Schuld, ich hätte ja keinerlei Verhütungsmittel genommen; einen Augenblick lang hatte ich den Eindruck, er zweifle daran, daß er es war; er sah mich mißtrauisch prüfend an, als hätte ich ihn in eine Falle gelockt; das muß es sein, was Männer in solchen Situationen empfinden: in eine Falle geraten zu sein; ich sah es seinem Gesicht an, wie er den Rauch der Zigarette ausstieß, während ich ihm sagte, ich hätte zurückgerechnet: Es müsse passiert sein, als ich das letzte Mal bei ihm im Atelier geschlafen hatte; ich erinnerte mich genau, wir hatten es bis zum Morgen miteinander getrieben, und der Gedanke an die Befriedigung hellte für einen Augenblick seine Miene auf, die an einen bestraften kleinen Jungen erinnerte; ich hatte es in der Rubrik einer Zeitschrift gelesen, manchmal genügte ein Tropfen, ein verwaistes Tröpfchen zwischen einer Umarmung und der nächsten, es genügte, um hereinzufallen, um ein Leben, nein zwei oder drei zu ruinieren, je nachdem, wie die Sache ausging.

»Wir müssen einen Arzt finden«, seufzte er nach einer langen Pause.

Wir hatten nie vom Heiraten gesprochen, und ich wollte ihn auch jetzt nicht darum bitten, aber es kränkte mich, daß er nicht wenigstens so tat, es so brutal ausschloß, und das Verlangen, in Tränen auszubrechen, würgte mich plötzlich, der Wunsch zu rebellieren, ihn meinerseits zu verletzen.

»Vielleicht behalte ich es.«

Ich sah, wie es ihn durchzuckte.

»Bist du verrückt?«

»Ich bin die Mutter. Was hast du damit zu tun?«

»Warum hast du mich dann gerufen?«

»Ja, warum nur? Ursprünglich wollte ich es dir nicht einmal sagen.«

Es gelang mir nicht länger, die Tränen zurückzuhalten; ich starrte auf die Windschutzscheibe, die von den vorbeifahrenden Lastwagen immer stärker bespritzt wurde. Ich hatte mir eingebildet, eine kurze Weile lang könnte die Schwangerschaft etwas Schönes, Lustiges sein, etwas, was man zusammen feierte, auch wenn man dann gezwungen war, sich davon zu befreien. Nicht wie ein Trauerfall, eine unaussprechliche Seuche. Er hingegen nannte es einen Unglücksfall: Daß ausgerechnet uns das widerfahren mußte, schnaubte er wütend, denn Geld habe er keins, nur damit ich es gleich wüßte, seit Monaten habe er kein Bild verkauft, und für ein Kind brauche man viel Geld, sowohl wenn man es behalten als auch wenn man es beseitigen wollte; er redete und redete, und die Tränen liefen mir auf meine Handtasche hinunter, ich hielt mich nicht mehr zurück; wer will denn etwas von dir? hätte ich am liebsten geschrien, und es tat mir leid, daß ich nun hier saß und weinte, daß ich mich ihm hingegeben hatte und daß ich allein für die glücklichen Stunden bezahlen sollte, die wir zu zweit genossen hatten; ich hatte mich der Illusion hingegeben, diese Sache mit ihm teilen zu müssen; dabei hatte ich nichts anderes von ihm erwartet, als daß er mir beistehen würde; du bist ein Scheißkünstler, schluchzte ich heraus.

»Beruhige dich doch!«

Er umschloß meine Hand mit den seinen.

»Du wirst sehen, es kommt schon alles wieder in Ordnung.«

Das ist alles, was sie zu sagen wissen. Sie sollten lieber den Mund halten und uns weinen lassen, statt uns mit ihren leeren Phrasen zu kommen. Es war besser, dieses Schauspiel männlicher Ohnmacht und Nutzlosigkeit, das er mir bot, sofort abzubrechen.

»Ich komme schon allein zurecht«, sagte ich und putzte mir die Nase. »Bring mich ins Büro zurück.«

Ich stand auf, um mir eine Tasse Suppe zu machen. Beim Abendessen hatte ich keinen Bissen heruntergebracht. Nichts, antwortete ich meinem Vater, der von seinem Bett aus das Licht gesehen hatte. Wachzuliegen, ohne ein Auge zuzutun, machte diese Qual noch unerträglicher. Man sagt, durch große körperliche Anstrengungen könnte eine Fehlgeburt ausgelöst werden. Ich fragte mich, wie ich es anstellen müßte, um mich derart zu überanstrengen. Wenn ich meinen Leib betastete, glaubte ich es buchstäblich fühlen zu können, dieses Klümpchen, das sich wie ein Tumor dort eingenistet hatte und von Tag zu Tag wuchs. Niemals hatte ich die Reichen so beneidet wie jetzt, sie hatten Geld, um in die Schweiz zu fahren, in eine schöne Klinik, ganz problemlos, und es gab nichts, was mich von meinen trüben Gedanken hätte ablenken können. Wenn ich an ihn dachte, empfand ich etwas wie Ekel, Übelkeit stieg in mir auf und die Überzeugung, ich könnte nie mehr mit einem Mann schlafen, nicht mit ihm und auch mit keinem anderen.

Ich warf den Suppenwürfel ins Wasser und sah zu, wie er sich auflöste. Wahrscheinlich würde ich die Suppe nicht hinunterbekommen. Manchmal bildete ich mir ein, ich könnte es durch Erbrechen herausbekommen. Aber auch die Spritze, die Dora mir gegeben hatte, nützte nichts. Wenn es doch irgendeine Möglichkeit gäbe, es zu behalten. Wenn es auf der Erde schon soundsoviel Milliarden Menschen gab, würde einer mehr das Gleichgewicht nicht merklich stören. Manchmal dachte ich auch, ich würde später dafür bestraft, ich bekäme keine Kinder mehr, wenn ich sie mir wünschte, absurde Ängste, ich weiß, die uns früher einmal eingeflößt worden waren; sicher, wenn es ihm ähnlich gesehen hätte, wäre es ein hübscher Junge geworden, aber einen solchen Egoisten hätte ich nicht haben wollen; ich glaube, es gibt nichts Grausameres als männlichen Egoismus, sie sind imstande, dich ertrinken zu lassen, nur um sich die Schuhe nicht naß zu machen; früher sagte man: Die Frauen machen die Kinder und die Männer die Kriege; aber jetzt, wo es keinen Krieg mehr gibt, haben sie den besseren Teil erwischt; sie sind rasch bei der Hand, wenn es darum geht, die Hosen herunterzulassen; für die Konsequenzen bezahlen wir ja; ich vertrug die Pille einfach nicht, und zur Spirale hatte ich kein Vertrauen, zumal es eine Kollegin aus der Buchhaltung, die sich darauf verlassen hatte, gerade vor zwei Monaten erwischt hatte.

Ich trank in kleinen Schlucken. Es mußte ein schöner Gedanke sein, daß alles, was man hinunterschluckte, auch das Kleine ernährte. Ich versuchte, solche Gedanken zu unterdrücken, sonst wäre mir die Lust vergangen, mich am nächsten Tag bei der Adresse einzufinden, die Dora mir gegeben hatte, sie habe schon drei hinter sich, sagte sie, es sei halb so schlimm, nur beim ersten Mal habe man solche Angst, jede Frau müsse das früher oder später einmal durchmachen, die Summe sei nicht einmal so hoch, die Anästhesie inbegriffen; man wacht auf, und alles ist vorbei; ich weiß nicht, was ich dafür gegeben hätte, wenn dieser Moment schon dagewesen wäre, befreit von diesem Alptraum, der mich jede Nacht mit weitaufgerissenen Augen in die Dunkelheit starren ließ; ich fragte mich, was ich Schlimmes getan hatte, für das ich büßen mußte, und warum die Strafe nur mich allein traf, als wäre ich das einzige schwangere Mädchen auf der Welt; ich verstand diejenigen, welche eher Selbstmord begingen, als ihren Eltern die Wahrheit zu gestehen, ohne eine Menschenseele, die ihnen beistand; auch ich habe in einem Augenblick der Verzweiflung daran gedacht, es war nicht nur wegen der Schande, es war dieses Gefühl, betrogen, hereingelegt worden zu sein vom eigenen Körper, als gehöre er nicht zu mir, als sei er etwas Fremdes, etwas Feindliches sogar, das von sich aus handelte, ohne auf meine Probleme Rücksicht zu nehmen, aber bereit, einem verfluchten Bastardtröpfchen Obdach zu gewähren, das sich hinterrücks eingeschlichen hatte, um mein Leben zu ruinieren.

»Mach doch gefälligst das Licht aus«, rief mein Vater aus seinem Zimmer.

In aller Eile nahm ich mir unmittelbar nach Büroschluß ein Taxi, um zu der Zeit, die die Sprechstundenhilfe mir angegeben hatte, dort zu sein. Aber im Wartezimmer warteten noch drei Frauen, ich setzte mich ihnen gegenüber auf einen Stuhl; ich empfand Erleichterung bei dem Gedanken, daß die möglicherweise das gleiche Problem hatten; es wird der Tag kommen, da macht man eine Abtreibung auf Krankenschein, genauso wie man sich einen Zahn ziehen läßt, aber vorläufig saß ich hier, mit meinem Herzklopfen und meinen Schweißausbrüchen wie eine Sünderin, die gekommen war, um Vergebung zu bitten; die Eleganz der Praxis war beruhigend, blauer Teppichboden und Lithographien an den Wänden, Modezeitschriften auf einem kleinen Tisch, das Telefon draußen läutete dauernd; ich hatte das Gefühl, alles würde sich zum Guten wenden; als ich an der Reihe war und der Sprechstundenhilfe folgte, kam es mir vor, als würde ich plötzlich aus einem häßlichen Traum aufgeweckt.

»Kommen Sie, kommen Sie.«

Der Arzt wandte mir den Rücken zu, er saß an einem kleinen Tisch und schrieb etwas zu Ende; gleichsam um mir Zeit zu geben, schaudernd den Behandlungsstuhl und die auf einer Kristallplatte aufgereihten Instrumente zu betrachten; mit einer barschen Geste, die mich erstarren ließ, reichte er mir seine kalte Hand, oder war es meine eigene, die mit kaltem Schweiß bedeckt war?

»Wer hat Sie geschickt?«

Ich nannte Doras Namen, aber er tat so, als verstehe er nicht, ich mußte hinzufügen, ich sei schwanger, ich sei gekommen, um mir helfen zu lassen ...

»Wie alt sind Sie?«

Es schien ihn zu beruhigen, daß ich neunzehn war. Er deutete auf den Wandschirm. Während ich mich auszog, hörte ich die Gummihandschuhe quietschen, als er sie überstreifte; es gab mir einen Stich; auf einer Fliese auf dem Boden war ein Blutströpfchen, wahrscheinlich von gestern, wie die nicht getilgte Spur eines Verbrechens, dachte ich bei mir, während ich mich ausstreckte und fühlte, wie seine Finger zu suchen begannen.

»Also wenn du dich nicht öffnest, sehe ich nichts!«

Ich fühlte, wie ich rot wurde: Ich hatte Lust aufzustehen, die Untersuchung abzubrechen und wegzugehen, es wäre besser gewesen, wenn Dora mich begleitet hätte, ich hätte darauf bestehen sollen; auf diesen Stuhl hingestreckt, unter schmerzerfüllten Seufzern, die ich zu unterdrücken suchte, kam ich mir wie ein Hemd unter einem Bügeleisen vor; nun mußte ich mich aufsetzen, er tastete ausgiebig meine Brüste ab, stellte Fragen, die ich nicht verstand; ich ertrug es nicht, daß er mich auf diese Weise duzte, auch wenn ich hier war, um zu büßen, aber wer gab ihm das Recht dazu, am liebsten würde ich ihn anfahren, statt dessen mußte ich mich wieder hinlegen, versuchen, keinen Widerstand zu leisten; diese Frauenärzte müssen alle etwas sadistisch veranlagt sein; sei doch nicht so verkrampft, schrie er mich an, denn er hatte gesehen, mit welcher Kraft ich mich am Stuhl festkrallte, aber sicher, da ist es ja, hörte ich ihn wie einen Fotografen unter dem schwarzen Tuch sagen, am liebsten hätte ich gelacht, um mir Mut zu machen, und auch hübsch groß, liebes Fräulein, wiederholte er, während er zum Waschbecken ging.

Ich verstand nicht, daß ich aufstehen sollte.

»Worauf wartest du noch?«

Erleichtert setzte ich die Füße auf den Boden, zog mich eilig wieder an, aber das Schlimmste stand noch bevor: Was würde die ganze Sache mich kosten.

Er starrte mich einen Moment an, als sähe er mich jetzt zum ersten Mal richtig, während er seine Hände unter dem fließenden Wasser rieb; er sagte, man dürfe keine Zeit verlieren, die Sache müsse möglichst bald gemacht werden, aber nicht bei ihm, sondern in einer Privatklinik, ein Vormittag würde genügen; und dann nannte er eine schwindelerregende Summe, das Doppelte von dem, womit ich gerechnet hatte.

»So viel!« rutschte es mir heraus.

Er lächelte, als wolle er mich ermutigen, dann fügte er hinzu: »Ihr seid doch alle gleich. Erst laßt ihr euch ficken, dann rennt ihr zum Arzt.«

Kalt, im Tonfall einer Diagnose sagte er das, und plötzlich bereute ich es, hierhergekommen zu sein, ich hätte ihn umbringen können, aber statt dessen brach ich in Tränen der Wut aus, und je mehr ich weinte, um so mehr Verlangen hatte ich, mich auszuweinen; rühren Sie mich nicht an, schrie ich, seine Hand war auf meinem Haar gelandet; los, sagte er, hör doch auf, wenn du kein Geld hast, finden wir eine Lösung, ein hübsches Mädchen wie du, du machst dir dein ganzes Make-up kaputt, du wirst sehen, ich bringe alles in Ordnung, und dabei näherte sich sein Gesicht dem meinen, ich spürte seinen Atem, bevor ich mit einem Ruck zurückwich.

»Sie Schwein, Sie Schwein, Sie Schwein!« schrie ich fortwährend, bis die Sprechstundenhilfe herbeigeeilt kam und mich wegführte.

Der Mann am Schalter hatte eine Art Monokel neben sich liegen. Er nahm den Ring, den ich vom Finger gestreift hatte, und beugte sich darüber, um ihn zu prüfen. Ich hatte Angst, er könnte mir sagen, er sei nicht echt, denn er hörte gar nicht auf, ihn sich anzusehen.

»Wollen Sie ihn versetzen?«

Auch wenn sein Angebot äußerst niedrig war, zog ich es vor, ihn zu verkaufen; Dora sagte, sie wollten den Betrag in bar, zu Hause würde ich sagen, ich hätte ihn verloren, den einzigen kleinen Brillanten, den ich besaß und in zweijährigen Raten mühselig abgestottert hatte; der Kassierer zählte mir die Scheine vor; als ich hinausging, wurde mir übel, ich ging in eine Imbißstube und trank einen Kaffee; es regnete in Strömen, ich meldete mich krank; übrigens machten das alle in unserem Büro, auch aus nichtigerem Anlaß; von der Imbißstube aus rief ich an.

»Signora, ich bin das Mädchen, das gestern telefoniert hat. Ich wollte nur sagen, daß ich das Geld habe ...«

Sehr gut, antwortete sie, also abgemacht, am nächsten Morgen bei ihr, das Wichtigste ist, daß Sie nüchtern sind. Am Nachmittag würde ich wieder zu Hause sein, keine Angst, aber sicher, die Betäubung war inbegriffen, also äußerste Pünktlichkeit, genau um acht Uhr.

Am Nachmittag ging ich in ein Kino. Ich wollte mich ablenken, aber meine Gedanken kreisten immer nur um das eine. Ohne Begleitung kam ich mir außerdem beobachtet, taxiert vor, als ob die anderen alles wüßten. Ich starrte auf die Leinwand, und insgeheim hoffte ich, daß auch mir etwas zustoßen würde, etwas Unverhofftes, Wunderbares, eine natürliche Abtreibung auf diesem Sessel im Parkett, oder daß ich im allerletzten Moment doch noch meine Regel bekäme. Ich hörte die Stimmen der Schauspieler, und gleichzeitig vernahm ich die Gespräche noch einmal, die ich mit Dora und mit ihm in den letzten Tagen am Telefon geführt hatte; er bestand darauf, daß ich nach Nizza fuhr, wo es nicht viel kostete und eine Spezialklinik existierte; es gab sogar einen Bus, der jeden Samstag von Mailand aus dorthin fuhr; und dann hörte ich meine Stimme, die wiederholt sagte, nein danke, ich kümmere mich lieber selbst darum, denn das hatte ich inzwischen beschlossen, ich wollte in dieser Angelegenheit keine Zeugen haben, wollte nicht allzu viele Leute einweihen; wenn ich Geld gehabt hätte, wäre ich ins Ausland gegangen, dann hätte niemand etwas davon erfahren; ich bildete mir ein, ich könnte es dort besser beerdigen, dieses Unglück, das mir widerfahren war, und ich sah den Ring wieder vor mir, der sich sofort im Urin gebildet hatte, kaum hatte ich die Lösung hineingeworfen, den Ring, der mir wie eine Urteilsverkündung erschienen war, als ich ins Badezimmer eingeschlossen dastand; und dann sein Gesicht im Auto, der Gummihandschuh des Arztes, und so floh ich aus dem Kino, noch bevor das Licht zur Pause anging.

Mit einem Taxi fuhr ich im dichten Verkehr des frühen Morgens durch halb Mailand, das Geld zusammengerollt in der Handtasche und die Tasche an die Brust gepreßt, als fürchtete ich einen Raubüberfall.

Das Haus befand sich in der Nähe des Piazzale Loreto, eine altmodische dreistöckige Villa; ich drückte auf den Knopf der Sprechanlage, und das Schloß der Eingangstür sprang auf. Ich hatte Angst, es würde mich eine dieser Engelmacherinnen in Empfang nehmen, die sie hier Mammane nennen; statt dessen war es eine ältere Frau mit gebleichtem Haar und zuvorkommendem Benehmen. Sie zählte hastig das Geld, der Arzt sei im Nebenzimmer, um die Vorbereitungen zu treffen; in der Wohnung roch es nach Suppenfleisch, als hätte jemand eine Bouillon zum Kochen aufgesetzt, ein vertrauter Geruch, der mich beruhigte, auch die Heizkörper waren heiß, ich brauchte keine Angst zu haben, sagte ich mir immer wieder, während ich mich auskleidete, wirklich nicht.

Die Frau gab mir ein weites weißes Hemd, das nach Wäscherei roch, dann kam sie mit erhobener Spritze zurück.

»Wenn Sie wieder aufwachen, ist alles vorbei, mein Kind.«

Ich fühlte die Flüssigkeit eindringen, eine große Wärme erfüllte mich, bevor ich die Augen schloß; ich möchte den Doktor sehen, wollte ich noch zu ihr sagen, aber ich schaffte es nicht mehr.

Ich wachte in demselben Bett wieder auf, ich wußte nicht, wieviel Uhr es war; es war, als hätten sie mich nicht von der Stelle bewegt; ich war sehr schwach, die Gedanken noch wirr, die Zunge geschwollen, und als ich mich aufrichtete, wurde mir klar, daß es mir schlechtging.

Das Haus schien vollkommen ruhig, ich kam mir mutterseelenallein in diesem Schlafzimmer vor, das mir jetzt fremder erschien als in dem Moment, wo ich es betreten hatte; mit dem Arm erreichte ich die Lampe auf dem Nachttisch und warf sie zu Boden: Noch im selben Augenblick stürzte die Frau ins Zimmer.

»Mir geht es schlecht«, röchelte ich.

»Aber nein«, lächelte sie.

Sie schüttete Tropfen in ein Glas und gab sie mir zu trinken; als ich mich aufrichtete, entfuhr mir ein lautes Stöhnen, sie erschrak so, daß sie ruckartig die Decken zurückschlug: Ich lag in einer Blutlache.

»Bleib jetzt ganz ruhig, mein Kind, beweg dich nicht.«

Vielleicht liege ich im Sterben, dachte ich, während ich sie im Nebenzimmer mit jemand telefonieren hörte, vielleicht mit dem Arzt, es folgten weitere Telefongespräche, an die ich mich nicht mehr erinnere, das Telefon läutete alle fünf Minuten; ich mußte meinen Vater anrufen, das war es, was mir jetzt Sorgen machte, ich mußte ihm sagen, daß es heute abend spät werden würde; ich war mit dem Kopf vom Kissen gerutscht, und das Martinshorn des Krankenwagens schien weit, weit weg, diese Sirene, die sich immer auf jemand anders bezog und statt dessen diesmal für mich ertönte.

»Bleib ganz ruhig, wir bringen dich ins Krankenhaus«, sagte die Frau.

Sie hielt meine Hand, als wäre ich tatsächlich ihre Tochter.

Dacia Maraini

Mein Mann

Mein Mann ist blond, sein Haar lichtet sich an den Schläfen, er hat gepflegte Zähne, seine helle Haut ist mit großen, braunen Sommersprossen übersät. Mein Mann ist elegant, er kleidet sich sorgfältig, sein Kopf duftet stets nach Eau de Cologne. Mein Mann arbeitet bei einer Bank, er ist Kassierer und verdient einhundertzwanzigtausend Lire im Monat.

Wenn mein Mann spricht, höre ich ihm aufmerksam zu. Seine Stimme ist gedämpft, matt, ziemlich dünn und hoch. Was er sagt, hat immer Hand und Fuß. Niemals habe ich ihn etwas Unsinniges, Falsches sagen hören.

Mein Mann wird von seinen Freunden geliebt, von den Vorgesetzten geschätzt. Wenn er will, ist er sogar ein Mann von Welt. Er nimmt mitten in einem Kreis von Leuten Platz und plaudert, diskutiert. Er tritt für die Wahrheit ein, zügelt seine Freunde, wenn sie zu ungestüm sind, läßt den gesunden Menschenverstand nie außer acht.

Mein Mann ist geistreich, er spielt einem gern einen Streich. Manchmal legt er mir eine Kröte ins Bett oder tut Marmelade in meine Pantoffeln. Einmal hat er mir sogar einen selbstgebackenen Kuchen vorgesetzt, in dem sich eine tote Maus befand.

Mein Mann sammelt Briefmarken. Bisweilen stiehlt er unseren Nachbarn die Post, um sich die Marken für seine Sammlung auszuschneiden. Er besitzt zwei Alben, dick wie Telefonbücher, prallgefüllt mit wertvollen Briefmarken. Er sagt, eines Tages werde er sie verkaufen, und von dem Geld würden wir uns ein Haus auf dem Land bauen.

Außer den Briefmarken bewahrt mein Mann in seinen Alben neue Geldscheine auf, die gerade frischgedruckt von der Prägestelle gekommen sind. Der erste Schein einer neuen Serie bringe Glück, sagt er. Deshalb nimmt er sie heimlich aus der Kasse, steckt sie in Tütchen aus bläulichem Seidenpapier und befestigt sie mit einem Klebestreifen in seinem Album.

Seine Kollegen halten ihn für einen klugen, hochintelligenten Mann; sie suchen ihn auf, um sich Rat bei ihm zu holen, sich ihm anzuvertrauen. Sie kommen vor allem sonntags. Gewöhnlich öffne ich die Tür. Wenn ich ein hochmütiges, dummes Gesicht vor mir sehe, jemand, der nervös mit den Augen rollt, weiß ich, daß es sich um einen von Marios Kollegen handelt, und führe ihn schnurstracks ins Wohnzimmer.

Der Mann folgt mir, bleibt an der Tür stehen und läßt seinen Blick unsicher umherschweifen. Wenn er schon einmal bei uns war, steuert er geradewegs auf den Sessel los, der im Hintergrund weit vom Fenster entfernt steht. Wenn er zum ersten Mal da ist, wartet er, die Hände in den Taschen, bis ich ihm sage, wo er Platz nehmen soll.

In unserem Wohnzimmer ist es sehr dunkel, die Fensterläden sind stets halb geschlossen, denn Mario sagt, durch das Licht würden die Möbel verblassen. Deshalb sind die Gäste zunächst ein wenig eingeschüchtert und verängstigt, wenn ich die Tür öffne, die vom Korridor ins Wohnzimmer führt.

Einer von ihnen kam bis vor kurzem jeden Sonntag. Es war ein kleiner, rothaariger Typ, scharlachrote Löckchen lugten aus den Manschetten seiner Hemden hervor. Er kam, um über seine Frau zu reden, die mit dem Bankdirektor ein Verhältnis hatte. In der ersten Zeit ereiferte sich der rothaarige Jüngling, hämmerte mit den Fäusten auf die Möbelstücke, schrie, wenn von seiner Frau die Rede war. Er stand vor einem schwierigen Problem: Wenn er seine Stellung bei der Bank behalten wollte, mußte er so tun, als wisse er nicht, was zwischen seiner Frau und dem Direktor vorging. Die Angelegenheit beunruhigte ihn sehr, bereitete ihm schlaflose Nächte und verdarb ihm manchmal sogar den Appetit.

Aber Mario fand einen Weg, um ihn zu beschwichtigen. Er redete lange mit seiner sanften, überzeugenden Stimme auf ihn ein und verzichtete darauf auszugehen, nur um weiter mit ihm plaudern zu können; er behielt ihn gleich dreimal nacheinander zum Abendessen da. Nach und nach wurde aus diesem blassen, zornigen Freund ein rosiger, heiterer junger Mann.

»Er hat noch einen Anflug von Traurigkeit in den Augenwinkeln. Aber die werde ich ihm vertreiben. Du, Marcella, mach uns einen guten Kaffee. Ich möchte, daß er sich wirklich wie ein anderer Mensch fühlt, wenn er weggeht.«

Mario überzeugte ihn davon (seine Überlegungen waren so bestechend, daß sie auch mich in ihren Bann schlugen), daß der Direktor ein Übermensch, ein Engel, war.

»Kann man einen Engel anklagen, er mische sich in die menschlichen Angelegenheiten ein?«

»Nein. Aber wenn er nun doch kein Engel ist?«

»Was, nach all den Tagen der Behandlung und nachdem wir so oft über ihn und seine übermenschlichen Fähigkeiten gesprochen haben ... da dachte ich, du wärest davon überzeugt.«

»Ja, schon. Aber manchmal kommen mir Zweifel ...«

»Der Zweifel kennzeichnet die Schwachen. Ein starker Mann zweifelt nicht. Ein starker Mann handelt im Einklang mit sich selbst; sein Herz, sein Kopf, seine Leber, ja sogar seine Gedärme müssen im Einklang mit seinem Handeln stehen. Ist dir das klar?«

»Ich glaube schon.«

»Gut. Ich frage dich also noch einmal, kann man einen Engel in einer menschlichen Angelegenheit als Störenfried ansehen?«

»Sicher nicht.«

»In der Tat, ein Engel ist und bleibt ein Engel. Er kann nur Gutes tun. Wo immer seine Flügel sich niederlassen, müssen Glück und Reinheit gedeihen.«

»Er ist möglicherweise ein Engel. Aber meine Frau ist es auf keinen Fall.«

»Deine Frau ist kein Engel. Aber der Umgang mit einem Engel kann sie nur bessern, sie reiner und ausgeglichener machen.«

»Meine Frau ist nicht ausgeglichen.«

»Deine Frau ist nicht ausgeglichen, aber sie könnte es werden. In der Nähe eines ausgeglichenen Mannes könnte ihr Charakter seine Züge moralischer und intellektueller Unausgeglichenheit verlieren. Mit der Zeit wird sie ihre Schwächen ablegen, und du selbst wirst sie kaum wiedererkennen. Sie wird eine andere sein.«

»Aber ich habe sie so geheiratet, wie sie ist. Im Grunde genommen genügt es mir, daß sie so bleibt.«

»Du enttäuschst mich, Carlo. Du liebst das Gute nicht so, wie ich dachte, und wirst vom Bösen, der Unordnung, dem Dunklen angezogen.«

»Nein, ich schwöre es.«

»Dann hör mir zu. Von morgen an wirst du den Direktor beobachten. Versuch ihn nicht aus den Augen zu lassen, präg dir den Tonfall seiner Stimme ein, schau, wie er geht, wie er sich bewegt, wie er sich über die Akten beugt. Wenn es dir gelingt, diesen Schleier der Gleichgültigkeit und Passivität von deinen Augen zu reißen, wenn du es fertigbringst, mit dem Herzen zu schauen, wirst du seine engelgleiche Natur entdecken.«

»Ich habe ihn schon so oft beobachtet, aber ich habe niemals etwas Besonderes an ihm finden können.«

»Weil du von der gleichen Niedertracht vergiftet bist wie die übrigen Kollegen. Du kennst sie doch, du weißt, wie ordinär und dumm sie sind. Für sie ist ein Direktor ein Direktor, ein Kassierer ein Kassierer und ein Briefträger nichts anderes als ein Briefträger. Für sie ist der äußere Schein das einzige, was zählt. Darüber hinaus gibt es nichts für sie.«

»Es ist wahr, sie sind dumm. Sie verbringen die Zeit damit, sich unanständige Witze zu erzählen und über die Kundinnen, die hereinkommen, zu reden.«

»Siehst du, du weißt es selbst. Das bedeutet, daß du anders bist als sie, besser. Du ragst schon über das Mittelmaß hinaus. Und in Kürze wird dir vollkommen klar sein, welche Dummköpfe unsere Kollegen sind und was er, der Direktor, für ein edler, reiner Geist ist. Dann wird es dir ganz in der Ordnung vorkommen, daß deine Frau und er zusammensein wollen, sich lieben, wie eben die schönen, richtigen Dinge einander anziehen und sich lieben.«

»Das ist ja alles gut und schön. Das einzige, was bei der Sache nicht funktioniert, ist, daß er mich entläßt, wenn ich protestiere.«

»Das ist ein boshafter Gedanke von dir. Der Direktor entläßt niemanden aus so niedrigen Beweggründen. Und warum solltest du denn protestieren, wenn du davon überzeugt bist, daß diese Verbindung nur zum Besten ist. Kann ein Engel etwas Schlechtes tun? Nein. Sei also einverstanden, zeig dich überlegen, unterscheide dich von den Kollegen, diesen Dummköpfen, deren Blick keinen Zentimeter über die eigene Nase hinausreicht. Du selbst solltest ihm deine Frau zuführen, damit sie reiner und ausgeglichener zurückkehrt.«

Mein Mann kann gut reden, alle hören ihm fasziniert zu. Es ist ihm nicht nur gelungen, diesen Kollegen davon zu überzeugen, seine Frau freiwillig dem Direktor zu überlassen, sondern er hat auch viele andere überredet, noch weit unglaublichere Dinge zu tun. Ein Freund, der einen mißratenen Sohn hatte und meinem Mann sein Herz in unserem Wohnzimmer ausschüttete, gelangte schließlich zu der Überzeugung, der Sohn sei nicht sein Kind. So ließ seine Verzweiflung nach, und er warf ihn kurzerhand aus dem Haus. Zwei Tage später nahm sich der Junge das Leben. Der Vater kam händeringend zu uns. Mario hat ihn davon überzeugt, daß das, was geschehen war, bewies, daß der Sohn tatsächlich von einem anderen Mann stammte und daß das Böse nur Böses hervorbringen könne, nämlich den Tod.

Ein anderer kam morgens früh, setzte sich ins Wohnzimmer und blieb bis zum Abend dort sitzen, wobei er eine Zigarette nach der anderen rauchte. Es fehlte ihm nichts. Er war weder krank noch arm, er hatte auch keinen Ärger mit seiner Familie wie die anderen. Er war lediglich lebensmüde. Er wollte sterben. Aber er wußte nicht wie. Von Zeit zu Zeit entdeckte er ein neues Gift und stürzte sich begeistert auf die Zubereitung; er wälzte Bücher, machte Experimente mit Mäusen und anderen Tieren, sprach lange mit Mario darüber, machte Zeichnungen auf einem Blatt Papier. An Strichmännchen illustrierte er die Wirkung des Gifts im Körper in allen Phasen von der Einnahme bis zum Tod. Darunter gab er in kleinen Zahlen an, wie viele Minuten das Gift brauchte, um zu wirken. Aber wenn alles klar und bereit schien, ließ er davon ab und sprach nicht mehr davon, bis er ein anderes, noch wirksameres Gift entdeckte.

Mario sagte, er sei ein schwieriger Fall. Er lasse sich nicht durch Worte beeinflussen. Er könne nicht zuhören. Er sei immer träg, passiv. Er gehe nur aus sich heraus, wenn er von irgendwelchen Giften rede.

So ließ Mario ihn im Sessel in unserem Wohnzimmer sitzen und rauchen und ging nur selten zu ihm, um mit ihm zu sprechen.

»Mach ihm einen guten Kaffee, Marcella, er kann ihn brauchen.«

Ich machte ihm den Kaffee, servierte ihn ihm. Der Mann bedankte sich. Aber als ich wiederkam, um das Täßchen zu holen, stellte ich fest, daß es immer noch voll war und der Mann sich lediglich eine weitere Zigarette angezündet hatte.

»Glaubst du, daß er für immer bei uns bleiben wird?«

Mich störte vor allem der Gestank nach Rauch, der sich in unserer Wohnung ausbreitete, sich in die Möbel und Vorhänge setzte. Im übrigen war es so, als wäre er nicht da.

»Er ist ein sonderbarer Mensch. Er ähnelt mehr einem Toten als einem Lebenden. Ich verstehe, daß er sich umbringen will. Der Tod wäre ihm angemessen. Man muß ihm helfen. Aber wie?«

»Heute hat er mir von einem Gift erzählt, das aus dem Blut eines Parasiten gewonnen wird.«

»Etwas stimmt mit ihm nicht, etwas, das ihn hartnäckig am Leben festhalten läßt trotz seiner Todessehnsucht. Ich möchte gern herausfinden, was es ist.«

»Vielleicht will er nur reden und gar nicht wirklich sterben.«

»Er ist bereits ein toter Mann, das habe ich dir doch schon gesagt. Was in ihm weiterlebt, ist ein Auswuchs, eine Anomalie, etwas Unklares, Unnützes, das zerstört werden muß.«

»Warum überzeugst du ihn nicht mit deinen schönen Reden?«

»Er hört einfach nicht. Seine Ohren sind tot.«

Dieser Freund, dem es nicht gelang, sich umzubringen, machte meinem Mann große Sorgen. Der Fall machte ihn nervös. Möglicherweise, weil er an seinen Fähigkeiten zu zweifeln begann. Nachts wälzte er sich schlaflos im Bett.

Eines Tages gingen sie zusammen aus, er und sein Freund. Ich wartete mit dem Abendessen auf die beiden. Aber um zehn Uhr waren sie immer noch nicht zurück. Das Essen wurde kalt. Ich begann, Brot zu essen, um meinen Magen zu beruhigen. Ich trank auch ein Glas Wein. Wahrscheinlich bin ich eingeschlafen. Gegen Mitternacht schreckte mich das Geräusch des Schlüssels im Schloß der Wohnungstür auf.

»Bist du es, Mario?«

Er gab mir keine Antwort. Einen Moment später sah ich ihn hereinkommen, das Haar zerzaust, das Gesicht von der Kälte gerötet, seine Augen glänzten vor Zufriedenheit.

»Und dein Freund?«

»Er ist tot.«

»Hat er sich umgebracht?«

»Ja. Jetzt ist er wirklich er selbst. Nun braucht er sich nicht länger zu verstellen.«

»Wie ist es passiert?«

»Wir haben einen Spaziergang durch die Stadt gemacht. Dabei hat er immerzu von seinen Giften geredet. Wir sind dann auf ein im Bau befindliches Haus hinaufgestiegen. Bis zum obersten Stockwerk. Das Haus steht auf einer kleinen Anhöhe, direkt an einer Böschung, die in den Fluß hinuntergeht. Wir setzten uns auf ein eben erst erstelltes Zementmäuerchen und fingen an zu rauchen. Zwei, drei Stunden rauchten wir vor uns hin. Meine Finger wurden steif, und im Rücken fühlte ich eine Kälte, daß ich fürchtete, ohnmächtig zu werden. Er spürte weder die Kälte noch die unbequeme Stellung. Er blickte fasziniert auf die Böschung unter uns. Möchtest du dich nicht hinunterstürzen? fragte ich ihn. Ich möchte schon, aber ich kann nicht. Warum? wollte ich wissen. Weil ich mir selbst kein Leid zufügen kann. Das wäre unnatürlich. Und was willst du dann? Könntest du mir nicht einen Stoß geben? sagte er da.«

»Das hat er gesagt?«

»Ja, genau. Wenn du ein echter Freund bist, dann gib mir einen Stoß, und ich werde endlich meinen Frieden finden. Da brauchst du mich nicht lange zu bitten, antwortete ich ihm. Genau deswegen bin ich mit dir hierhergekommen, nämlich um dich auf das Gesims zu führen und dich hinunterzustoßen. Du meinst es wirklich gut mit mir, sagte er, denn du kennst mich besser als ich selbst. Meine Aufgabe besteht darin, die anderen zu verstehen und ihnen dabei zu helfen, zu sich selbst zu finden, keinen Verrat an sich zu begehen. Danke, sagte er zu mir. Laß mich noch eine letzte Zigarette rauchen. Nimm dir ruhig Zeit. Wir haben keine Eile. Er zündete sich die Zigarette an, tat einige Züge und stieg dann, die Zigarette immer noch zwischen den Lippen, auf das Mäuerchen hinauf. Ich stieß ihn mit zwei Fingern an. Ein ganz leichter Stoß genügte. Er fiel wie von allein hinunter. Sein Sturz war sehr schön, höchst elegant. Er streifte die Böschung leicht und verschwand im Fluß. Er konnte sich keinen schöneren Tod wünschen.«

Mein Mann ist derart von seiner Mission beseelt, daß er manchmal sogar vergißt, in Urlaub zu fahren. Dieses Jahr sind wir aus Rom nicht herausgekommen. Ich hätte unsere dunkle, stille Wohnung gern verlassen, um wie alljährlich drei Wochen in Riccione bei den Schwiegereltern zu verbringen, aber ich wollte ihn nicht stören. Ich weiß, er behandelt gerade einige schwierige Fälle, die er nicht im Stich lassen kann.

In diesen Tagen kommt zum Beispiel häufig ein junger Mann zu uns, ein hagerer, dunkler Typ mit verkrampftem Gesicht und zwei tiefen Falten um den Mund. Er sagt, er leide an Kleptomanie. Sein Gesichtsausdruck sei so gespannt durch die Anstrengung, diese Leidenschaft zu unterdrücken. Der junge Mann behauptet, sein Verlangen zu stehlen sei stärker als alles andere, und wenn die Versuchung über ihn komme, sei er sogar bereit zu sterben, nur um diesen Trieb zu befriedigen.

Mario ist ein Mensch, der Ordnung, Regeln, korrekt ausgeführte Angelegenheiten liebt. Er hat sehr strenge, präzise Vorstellungen von den Pflichten eines Bürgers. Deshalb verwendet er besondere Sorgfalt darauf, den jungen Mann zu heilen. Aber es ist ihm bisher noch nicht gelungen. Nach vielen Tagen der Behandlung hat der junge Mann doch wieder gestohlen.

»Heute nacht ist mir ein genialer Einfall gekommen.«

»Und zwar?«

»Weißt du, was sie in der Antike mit einem Dieb machten?«

»Nein.«

»Sie hackten ihm eine Hand ab.«

»Warum?«

»Um ihn zu bestrafen. Wenn deine Hand deinem Willen nicht gehorcht, hacke sie ab. So heißt es in der Bibel. Ich glaube, das ist der einzige Weg.«

Immer mehr gelange ich zu der Überzeugung, daß Mario die geistigen Fähigkeiten eines Magiers besitzt. Wie der Priester einer furchterregenden archaischen Religion kennt er weder Mitleid noch Unsicherheit. Und seine Sicherheit wirkt derart ansteckend, daß alle schließlich das tun, was er will.

Mario hat den jungen Mann davon überzeugt, daß er sich eine Hand abhacken muß, wenn er endgültig von seiner Leidenschaft geheilt werden will.

Heute morgen sind die beiden in aller Frühe zum Sägewerk eines Freundes aufgebrochen. Dort wird sich der dunkelhaarige junge Mann in Marios Gegenwart mit einem Axthieb eine Hand abhacken. Anschließend werden sie hierherkommen, um einen Kaffee zu trinken.

So jedenfalls haben sie mir gesagt. Aber ich glaube, der junge Mann wird eher Verbandszeug und Schlaftabletten brauchen als Kaffee. Ich habe im Wohnzimmer auf der Couch, wo er gewöhnlich sitzt, ein Bett für ihn zurechtgemacht. Auf dem Glastischchen daneben habe ich Beruhigungsmittel, Binden und ein Glas Kognak bereitgestellt.

Es wird sehr schön sein, Marios anständiges, glückliches Gesicht zu sehen, das Gesicht eines Mannes, der seine Pflicht erfüllt hat.

Anhang

Die Bibliographie enthält eine Auswahl der in Buchform erschienenen Prosaveröffentlichungen. Die Originalausgaben werden mit dem Jahr der Ersterscheinung aufgeführt, die Übersetzungen ins Deutsche mit dem Jahr der neuesten Auflage. Die Gattungen sind mit folgenden Abkürzungen gekennzeichnet:

Ber.	– Bericht	N.	– Novelle
Biogr.	– Biographie	Nn.	– Novellen
E.	– Erzählung	Pr.	– Prosa
En.	– Erzählungen	R.	– Roman
Es.	– Essay, Aufsatz	Reiseb.	– Reisebuch
Ess.	– Essays, Aufsätze	Report.	– Reportage
Kgn.	– Kurzgeschichten	Schr.	– Schrift
Kdb.	– Kinderbuch	Sk.	– Skizzen
		Tg.	– Tagebuch

Corrado Alvaro

Am 15. April 1895 in San Luca (Kalabrien) geboren. Studierte in Mailand Literaturgeschichte und Philosophie. Offizier im Ersten Weltkrieg. Schloß sich danach der Gruppe um Bontempelli und der Zeitschrift »Novecento« an. 1922 Übersiedlung nach Rom. Mitarbeiter, Theaterkritiker, Auslandskorrespondent und Direktor verschiedener Zeitungen. Starb am 11. Juni 1956 in Rom.

Werke: L'uomo nel labirinto. R. (1922); L'amata alla finestra. En. (1929); Misteri e avventure. En (1930); La signora dell'isola. En. (1930); Gente in Aspromonte. En. (1930), (Die Hirten von Aspromonte. 1985); Vent'anni. R. (1930); Itinerario italiano. Reiseb. (1933), (Italienisches Reisebuch. Ital./Deutsch, 1956); Il mare. R. (1934); I Maestri del diluvio. R. (1935); L'uomo è forte. R. (1938); Incontri d'amore. En. (1941); L'età breve. R. (1946), (Zeit der Lüge. 1970); Quasi una vita. Tg. (1950); 75 racconti. En. (1955); Roma vestita di nuovo. Schr. (1957); Belmore. R. (1957); Un treno nel Sud. Reiseb. (1958); Mastrangelina. R. (1960), (Das Lächeln der Frauen. 1971); Il nostre tempo e la speranza. Ess. (1952); Ultimo diario 1948–50. Tg. (1959); Tutto è accaduto. R. (1961), (Römische Salons. 1972); La moglie e i quaranta racconti. En. (1963).

Unschuld (Innocenza) erschien erstmals in »Gente in Aspromonte«. Die Erzählung wurde einer Neuauflage dieses Buches (Garzanti Editore, Mailand 1955) entnommen und für die vorliegende Ausgabe neu übersetzt.

Giovanni Arpino

Am 27. Januar 1927 in Pula (Istrien) geboren; wuchs im Piemont auf. Literaturstudium in Turin. War Lektor in verschiedenen Verlagen sowie Mitarbeiter an Zeitungen und Zeitschriften. Starb am 10. 12. 1987.

Werke: Sei stato felice, Giovanni. R. (1952); Gli anni del giudizio. R. (1958); La suora giovane. R. (1959), (Ein ungleiches Paar. 1969); Rafè e Micropiede. Kdb. (1960); Un delitto d'onore. R. (1961), (Aus gekränkter Ehre. 1961); Una nuvola d'ira. R. (1962); L'ombra delle colline. R. (1964), (Im Schatten der Hügel. 1966); Un anima persa. R. (1966); 27 racconti. En. (1968); Il buio e il miele. R. (1969); Randagio è l'eroe. R. (1972); Racconti de vent'anni. En. (1974); Domingo il favoloso. R. (1975); Il primo quarto di luna. R. (1976); Azzura tenebra. R. (1977); Il fratello italiano. R. (1980).

Eine Reisebekanntschaft (Una compagna di viaggio) wurde 1964 geschrieben und zehn Jahre später in dem Sammelband »Racconti di vent'anni« (Arnoldo Mondadori, Mailand 1974) veröffentlicht.

Riccardo Bacchelli

Am 19. April 1891 in Bologna geboren. Nahm als Artillerieoffizier am ersten Weltkrieg teil; nach dem Krieg Journalist und Literaturkritiker. Mitbegründer der Zeitschrift »La Ronda«. Lebte ab 1926 als freier Schriftsteller in Mailand. Starb am 8. 10. 1985 in Monza.

Werke: Memorie del tempo presente. Dr. (1920); Lo sa il tonno. R. (1923); Il diavolo al Pontelungo. R. (1927), (Der Teufel auf dem Pontelungo. 1972); La città degli amanti. R. (1929); Una passione coniugale. R. (1930), (Eine leidenschaftliche Ehe. 1942); La congiura di Don Giulio d'Este. R. (1931); Oggi, domani e mai. R. (1982); Mal d'Africa. R. (1935); Il rabdomante. R. (1936), (Der Rutengänger. 1943); Il mulino del Po. R. (1938–40), (Die Mühle am Po. 1987); Gioacchino Rossini. Biogr. (1941); Il pianto del figlio di Lais. R. (1945), (Der Sohn des Lais. 1950); Lo sguardo di Gesù. R. (1948), (Itamar, der Geheilte von Geresa. 1953); La cometa. R. (1949); Italia per terra e per mare. Reiseb. (1952); L'incendio di Milano. R. (1952); Tutte le novelle. En. (1953), (Auswahl: Die Achterbahn. 6 Stories. 1959); Il figlio di Stalin. R. (1953); Tre giorni di passione. R. (1957); I tre schiavi di Giulio Cesare. R. (1958); Non ti chiamerò piu padre. R. (1959), (Du bist mein Vater nicht mehr. 1965); Saggi critici. Ess. (1962); Viaggio all'estero e vagabondaggi. Reiseb. (1965); Il coccio di terracotta. R. (1965); Rapporto segreto d'all inglese di mille parole. E. (1967); Giorno per giorno da 1922 al 1966. Ess. (1968).

Der Pilz (Il fungo) wurde dem Band »Die Achterbahn« (Nymphenburger Verlagshandlung, München 1959) entnommen.

Elio Bartolini

Am 22. April 1922 in Codroipo (Friaul) geboren. Promovierte in Padua und unterrichtet italienische Literatur und Geschichte. Mitarbeit bei verschiedenen Filmen Antonionis. Nach längeren Aufenthalten in Mailand und Rom lebt er wieder in seinem Geburtsort.

Werke: Due ponti a Caracas. R. (1953), (Zwei Brücken in Caracas. 1955); La donna al punto. R. (1963), (Frauen wie diese. 1966).

Mein Onkel in Mailand (Lo zio di Milano) wurde der Anthologie »Racconti italiani 1975« (Reader's Digest, Mailand 1974) entnommen

Giorgio Bassani

Am 4. März 1916 in Bologna geboren, lebte bis 1943 in seiner Vaterstadt Ferrara. Studierte in Bologna Kunstgeschichte und Literatur. 1943 als Antifaschist verhaftet; Flucht und Widerstandsbewegung. Seit Kriegsende in Rom ansässig. Mitarbeit bei verschiedenen Verlagen, beim Rundfunk und Herausgeber mehrerer Zeitschriften, unter anderem 1948/60 der »Botteghe Oscure«. Ab 1957 Professor der Schauspielakademie in Rom. Erhielt 1969 den Nelly-Sachs-Preis für sein Gesamtwerk.
Werke: Una città in pianura. En. (1940); La passeggiata di cena. R. (1953); Gli ultimi anni di Clelia trotti. R. (1955); Cinque storie ferraresi. En. (1956), (Ferrareser Geschichten. 1987); Gli occhiali d'oro. E. (1958), (Die Brille mit dem Goldrand. 1986); Le storie ferraresi. En. (1960); Il giardino dei Finzi-Contini. R. (1962), (Die Gärten der Finzi-Contini. 1986); Dietro la porta. R. (1964), (Hinter der Tür. 1986); Le parole preparate. Ess. (1966); L'airone. R. (1968), (Der Reiher. 1986); L'odore del fieno. En. (1972), (Der Geruch von Heu. 1987).

Hinter der Notwendigkeit versteckt sich Gott (La necessità è il velo di Dio) wurde dem Band »Der Geruch von Heu« (R. Piper Verlag, München/Zürich 1974) entnommen.

Carlo Bernari

Eigentlich Carlo Bernard. Am 13. Oktober 1909 in Neapel geboren. War zuerst Buchhändler, dann Journalist in Neapel, Rom, Mailand und Paris. Lebt heute in Rom als Journalist, Drehbuchautor und Schriftsteller.

Werke: Tre operai. R. (1934); Quasi un secolo. R. (1940); Napoli guerra e pace. R. (1945); Tre casi sospetti. R. (1946); Prologo alla tenebre. R. (1947); Speranzella. R. (1949), (Speranzella. 1961); Siamo tutti bambini. R. (1951); Vesuvio e pane. R. (1952), (Der Vesuv raucht nicht mehr. 1956); Domani e poi domani. R. (1957), (Das lichte Morgen. 1960); Era l'anno del sole quieto. R. (1964); Per cause imprecisate. R. (1965); Un foro nel parabrezza. R. (1971).

Der Fremde (Lo straniero) wurde dem Band »Per cause imprecisate« (Arnoldo Mondadori, Mailand 1965) entnommen.

Giuseppe Berto

Am 27. Dezember 1914 in Mogliano Veneto (bei Treviso) geboren. War zunächst Anhänger der Faschisten und nahm am Zweiten Weltkrieg teil. War in amerikanischer Kriegsgefangenschaft in Texas, übte nach seiner Rückkehr öffentlich Selbstkritik und trat der KPI bei. Studierte Literatur in Padua. Lebte in Rom. Starb am 1. 11. 1978.

Werke: Il cielo è rosso. R. (1947), (Der Himmel ist rot. 1988); Le opere di Dio. R. (1948); Il brigante. R. (1951), (Der Brigant. 1987); Guerra in camicia nera. R. (1955); Un po di successo. En. (1963); Il male oscuro. R. (1964), (Meines Vaters langer Schatten. 1968); La cosa buffa. R. (1966); Modesta proposta per prevenire. R. (1971).

Reifeprüfung (Esami di maturità) wurde dem Band »È forse amore« (Arnoldo Mondadori, Mailand 1975) entnommen, einer Sammlung von Prosatexten, die zwischen 1944 und 1963 entstanden.

Luciano Bianciardi

Am 14. Dezember 1922 in Grosseto (Toskana) geboren. Studierte Philosophie in Pisa. Arbeitete als Lehrer und Bibliothekar in Grosseto; übersetzte u. a. Faulkner und John Barth ins Italienische. Später Verlagslektor, freier Schriftsteller und Sportjournalist in Mailand, wo er 1971 starb.

Werke: I minatori della Maremma. Ber. (1955), (zusammen mit Carlo Cassola); Il lavoro culturale. R. (1957); La vita agra. R. (1962), (Das saure Leben. 1967); La battaglia soda. R. (1964); Aprire il fuoco. R. (1969); Il Peripatetico e altre storie. En. (1976).

Meine einzige Liebe (Il solo amore), entstanden 1971, wurde dem Band »Il Peripatetico e altre storie« (Rizzoli Editore, Mailand 1976) entnommen.

Libero Bigiaretti

Am 16. Mai 1906 in Matelic (Marken) geboren. Zunächst Angestellter, technischer Zeichner und Maler in Rom. Mitarbeiter an kommunistischen Zeitschriften. Übersetzer französischer Literatur. Lebt vorwiegend in Rom. Erhielt u. a. 1968 den *Premio Viareggio.*

Werke: Esterina. R. (1942); Paese di Roma. Es. (1943); Un'amicizia difficile. R. (1944); Il villino. R. (1946), (Das Häuschen. 1956); Un discorso d'amore. R. (1948); Carlone. R. (1950), (Carlone. 1955); La scuola dei ladri. E. (1952); I figli. R. (1955), (Die Söhne Adams. 1958); Schedario. Schr. (1956); Disamore. R. (1956); Carte romane. Es. (1957); Leopolda. E. (1957); Uccidi o muori. En. (1958); Signora anonima. En. (1961); I racconti. En. (1961); L'uomo che mangia il leone. En. (1974); Il dissenso. En. (1969); Dalla donna alla luna. R. (1972); Le stanze. Schr. (1976).

Familiengeheimnis (Segreto di famiglia) wurde erstmals 1961 veröffentlicht. Zum Entstehungsdatum vgl. Bigiarettis Vorwort zu »L'uomo che mangia il leone« (Valentino Bompiani, Mailand 1969), dem die Erzählung entnommen ist.

Romano Bilenchi

Am 9. Dezember 1909 in Colle di Val d'Elsa (bei Siena) geboren. Studierte Literatur in Florenz und Pisa. Lebt seit 1929 in Florenz. Nach dem Zweiten Weltkrieg Verlagslektor und Redakteur verschiedener Zeitungen. 1945 bis 1956 Chefredakteur der Zeitung »Il Nuovo Corriere«. Erhielt u. a. den *Premio Viareggio*.

Werke: Vita di Pisto. Schr. (1931); Cronaca dell'Italia meschino ovvero storia dei socialisti di Colle. Schr. (1933); Il capofabbrica. En. (1935); Anna e Bruno. E. (1936); Mio cugino Andrea. E. (1936); Conservatorio di Santa Teresa. R. (1939); La siccità. E. (1941); Dino e altri racconti. En. (1942); Racconti. En. (1958), (Terzett. Zwei Erzählungen. 1964); Una città. Sk. (1958); Il bottone di Atalingrado. R. (1972); La siccità e altri racconti. En. (1977).

Maria (Maria) wurde 1925 geschrieben, erstmals 1959 in der Zeitschrift »L'Approdo letterario« veröffentlicht und in dem Band »La siccità e altri racconti« (Arnoldo Mondadori, Mailand 1977) erneut publiziert.

Massimo Bontempelli

Am 12. Mai 1878 in Como geboren. Bis 1910 Professor für Literatur, anschließend Journalist bis 1922. Mitbegründer verschiedener Zeitschriften. 1927/28 Sekretär des italienischen Schriftstellerverbandes; 1940/50 Senator in Rom. Komponierte u. a. Kammermusik und Symphonien. Vortragstätigkeit in Südamerika und Ägypten. Starb am 21. Juli 1960 in Rom.

Werke: Sette savi. R. (1912); La vita intensa. N. (1919); La vita operosa. R. (1920); La scacchiera davanti allo specchio. R. (1922); Eva ultima. E. (1923); Il figlio di due madri. R. (1929), (Der Sohn zweier Mütter. 1930); Vita e morte di Adria e i suoi figli. R. (1930); La famiglia del fabbro. R. (1932); Gente nel tempo. R. (1937); Giro del sole. R. (1941); Viaggio d'Europa. E. (1941), (Fahrt der Europa. 1956); Racconti vecchi. En. (1943).

Inspektion (Una ispezione) entstand zwischen 1904 und 1914. In der für die Übersetzung verwendeten Fassung erschien die Erzählung erstmals in »Racconti vecchi« (Arnoldo Mondadori, Mailand 1943).

Giuseppe Antonio Borgese

Am 12. November 1882 in Polizzi Generosa (bei Palermo) geboren. Literaturstudium in Florenz. 1910/30 Professor für Literatur, Germanistik und Ästhetik in Turin, Rom und Mailand; Literaturkritiker. Als Gegner des Faschismus emigrierte er 1931 nach Amerika, Lehrtätigkeit an der Chicago University, 1949 Rückkehr an die Universität Mailand. Starb am 4. Dezember 1952 in Fiesole (bei Florenz).

Werke: Storia della critica romantica in Italia. Schr. (1905); La vita e il libro. Ess. (1910–28); Studi di letterature moderne. Ess. (1914); Rubè. R. (1921), (Rubè. 1928); I vivi e i morti. R. (1923); La tragedia di Mayerling. R. (1925), (Die Tragödie von Mayerling. 1927); Ottocento europeo. Schr. (1927); Il pellegrino appassionato. Schr. (Goliath, the March of Fascism. 1937; Der Marsch des Faschismus. 1938); The concept of Russia. Schr. (1950), (Rußland. Wesen und Werden. 1950); Idea della Russia. 1951).

Die Heilung (La guarigione) wurde dem Band »Il pellegrino appassionato« (Arnoldo Mondadori, Mailand 1933) entnommen. © Angelica Borgese.

Vitaliano Brancati

Am 24. Juli 1907 in Pachino (bei Syrakus) geboren. Wuchs in Catania auf, wo er Literatur und Philosophie studierte und als Volksschullehrer tätig war. Anschließend in Rom; Beginn seiner journalistischen Laufbahn; Kontakte zu antifaschistischen Zirkeln; von den Faschisten mit Schreibverbot belegt; arbeitete 1936/44 wieder als Lehrer in Catania. Nach seiner Rückkehr nach Rom Mitarbeit an verschiedenen Zeitungen sowie beim Film. Starb am 25. September 1954 in Turin.

Werke: L'amico del vincitore. R. (1932); Singolare avventura di viaggio. R. (1934); Gli anni perduti. R. (1941); Don Giovanni in Sicilia. R. (1942), (Don Giovanni in Sizilien. 1987); Gli amici perduti. R. (1943); I piaceri. Ess. (1943); I fascisti invecchiano. Ess. (1946); Il bell'Antonio. R. (1949), (Schöner Antonio. 1987); Le due dittature. Ess. (1952); Ritorno alla censura. Ess. (1952); Paolo il caldo. R. (1955), (Paolo der Heißblütige. 1986); Il vecchio con gli stivali. En. (1958).

Die Geschichte der Mila (Storia di Mila), entstanden 1942, wurde dem Band »Il vecchio con gli stivali« (Valentino Bompiani, Mailand 1945) entnommen. © Casa Editrice Valentino Bompiani, Mailand 1945

Dino Buzzati

Eigentlich Dino Buzzati-Traverso. Am 16. Oktober 1906 in Belluno (Venetien) geboren. Studierte Rechtswissenschaften. War im Zweiten Weltkrieg Marineoffizier und Kriegsberichterstatter in Sizilien. Chefredakteur des »Corriere della Sera«. Starb am 28. Januar 1972 in Mailand.

Werke: Bernabò delle montagne. R. (1933), (Die Männer vom Gravetal. 1936); Il segreto del Bosco Vecchio. R. (1935), (Das Geheimnis des alten Waldes. 1986); Il deserto dei Tartari. R. (1940), (Die Tartarenwüste. 1977); I sette messaggeri. En. (1942), (Das Haus mit den sieben Stockwerken. 1984); La famosa invasione degli orsi in Sicilia. Kdb. (1945), (Das Königreich der Bären. 1962); Paura alla Scala. E. (1949), (Panik in der Scala. 1952); In quel preciso momento. Nn.

(1951), (Die Mauern der Stadt Anagoor. 1968); Il crollo della Baliverna. En. (1954), (Des Schicksals roter Faden. 1955; Auswahl in: Der Hund, der Gott gesehen hatte. 1956); Sessanta racconti. En. (1958), (Daraus: Schlachtschiff Tod. E. 1964); Esperimento di magia E. (1958); Il grande ritratto. R. (1960); Un amore. R. (1963), (Amore. 1964); Le notti difficili. En. (1971); La boutique des mistero. En. (1977); I misteri d'Italia. En. (1978); Il colombre e altri cinquanta racconti. En. (1979). – Auswahl aus verschiedenen Bänden: Die Versuchung des Domenico (1964); Eine Frau von Welt und andere Erzählungen (1966); Die Maschine des Aldo Christofari und andere phantastische Erzählungen (1985); Sieben Erzählungen (1985).

Der Überfall auf den Großen Konvoi (L'assalto al grande convoglio) wurde erstmals in dem Band »I sette messaggeri« veröffentlicht. Die Erzählung wurde dem Band »Sessanta racconti« (Arnoldo Mondadori, Mailand 1958) entnommen.

Italo Calvino

Am 15. Oktober 1923 in Santiago de las Vegas (Kuba) geboren; wuchs in San Remo (Ligurien) auf und schloß sich als 20jähriger Student den Partisanen an. Literaturstudium in Turin, wo er nach Kriegsende als Verlagslektor arbeitete. Bis 1956 Mitglied der kommunistischen Partei Italiens. Mitarbeit am »Politecnico«, zusammen mit Vittorini Herausgeber der Literaturzeitschrift »Il Menabò«. Lebte von 1965 bis 1980 als freier Schriftsteller und Lektor in Paris. Erhielt zahlreiche Preise, u. a. den *Premio Viareggio* und den *Österreichischen Staatspreis für europäische Literatur*. Starb 1985 in Siena.

Werke: Il sentiero dei nidi di ragno. R. (1947), (Wo Spinnen ihre Nester bauen. 1965); Ultimo viene il corvo. En. (1949); Il visconte dimezzato. R. (1952), (Der geteilte Visconte. 1986); L'entrata in guerra. En. (1954); Fiabe italiane. Mär. (1956), (Italienische Märchen. 1975); Il barone rampante. R. (1957), (Der Baron auf den Bäumen. 1986); La speculazione edilizia. R. (1957); La nuvola di smog. R. (1958); I racconti. En. (1958); Il cavaliere inesistente. R. (1959), (Der Ritter, den es nicht gab. 1986); La giornata di uno scrutatore. E. (1963), (Der Tag eines Wahlhelfers. 1964); Marcovaldo ovvero Le stagioni in città. En. (1963), (Marcovaldo oder Abenteuer eines einfachen Mannes in der Stadt nach dem Kalender erzählt. 1967); Le cosmicomische. En. (1965), (Kosmokomische Geschichten. 1969); Ti con zero. En. (1967), (in: Kosmokomische Geschichten. 1969); Le città invisibili. R. (1972), (Die unsichtbaren Städte. 1984); Il castello dei destini incrociati. En. (1973), (Das Schloß, darin sich Schicksale kreuzen. 1984); Se una notte d'inverno un viaggiatore. R. (1979), (Wenn ein Reisender in einer Winternacht. 1986); Una pietra sobra. Ess. (1980), (Auswahl: Kybernetik und Gespenster. 1984). – Auswahl aus »I racconti«: Die überfallene Konditorei (1960); Das giftige Kaninchen (1964); Erzählungen (1964); Die argentinische Ameise (1973); Abenteuer eines Lesers (1986).

Zuletzt kommt der Rabe (Ultimo viene il corvo), entstanden 1946, ist 1949 in dem gleichnamigen Band erschienen. Aus: »Abenteuer eines Lesers« Ausgewählt und mit einem Nachwort versehen von Hans J. Fröhlich.

Carlo Cassola

Am 17. März 1917 in Rom geboren; studierte dort Literatur und Philosophie. Nahm in der Toskana, seiner Wahlheimat, am Partisanenkampf teil. Nach dem Krieg Journalist und bis 1962 Gymnasiallehrer in Grosseto, danach Mitarbeiter am »Corriere della Sera«. Starb am 29. 1. 1987.

Werke: Alla periferia. En. (1941); La visita. En. (1942); Fausto e Anna. R. (1952); I vecchi compagni. R. (1953); Il taglio des bosco. En. (1954); La casa di via Valadier. R. (1956); Un matrimonio del dopoguerra. R. (1956); Viaggio in China. Ess. (1956); Il soldato. En. (1958); La ragazza di Bube. R. (1960), (Mara. 1961); Un cuore arido. R. (1961), (Ein sprödes Herz. 1963); Il cacciatore. R. (1964); Tempi memorabili. R. (1966), (Erinnerungen an ein Mädchen. 1970); Storia di Ada. R. (1967); Ferrovia locale. R. (1968); Paura e tristezza. R. (1970); Monte Mario. R. (1973).

Die Armen (I poveri) wurde »einige Jahre nach 1945« geschrieben und in der erweiterten Neuauflage des 1942 erschienenen Bandes »La visita« (Giulio Einaudi, Turin 1962) veröffentlicht.

Carlo Castellaneta

1930 in Mailand geboren, Journalist, Kunstkritiker, Herausgeber verschiedener Zeitschriften. Lebt in Mailand.

Werke: Viaggio col padre. R. (1958); Una langa rabbia. R. (1961); Villa di delizia. R. (1965); Gli incantesimi. R. (1968); La dolce compagna. R. (1970); Tante storie. En. (1973); Notti e nebbie. R. (1975); Da un capo all'altro della città. En. (1977); Progetti di allegria. R. (1978); Anni beati. R. (1979); Villa di delizia (1980); Ombre. R. (1982); Questa primavera. En. (1984); Vita di Raffaele Gallo. R. (1985); Passione d'amore. R. (1987).

Kreuz und quer durch die Stadt (Da un capo all'altro della città) wurde dem gleichnamigen Band entnommen.

Giovanni Comisso

Am 3. Oktober 1895 in Treviso (Venetien) geboren. Studierte Jura. Folgte D'Annunzio nach Fiume. Betätigte sich als Kunsthändler in Paris, Buchhändler in Mailand, als Rechtsanwalt und schließlich vorwiegend als Journalist. Als Korre spondent und Mitarbeiter mehrerer Zeitungen Reisen nach Nordeuropa, Afrika und in den fernen Osten. Erhielt den *Premio Strega* und den *Premio Viareggio*. Starb am 21. Januar 1969 in seinem Geburtsort.

Werke: Porto dell'amore. Nn. (1925); Gente di mare. Nn. (1929); Cina-Giappone. Ess. (1932); Storia di un patrimonio. R. (1932); L'italiano errante per l'Italia. Ess. (1937); Le mie stagione. Autobiogr. (1951); Capricci italiani. Ess. (1952); Un gatto attraversa la strada. E. (1954); Diario 1951–1964. Tg. (1969); Satire italiane. En. (1960 ff); Il sereno dopo la nebbia. R. (1974).

Das Logbuch (Titel vom Herausgeber) wurde Band II der »Satire italiane« (Longanesi, Mailand 1961) entnommen. Die »Satire italiane« entstanden zwischen 1928 und 1958. © Longanesi & Co., Mailand 1961

Giuseppe Dessì

Am 7. August 1909 in Cagliari (Sardinien) geboren. Nach dem Literaturstudium als Lehrer in Pisa tätig. Lebte seit 1954 in Rom als Mitarbeiter verschiedener Zeitungen und Zeitschriften. Mehrfach ausgezeichnet, u. a. mit dem *Premio Strega*. Starb 1977 in Rom.

Werke: La sposa in città. En. (1939); San Silvano. R. (1939); Michele Boschino. R. (1942); Racconti vecchi e nuovi. En. (1945); Storie del Principe Lui. R. (1949); I passer. R. (1955); L'isola dell'Angelo. E. (1957); La ballerina di carta. En. (1957); Introduzione alla vita di Giacomo Scarbo. R. (1959); Il disertore. R. (1961), (Das Lösegeld. 1962); Lei era l'acqua. E. (1966); Paese d'ombre. R. (1972).

Meine Ururgroßmutter Letizia (La mia trisavola Letizia) wurde erstmals 1949 in der Zeitschrift »La Rassegna d'Italia« veröffentlicht und erschien in Buchform in der Sammlung »Lei era l'acqua« (Arnoldo Mondadori, Mailand 1966). © Casa Editrice Salvatore Sciascia, Caltanisetta

Danilo Dolci

Am 28. Juni 1924 in Sežana (bei Triest) geboren. Studierte in Mailand Architektur und in Rom Musik. Als Antifaschist 1943 in Genua verhaftet. Seit 1952 in Partinico (bei Palermo) als Sozialreformer tätig.

Werke: L'ascesa alla felicità. Schr. (1948); Fate bene e presto perchè si muore. Schr. (1954); Banditi a Partinico. Schr. (1955), (Banditen in Partinico. 1962); Inchiesta a palermo. Schr. (1956), (Umfrage in Palermo. 1959); Spreco. Schr. (1960), (Vergeudung. Bericht über die Vergeudung im westlichen Sizilien. 1965); Conversazioni. Schr. (1962); Verso un mondo nuovo. Schr. (1964); Racconti siciliani. En. (1964), (Der Himmel ist aus Rauch gemacht: Sizilianische Erzählungen. 1987); Inventare il futuro. Schr. (1968), (Die Zukunft gewinnen. 1969).

Vincenzo C. (Vincenzo C.) ist dem Band »Umfrage in Palermo« (Walter Verlag, Olten/Freiburg 1959), dort unter dem Titel »Bericht eines sizilianischen Landarbeiters« entnommen.

Beppe Fenoglio

Am 1. März 1922 in Alba (Piemont) geboren. Kämpfte 1944 als Partisan. Nach dem Krieg Angestellter einer Weinexportfirma. Verbrachte den größten Teil seines Lebens in seiner Heimatstadt. Seine wichtigsten Werke wurden erst postum veröffentlicht und zweimal mit dem *Premio Prato* ausgezeichnet. Starb am 18. Februar 1963 in Turin.

Werke: I ventitre giorni della città di Alba. R. (1952); La malora. R. (1954); Primavera di belleza. R. (1959); Un giorno di fuoco. R. (1963); Una questione privata. E. (1963), (Eine Privatsache. 1988); Il partigiano Johnny. R. (1968); La paga del sabato. R. (1969), (Eine feine Methode. 1971).

Die Internatsschülerin (Quell'antica ragazza) wurde dem Band »I ventitré giorni della città di Alba« (Giulio Einaudi, Turin) entnommen.

Carlo Emilio Gadda

Am 14. November 1893 in Mailand geboren. Studierte Ingenieurswissenschaften. Freiwilliger im Ersten Weltkrieg, 1918 deutsche Kriegsgefangenschaft. Studienabschluß; arbeitete von 1920 bis 1930 als Ingenieur in Italien, Argentinien, Belgien und Deutschland. Später gab er seinen Beruf fast ganz auf und widmete sich seiner Arbeit als Schriftsteller; zog nach Florenz und schloß sich dem Kreis um die Zeitschrift »Solaria« an. 1950 Übersiedlung nach Rom, wo er für die RAI arbeitete; wurde mehrfach mit Preisen bedacht, u. a. mit dem *Premio Bagutta*, dem *Premio Viareggio* und dem *Prix Formentor*. Starb am 21. Mai 1973 in Rom.

Werke: La madonna dei filosofi. En. (1931); Il castello di Udine. R. (1934); Le meraviglie d'Italia. En. (1939), (Die Wunder Italiens. 1984); Gli anni. R. (1943); L'Adalgisa. Sk. (1944); Il primo libro delle favole. En. (1952); Novelle del Ducato in fiamme. En. (1953); Giornale di guerra e di prigionia. Tg. (1955); I sogni e la folgore. En. (1955); Quer pasticciaccio brutto de via Merulana. R. (1957), (Die gräßliche Bescherung in der Via Merulana. 1986); I viaggi, la morte. Ess. (1958); I raconti. En. (1963), (Erzählungen. 1965); Accoppiamenti giudiziosi. En. (1963, entstanden 1928/52), (List und Tücke. 1988) (Cupido im Hause Brocchi. 1987); La cognizione del dolore. R. (1963, entstanden 1938/41), (Die Erkenntnis des Schmerzes. 1985); I Luigi di Francia. Ess. (1964), (Frankreichs Ludwige. 1966); Eros e Priapo: da furore a cenere. Es. (1967); Meditazione milanese. Ess. (1974).

Anastomose (Anastomosi) erschien erstmals 1939 in »Le meraviglie d'Italia« und wurde dem Band »Erzählungen« (Suhrkamp Verlag, Frankfurt a. M. 1965) entnommen.

Natalia Ginzburg

Am 14. Juli 1916 in Palermo geboren. Wuchs in Turin auf, heiratete 1938 den Schriftsteller Leone Ginzburg. Lebte mit ihm und ihren drei Kindern von 1940 bis 1943 in der Verbannung in den Abruzzen. Nach der Ermordung ihres Mannes im Gefängnis in Rom kehrte sie 1944 nach Turin zurück und arbeitete als Lektorin für Einaudi. Lebt seit 1952 in Rom; erhielt mehrere Literaturpreise, u. a. 1957 den *Premio Viareggio* und 1963 den *Premio Strega.*

Werke: La strada che va in città. En. (1942); È stato così. R. (1947); Tutti i nostri ieri. R. (1952), (Alle unsere Jahre. 1967); Valentino. E. (1957), (Valentino. 1985); Le voci della sera. R. (1961), (Die Stimmen des Abends. Die kleinen Tugenden. En./Ess. 1984); Le piccole virtù. Ess. (1962), (Er und ich./Das Schweigen. Zwei Überlegungen. 1965); Lessico familiare. R. (1963), (Mein Familienlexikon. Erinnerungen. 1965); Caro Michele. R. (1973), (Caro Michele: Der Roman einer Familie. 1974); Famiglia. En. (1977), (Ein Mann und eine Frau. 1980); La città e la casa. (1984), (Die Stadt und das Haus. 1986); La famiglia Manzoni. (1988), (Die Familie Manzoni. 1988).

Winter in den Abruzzen (Inverno in Abruzzo) wurde 1944 geschrieben und in »Le piccole virtù« erstmals veröffentlicht. Die Erzählung ist dem Band »Italienische Erzähler der Gegenwart« (hrsg. von Alice Vollenweider, Philipp Reclam jun., Stuttgart 1964, dort unter dem Titel »Im Exil«) entnommen.

Francesco Jovine

Am 9. Oktober 1902 in Guardalfiera (Campobasso) geboren. Autodidakt; Promotion in Philosophie; Lehrer, Universitätsassistent, Journalist. Erhielt in seinem Todesjahr postum den *Premio Viareggio*. Starb am 30. April 1950 in Rom.

Werke: Signora Ava. R. (1942); Il pastore sepolto. En. (1945); Le terre del Sacramento. R. (1950), (Die Acker des Herrn. 1986); Racconti. En. (1960).

Die Schafe (Le pecore), erstmals 1945 in »Il pastore sepolto« veröffentlicht, wurde der Gesamtausgabe der Erzählungen »Racconti« (Giulio Einaudi, Turin 1960) entnommen.

Tommaso Landolfi

Am 19. April 1908 in Pico (Latium) geboren. Lebte abwechselnd in Pico, Florenz, Rom und San Remo. Übersetzer von Gogol, Puschkin, Tolstoi, Dostojewski, Novalis und Hofmannsthal. Wurde als Antifaschist verhaftet. Nach dem Krieg Mitarbeiter der RAI und Redakteur bei verschiedenen Zeitungen. Starb am 8. Juli 1978 in Rom.

Werke: Dialogo dei massimi sistemi. En. (1937); Il mar delle blatte e altre storie. En. (1939); La pierta lunare. R. (1939); La spada. En. (1942); Racconto d'autunno. R. (1947); Cangroregina. E. (1949), (Cancroregina. Die Kerbskönigin oder eine seltsame Reise zum Mond. 1986); La bière du pêcheur. R. (1953); Ombre. E. (1954); Ottavio di Saint Vincent. R. (1958); Racconti. En. (1961); Rien va. R. (1963); Tre racconti. En. (1964); Racconti impossibili. En. (1966); Des mois. En. (1967); Breve Canzoniere. R. (1971); Le labrene. R. (1974); Le più belle pagine. Scelte da Italo Calvino. En. (1982), (Mailand gibt es nicht. 1988), – Auswahl aus »Racconti«: Erzählungen (1966), (Jetzt: Nachtschatten. Erzählungen. 1987).

Hochzeitsnacht (Notte di nozze) wurde dem Band »Erzählungen« (Suhrkamp Verlag, Frankfurt a. M. 1966) entnommen. © Suhrkamp Verlag, Frankfurt a. M. 1966

Carlo Levi

Am 29. November 1902 in Turin geboren. Studierte Medizin und betätigte sich mehrere Jahre als Arzt. Anschließend Maler und freier Schriftsteller. Als Antifaschist 1935/36 nach Lukanien verbannt; später Angehöriger der Widerstandsbewegung in Paris. Starb am 4. Januar 1975 in Rom.

Werke: Cristo si è fermato a Eboli. R. (1945), (Christus kam nur bis Eboli. 1982); Paura della libertà. Es. (1946); L'orologio. R. (1950); Le parole sono pietre. Es. (1955), (Worte sind Steine. 1960); Il futuro ha un cuore antico. Reiseb. (1956); La doppia notte dei tigli. Reiseb. (1959), (Ich kam mit ein wenig Angst. 1984); Tutto il miele è finito. Reiseb. (1964), (Aller Honig geht zu Ende. 1965); Corraggio dei miti. Ess. (1975); Quaderno a cancelli. Ess. (1979).

Verbannung (Titel vom Herausgeber) wurde dem Roman »Christus kam nur bis Eboli« (Europa-Verlag [5]1979) entnommen. © Europa-Verlag, Zürich 1979

Curzio Malaparte

Eigentlich Kurt Erich Suckert. Am 9. Juni in Prato (Toskana) geboren. Sein Vater war Deutscher, die Mutter Mailänderin. Meldete sich als Freiwilliger im Ersten Weltkrieg; nahm 1922 am Marsch der Faschisten auf Rom teil. Gründer und Herausgeber mehrerer literarischer Zeitschriften. 1928–32 zahlreiche Reisen in ganz Europa; wurde 1933 bei der Rückkehr nach Italien verhaftet und zu fünf Jahren Verbannung verurteilt, konnte aber weiterhin als Redakteur verschiedener Zeitungen arbeiten. War als Offizier im Zweiten Weltkrieg, u. a. als Kriegsberichterstatter an der russischen Front und in Finnland. Sagte sich nach seiner Rückkehr von seiner faschistischen Vergangenheit los und kämpfte auf seiten der Alliierten in Norditalien. Lebte nach 1947 einige Zeit in Paris. Starb am 19. Juli 1952 in Rom.

Werke: Italia barbara. Schr. (1926); Technique du coup d'Etat. Es. (1931), (Tecnica del colpo di stato. 1948; Technik des Staatsstreichs. 1968); Sodoma e Gomorra. R. (1931); Fughe in prigone. R. (1936); Sangue. R. (1937), (Blut. 1958); Kaputt. R. (1945), (Kaputt. 1981); La pelle. R. (1949), (Die Haut. 1981); Due anni di battibecco 1953–1955. Ess. (1955); Maledetti toscani. R. (1956), (Verdammte Toskaner. 1957); Io, in Russia e in Cina. Ess. (1958), (In Rußland und in China. 1959); Mamma marcia. Ess. (1959), (Der Zerfall. 1961); Racconti italiani. En. (1961); Benedetti italiani. Schr. (1961), (Verflixte Italiener. 1962); L'albero vivo e altre prose. Pr. (1968).

Magdalena von Carlsbourg (La maddalena di Carlsbourg) erschien erstmals in »Sodoma e Gomorra«. Die Erzählung wurde dem Band »Racconti italiani« (Vallecchi Editore, Florenz 1961) entnommen. © Arnoldo Mondadori Editore, Mailand.

Luigi Malerba

Am 11. November 1927 in Berceto (bei Parma) geboren. Besuchte die juristische Fakultät in Parma. Während dieser Zeit Herausgeber einer cinematographischen Zeitschrift. Ging 1950 nach Rom, arbeitete als Drehbuchautor und Regisseur. 1959–64 Leiter einer Werbeagentur. Gehörte einige Zeit dem Gruppo 63 an, zu dem sich Vertreter der literarischen Avantgarde der 60er Jahre zusammenschlossen. Seit 1963 freier Schriftsteller, Drehbuch- und Hörspielautor.

Werke: La scoperta dell'alfabeto. En. (1963), (Die Entdeckung des Alphabets. 1981); Il serpente. R. (1966), (Die Schlange. 1985); Salto mortale. R. (1968), (Salto mortale. 1987); Il protagonista. R. (1973), (Der Protagonist. 1976); Le rose imperiali. R. (1974); Mozziconi. En. (1975), (Geschichten vom Ufer des Tibers. 1980); Storiette. En. (1977), (In: Taschenabenteuer. 1985); Le galline pensierose. En. (1980), (Die nachdenklichen Hühner. 1984); Storiette tascabili. En. (1984), (In: Taschenabenteuer. 1985).

Die Erde (La terra) erschien erstmals in der Anthologie »Racconti italiani 1971« (Reader's Digest) und wurde später in »Le rose imperiali« (Valentino Bompiani, Mailand 1974) veröffentlicht. © Luigi Malerba, 1974.

Dacia Maraini

Am 13. November 1936 in Florenz geboren. Verbrachte die Kindheit in Japan. Studierte in Florenz, Palermo und Rom. Redakteurin in Rom. Aktive Feministin. Seit 1955 Mitarbeit an den »Nuovi Argomenti«.

Werke: La vacanza. R. (1962), (Tage im August. 1964); L'età del malessere. R. (1963), (Zeit des Unbehagens. 1986); A memoria. R. (1967); Mio marito. En. (1968), (Winterschlaf. 1984); Memorie di una ladra. R. (1972), (Memoiren einer Diebin. 1977); Donna in guerra. R. (1976); Storia die Piera. R. Zus. mit Piera degli Espositi. (1980), (Geschichte der Piera. Eine Frau findet zu sich selbst. 1985); Il treno per Helsinki. R. (1984), (Zug nach Helsinki. 1984); Il bambino Alberto. Schr. (1986), (Der junge Alberto. Gespräche mit Alberto Moravia. 1987).

Mein Mann (Mio marito) wurde dem gleichnamigen Band (Valentino Bompiani, Mailand 1968) entnommen.

Eugenio Montale

Am 12. Oktober 1896 in Genua geboren. Brach zugunsten seines Interesses an der Literatur sein Gesangsstudium ab, Offizier im Ersten Weltkrieg. Erste publizistische Tätigkeiten. 1928 Übersiedlung nach Florenz; Verlagsangestellter, später Bibliotheksdirektor; wegen antifaschistischer Gesinnung 1938 Amtsenthaltung und politische Überwachung bis zum Ende des Zweiten Weltkriegs. Danach vorwiegend journalistisch tätig; 1948/67 Literaturredakteur des »Corriere della Sera« in Mailand; Mitarbeit an verschiedenen literarischen Zeitschriften. 1961 Ehrendoktor der Universität Rom. 1967 Ernennung zum Senator auf Lebenszeit, danach auch politisch aktiv. Erhielt 1975 für sein lyrisches Gesamtwerk den Nobelpreis. Starb am 12. September 1981 in Mailand.

Werke: Farfalla di Dinard. Pr. (1956), (Schmetterlinge von Dinard. 1975; Auswahl in: Die Straußenfeder. 1986); Auto da fé. Es. (1966).

Die Feinde des Herrn Fuchs (I nemici del Signor Fuchs) wurde dem Band »Die Straußenfeder« (R. Piper Verlag, München 1971) entnommen.

Elsa Morante

Am 18. August 1918 in Rom geboren. Lernte Lesen und Schreiben ohne Grundschulbesuch. Schrieb schon als Kind Märchen und Geschichten. Arbeitete als Journalistin. Heiratete 1941 Alberto Moravia, von dem sie sich 1962 wieder trennte. Unternahm ausgedehnte Reisen nach China, Indien und Nordamerika. Wurde mit dem *Premio Strega* und dem *Premio Viareggio* ausgezeichnet. Lebte in Rom, wo sie am 25. November 1985 starb.

Werke: Le straordinarie avventure di Caterina. Kdb. (1941); Il gioco segreto. Nn. (1941); Menzogna e sortilegio. R. (1948), (Lüge und Zauberei. 1987); L'isola di Arturo. R. (1957), (Arturos Insel. 1986); Lo scialle andaluso. En. (1963), (Das heimliche Spiel. 1966; Der andalusische Schal. 1985); La storia. R. (1974), (La Storia. 1987); Aracoeli. R. (1982), (Aracoeli. 1984).

Der Dieb der Totenlichter (Il ladro dei lumi), entstanden 1935, wurde dem Band »Das heimliche Spiel« (Claassen Verlag, Hamburg 1966) entnommen.

Alberto Moravia

Eigentlich Alberto Pincherle. Am 28. November 1907 in Rom geboren; seine Familie stammte aus Mähren. Erkrankte mit neun Jahren an Knochentuberkulose, wurde mit sechzehn aus dem Sanatorium als geheilt entlassen. Lebte als Korrespondent der »Stampa« in England und anderen europäischen Ländern. 1936 war er mehrere Monate in New York, dann in Griechenland und in China. Gegen das faschistische Regime eingestellt und deshalb verschiedentlich mit Publikationsverbot belegt, floh er 1943 in die Nähe von Fondi und hielt sich dort versteckt. Von 1947 an ausgedehnte Reisen nach China, den USA und der UdSSR. 1952 erschien sein gesamtes Werk auf dem Index. Mitarbeiter bei verschiedenen Zeitungen, seit 1953 Mitherausgeber der »Nuovi Argomenti«. Lebt in Rom, schreibt für den »Espresso« Filmkritiken und ist Abgeordneter im Europäischen Parlament.

Werke: Gli indifferenti. R. (1929), (Die Gleichgültigen. 1981); Le ambizioni sbagliate. R. (1935), (Gefährliches Spiel. 1981); La bella vita. E. (1935); L'imbroglio. N. (1937); I sogni del pigro. En. (1940); L'amante infelice. R. (1943); L'epidemia. En. (1944); La speranza. Es. (1944); Agostino. R. (1944), (Agostino. 1963); La romana. R. (1947), (Die Römerin. 1978); La disubbidienza. R. (1948), (Der Ungehorsam. 1969); L'amore coniugale. En. (Eheliche Liebe. 1964); Il conformista. R. (1951), (Der Konformist. 1980); Racconti romani. En. (1954), (Die Mädchen vom Tiber: Geschichten aus Rom. 1957); Il disprezzo. R. (1954), (Die Verachtung. 1969); La ciociara. R. (1957), (Cesira. 1958); Un mese in U. R. S. S. Ess. (1958), (Eine russische Reise. 1959); Nuovi racconti romani. En. (1959), (Römische Erzählungen. 1962); La noia. R. (1960), (La Noia. 1966); Un'idea dell'India. Ess. (1962), (Indienreise. 1963); L'automa. En. (1962), (Das schöne Leben. 1967); L'attenzione. R. (1965), (Inzest. 1982); Una cosa è una cosa. En. (1967), (Ein Ding ist ein Ding. 1969); La rivoluzione culturale in Cina. Reiseb. (1968), (Die Kulturrevolution in China. 1968); Il paradiso. En. (1970), (Das Paradies. 1975); Io e lui. R. (1971), (Ich und Er. 1988); A quale tribù appartieni? En. (1972), (Die Streifen des Zebras. 1980); Un'altra vita. En. (1973), (Ein anderes Leben. 1974); Boh. En. (1976), (Judith in Madrid. 1984); La vita interiore. R. (1978), (Desideria. 1979); L'uomo che guarda. R. (1982), (Der Zuschauer. 1987); 1934. R. (1982), (1934 oder die Melancholie. 1982); La cosa e altri racconti. En. (1984), (Die Frau im schwarzen Cape. 1986). – Auswahl aus »Racconti romani« und »Nuovi racconti romani«: Die Lichter von Rom (1965).

Der Lastwagenfahrer (Il camionista) entstand etwa 1953 und erschien in den »Racconti romani«. Die Erzählung ist dem Band »Italienische Erzähler der Gegenwart« (hrsg. von Alice Vollenweider, Philipp Reclam jun., Stuttgart 1964) entnommen. © Casa Editrice Valentino Bompiani, Mailand.

Aldo Palazzeschi

Eigentlich Aldo Giurlani. Am 2. Februar 1885 in Florenz geboren. Mitarbeiter der futuristischen Zeitschrift »Lacerba«, löste sich 1914 von den Futuristen. Schrieb zunächst Gedichte. Seit Ende des Ersten Weltkriegs freier Schriftsteller in Rom und Venedig. Starb am 17. August 1974 in Rom.

Werke: Riflessi. R. (1908); Il codice di Perelà. R. (1911); Due imperi... mancati. R. (1920; entstanden 1914–19); La piramide. R. (1926; entstanden 1912–14); Le stampe dell'ottocento. Sk. (1932), Am Fenster. Florentiner Veduten um 1900. 1962); Le sorelle Materassi. R. (1934), (Die Schwestern Materassi. 1987); Palio dei buffi. En. (1937); Tre imperi... mancati. R. (1945); I fratelli Cuccoli. R. (1948), (Die Brüder Cuccoli. 1967); Roma. R. (1953); Il doge. R. (1967), (Der Doge. 1968); Stefanino. R. (1969); Storia di un'amicizia. R. (1971), (Ungleiche Freunde. 1973). – Auswahl aus »Il Buffo integrale« und »Tutte le novelle«: Die Mechanik der Liebe (1970).

Don Juan und die Hetäre (Don Giovanni e l'etèra) ist dem Band »Am Fenster« (Heimeran Verlag, München 1962) entnommen.

Goffredo Parise

Am 8. Dezember 1929 in Vicenza geboren. Studierte in Padua Philosophie. Ging 1960 nach Rom, wo er als Journalist und Drehbuchautor, u. a. für Fellini, arbeitete. War als Auslandskorrespondent in Asien und Afrika und schrieb für »Die Welt«, »L'Espresso« und den »Corriere della Sera«. Starb am 31. August 1986.

Werke: Il ragazzo morto e le comete. R. (1951); La grande vacanze. R. (1953); Il preto bello. R. (1954), (Der schöne Priester. 1987); Il fidanzamento. R. (1956), (Die Verlobung. 1959); Atti impuri/Amore e fervore. R. (1959); Il padrone. R. (1965), (Der Chef. 1988); Cara Cina. Report. (1967); Biafra. Report. (1968); Due, tre cose sul Vietnam. Report. (1968); Il crematorio di Vienna. R. (1969); Sillabario n. I. En. (1972), (in: Fibel der Gefühle. 1988); Sillabario n. 2. En. (1982), (in: Fibel der Gefühle. 1988).

Zärtlichkeit (Carezza) wurde dem Band »Sillabario n. 1« (Giulio Einaudi, Turin 1972) entnommen. © Niedeck Linder AG, Zürich

Pier Paolo Pasolini

Am 5. März 1922 in Bologna geboren; studierte dort Philologie und Kunstgeschichte. 1943/49 Lehrer in Casarsa (Friaul), der Heimat seiner Mutter. Lebte anschließend in Rom, zunächst wieder als Lehrer. Beschäftigung mit dem Marxismus. Wandte sich Mitte der fünfziger Jahre dem Film zu; Regisseur ab 1961. Ab 1966 Mitherausgeber der Zeitschrift »Nuovi Argomenti«. Wurde am 1. November 1975 in Ostia bei Rom ermordet.

Werke: Ragazzi di vita. R. (1955); Una vita violenta. R. (1959), (Vita violenta. 1987); Passione e ideologia. Ess. (1960); L'odore dell'India. Reiseb. (1962), (Der Atem Indiens. 1986); Il sogno di una cosa. R. (1963), (Der Traum von einer Sache. 1986); Alì dagli occhi azzurri. En. (1965), (Auswahl: Mamma Roma. 1985); Teorema. R. (1968), (Teorema oder Die nackten Füße. 1985); Empirismo eretico. Schr. (1972), (Ketzererfahrungen. 1979); Scritti corsari. Ess. (1975), (Freibeuterschriften. 1978); Lettere luterane. Ess. (1976), (Lutherbriefe. 1983); Il Caos. Ess. (1979), (Chaos: Gegen den Terror. 1988); Amado mio, preceduto da Atti impuri. R. (1982), (Amado mio. Zwei Romane über die Freundschaft. 1984).

Gas (Gas), entstanden 1950, wurde dem Band »Alì dagli occhi azzurri« (Garzanti Editore, Mailand 1965) entnommen.

Cesare Pavese

Am 9. September 1908 in Santo Stefano (Piemont) geboren; Gymnasium und Studium der Literaturgeschichte in Turin. 1935 wegen antifaschistischer Haltung verhaftet und nach Kalabrien verbannt. Nach 1945 Mitglied der KPI. Lehrer, Verlagslektor und Übersetzer aus dem Englischen und Amerikanischen. Beging am 27. August 1950 in Turin Selbstmord.

Werke: Paesi tuoi. R. (1941), (Der Genosse. In: Der Genosse/Unter Bauern/Am Strand. 1986); La spiaggia. R. (1942), (Am Strand. In: Der Genosse/Unter Bauern/Am Strand. 1986); Feria d'agosto. R. (1946); Il compagno. R. (1947), (Der Genosse: In: Der Genosse/Unter Bauern/Am Strand. 1986); Dialoghi con leucò. En. (1947), (Gespräche mit Leuko. 1958); Prima che il gallo canti. 2 R. (1949), (Il carcere, entst. 1938/39, La casa in collina, entstanden 1947/48. Da er noch redete, krähte der Hahn. 1965); La bella estate. 3 R. (1949), (La bella estate: Der schöne Sommer. 1985; Il diavolo sulle colline: Der Teufel auf den Hügeln. 1986; Tra donne: Die einsamen Frauen. 1986); La luna e il falò. R. (1950), (Junger Mond. 1978); La letteratura americana e altri saggi. Ess. (1951), (Schriften zur Literatur. 1967); Il mestiere di vivere. Diario 1935–1950. Tg. (1952), (Das Handwerk des Lebens. 1976); Fuoco grande. R. zus. mit Bianca Garufi 1946 verfaßt. (1959), (Das große Feuer. 1962); Racconti. En. (1960), (Nacktheit: Sämtliche Erzählungen. 1983); La casa in collina e altri racconti. En. (1967); Ciao Masino. R. (1969), (Andere Tage, andere Spiele. 1975).

Selbstmorde (Suicidii) erschien erstmals 1953 in »Notte di festa« und wurde dem Band »Sämtliche Erzählungen« (Claassen Verlag, Hamburg 1966, dort unter dem Titel «Selbstmörder«) entnommen.

Guido Piovene

Am 27. Juli 1907 in Vicenza geboren. Journalist, Mitarbeiter der Zeitschriften »Pegaso«, »Solaria« und »Pan«. Ab 1953 arbeitete er als Auslandskorrespondent in Paris und London für den »Corriere della Sera«, wechselte 1952 zur »Stampa«. War auch Fernseh- und Rundfunkredakteur. Erhielt 1970 den *Premio Strega*. Starb am 12. November 1974 in London.

Werke: La vedova allegra. Nn. (1931); Lettere di una novizia. R. (1941); La gazzetta nera. R. (1943), (Mörder vor dem Anruf. 1953); Pietà contro pietà. R. (1946), (Mitleid unerwünscht. 1949); I falsi redentori. R. (1949); De America. Reiseb. (1953); Viaggio in Italia. Reiseb. (1958), (Achtzehnmal Italien. 1959); Le furie. En. (1963); Madame La France. Reiseb. (1967), (Madame La France. 1968); Le stelle fredde. R. (1970), (Kalte Sterne. 1972); L'Europa semilibera. Ess. (1974).

Ein wohlerzogener Junge (Ragazzo ben educato) wurde dem Band I der »Opere narrative« (Arnoldo Mondadori, Mailand 1976) entnommen.

Luigi Pirandello

Am 28. Juni 1867 in Agrigent (Sizilien) geboren. Studierte Literaturgeschichte in Palermo, Rom und Bonn, wo er promovierte. Ab 1892 Journalist in Rom, 1897–1921 Dozent für italienische Literatur in Rom. Mitarbeiter zahlreicher Zeitungen und Zeitschriften. Ab 1925 Leiter und Regisseur des von ihm gegründeten »Teatro d'Arte« in Rom. Weltruhm verschafften ihm insbesondere die Aufführungen seiner über dreißig Dramen. 1934 Nobelpreis. Starb am 10. Dezember 1936 in Rom.

Werke: Amori senza amore. En. (1894); Il turno. R. (1902); Beffe della morte e della vita. Nn. (1902/03); Quand'ero matto. Nn. (1902); Bianche e nere. Nn. (1904); Il fu Mattia Pascal. R. (1904), (Die Wandlungen des Mattia Pascal. 1897); Ermes bifronte. Nn. (1906); L'esclusa. R. (1908), (Die Ausgestoßene. 1986); Arte e scienza. Es. (1908); L'umorismo. Es. (1908); Suo marito. R. (1911); La vita nuda. Nn. (1911); Terzetti. Nn. (1912); I vecchi e i giovani. R. (1913); Le due maschere. R. (1914); La trappola. Nn. (1915); Erba del nostro orto. Nn. (1915); Si gira. R. (1916); E domani, lunedì. Nn. (1917); Un cavallo nella luna. Nn. (1918); Berecche e la guerra. Nn. (1919); Il carnevale dei morti. Nn. (1919); Novelle per un anno. Nn. (1922/37); Quaderni di Serafino Gubbio operatore. R. (1925), (Die Aufzeichnungen des Kameramanns Serafino Gubbio.

1986). Uno, nessuno e centomila. R. (1926), (Einer, keiner, hunderttausend. 1986). – Auswahl aus verschiedenen Bänden: Geschichten für ein Jahr (1927); Meisternovellen (1951); Angst vor dem Glück (1954); Humoresken und Satiren (1956); Wie ein Tag (1976); Novellen für ein Jahr (1979).

Eine ideale Ehe (Un matrimonio ideale) wurde erstmals 1914 im »Corriere della Sera«, später in Band I der »Novelle per un anno« (1922) veröffentlicht.

Vasco Pratolini

Am 19. Oktober 1913 in Florenz geboren, wo er im Proletariervietel Santa Croce aufwuchs. Autodidakt. Mehrere Berufe, unter anderem Kellner, Drucker, Filmregisseur, Mitarbeiter bei literarischen Zeitschriften. 1957 erhielt er für sein erzählerisches Gesamtwerk den *Premio Nazionale dell'Accademia dei Lincei*. Lebt seit 1951 als freier Schriftsteller und Kunstkritiker in Rom.

Werke: Il tappeto verde. Nn. (1941); Via de'Magazzini. R. (1942); Le amiche. R. (1943); Il quartiere. R. (1944), (Das Quartier. 1988); Cronaca familiare. R. (1947), (Chronik einer Familie. 1988); Chronache di povere amanti. R. (1947); (Chronik armer Liebesleute. 1962); Mestiere di vagabondo. R. (1947); Un eroe del nostro tempo. R. (1949), (Schwarze Schatten. 1957); Le ragazze di San Frediano. R. (1952), (Die Mädchen von San Frediano. 1957); Il mio cuore a Ponte Milvio. En. (1954); Metello. R. (1955), (Metello, der Maurer. 1957); Diario sentimentale. Tg. (1956); Lo scialo. R. (1960); La costanza della ragione. R. (1963), (In den Straßen von Florenz. 1968); Allegoria e derisione. R. (1966).

Ein Mädchen (Un'altra) wurde in dem Roman »Mestiere di vagabondo« veröffentlicht; entnommen dem Band »Italienische Erzähler der Gegenwart« (hrsg. von Alice Vollenweider, Philipp Reclam jun., Stuttgart 1964).

Michele Prisco

Am 18. Januar 1920 in Torre Annunziata (bei Neapel) geboren. Studierte Jura, wandte sich jedoch bald der Literatur zu. Kritiker bei verschiedenen Zeitschriften. Lebt seit 1951 in Neapel.

Werke: La provincia addormentata. En. (1949); Gli eredi del vento. R. (1950), (Die Erben des Windes. 1953); Figli difficili. R. (1954), (Gefährliche Liebe. 1956); Fuochi a mare. En. (1957); La dama di piazza. R. (1961), (Eine Dame der Gesellschaft. 1963); Una spirale di nebbia. R. (1966), (Nebelspirale. 1968); I cieli della terra. R. (1970). – Auswahl aus verschiedenen Bänden: Das Pferd mit der Augenbinde (1970).

Die Puppe (La bambola) ist 1951 entstanden und wurde 1957 in dem Band »Fuochi a mare« veröffentlicht; entnommen einer Neuauflage dieses Bandes.

Domenico Rea

Am 8. September 1921 in Nocera Inferiore (bei Neapel) geboren. Autodidakt. Lebt in Neapel.

Werke: Spaccanapoli. E. (1947); Ritratto di maggio. E. (1953); Quel che vide Cummeo. E. (1955); Una vampata di rossore. E. (1959); Il re e il lustrascarpe. Ess. (1961); I racconti. En. (1965); L'altra faccia. E. (1965); Gabbiani. E. (1966); Questi tredici. En. (1968); Diario napoletano. Tg. (1971).

Der Fleck (La macchia), entstanden 1960, wurde dem Band »Il re e il lustrascarpe« (Arnoldo Mondadori, Mailand 1961) entnommen.

Mario Rigoni Stern

1921 in Asiago (Venetien) geboren. Kämpfte im Zweiten Weltkrieg in Frankreich, Griechenland, Albanien und Rußland. Seit Kriegsende in seinem Heimatort als Grundbuchbeamter ansässig.

Werke: Il sergente nella neve. Tg. (1953); (Alpini im russischen Schnee. 1954); Il bosco degli urogalli. En. (1962), (Auswahl in: Füchse unter Sternen. 1964); Storia di Tönle. R. (1978), (Tönle. 1988).

Begegnungen in Polen (Incontro in Polonia), entstanden 1962, wurde dem Band »Füchse unter Sternen« (Fretz und Wasmuth Verlag, Zürich 1964) entnommen.

Leonardo Sciasca

Am 8. Januar 1921 in Recalmuto (Sizilien) geboren. 1935/42 Besuch der Lehrerbildungsanstalt in Caltanissetta, erste intellektuelle Anregungen durch seine Lehrer Vitaliano Brancati, Luigi Monaco und andere. 1943 Angestellter der Behörde für Getreidespeicherung. Von Kriegsende bis 1957 Volksschullehrer. Lebt heute als freier Schriftsteller in Palermo.

Werke: Favole della dittatura. En. (1950); Pirandello e il Pirandellismo. Es. (1953); Le parrocchie di Regalpetra. En. (1956); Gli zii di Sicilia. En. (1958), (Sizilianische Verwandtschaft. 1980); Il giorno della civetta. R. (1961), (Der Tag der Eule. 1987); Pirandello e la Sicilia. Es. (1961); Il Consiglio d'Egitto. R. (1963), (Der Abbé als Fälscher. 1967); Morte dell'inquisitore. E. (1964); A ciascuno il suo. R. (1966), (Tote auf Bestellung. 1987); La corda pazza. Ess. (1970); Il contesto. R. (1971), (Tote Richter reden nicht. 1974); Il mare colore del vino. En. (1973), (Das weinfarbene Meer. 1975); Todo modo. R. (1974), (Todo modo oder Das Spiel um die Macht. 1977); La scomparsa di Majorana. Schr. (1975), (Der Fall Majorana. 1978); I pugnalatori. Schr. (1976); Candido ovvero Un sogno fatto in Sicilia. R. (1977), (Candido oder ein Traum in Sizilien. 1979).

Giufà (Giufà) wurde dem Band »Das weinfarbene Meer« (Verlag Volk und Welt, Berlin 1975) entnommen. © Giulio Einaudi, Turin. Übersetzungsrechte: Verlag Volk und Welt, Berlin 1975.

Fortunato Seminara

1903 in Maropati (Kalabrien) geboren. Lebte als Schriftsteller in Kalabrien und starb dort.

Werke: Il vento nell'uliveto. E. (1952); La masseria. R. (1952); Donne di Napoli. R. (1953); Disgrazia in casa Amato. E. (1954); La fidanzata impiccata. R. (1956); Il mio paese del Sud. En. (1957).

Die Frau und der Esel (La donna e l'asino) wurde dem Band »Il mio paese del Sud« (Casa Editrice Salvatore Sciascia, Caltanissetta 1957) entnommen. © Editore Salvatore Sciasicia

Ignazio Silone

Eigentlich Secondo Tranquilli. Am 1. Mai 1900 in Pescina (Abruzzen) geboren. Priesterseminar in Pescina und Gymnasium in Reggio di Calabria. 1921 Mitbegründer der italienischen Kommunistischen Partei; seit seinem Austritt 1930 Sozialist. 1930/44 in der Schweiz im Exil. Gründete 1945 das »Teatro del Popolo« in Rom, war Abgeordneter der konstituierenden Nationalversammlung und Chefradakteur der sozialistischen Tageszeitung »Avanti!«. Starb am 22. August 1978 in Genf.

Werke: Fontamara. R. (zuerst in dtsch. Übersetzung: 1933, ital.: 1947), (Fontamara. 1985); Un viaggio a Parigi. Nn. (1934), (Die Reise nach Paris. 1934); Bread and Wine. R. (1936; ital. Pane e vine 1937), (Brot und Wein. 1974); Il seme sotto la neve. R. (1945), (Der Samen unter dem Schnee. 1942), Una manciata di more. R. (1952), (Eine Handvoll Brombeeren. 1985); Il segreto di Luca. R. (1956), (Das Geheimnis des Luca. 1988); La volpe e le camelie. R. (1960), (Der Fuchs und die Kamelie. 1986); Uscita di sicurezza. Ess. (1966), (Notausgang. 1966).

Don Aristotile (Don Aristotile) wurde dem Band »Die Reise nach Paris« (Verlag Oprecht, Zürich 1934) entnommen. © Oprecht Verlag, Zürich 1934

Leonardo Sinisgalli

Am 9. März 1908 in Montemurro (Basilicata) geboren. 1926/31 Ingenieurstudium in Rom. 1931 Übersiedlung nach Mailand. Teilnahme am Zweiten Weltkrieg. Werbechef der Pirelli-Werke; Mitarbeiter an Zeitungen und literarischen Zeitschriften; Kunstkritiker. Starb am 31. Januar 1981.

Werke: Quaderno di geometria. Ess. (1935); Furor mathematicus. Ess. (1944); Horror vacui. Ess. (1945); Fiori pari e dispari. Pr. (1945); L'indovino. Ess. (1946); Belliboschi. Pr. (1948); Il passero e il lebbroso. Ess. (1970); Un disegno di Scipione e altri racconti. En. (1975).

Mein Dorf (Paese) wurde dem Band »Un disegno di Scipione e altri racconti« (Arnoldo Mondadori, Mailand 1975) entnommen.

Mario Soldati

Am 17. November 1906 in Turin geboren; Ausbildung bei den Jesuiten. Studierte Philosophie und Kunstgeschichte in Turin und Rom; 1929/31 als Stipendiat an der Columbia University in New York. Mitarbeiter an verschiedenen Zeitungen und literarischen Zeitschriften, Film- und Fernsehregisseur. Lebt in Mailand.

Werke: Salmace. En. (1929); America primo amore. Reiseb. (1935); 24 ore in uno studio cinematografico. Ber. (1935); La verità sul caso Motta. R. (1941); Fuga in Italia. Tg. (1947); A cena col commendatore. En. (1952), (Die geheimen Gründe. 1954); Le lettere da Capri. R. (1954), (Briefe aus Capri. 1955); La confessione. R. (1955); Il vero Silvestri. R. (1957); I racconti. En. (1957); La messa dei villeggianti. R. (1959); Le due città. R. (1964); La busta arrancione. R. (1966); I racconti del maresciallo. En. (1967), (Geschichten des Kriminalkommissars. 1970); L'attore. R. (1970), (Der Schauspieler. 1972); 55 novelle per l'inverno. En. (1971); Un prato di papaveri. Tg. (1974); Lo specchio inclinato, Diario 1965–1971. Tg. (1975); La sposa americana. R. (1977), (Die amerikanische Braut. 1981); 44 novelle per l'estate. En. (1979); El Paseo de Gracia. R. (1987), (Am Tag des Jüngsten Gerichts. 1988).

Die Frau meines Lebens (La donna del destino) wurde dem Band »La messa dei villeggianti« (Arnoldo Mondadori, Mailand 1959) entnommen.

Italo Svevo

Eigentlich Ettore Schmitz. Am 19. Dezember 1861 in Triest geboren. Internatsbesuch in Segnitz bei Würzburg. 1879 höhere Handelsschule in Triest; Bankangestellter; später selbständiger Unternehmer in seiner Vaterstadt. Wurde erst in seinen letzten Lebensjahren von James Joyce und Eugenio Montale »entdeckt«. Kam am 13. September 1928 bei einem Autounfall in Motta di Livenza (Venetien) ums Leben.

Werke: Una vita. R. (1892), (Ein Leben. 1984); Senilità. R. (1898), (Ein Mann wird älter. 1985); La coscienza di Zeno. R. (1923), (Zeno Cosini. 1987); Una burla riuscita. En. (1923), (Ein gelungener Scherz und andere Novellen. 1932); La novella del buon vecchio e della bella fanciulla. En. (1929), (Die Geschichte vom guten alten Herrn und vom schönen Mädchen. 1983); Corto viaggio sentimentale e altri racconti inediti. En. (1949), (Kurze sentimentale Reise. 1978); Epistolario. Briefwechsel. (1966), (Auswahl in: Autobiographisches Profil. 1986); Racconti, saggi, pagine sparse. En. Ess. (1978), (Auswahl in: Autobiographisches Profil. 1986).

Feuriger Wein (Vino generoso) wurde dem Band »Gesammelte Erzählungen« entnommen.

Giuseppe Tomasi di Lampedusa

Am 23. Dezember 1896 in Palermo geboren; entstammte einem alten sizilianischen Adelsgeschlecht. Brach seine humanistischen Studien ab; Teilnahme am Ersten Weltkrieg; Berufsoffizier bis 1920. Ablehnende Haltung gegenüber dem Faschismus. Lebte bis zu seinem Tod in Palermo. Starb am 23. Juli 1957 in Rom.

Werke: Il gattopardo. R. (1958), (Der Leopard. 1986); Racconti. En. (1961), (Die Sirene. 1985); Lezione su Stendhal. Ess. (1977); Invito alle Lettere francesci del Cinquecento. Ess. (1979).

Freude und moralisches Gesetz (La gioia e la Legge), wie alle Werke des Autors in den letzten Lebensjahren entstanden, wurde dem Band »Die Sirene« (R. Piper Verlag, München 1961) entnommen.

Elio Vittorini

Am 23. Juli 1908 in Syrakus (Sizilien) geboren. Seit 1924 in Norditalien ansässig. Autodidakt. Zunächst Bauassistent, ab 1930 Journalist und später Verlagsberater. Nach kurzer Inhaftierung 1943 Teilnahme am Widerstandskampf. Mitarbeit an literarischen Zeitschriften und Zeitungen. 1951 Austritt aus der Kommunistischen Partei. Herausgeber verschiedener Buchreihen, Mitherausgeber der Zeitschriften »Il Menabò« und »Il Politecnico«, Übersetzer englischer und amerikanischer Literatur. Starb am 13. Februar 1966 in Mailand.

Werke: Piccola borghesia. En. (1931); Nei Morlacchi – Viaggio in Sardegna. Reiseb. (1936; neu 1953: Sardegna come un'infanzia), (Sardinien, ein Land der Kindheit. 1986); Nome e lagrime. R. (1941; Titel der folgenden Auflagen: Conversazione in Sicilia), (Gespräch in Sizilien. 1977); Uomini e no. R. (1945), (Dennoch Menschen. 1963); Il sempione strizza l'occhio al Fréjus. R. (1947), (Im Schatten des Elefanten. 1963); Il garofano rosso. R. (1948), (Die rote Nelke. 1964); Le donne di Messina. R. (1949), (Die Frauen von Messina. 1965); La Garibaldina. R. (1956), (Die Garibaldina. 1960); Erica e i suoi fratelli. R. (1956), (Erica und ihre Geschwister. 1984); Diario in pubblico. Tg. (1957), (Offenes Tagebuch 1929–1959. 1959); Le due tensioni. En. (1967); Le città del mondo. R. Fragment. (1969).

Mein Marsch auf Rom (Il mio ottobre fascista), entstanden 1932 und im Oktober desselben Jahres in der Zeitschrift »Il Bargello« veröffentlicht, wurde dem Band »Nome e lagrime e altri racconti« (Arnoldo Mondadori, Mailand 1972) entnommen.

Wir danken allen Verlagen und Rechteinhabern, die uns die Genehmigung zur Übersetzung bzw. zum Abdruck der Werke erteilt haben.

Inhalt

Federigo Tozzi

Das Gehöft

Roman. Aus dem Italienischen von Ragni Maria Gschwend.
179 Seiten. Geb.

»Ein Meisterwerk der erzählenden Literatur, dessen gestaltete Intensität sich dem Leser mehr und mehr aufdrängt und ihn nicht entläßt, bevor er das Buch beendet hat. Die Faszination beruht vor allem auf der zeitlosen Thematik und dem Verzicht auf jede Modernismen, die uns das mehr als sechzig Jahre alte Werk wie ein Buch aus diesen Tagen lesen läßt.«

Hannoversche Allgemeine Zeitung

Drei Kreuze

Roman. Aus dem Italienischen von Ragni Maria Gschwend.
158 Seiten. Geb.

Das eigentliche Thema des Romans, der erzählt, wie man das Leben verraucht, verfrißt, verschläft »und es dreimal verachtet«, ist die Problematik von Gut und Böse, die Verstrickung in Schuld – Motive, die Tozzi von Verga und Dostojewski übernommen hat. Zugleich ist »Drei Kreuze« die unerbittliche Röntgenaufnahme einer heuchlerischen Gesellschaft, die nur auf die Fassade achtet. Nicht wegzudenken aus dem Roman ist schließlich Siena, die gotische Stadt, die den Hintergrund dieser düsteren Geschichte bildet und von der Tozzi sagte, er werde auf ewig traurig sein, weil er dort habe leben müssen.

Mit geschlossenen Augen

Roman. Aus dem Italienischen von Ragni Maria Gschwend.
212 Seiten. Geb.

Das Schließen der Augen, diese Blindheit gegenüber dem Leben, ist das offenkundige oder verborgene Leitmotiv der wichtigsten Werke Tozzis. In seinem Roman »Mit geschlossenen Augen« ist die offenkundige Unfähigkeit Pietros, der Wahrheit ins Gesicht zu sehen, die Ursache für das Scheitern der Liebe.

Giovanni Verga

Der letzte Tag

Erzählungen. Aus dem Italienischen von Hannelise Hinderberger und Marianne Schneider. Herausgegeben und mit einem Nachwort von Johannes Hösle.
448 Seiten. Leinen

Giovanni Verga ist neben Manzoni der bedeutendste italienische Erzähler des 19. Jahrhunderts. Der vorliegende Band umfaßt nahezu die Hälfte von Vergas novellistischem Werk, darunter zahlreiche Erzählungen, die erstmals ins Deutsche übersetzt wurden.

»Verga erzählt mit kalter Wucht, mit lakonisch geballter Sachlichkeit, kommentarlos, in hastigen Sprüngen. Überfallartige Schrecken jagen kurze Leben zu einem krassen Ende. Durchschnittlich nicht mehr als sieben Seiten braucht er von einer Geburt bis zum Tod.
Er verschleudert einen Stoffvorrat, der heute für zehn Dichter reichen würde.
Verga schildert nicht das romantische Sizilien der Touristen, sondern ein versengtes, brütendes, fieberdampfendes, starr lastendes Land. Es gibt keine bessere Warnung vor der Idyllisierung archaischer Zustände als diese Erzählungen. Die Armen leben wie die Tiere. Die Geschichte eines totgeprügelten Esels und seiner fünf Herrschaften, eine jeweils schlechter als die andere, unterscheidet sich denn auch kaum von der Geschichte eines halbwüchsigen Jungen, des Rotschopfs, den alle peinigen, der davon hart und gemein wird, aber alles erträgt, bis sie ihn in den Tod treiben. Aber noch das niedrigste Leben hat Würde.
Für einen Moment verzaubert das Aufblühen der Liebe noch die trostlosesten Bedingungen.« Frankfurter Allgemeine Zeitung

PIPER

Paolo Volponi

Der Speerwerfer

Roman. Aus dem Italienischen von Barbara Kleiner.
239 Seiten. Leinen

Eine Kleinstadt in den *Marche* bei Urbino, eine Jugend im faschistischen Italien der dreißiger Jahre. Damín ist der Enkel Damiano Possanzas, eines innerhalb der Tradition seines Handwerks genialen Töpfers, der dem Expansionsdrang der neuen Zeit unbestechlich gegenübersteht, anders als sein Sohn, Damíns Vater. Enkel und Großvater werden gleichermaßen unglückliche und in ihrer Machtlosigkeit doch fast komplizenhafte Zeugen des Ehebruchs von Damíns schöner, sanfter Mutter, die der Verführung des lokalen Paradefaschisten, Marcacci, erliegt. Voll Begehren und Abscheu beobachtet der Knabe die Zusammenkünfte seiner Mutter mit ihrem Liebhaber, dem gegenüber er eine vertrackte Mischung aus Mordlust, Haß, Ekel und Verachtung empfindet und auf der anderen Seite Bewunderung und körperliche Anziehung.
Der Speer, den Damín auf dem Sportfeld nach ihm schleudert, verfehlt sein Ziel, erreicht aber, daß Marcacci auf ihn aufmerksam wird und in ihm einen vielversprechenden Sportler entdeckt.
Damín verfängt sich in der Identifikation mit dem klassischen griechischen Speerwerfer, der außer dem Speer, Pfeile, Blicke, Begierden und schließlich sich selbst wirft. Aber Damín wirft ins Leere, ins Nichts. In seinem sexuellen Begehren auf die Mutter fixiert und von ihr mit dem Faschisten »betrogen«, erstarrt Damín in der Isolation seiner Autoerotik. Eine scheinbare Lösung der Krise zeichnet sich ab, als Damíns zeichnerische Begabung einen Zugang zur Realität zu versprechen beginnt, und eine andere Frauengestalt als die Mutter seine Begehren zu wecken scheint; doch da geschieht es, daß Damín auf einem ländlichen Schnitterfest die zärtlich geliebte jüngere Schwester in den Armen eines potentiellen Faschisten sehen muß: unausweichlich nähert sich die Tragödie ihrem Kulminationspunkt.
Volponi verquickt mit der ihm eigenen, furiosen Akribie des Sachlichen und der Phantasien die subjektive Geschichte eines Heranwachsenden mit einer ungemein lebendigen und genauen Zeitchronik.

»›Der Speerwerfer‹ ist ein Meisterwerk.« Alberto Moravia

PIPER

Piper 1/11

PIPER